रंग, स्वर और शब्द

रंग, स्वर और शब्द

कृपाशंकर चौबे

वाणी प्रकाशन

वाणी प्रकाशन का 'लोगो'
विख्यात चित्रकार मक़बूल फ़िदा हुसेन की
कूची से

ISBN : 978-81-8143-950-5

वाणी प्रकाशन
21-ए, दरियागंज, नयी दिल्ली-110002
द्वारा प्रकाशित

फोन : 0091#11#23273167, 23275710
फैक्स : 0091#11#23275710
ई-मेल : vaniprakashan@gmail.com
vani_prakashan@yahoo.com
वेबसाइट : www.vaniprakashan.com

प्रथम संस्करण : 2009

मूल्य : 400.00
आवरण : वाणी प्रकाशन
जय भारत प्रिंटिंग प्रेस, शाहदरा, दिल्ली-110032
द्वारा मुद्रित

RANG, SWAR AUR SHABD
by : Kripashankar Chaube

हिन्दी भाषा और साहित्य के गम्भीर अध्येता और
श्री शिक्षायतन कॉलेज, कोलकाता के
मन्त्री पं॰ रमाकांत मिश्र के लिए

अपनी बात

मैं दो दशकों से विभिन्न पत्र-पत्रिकाओं के लिए विशिष्ट साहित्यशिल्पियों के इंटरव्यू करता रहा हूँ। मेरे द्वारा की गई भेंटवार्ताओं का पहला संग्रह 'संवाद चलता रहे' शीर्षक से 1995 में वाणी प्रकाशन से ही आया था। उस संग्रह के आने के उपरांत भी शिल्पियों से संवाद का सुंदर सिलसिला जारी रहा, उसी का परिणाम यह दूसरा संग्रह है। 'संवाद चलता रहे' में 33 साहित्यकारों—रामकुमार वर्मा, महादेवी वर्मा, श्यामनारायण पांडेय, नजीर बनारसी, उपेंद्रनाथ अश्क, नागार्जुन, शिवमंगल सिंह 'सुमन', त्रिलोचन, नरेश मेहता, जगदीश गुप्त, केदार नाथ सिंह, सुभाष मुखोपाध्याय, विद्यानिवास मिश्र, विवेकी राय, विष्णुकांत शास्त्री, कृष्णबिहारी मिश्र, शंकर दयाल सिंह, विष्णु प्रभाकर, अमृत लाल नागर, अमृत राय, अमरकांत, शिवप्रसाद सिंह, राजेंद्र यादव, शैलेश मटियानी, अन्नदाशंकर राय, आशापूर्णा देवी, महाश्वेता देवी, वीरेंद्र कुमार भट्टाचार्य, मधु राय, रामविलास शर्मा, प्रभाकर माचवे, नामवर सिंह और चंद्रबली सिंह के इंटरव्यू संकलित थे, इस संग्रह में—59 साहित्यकारों के इंटरव्यू हैं फिर भी कुछ बड़े साहित्यकार छूट गए हैं क्योंकि उनसे संवाद का सुयोग मुझे नहीं मिला। हालाँकि उन पांक्तेय पुरुषों के प्रति मेरे मन में ऊँचा सम्मान है। जिन कृतीशिल्पियों के इंटरव्यू इस पुस्तक में संकलित हैं, उनका मैं हृदय से आभारी हूँ, क्योंकि न सिर्फ उन्होंने इंटरव्यू देने के लिए समय निकाला, बल्कि उन्होंने मेरा कोई सवाल लौटाया भी नहीं। पिछले एक दशक के दौरान मुझे साहित्यकारों के अलावा कुछ प्रमुख चित्रकारों, रंगकर्मियों, फिल्मकारों व संगीतकारों से इंटरव्यू करने का भी मौका मिला, उन्हें भी इस संग्रह में शामिल कर लिया गया है। मेरी राय में इससे इस संग्रह की महत्ता बढ़ी है। जिस गहरी संलग्नता से मैंने रंग व स्वर-शिल्पियों से बातचीत की, उसी तल्लीनता से शब्द-शिल्पियों से भी की। लेखक या कलाकार चाहे जिस क्षेत्र से हों, उनसे बातचीत करते हुए उन्हें व उनकी दुनिया को, उनकी सृजन-प्रक्रिया को और उनकी चिंताओं-सरोकारों को समझने की कोशिश मैंने की है। मुझे लगता है कि किसी भेंटवार्ता का कैनवास बड़ा व्यापक होना चाहिए यानी बातचीत सिर्फ सर्जक की रचना तक सीमित नहीं होनी चाहिए, बल्कि उसके जीवनानुभवों व जीवन के विविध पक्षों (उसकी रुचि-अरुचि, गुण-दोष, स्वभाव-प्रकृति) पर भी संवाद होना चाहिए। इसीलिए

रचनाकार के सृजन लोक के साथ ही उसके अंतरंग को कुरेदने की भरसक कोशिश मैंने की है। तभी इन भेंटवार्ताओं में रचनाकार के सर्जनलोक व सर्जनकर्म की हमारी समझ तो विस्तृत होती ही है, उसके व्यक्तित्व के कई महत्त्वपूर्ण पहलू भी उजागर हुए हैं। कई शिल्पियों के बारे में नवीन और रोचक तथ्य पहली बार यहाँ प्रकाश में आए हैं। इन भेंटवार्ताओं से बीसवीं शताब्दी के आखिरी दो दशकों और इक्कीसवीं सदी के आरंभिक वर्षों के परिदृश्य और निकट अतीत के सवालों को समझने में भी मदद मिलती है। भेंटवार्ताओं को समय के सवालों से जोड़ने का यह फल है।

मेरे लिए कई बार यह चुनौती भी थी कि बातचीत का सिरा हाथ से न छूटने दूँ, जो मुद्दा चल निकला है, उसी में पठनीय सामग्री उगलवा दूँ।

मैं एकदम सरल, सहज, स्वाभाविक और उत्फुल्ल ढंग से बतकही का हिमायती हूँ और मैंने पाया है कि इस तरह की वार्ताओं में सर्जक ज्यादा बेधक और तीव्र ढंग से अपने विचार-सरोकार व चिंताएँ प्रकट करते हैं।

यह सावधानी बरती है कि जो उत्तर दिए गए हैं, वे हू-ब-हू प्रकाशित हों। ये भेंटवार्ताएँ यदि साहित्यप्रेमियों को महत्त्वपूर्ण व पठनीय लगीं तो अपने श्रम को सार्थक मानूँगा। यहाँ मैं उन पत्र-पत्रिकाओं के प्रति आभार प्रकट करना चाहता हूँ जिनके जरिए संवाद चल सका है। इंटरव्यू के आखिर में संबद्ध पत्र या पत्रिका का नाम और प्रकाशन-काल दे दिया गया है।

कृपाशंकर चौबे

52 धर्मतला लेन, द्वितीय तल,
शिवपुर, हावड़ा-711 102

विषय-सूची

रंग-विमर्श/स्वर-विमर्श

शब्द-विमर्श

रंग-विमर्श/स्वर-विमर्श

अब पुरानी उम्मीदें खो गई हैं

चित्रकार के.जी. सुब्रमण्यन से बातचीत

के.जी. सुब्रमण्यन उन विरले भारतीय चित्रकारों में हैं जिनमें पाश्चात्य और भारतीय चित्रकला की विशेषज्ञता है। उनकी अनेक पुस्तकों में 'मूविंग फोकस', 'द लीविंग ट्रेडीशन : पर्सपेक्टिव ऑन मॉडर्न इंडियन आर्ट' आदि की ख्याति ऐसी पुस्तकों के रूप में है जिसमें कला के मर्म बिंदुओं की गंभीर विवेचना है और पूर्व-पाश्चात्य कला-परंपरा का गहरा अनुशीलन है। शैली की विविधता, मौलिकता और सर्जनात्मकता के लिए वह अंतर्राष्ट्रीय स्तर पर जाने जाते हैं। केरल में 1924 में जन्मे के. जी. सुब्रमण्यन ने चित्रकला की शिक्षा शांतिनिकेतन के कला भवन से ली। 1951 में वे बड़ौदा के एम.एस. यूनिवर्सिटी के ललित कला संकाय में अध्यापक नियुक्त हुए। 1955 में उन्हें लंदन विश्वविद्यालय के 'स्लेड स्कूल ऑफ आर्ट' की शोध फेलोशिप मिली। 1958 से 1961 तक हैंडलूम बोर्ड के उपनिदेशक (डिजाइन) रहे और उसके बाद बड़ौदा की एम.एस. यूनिवर्सिटी में पुनः आ गए। 1980 में वे शांतिनिकेतन के कला भवन में अध्यापक हो कर आए, अभी भी वहाँ एमरिटस प्रोफेसर (सम्मान्य आचार्य) हैं। उन्हें सं.रा. अमेरिका की जे.डी. आर. थर्ड फंड फेलोशिप और ब्रिटेन की क्रिस्टेंशन फेलोशिप भी मिली। 1974-76 के दौरान वे क्राफ्ट्स काउंसिल ऑफ इंडिया के अध्यक्ष रहे। भारत के विभिन्न शहरों के अलावा इंग्लैंड, अमेरिका, जापान, ईरान, फ्रांस और रूस में उनकी चित्रकृतियों की प्रदर्शनियाँ आयोजित हो चुकी हैं। के.जी. सुब्रमण्यन की कलाकृतियाँ दुनिया के प्रमुख संग्रहालयों में संगृहीत हैं। चित्रकला में उल्लेखनीय योगदान के लिए उन्हें भारत सरकार द्वारा पद्मश्री अलंकरण के अतिरिक्त अखिल भारतीय कालिदास सम्मान, अवन गगन पुरस्कार समेत अनेक सम्मानों से विभूषित किया गया है। कई विश्वविद्यालयों ने उन्हें डी. लिट्. की मानद उपाधि भी दी है। उन्हें ललित कला अकादेमी ने अपने सर्वोच्च सम्मान रत्न सदस्यता से भी

सम्मानित किया है। के.जी. सुब्रमण्यन से यह बातचीत उनके शांतिनिकेतन स्थित आवास पर वहाँ के हिंदी विभागाध्यक्ष डॉ. हरिश्चंद्र मिश्र की उपस्थिति में हुई।

आपके जीवन के सुख-दुःख, स्वप्न, संग्राम, प्रेम, सामाजिक परिवेश आदि आपकी सृजनात्मकता में किस भाँति और किस हद तक प्रतिबिंबित हुए?

कलाकार जीवन संग्राम और परिवेश के आंतरिक लगाव के बीच ही सृजन करते हैं। जहाँ तक मेरा सृजन और जीवन है, तो मैं जिस परिवेश में पला-बढ़ा वह नहीं है। बीस-तीस के दशक में पूरी दुनिया में 'होपफुल लाइफ' थी, एक आशावाद था। 'पीपुल हैड ए लॉट ऑफ होप्स, बट टुडे आई. सी. ओल्ड होप्स डिसएपीयर।' आज पूरे विश्व में क्या हो रहा है? पूरा का पूरा परिदृश्य बदल गया है। संबंध तक बदल रहे हैं। इंटरनेट, वेबसाइट के साथ आधुनिकता की जो आँधी आई है, उ... जैसे सब कुछ बदल जाने को विवश है। भूमंडलीकरण के प्रभाव में कला की उसकी भाषा और विषयवस्तु में भी बदलाव लक्षित किए जा सकते हैं। कला ऐतिहासिक पद्धति भी बदलाव का शिकार हो सकती है। इन बदलावों का साक्षी रहते हुए भी मैंने अपने जीवनानुभवों और चिंतन को अपनी कला में इस तरह गूँथा कि वे 'फ्रेश' नज़र आएँ, 'फिलॉसफी' भी एक 'बिग मैसेज' दे, मूल्यों का नवीन अनुभव हो और वह यथार्थ के करीब हो।

आधुनिक चित्रकला के पूरे परिप्रेक्ष्य का आकलन आप किस तरह करते हैं?

अपने देश में आधुनिक युग में कला के क्षेत्र में बहुत काम हुआ। अपने ही सृजन पर पुनर्विचार की प्रक्रिया प्रारंभ हुई। पाश्चात्य विचारधारा का प्रभाव ऐतिहासिक-राजनीतिक कारणों से और सामाजिक सरोकारों से कला पर पड़ा। पाश्चात्य कला का भारतीय चित्रकला से घनिष्ठ संपर्क कायम हुआ। पहले भारतीय कला में धर्म तथा अध्यात्म की बहुलता थी, आधुनिक समय में उसकी जगह सामाजिक सरोकारों ने ले ली।

आधुनिकता को स्वीकार करने के बावजूद चित्रकला के सृजन की जो शर्तें हैं, वे अक्षुण्ण रही हैं। किसी विधा में सृजन की शर्तें हैं—वस्तुगत, भावगत, सामाजिक-मानवीय सत्य का संस्पर्श, नवीनता और सृजनशीलता। ये मूल्यवान शर्तें कला के इतिहास के हर कालखंड में आपको मिलेंगी। प्राचीन काल में गाँवों के घरों की दीवारों पर, औरतों की रंगोली में जो कला सृजन होता था तो गाँववालों के पास दूसरों के लिए क्राफ्ट होता था। गाँव के जीवन के साथ लोक कला थी और जीवंत रूप में थी। भारतीय चित्रकला मिथकों से भरी पड़ी है, उसकी आधुनिकता तक की यात्रा में पूर्वी,

पाश्चात्य, पर्सियन, अफ्रीकी कलाओं के आईने में इतने परिवर्तन आए, तब भी वह अपनी शर्तों से विमुख नहीं हुई। उसकी सृजन शैली में लोकल रियालिटी का उन्मेष हुआ। जिस भाँति देश-दुनिया समाज और जीवन स्थिर नहीं हैं और परिवर्तनशील हैं उसी तरह इन परिवर्तनों के बारे में मुझे लगता है कि आधुनिक पूर्वी कला जब पाश्चात्य कला के संपर्क में आई तो दोनों कलाएँ लाभान्वित हुईं। दोनों ने एक-दूसरे से काफी कुछ ग्रहण किया और अपने को समृद्ध किया।

आधुनिक चित्रकला जिस तरह बाजार के प्रभाव में आई है, उस पर आपकी क्या टिप्पणी है?

'ट्रेड' के कारण लेखकों का नुकसान हुआ? ज्यादा किताब बिकने से रॉयल्टी का लेखकों को ज्यादा लाभ मिला। साहित्य या कला का बाजार यदि बढ़ता है तो इसका कोई नुकसान नहीं है। बाजार तो हमेशा रहा है और हर क्षेत्र में रहा है। एक इमारत बनती है तो उसमें अनेक मजदूर खपते हैं और वहाँ वे अपना श्रम बेचते हैं। लेकिन सिर्फ बाजारमुखी होने से या बिकाऊ चीजें बनाने से कला को नुकसान होने की बात से मैं इनकार नहीं करता। यदि बिक्री के लिए हम कला का स्तर नीचे ले जाएँ तो मुझे कहना पड़ता है कि कला-बाजार अच्छा और बुरा दोनों हो सकता है।

पाश्चात्य चित्रकला क्रमशः परिवर्तित होते हुए एक जगह पहुँच गई है, भारतीय चित्रकला क्या अंतर्राष्ट्रीय आईने में उत्तरोत्तर आधुनिक हो पाई है?

आधुनिकता के नए मानदंडों में, अपने सृजन में भारतीय चित्रकला पिछड़ी नहीं है और अंतर्राष्ट्रीय स्तर पर पाश्चात्य कला से बराबरी के लिए या उत्तरोत्तर कला के लिए मुझे नहीं लगता कि चूहा दौड़ में शामिल होना उचित है। भारतीय कला को अपने जीवन-परिवेश के यथार्थ से जूझते हुए ही आगे बढ़ना है। उसी तरह वह बढ़ती भी रही है। आधुनिक भारतीय चित्रकला में जिन्हें नवजागरण लाने का श्रेय है, उनमें एक अवनींद्रनाथ टैगोर का मैं यहाँ उल्लेख करना चाहूँगा। भारतीय कला में उन्होंने देसी विषयवस्तु को लेकर नए से नए प्रयोग किए। नन्दलाल बसु ने जिस तरह भित्तिचित्र को नई अर्थवत्ता दी, उसी तरह अवनींद्रनाथ टैगोर ने कला आंदोलन को आधुनिक मोड़ पर पहुँचाया। बाद में उनके शिष्यों ने उस काम को आगे बढ़ाया। पर सबने भारतीय जीवन के यथार्थ को सामने रखकर ही आधुनिकता को आगे बढ़ाया। स्वयं रवींद्रनाथ ठाकुर ने विदेशों की यात्रा के दौरान पाश्चात्य चित्रकला को देखा तो उस आधुनिकता को हृदयंगम किया और भारतीय मनन-चिंतन, अनुभव के संस्पर्श से उन्होंने स्वकीय चेतना से चित्र बनाए। आज के परिदृश्य को जब मैं देखता हूँ तो पाता हूँ कि कई आधुनिक चित्रकार अपने देश में इस तरह के सृजन में रत हैं जो अंतर्राष्ट्रीय मानदंड पर खरे उतरते हैं और उनका काम बहुत प्रशंसनीय है।

ऐसे कुछ उल्लेखनीय कार्यों के बारे में बताएँ जो सृजन की कसौटी पर महान प्रतीत होते हैं।

महान चित्रकृति वह है जो रसानुभूति कराए और जिस आवेग में वह रची गई है, उसका आभास दे। सृजन के क्षण में सर्जक का मन कलाकार का मन होता है जिसमें उसके लंबे जीवनानुभव, जीवन संघर्ष, संकट, अर्जित कला बोध, कुछ अच्छा या बुरा लगने की उत्तेजना या शांति से गुजरते हुए वह अपने कार्य को अंज़ाम देता है। उसके मन से जब दर्शक का मन मिलता है तभी कलाकार से उसके अनुभव, अनुभूति और क्षमता को देखने की हम आकांक्षा पालते हैं। कलाकार चूँकि भिन्न किस्म के व्यक्ति होते हैं इसलिए उनकी कलाकृतियाँ भी भिन्न होती हैं। अच्छी कला वह है जो अलौकिक जगत को लौकिकता का स्पर्श कराए, दार्शनिक शिखरत्व का आभास दे और मनुष्य के महत्त्व का स्पर्श कराए; क्योंकि मुख्यतः मनुष्य ही कला के केंद्र में होता है, प्रेरणा का स्रोत होता है और उसका परिवेश होता है, प्रकृति होती है। महान कला की विडंबना यह है कि वह पुस्तक सरीखी मुद्रित होकर नहीं रहती जबकि कविता रह जाती है। पेंटिंग या डिजाइन देखने के लिए आपको म्यूजियम में जाना होगा, उसे देखने का और कोई विकल्प नहीं है।

एक अच्छी चित्रकृति भी देर तक दर्शकों की स्मृति में क्यों नहीं रहती?

कब रहती थी? यदि आपसे रवींद्रनाथ की कविताएँ कहने को कहूँ तो झट बोल पाएँगे? जबकि टीवी पर आनेवाला गीत बोल देंगे क्योंकि उसे रोज़ देखते हैं। अच्छी कविता या अच्छी पेंटिंग यदि स्मृति में नहीं रहती तो यह कला का दोष नहीं है। यह स्मृति का दोष है। सबके मन में अच्छी चीज़ें नहीं रहतीं। पर इससे कला की गुणवत्ता कम नहीं हो जाती। वैसे मैं मानता हूँ कि 'आर्ट शुड हैव मेमोरेबल'। चित्रकृति ऐसी हो जो गूँजती रहे। स्मृति में बनी रहे।

आज चित्रकृतियों की जो आलोचना होती है या प्रदर्शनियों की समीक्षाएँ; तो उनमें कलाकार की सृजन प्रक्रिया, उसकी चेतना पर पाश्चात्य प्रभाव, उसके सरोकार, विषयवस्तु की प्रासंगिकता की कसौटी पर विचार नहीं होता। कला की आलोचना के मौजूदा परिदृश्य पर आपकी क्या राय है?

कला की आलोचना पद्धति में आज प्रौढ़ता का अभाव है। कुछ समीक्षाएँ संवेदनशील होती हैं पर कुछ ही। क्रिटिसिज्म ठीक से विकसित नहीं हुई। पोस्ट कोलोनियल पीरियड में कला की परंपरा, उसके इतिहास पर वर्गीकरण के आधार पर पांडित्यपूर्ण विमर्श होता था। लेकिन आज का समय ही ऐसा है कि लगता है कि आज हमारे बीच यदि गाँधी होते तो वैसा इम्पैक्ट उनका भी नहीं पड़ता। इसीलिए पहले मैंने कहा था कि 'ओल्ड होप्स डिसएपीयर' (पुरानी उम्मीदें खो गई हैं)। समकालीन

समीक्षकों में अमूमन कुछ पत्रकार जैसी-तैसी कला समीक्षाएँ लिख देते हैं जिन्हें न आर्ट के बारे में पता है न आर्ट के फॉर्म और न कंटेंट का पता होता है। वे गहराई में नहीं जाते। स्टूडियो गए बगैर लिख देंगे और यह सब भी छिटपुट लेखन होता है। आलोचनात्मक इतिहास (क्रिटिकल हिस्ट्री) की दयनीय दशा है। कला के लिए संसाधनों से भरपूर संग्रहालय नहीं हैं, उस पर भी कलाकारों पर जीवनीपरक सामग्री तो न के बराबर है (अगर है, आर्काइब नहीं है—बायो ग्राफिकल आर्काइब)। मुझे लगता है कि कला आलोचना को पाठ्यक्रम में शामिल किया जाना चाहिए, उसे विधिवत् शिक्षा का हिस्सा बनाना चाहिए (आर्ट क्रिटिसिज्म का कोर्स खुलना चाहिए)।

आप कह रहे हैं क्रिटिसिज्म की कोर्स की बात। आप पूरे कोर्स पर नजर दौड़ाएँ और बताएँ कि कला की पूरी शिक्षा पद्धति आज कितनी आधुनिक है या अंतर्राष्ट्रीय आधुनिक कला से मुकाबला करने में वह कितनी सक्षम है?

मैंने वर्षों कला का अध्यापन किया पर मैंने अध्यापन को कभी गंभीरता से नहीं लिया। यदि लेता तो छात्रों की स्वाधीनता में खलल पड़ता, उन पर दबाव पड़ता और वे कमजोर पड़ते। अवनींद्रनाथ इस तरह पढ़ाने के हिमायती थे कि छात्र सीखें, प्रेरित होकर काम करें। मैंने अध्यापन में भी एक वातावरण बनाया। ऐसे काम किए कि छात्र देखें, प्रेरित हों। लेकिन आपकी इस बात से मैं सहमत हूँ कि कला की गति-प्रकृति से कला शिक्षा की संगति होनी ही चाहिए। यह भी देखना उचित होगा कि आधुनिकता के साथ शिक्षा प्रतिष्ठानों ने कितना सामंजस्य बिठाया है। पूरे विश्व में जो कला की आधुनिकता, आंगिकता और रीति-नीति है, उसकी भूमिका कला और शिक्षा प्रतिष्ठानों में कितनी है और कितनी जगह है, इस पर भी विचार करने की जरूरत मैं महसूस करता हूँ।

('समकालीन कला' : अक्टूबर-जनवरी 2002-2003)

व्यक्तिगत साधना में ही चित्रकला की सार्थकता है

चित्रकार गणेश पाइन से बातचीत

कला की दुनिया में भारत जिन सर्जनात्मक व्यक्तित्वों पर गर्व कर सकता है, उनमें चित्रकार गणेश पाइन भी हैं। अपनी बहुआयामी चित्रकला से गणेश पाइन ने इस विधा को नए आयाम दिए हैं और उसे शिखर पर पहुँचाने में उनका भी योगदान रहा है। एक संभ्रांत बंगाली परिवार में 1937 में जन्मे गणेश पाइन ने कोलकता के गवर्नमेंट कालेज आफ आर्ट्स एंड क्राफ्ट से चित्रकला की विधिवत पढ़ाई की। चित्रकला में डिग्री लेने के बाद उनकी सृजन यात्रा शुरू हुई जो आज भी जारी है। अपने देश में कोलकाता, दिल्ली, मुंबई, कोच्चि के अलावा जापान, जर्मनी, ब्रिटेन, सिंगापुर, अमेरिका आदि देशों में कई बार अपने चित्रों की प्रदर्शनी लगा चुके गणेश पाइन उन कलाकारों में हैं जिनकी पेंटिंग की माँग और कीमत दोनों शीर्ष पर हैं। उनके चित्र भारत, जापान और जर्मनी में संगृहीत किए गए हैं। पेंटिंग में उनके उल्लेखनीय अवदान के लिए कलकत्ता आर्ट सोसायटी सम्मान (1956), फाइन आर्ट्स सम्मान (1957), बिड़ला अकादेमी सम्मान (1973), आर्टिस्ट आफ द इयर पुरस्कार (1978), एशियन पेंट्स शिरोमणि पुरस्कार (1985), विश्वभारती अवन गगन पुरस्कार (1999) से उन्हें सम्मानित किया जा चुका है।

क्या आपको याद है कि पहली पेंटिंग आपने कब बनाई और इस ओर रुझान कैसे हुआ?

यह बताना बहुत मुश्किल है। चित्र बनाना तो बचपन से ही शुरू किया था। पेंटिंग करना मेरे लिए खेल की तरह था—इजी गेम। अकेले खेलता था—स्लेट पर चित्र बनाते हुए या अभ्यास पुस्तिका में पेंटिंग करते हुए। स्कूल में गया तो एक मैगजीन में अवनींद्रनाथ टैगोर का बनाया चित्र देखा तो ठगा रह गया। उस चित्र ने सीधे मेरे

हृदय को स्पर्श किया था। तब मुझे लगा कि हाँ चित्र ऐसा ही होना चाहिए। लेकिन मैंने पहली बार पूर्णांग चित्र कब बनाया, यह याद नहीं।

आपने अपने एक चित्र में एक पंक्ति अंकित की है–'सारे सृजन का एक ही उद्गम है–विस्मय भाव'। वह विस्मय भाव क्या है?

जैसे एक बच्चा दुनिया को विस्मयभरी आँखों से देखता है, यह विस्मय भाव वही है। जो चीजें वह देखता है, उनके नाम वह नहीं जानता। भाँति-भाँति रूपों की चीजें देख कर वह चकित होता है। यह विस्मय ऐसी अनुभूति है जो आँखों देखी आकृति को अनुभव करने और उसका अंकन करने में सहायता पहुँचाती है।

आपकी चित्रकला में शब्द की, कविताओं की और विचारों की कितनी प्रेरणा है? बांग्ला लोकगान और मध्यकालीन साहित्य आपकी कल्पना को आकार देने में कितने मददगार होते हैं?

बहुत मददगार होते हैं। शब्दों की प्रेरणा तो शुरू से रही है। दादी माँ जब कहानियाँ सुनाती थीं–अद्भुत ढंग से सुनाती थीं तो उसी समय मेरा शब्दों से प्रथम परिचय हुआ था। लोककथाओं का दादी के पास भंडार था। लोकगान भी समान रूप से मुझे आकर्षित करते थे। जब थोड़ा बड़ा हुआ तो लोक साहित्य से लेकर उन्नत साहित्य तक से अंतरंग रिश्ता बना और मेरे चित्रों में इन सबने प्रत्यक्ष या परोक्ष प्रेरणा देने का काम किया है।

एक चित्रकार के रूप में आपके विकास में बांग्ला के अपने सांस्कृतिक परिवेश का क्या योगदान है?

यहाँ के सांस्कृतिक परिवेश का मेरे शिल्पी के निर्माण में काफी योगदान रहा है। जिस परिवेश में मैं पला-बढ़ा, उसमें खूब सांस्कृतिक सक्रियता थी। बहुधा ये सामंतवाद और साम्राज्यवाद विरोधी सांस्कृतिक गतिविधियाँ थीं। उसी परिवेश में मैं चित्रांकन की चेष्टा करता था। बंगाल की जातीय संस्कृति और सांस्कृतिक माहौल ने मुझे अनवरत प्रेरित करने का काम किया।

आप पेंटिंग में एक स्कूल की तरह काम कर रहे हैं। नई पीढ़ी का इस ओर कितना झुकाव है?

उन्नीसवीं सदी में यूरोप में जब चित्रकला विकसित हो रही थी तो उसकी आँच भारत में भी आई। मेरी चित्रकला की कितनी आँच नई पीढ़ी तक जा रही है, नहीं बता सकता पर भारत की पारंपरिक चित्रकला से प्रेरणा लेते रहे हैं चित्रकार। पाश्चात्य कला से भी वह प्रभावित दिख सकती है, पर नई पीढ़ी पर अभियोग लगाने की बजाय मुझे लगता है उन पर नया देशज प्रभाव पड़ेगा। नई पीढ़ी के काम को मैं इस रूप में देखता हूँ कि कला की दुनिया बदल रही है।

कोई चित्रकृति आम दर्शकों की स्मृति में देर तक कायम क्यों नहीं रहती?

म्यूजियम में कोई विशेष चित्रकृति देखें तो वह दर्शक के अंदर स्थायी भाव बना लेती है। देर तक यदि कोई चित्रकृति अपना प्रभाव नहीं रखती तो इसका कारण यह है कि उस पेंटिंग में गहराई नहीं होती या उसमें दर्शक को भीतर तक झकझोर देने की शक्ति नहीं होती।

चित्रकला अभी भी अभिजात वर्ग की कला क्यों बनी हुई है? आम लोगों से गहरे क्यों नहीं जुड़ी है?

चित्रकला ऐसा माध्यम है जो जनता से प्रायः दूर ही रहता है। यह माध्यम जनता के बीच 'विदिन द पीपुल' नहीं बनता। चित्रकला व्यक्ति विशेष का काम होता है, समूह का नहीं। कई कलाविधाओं में समूह में काम होता है। चित्रकार चूँकि अकेले काम करते हैं इसलिए जनता से कटे रह जाते हैं। हमारे यहाँ जितनी भी कला विधाएँ हैं, वे जनता से गहरे नहीं जुड़ी हैं। साहित्य की भी विधाएँ नहीं जुड़ी हैं। साहित्य की पाठक सारी जनता नहीं होती। लेकिन इसका यह मतलब नहीं कि कलाकारों के जनपक्षीय सरोकार नहीं होते। चित्रकला इसलिए अभिजात वर्ग में सिमट कर रह गई है कि वही वर्ग इसमें रस लेता है। चित्रकृति में रस लेना भी अकेले में संभव होता है, समूह में नहीं। हमारे यहाँ गाँवों में जो लोक चित्रकला होती है वह जरूर समूह में भी होती है और आम जन से जुड़ी भी है। फाइन आर्ट्स या आधुनिक पेंटिंग ही जन से दूर है।

चित्रकला को व्यापक दायरा कैसे मिल सकता है?

चित्रकला को व्यापक परिप्रेक्ष्य देने की चेष्टा चल रही है। इसी के तहत चित्रकला की थीम आम जन को बना कर इसे व्यापकता देने के प्रयास हुए हैं। जहाँ चित्रकला की थीम श्रमिक वर्ग को बनाया गया, वह समादृत भी हुआ है पर मैं फिर कहना चाहूँगा कि चित्रकला व्यक्तिगत साधना की चीज है और उसी में उसकी सार्थकता है। व्यक्तिगत रूप से ध्यानमग्न होकर काम करने पर ही अच्छी चित्रकृति बनती है।

चित्रकला की जितनी शैलियाँ हैं, वे आधुनिक जीवन के यथार्थ को अभिव्यक्त करने में कहाँ तक सक्षम हैं?

शिल्प के स्तर पर आधुनिकता तो आई ही है। अमूर्तन की प्रवृत्ति बढ़ी है। पेंटिंग का विषय पारंपरिक रहे, चिरंतन रहे या क्या हो यह तो चित्रकार पर निर्भर करता है। आज की सच्चाई यदि रिपोर्टिंग की तरह पेंटिंग में आए तो क्या वह ठीक होगा? देखना यह चाहिए कि कलाकार की दृष्टि क्या है? चित्रकला की परंपरा और मानवीय दृष्टिकोण से वह आँखें नहीं चुरा सकता।

भारतीय कला के विकास में ललित कला अकादेमी जैसी संस्थाओं की क्या कोई सार्थक भूमिका रह गई है?

कला के विकास में ललित कला अकादेमी की भूमिका निश्चित तौर पर है। सरकारी तौर पर जितना कुछ संभव है, अकादेमी कर रही है। कला शिविरों का आयोजन भी वह करती है। ललित कला अकादेमी के साथ ही निजी कला-दीर्घाओं की भी सार्थक भूमिका है जो पेंटिंग-प्रदर्शनियाँ लगाती हैं।

देश-विदेश की कला से आप बहुत निकट से परिचित हैं। भारतीय और पश्चिमी कला में आपको क्या बुनियादी अंतर नजर आता है?

आदिकाल से ही दोनों कला रूपों की उत्सभूमि अलग-अलग रही है। भारतीय कला परंपरा से ज्यादा युक्त है और अंतर्जगतमुखी ज्यादा है। पश्चिम की कला यथार्थ और वैज्ञानिक दृष्टि से ज्यादा जुड़ी है और उसी के अनुसार उसका वहाँ विश्लेषण किया जाता है। जब पाश्चात्य और भारतीय कला का उद्‌गम ही भिन्न है तो पूरी दुनिया में उनके उन्नत रूप भी अलग से पहचाने जा सकते हैं।

आस्ट्रिया के फोटोकार बर्नर डोर्निक के मुताबिक पश्चिम में अब पेंटिंग को कला की विधा नहीं माना जाता। इस संबंध में आपकी क्या राय है?

पश्चिम में पेंटिंग को कला की विधा मानने में दुविधा है, यह सही है। पश्चिम में कला की नई दुनिया आई है जो उत्तरोत्तर आधुनिक शिल्प है। उसे कला की विधा भले न मानें पर यह तो तथ्य है कि आधुनिक कला की नई दुनिया के सबसे करीब पेंटिंग ही है। हमारे देश में भिन्न स्थिति है पर पचास साल बाद यहाँ भी पेंटिंग कला की विधा रह जाएगी या नहीं, कौन कह सकता है। मेरी राय में पेंटिंग कला की विधा स्वाभाविक रूप से है, पश्चिमी जगत के नहीं मानने से यह विधा खत्म नहीं हुई जा रही।

जान वर्जर कहते हैं कि कलाकार सर्जक न होकर ग्रहणकर्ता है। वह प्राप्त की हुई चीज को रूपाकार प्रदान करता है, इस धारणा से आप कहाँ तक सहमत हैं?

कलाकार सर्जक नहीं है, यह मैं नहीं मान सकता। कलाकार यदि सर्जक नहीं, तो फिर सर्जना किसे कहते हैं? प्राप्त की हुई चीज को पहले चित्रकार अपने भीतर उतारता है, डाइजेस्ट करता है, फिर उसे भिन्न रूपों में अपनी कल्पना के मुताबिक आकार देता है तो क्रिएट ही करता होता है। उसकी कला में रहस्य का एक आवरण होता है, उस आवरण को हटाएँ तो कई आशय प्रकाश में आ जाते हैं, जो विशिष्ट आकार अंतः विन्यस्त होता है, उसके लिए भी यही बात सही है। चित्रकार हर दृष्टि से सृजन ही करता है, चित्रकृति को जन्म देता है, तो वह सर्जक हुआ कि नहीं?

कला की दुनिया में आपने जो ऊँचाइयाँ छुईं, उनमें किन चीजों का योगदान मानते हैं?

अपनी प्रतिभा के अनुसार काम करने का मुझे अवसर मिलता रहा। लोगों का पर्याप्त समर्थन मिला। मेरे कई मित्र हैं हिंदी भाषी जो मेरी पेंटिंग प्रदर्शनियों के प्रायोजक रहे हैं। मेरी चित्रकृतियाँ खरीदते रहे हैं और मुझे बल पहुँचाते रहे हैं। लोगों का जो मुझे प्यार और समर्थन मिला, उसके बल पर ही मैं अपनी अंतर्राष्ट्रीय छवि बना पाया। इसके अलावा जैसा कि मैंने पहले भी कहा कि बंगाल के सांस्कृतिक परिवेश का भी मेरे विकास में योगदान रहा। यहाँ की माटी, हवा और पानी का भी मैं उतना ही ऋणी हूँ।

स्वाधीनता संग्राम में विभिन्न विधाओं के कलाकारों ने भाग लिया पर क्या कारण है कि किसी चित्रकार ने आंदोलन में कूची, कैनवास और रंग के साथ भाग लेने की जहमत नहीं उठाई?

यह राजनैतिक प्रश्न है। राजनीति मेरे लिए जटिल विषय रहा है। यह मेरी अयोग्यता है। राजनीति और चित्रकला में और उसी तरह जनांदोलन और चित्रकला में संबंध रहा ही है। लेकिन यदि चित्रकार आंदोलनकारी भी हो तभी वह ज्यादा जतन और समझ से अपने काम को अंजाम दे सकता है। यदि कलाकार ने किसी कारखाने में काम नहीं किया तो वह मजदूरों की स्थिति की कल्पना कैसे करेगा? यह कहना ठीक नहीं है कि चित्रकला का आजादी की लड़ाई में बिल्कुल योगदान नहीं रहा। इतिहास से मैं सिर्फ एक ही उदाहरण देता हूँ जो आपके आरोप को गलत सिद्ध करने के लिए पर्याप्त है। अवनींद्रनाथ ठाकुर ने कूची, कैनवास और रंग के साथ भारत के स्वाधीनता संग्राम में भाग लिया था। अवनींद्रनाथ ने भारत माता की जो पेंटिंग बनाई थी, उसने पूरे बंगाल के विप्लवियों में नई ऊर्जा का संचार किया था। विप्लवी जुलूसों में वह चित्रकृति लेकर जाते थे। सिस्टर निवेदिता भी उससे ऊर्जस्वित हुई थीं। अवनींद्रनाथ का भारत माता का बनाया चित्र बैनर युक्त करके आंदोलनकारी काफिले निकलते थे। सिर्फ एक उदाहरण मैंने दिया कि अवनींद्रनाथ की चित्रकृति उस जमाने में किस तरह प्रेरित करने का काम करती थी। सिर्फ भारत में ही नहीं, विदेशों में भी शिल्पियों ने जनांदोलनों में अपने तईं भाग लिया। अंग्रेजों के जोर-जुल्म और तोप से उड़ाए जाने की सच्चाई को एक रूसी चित्रकार ने चित्रित किया था और हिटलर की दमनकारी नीति को पिकासो ने अपनी चित्रकृति में दर्शाया था। तो भारत में ही नहीं, दुनिया भर में कलाकारों ने लोक संघर्षों को वाणी दी है।

('जनसत्ता' : दिल्ली, 2 अप्रैल 2002)

संवाद – 2

आपने जलरंगों से यात्रा शुरू की थी, सिर्फ कलम-स्याही से भी काफी चित्र बनाए, धीरे-धीरे आप टेंपरा में रम गये। टेंपरा आपको क्यों मुग्ध करता है?

पचास के दशक में जलरंगों से ही यात्रा शुरू की थी। मिट्टी के रंग ही मेरे प्रमुख रंग रहे। तेल-जल और स्याही के मिश्रित माध्यम में भी चित्र बनाये। 'कंटी' चित्र भी बनाये। कंटी फ्रांस की एक चित्रांकन विधि है जिसमें सिर्फ लाल और काले रंग का इस्तेमाल होता है। लेकिन कलम, स्याही, जलरंग, कंटी के बाद मैं धीरे-धीरे टेंपरा में आया और उसी में सर्वाधिक रम पाया। हालाँकि अपना अलग टेंपरा बनाने में मुझे दस साल लग गये। यूरोपीय पद्धति और भारतीय मिनिएचर पद्धति को मिलाकर मैंने अपनी अलग टेंपरा विधि ईजाद की। यह मेरे मिजाज से बहुत मिलता-जुलता है। यह मनुष्य के मन की तरह है। मनुष्य के मन में जैसे अनेक परतें हैं, सूक्ष्म से सूक्ष्मतर भावनाएँ हैं, उसी तरह टेंपरा में रंग के नीचे रंग, उसके नीचे भी रंग होता है। रंग को रंग की चादर से ढँक देने का खेल मुझे बहुत भाता है।

आपके चित्रों में गंभीर व्यक्तिगत संशय, दुविधा, कुंठा, हताशा, दुख और स्वप्न कई परतों में विन्यस्त हैं। व्यक्तिगत दुखों को सृजनात्मक अभिव्यक्ति देने के पीछे क्या दृष्टि रही है?

मेरे अनेक चित्रों में व्यक्तिगत जीवन के दुखों की अभिव्यक्ति हुई है। मेरे बड़े भाई की मृत्यु पर मुझे जो शोक और कष्ट हुआ, उसे समझे बगैर मेरे कई चित्रों के मिजाज को नहीं समझा जा सकता। मैं तो आपके प्रश्न के उत्तर में कहूँगा कि मेरे चित्र ही मेरी जीवनी हैं।

प्रेम, यंत्रणा, हताशा तो परवर्ती काल की चित्रकृतियों में हैं। पहले की चित्रकृतियों में तो क्रोध, अभिमान का ताप है, नहीं क्या?

हाँ, जैसे-जैसे उम्र बढ़ी है, एक तरह का परिवर्तन आया है, कहीं से निर्लिप्त हुआ हूँ, कहीं मग्न।

आप बड़े भाई की मृत्यु के शोक की बात कर रहे थे। उस तरह के और भी क्या कष्ट हुए जिन्होंने आपके सर्जनात्मक मन को झकझोरा हो?

मृत्यु को बहुत नजदीक से मैंने देखा है—कई बार। बचपन में ही पिता का साया मेरे सिर से उठ गया। मेरे चाचाओं ने हम पाँच भाई-बहनों की परवरिश की। उन्होंने पिता के अभाव को महसूस नहीं होने दिया। दादी माँ प्यार देती थीं और माँ शासन करती थीं। दादी माँ बहुत सारी कहानियाँ सुनातीं, मैं चकित होकर सुनता और उन कहानियों के पात्रों की कल्पना करता और उस कल्पना को चित्र में उतारने की कोशिश करता। चित्रों की दुनिया में इसी तरह आया। लेकिन मैं कह रहा था, पिता

के बाद बड़े भाई की 1980 में जब मृत्यु हुई तो मैं टूट गया। अनेक दिनों का मेरा आश्रय खत्म हुआ था। उसके पहले ही छोटे चाचा की मृत्यु हुई थी, मझले चाचा की हुई थी। स्वजनों की मृत्यु ने मुझे बहुत वेदना दी है, जिसकी अभिव्यक्ति मैंने अनेक चित्रों में की है।

कलाकार के नाते भी जीवन में संघर्ष करना पड़ा?

कलाकार के नाते तो नहीं पर संघर्ष खूब करना पड़ा। नौ साल की उम्र में ही घर छोड़ देना पड़ा। कभी इस स्वजन के यहाँ, कभी उसके यहाँ। सिटी कालेज से इंटरमीडिएट करने के बाद नौकरी करने की सोचने लगा क्योंकि अभावग्रस्त जीवन था। पर चाचाओं ने नौकरी नहीं करने दी। छोटे चाचा ने कहा कि पेंटिंग बनाते हो तो आर्ट कालेज में भर्ती हो जाओ। भर्ती हुआ—सीधे सेकेंड ईयर में। आर्ट कालेज से पढ़ाई पूरी कर निकला तो फिर अनिश्चय ने आ घेरा। रंग खरीदने के लिए भी पैसे नहीं थे। पत्र-पत्रिकाओं के लिए रेखांकन करने लगा, विज्ञापन का मैटर आँकने लगा, कार्टून फिल्मों से जुड़ा। नाम मात्र के वेतन पर मंदार स्टूडियो में नौकरी की, लेकिन पेंटिंग भी साथ-साथ चलती रही, उन्हीं संघर्षों के बीच।

विषयवस्तु, रूप की ज्यामिती और रंग में सामंजस्य कैसे बिठाते हैं?

यह सामंजस्य बिठाने में तीन प्रेरणाएँ काम करती हैं। एक तो यह कि किस माध्यम में चित्रकृति बनाई जा रही है और वह उसके मिजाज से कितना मेल खाती है—यह देखता हूँ। दूसरी बात—रंग और तीसरी बात चित्रकृति की विषयवस्तु का वाहक कैसे बना जाए—निर्लिप्त भाव से यह तलाशना। इन प्रेरणाओं के अलावा परितोष सेन की एक बात भी ध्यान में आती है। साठ के दशक में अकादेमी ऑफ फाइन आर्ट्स में परितोष दा ब्लैकबोर्ड पर समझा रहे थे कि चित्र रचना से शून्य स्थान का क्या संपर्क है, उस दिन पैर के नीचे मैंने जमीन पायी थी।

समकालीन भारतीय कला के लिए आज बाजार अत्यधिक अनुकूल है। बाजार का यह विस्तार कितना स्वस्थ है? क्या यह कला की वास्तविक जरूरत और समझ से बना है?

मैं बाजार को ध्यान में रखकर चित्रकृतियाँ नहीं बनाता। कलाकार के रूप में मैं बाजार से समझौता नहीं करता पर यह भी सच है कि बाजार में मेरी चित्रकृतियों की कीमत बहुत ज्यादा है। मेरी रद्दी चित्रकृतियाँ भी बिक जाती हैं। इससे मुझे तकलीफ होती है। कभी नष्ट तस्वीरें फेंक देता था, अब नहीं फेंक पाता। तस्वीर आज बाजार की वस्तु है, इससे मुझे गहरी वेदना होती है।

('सहारा समय' : 24 जुलाई 2004)

भारतीय मूर्तिकला में छंदबद्धता है

मूर्तिकार चिंतामणि कर से बातचीत

चिंतामणि कर बीसवीं शताब्दी के उन विलक्षण मूर्तिकारों—चित्रकारों में हैं जो पाश्चात्य व भारतीय चित्रकला व मूर्तिकला की लंबी परंपरा के गहरे जानकार हैं। शैली की विविधता, मौलिकता और सर्जनात्मकता के लिए श्रीकर अंतर्राष्ट्रीय स्तर पर जाने जाते हैं। विभिन्न शैलियों में उनकी गढ़ी मूर्तियाँ, चित्रकृतियाँ और रेखाचित्र दुनिया के प्रमुख संग्रहालयों में संग्रहीत हैं। पश्चिम बंगाल के खड़गपुर में 19 अप्रैल 1915 को जन्मे चिंतामणि कर ने मूर्तिकला व चित्रकला का आरंभिक प्रशिक्षण कोलकाता के इंडियन सोसाइटी ऑफ ओरियंटल आर्ट स्कूल में लिया। कोलकाता में मूर्तिकला में उच्च अध्ययन की सुविधा नहीं थी, लिहाजा वे 1938 में पेरिस चले गए और वहाँ प्रो. आर. वेलरिक से अकादमिक डी ला ग्रैंड चौमीर में कला की बारीकियाँ सीखीं। पेरिस से लौटकर 1940 से 1942 तक वे कोलकाता विश्वविद्यालय में कला के प्रवक्ता रहे। 1943 से 1945 तक वे दिल्ली पालीटेक्नीक के कला विभाग में मूर्तिकला के प्रवक्ता रहे। 1946 में वे लंदन जाकर बस गए और 1947 में रायल सोसाइटी ऑफ ब्रिटिश स्कल्प्चर्स के सदस्य चुने गए। 1948 में लंदन में 14वें ओलंपियाड में 'कला में खेल' की अंतर्राष्ट्रीय प्रतियोगिता में उन्हें सिल्वर मेडल मिला। 1952 में वे भारत लौट आए। 1956 में कोलकाता के गवर्नमेंट कालेज ऑफ आर्ट एंड क्राफ्ट के प्रिंसिपल बने। 1974 में रिटायर हुए। उसी वर्ष उन्हें पद्मभूषण से सम्मानित किया गया। 1995 में विश्वभारती ने उन्हें 'देशिकोत्तम' उपाधि दी। 1995 में ही उन्होंने अपनी समस्त कलाकृतियाँ पश्चिम बंगाल सरकार को संग्रहालय बनाने के लिए दान कर दीं। दक्षिण चौबीस परगना के नरेंद्रपुर स्थित चिंतामणि कर का आवास अब 'भास्कर भवन' संग्रहालय के रूप में परिणत हो रहा है जहाँ रहकर वे सृजन करते रहे; आम जनता

के लिए उसे निकट भविष्य में खोले जाने की उम्मीद है। भास्कर भवन में ही यह बातचीत हुई।

कला की ओर आपका झुकाव कब और कैसे हुआ?

कला की ओर झुकाव बचपन में ही हो गया था और मन में सोच लिया था कि मूर्तिकार बनूँगा, चित्रकार बनूँगा। पढ़ने में ठीक था इसलिए मेरे पिता चाहते थे कि डाक्टर बनूँ। उन्होंने कैंबिल मेडिकल स्कूल के प्रिंसिपल से बात भी कर ली थी कि मैट्रिक के बाद मेरा वहाँ दाखिला कराएँगे। तब पढ़े-लिखे समाज में डाक्टर, इंजीनियर, वकील, शिक्षक का ही सम्मान था। पेंटर, एक्टर, म्यूजीशियन का सम्मान नहीं था। मैंने माँ से कह दिया कि डाक्टर नहीं बनूँगा, आर्ट स्कूल में दाखिला लूँगा। लेकिन तब पिता से बेटों द्वारा तर्क करने का जमाना नहीं था। स्वतंत्र रूप से बच्चा सोच नहीं सकता था। मैं अपने फैसले पर अड़ा रहा तो पिता ने कहा कि डाक्टरी नहीं पढ़ना तो घर छोड़ दो। रोज-रोज के झगड़े से तंग आकर 1929 में मैंने घर छोड़ दिया। तीन महीने बाद खुद पिता फिर घर ले आए। उसी साल गवर्नमेंट आर्ट स्कूल में दाखिला लेना चाहा, नहीं ले पाया तो अंततः छह रुपए देकर इंडियन सोसाइटी ऑफ ओरियंटल आर्ट में दाखिला लिया। अपनी पढ़ाई का खर्च खुद जुटाता।

कैसे?

पिता घर वापस तो ले आए पर यह कह दिया कि कला में पढ़ाई के लिए या कागज, तूलिका रंग आदि के लिए पैसे नहीं देंगे। मैंने कहा—ठीक है। मैं फोटो इनलार्ज करना, फिनिशिंग करना जानता था। स्टूडियो से काम पा जाता था और कामभर पैसे पा जाता था। पेंटिंग भी बनाता था। कुछ बिक भी जाती थीं। 1930 में मैंने पहली पेंटिंग बनाई थी—बुद्ध, जिसे इलाहाबाद के एक सज्जन ने पच्चीस रुपए में खरीदा था। जब पिता ने देखा कि उनकी आर्थिक पाबंदी के बावजूद मेरी कला शिक्षा जारी है तो वे कहने लगे कि यह लड़का अशिक्षित रह गया। उस समय जो ग्रेजुएट होते थे, उन्हें ही शिक्षित समझा जाता था। सो कला की पढ़ाई करते हुए मैंने 1932 में प्राइवेट परीक्षा देकर मैट्रिक की। रिपन कॉलेज से आईए किया और बी.ए. में दाखिला लिया। बी.ए. में वैसे चतुर्थ वर्ष की परीक्षा में दाखिल नहीं हुआ। उसी समय वीरभूम में स्कूल टीचर की नौकरी मिल गई। वीरभूम गया तो वहीं शांतिनिकेतन में रवींद्रनाथ ठाकुर व नंदलाल बसु थे। मैं हर हफ्ते वहाँ जाता। दोनों मनीषियों से उसी दौरान आत्मीय परिचय हुआ था।

जब आप कोलकाता के ओरियंटल आर्ट स्कूल में पढ़ रहे थे, तब वहाँ पठन-पाठन का माहौल कैसा था?

मैं जब दाखिल हुआ, तब क्षितींद्रनाथ मजुमदार प्रिंसिपल थे। चूँकि मैं मूर्तिकला सीखने गया था सो उड़ीसा के गिरिधारी महापात्र का छात्र हो गया। कुछ दिनों के बाद उन्होंने मुझे एक लकड़ी दी और कहा कि इसे काटो। काट कर पूरी लकड़ी खत्म कर दो। यानी माध्यम के साथ वे हाथ का परिचय कराना चाहते थे। मैंने उनसे पूछा कि कितने दिन में सीख लूँगा। उन्होंने बताया–बीस वर्ष लगेंगे। यह सुनकर तो मेरा माथा ही सन्न रह गया। मुझे लगा कि तब तक तो अधेड़ ही हो जाऊँगा। क्षितींद्र बाबू से बात की। फिर चित्रकृति बनाना और सीखना शुरू किया।

उसी के बाद मूर्तिकला की पढ़ाई के लिए आप यूरोप गए?

मूर्तिकला की पढ़ाई की कोलकाता में सुविधा नहीं थी। एक अमेरिकी डाक्टर मेरे मित्र थे। मैंने उन्हें अपनी इच्छा बताई कि मैं मूर्तिकला सीखने के लिए विदेश जाना चाहता हूँ, पर अर्थाभाव आड़े आ रहा है। उन्होंने यह कहकर मेरा उत्साह बढ़ाया कि यूरोप में तो मजदूर का काम कर के भी पढ़ाई की जा सकती है। मैंने पासपोर्ट बनवाया। उसी समय महाराजा त्रिपुरा ने पाँच सौ रुपए में मेरी एक पेंटिंग खरीदी। मैं लंदन गया। वहाँ से पेरिस। 1938-39 के दौरान मैंने वहाँ मूर्तिकला सीखी। पर फिर विश्वयुद्ध के कारण यूरोप में रहना मुश्किल हो गया तो स्वदेश लौट आया।

तब देश पराधीन था। स्वाधीनता संग्राम में भाग लेने की बात आपके मन में कभी नहीं आई?

स्वाधीनता संग्राम में अपने तईं मैंने भाग लिया था। जब 1929 में मैं घर से तीन महीने के लिए बाहर रहा तो युगांतर पार्टी के लिए लगातार काम किया। तब युगांतर पार्टी में बारह से अठारह वर्ष की उम्र के बीच के लड़कों को खास तौर पर प्रशिक्षित किया जाता था क्योंकि इस उम्र के बच्चे मरने या मारने में जरा भी नहीं हिचकते। युगांतर पार्टी के लिए काम करते हुए मैं पकड़ा गया था कलकत्ता के मनोहरदास कटरा में। मुझे जेल भी हुई थी।

बंगाल में मूर्तिकला की लंबी परंपरा रही है। उस लोक परंपरा के समांतर अपने सृजन कर्म को किस रूप में देखते हैं?

आधुनिक मूर्तिकला बीसवीं शताब्दी के आरंभ की देन है। उसके पहले इमेज सुमुख होती थी मूर्तिकला। आधुनिक मूर्तिकला में जिनके नाम आते हैं वे हैं हिरण्मय राय चौधरी, देवीप्रसाद राय चौधरी और उनके बाद रामकिंकर। उन्नीसवीं शताब्दी में यूरोप में साहित्य, कला, संस्कृति में जो नया चलन आया, उसकी आँच मूर्तिकला पर भी पड़ी। मेरे बारे में कहा जाता है कि मेरे सृजनकर्म में पाश्चात्य प्रभाव है। उस प्रभाव से मैं इनकार नहीं करता लेकिन यूरोप के कला कौशल और शैली के प्रत्यक्ष प्रभाव के साथ ही बंगाल स्कूल या कहिए स्वदेशी गठन प्रणाली, स्वदेशी चिंतन व

दर्शन का समन्वय मैंने किया है। शायद यहीं मेरी चित्रकला अलग स्वातंत्र्य लिए दिखती है। मैं उन्नीसवीं सदी के मानव मूल्यों में विश्वास करता हूँ। मेरी मानसिक बनावट उन्हीं मूल्यों की है। आज के मूल्य बदल गए हैं। मेरी मानसिक बनावट का असर भी मेरे काम पर पड़ा है। पश्चिम से मैंने ज्यादा कुछ नहीं ग्रहण किया, टेकनीक भर सीखी। इसीलिए अन्य कलाकारों से स्वयं को अलग भी कर पाया।

क्या आधुनिक मूर्तिकला पर यूरोप का प्रभाव उसी रूप में पड़ा है जिस रूप में चित्रकला प्रभावित हुई, मसलन, अमूर्तन वगैरह?

आधुनिक भारतीय मूर्तिकला में एक छंदबद्धता है। किसी संग्रहालय में जाएँ तो सहज रूप से आप पहचान जाएँगे कि यह ग्रीक कलाकृति है, यह सीरिया की मूर्तिकला है और यह भारत की। भारतीय मूर्तिकला मुख्यतः धर्म पर आश्रित रही है। चूँकि उसका साँचा भारतीय परिवेश और चरित्र में ढलता रहा है इसलिए वह पूरे संसार से अलग है। उसमें भारतीयता है। जिस तरह बेटे की पहचान पिता से होती है उसी तरह भारतीय मूर्तिकला और चित्रकला भी अपने भारतीयपन के कारण अलग है। और वह अलग पहचान पश्चिम से अमूर्तन आदि के प्रभाव ग्रहण करने के बावजूद है। अपने यहाँ वैदिक युग में इमेज नहीं थी। तब लोग प्रकृति की पूजा करते थे। तब संकेतों में अभिव्यक्ति होती थी। स्वस्तिक से लेकर सूर्य, वन देवी की जो छवियाँ हैं उन पर भारतीय परिवेश का प्रभाव है। बाद में सूफी-संतों का प्रभाव पड़ा। मूर्तिकला की पूरी विकास यात्रा में भारतीयता अक्षुण्ण रही है।

अपने सृजनकर्म से आप संतुष्ट हैं?

कोई सर्जक अपने सृजनकर्म से संतुष्ट नहीं होता। लगातार अपने कर्म से असंतुष्ट रहा हूँ। जो भी मन में भावनाएँ आती हैं, उन्हें चित्रकृति, कलाकृति या रेखाचित्र के जरिए अभिव्यक्त करता हूँ। जीवन की आखिरी वेला में पहुँच गया हूँ। पर अब भी कलाकृतियाँ बनाता हूँ, पेंटिंग बनाता हूँ। आखिरी दम तक बनाता रहूँगा।

चित्रकला और मूर्तिकला में नई पीढ़ी को लेकर आपकी क्या राय है?

कई शिल्पी हैं जिनका काम अच्छा है। लेकिन अपने यहाँ प्रचारप्रियता जो बढ़ रही है वह घातक है। इस उम्र में आकर भी मैंने अपने मूल्यांकन की चिंता नहीं की, जबकि चालीस के दशक से ही देश-विदेश की पत्र-पत्रिकाओं में मेरी और मेरी कलाकृतियों की तस्वीरें छपती रही हैं। अपने यहाँ आज मैं देखता हूँ कि प्रदर्शनी हो रही है, विवरण-पत्र छप रहे हैं, कलाकार अपना प्रचार खुद करवा रहा है। ऐसे प्रोजेक्ट करके कला का उपकार नहीं हो सकता। अपने यहाँ तो यह भी देखा जाता है कि कोई अच्छा काम कर रहा है तो समीक्षा में लिख दिया जाता है कि कोई खास काम नहीं। ईर्ष्या के कारण खारिज करने की प्रवृत्ति देखी जाती है।

क्या आप कहना चाहते हैं कि कला समीक्षा तटस्थ ढंग से नहीं होती?

तटस्थ कला समीक्षा इस देश में नहीं है। अर्द्धशिक्षित या कलाकार के रूप में विफल होने के बाद समीक्षक बन बैठे लोग कभी फरमान जारी कर देते हैं कि इनका काम अच्छा, उनका मंद है। कला समालोचक का काम है कलाकर्म को सटीक ढंग से दर्शक को बताकर कलाकृति को समझने में मदद पहुँचाना। अपने यहाँ समीक्षक इतनी जहमत नहीं उठाते। कलाकार और उसकी कला का असली चेहरा दर्शक के सामने उपस्थित करना कला समीक्षक का काम होता है लेकिन आज के समीक्षकों से यह उम्मीद बेमानी है।

आपने स्वयं भी मूर्तिकला व चित्रकला पर काफी कुछ लिखा है। इन दिनों क्या लिख रहे हैं?

मूर्तिकला व चित्रकला पर बांग्ला में मेरी चार पुस्तकें हैं—'प्रवासी शिल्पी ओ समाज,' 'सान्निध्य,' 'स्मृति चिह्नित' और 'शिल्पी उ रूपकला'। अंग्रेजी में दो पुस्तकें हैं—'इंडियन मेटल स्कल्प्चर' और 'क्लासिक इंडियन स्कल्प्चर'। इनमें 'स्मृति चिह्नित' को अभी-अभी अपटुडेट किया है और उसका नया संस्करण चौदह अप्रैल को बांग्ला नव वर्ष पर आ रहा है।

आपने एक समय कविताएँ भी लिखी थीं। उसके बारे में कुछ बताएँगे?

कहने के लिए जो कविताएँ लिखीं वे 'टुकड़ा छविर संगत' शीर्षक से 1988 में पुस्तकाकार भी आई थीं। पर वह लंदन के समय की बात है। नरेटिव कविताएँ हैं।

आपके प्रिय कवि, लेखक?

प्रिय कवियों में हैं रवींद्रनाथ, सत्येंद्रनाथ दत्त, शेली और कीट्स। प्रिय लेखक हैं—बर्नार्ड शॉ, विभूतिभूषण बंद्योपाध्याय और मानिक बंद्योपाध्याय।

कला के लिए आपकी प्रेरणा का स्रोत?

प्रकृति।

एक कलाकार और व्यक्ति के रूप में आपकी पसंद और नापसंद?

पसंद है संगीत, पेड़, पक्षी। नापसंद है परनिंदा और शहर।

('जनसत्ता' : दिल्ली, 22 अप्रैल 2001)

सामाजिक संदर्भ कृति को महत्त्वपूर्ण बनाते हैं

चित्रकार जोगेन चौधरी से बातचीत

जोगेन चौधरी अंतर्राष्ट्रीय ख्यातिप्राप्त यथार्थवादी चित्रकार हैं। उनका कला अनुभव व्यापक है। अपनी चित्रकृतियों में उन्होंने अनेक मौलिक प्रयोग किए हैं। उनके यहाँ अमूर्तन के समांतर यथार्थ का आलोचनात्मक और जादुई रूप दिखता है। उनके कला संसार से गुजरना जीवन-जगत और प्रकृति की बृहत्तर सक्रिय दुनिया से गुजरना है। 16 फरवरी 1939 को फरीदपुर (अब बांग्लादेश) में जन्मे जोगेन चौधरी की आरंभिक शिक्षा वहीं हुई। देश विभाजन के दौरान 1947 में उनका परिवार कलकत्ता चला आया। कलकत्ता के गवर्नमेंट आर्ट कालेज से उच्च शिक्षा पूरी कर 1960 में उन्होंने चित्रकला की डिग्री हासिल की। 1960 से 1963 तक वे हावड़ा जिला स्कूल में कला शिक्षक रहे। बाद में फ्रांस सरकार की विशेष कला छात्रवृत्ति पर दो वर्ष वे पेरिस में रहे। वहाँ से लौटने के बाद वे कुछ वर्ष विभर्स सर्विस सेंटर में रहे। 1972 से 1987 तक पंद्रह वर्ष वे राष्ट्रपति भवन, दिल्ली में पेंटिंग के क्यूरेटर रहे। 1987 में उनकी नियुक्ति विश्वभारती विश्वविद्यालय (शांतिनिकेतन) के कला भवन रीडर के पद पर हुई, जहाँ बाद में वे प्रोफेसर, विभागाध्यक्ष और प्रिंसिपल भी बने। 1998 में वहाँ से स्वैच्छिक अवकाश ले लेने के बावजूद आनरेरी प्रोफेसर (पेंटिंग) के रूप में आज भी उनका जुड़ाव वहाँ से बना हुआ है। प्रोफेसर जोगेन चौधरी की चित्रकृतियाँ देश-विदेश के अनेक संग्रहालयों व कला दीर्घाओं के स्थायी संग्रह में शामिल की गई हैं। उन्होंने अमेरिका, ब्रिटेन, फ्रांस, जर्मनी, जापान, रूस, आस्ट्रिया, स्विट्जरलैंड, ब्राजील, क्यूबा, सिंगापुर, इराक आदि देशों में आयोजित विभिन्न चित्रकला प्रदर्शनियों में कई बार भारत का प्रतिनिधित्व किया है। कला में उल्लेखनीय अवदान के लिए जोगेन चौधरी को फ्रांस का यंग पेंटर्स अवार्ड, अकादेमी ऑफ फाइन आर्ट्स अवार्ड, एशियन पेंट्स

अवार्ड समेत अनेक राष्ट्रीय-अंतर्राष्ट्रीय पुरस्कारों से सम्मानित किया जा चुका है।

चित्रकला की ओर आपका झुकाव कैसे हुआ?

इस ओर झुकाव बचपन से ही था। जब पाँच-सात साल का था तो मिट्टी से छोटी-छोटी मूर्तियाँ बनाता था। उसमें आनंद का अनुभव करता था। तब हम बांग्लादेश के अपने पैतृक आवास में रहते थे। देश विभाजन के बाद कलकत्ता में बालीगंज मनोहरपुकुर वाले अपने काका के घर में आकर रहने लगे। मुझे याद है उसी घर में मैंने पहली पेंटिंग बनाई थी। कागज पर नहीं, दीवार पर। दोमुँही पेंसिल से। एक ओर से वह लाल थी, दूसरी ओर से नीली। उससे घर की दीवार पर मयूर बनाया था। यह 1948 की बात है। तब मैं नौ साल का था। उन्हीं दिनों आर्ट कालेज के छात्र हमारे घर के पास चित्रांकन के लिए इकट्ठा हुए थे। उन्होंने वाटर कलर में चित्र बनाया था। उनका काम देख मैं बहुत प्रभावित हुआ। घर आकर उन छात्रों की ही तरह छोटे-छोटे कागजों पर मैंने चित्रांकन किया। सजग होकर प्रयासपूर्वक किया गया वह मेरा पहला काम था। तब के जो चित्रांकन थे, अब उपलब्ध नहीं हैं। आर्ट कालेज में जब दाखिला लिया तो स्वाभाविक तौर पर इस ओर एकाग्रता व गंभीरता बढ़ गई।

आपकी प्रेरणाओं के स्रोत क्या रहे? आपके विकास में बंगाल का योगदान कितना है?

हमने काम शुरू किया तो बड़ा बनना मकसद नहीं था। कुछ करना चाहता था। ऐसा जिसका समाज पर असर पड़े। हमेशा मैं सोचता था कि किस रूप में काम करूँ। क्या प्रयोजनीय है। कोई शिल्प रीति के बीच, चिंतन के बीच, विचार के बीच एक सामाजिक जरूरत साबित करता है तभी तात्पर्यपूर्ण बनता है। कोई चित्रकृति तभी महत्त्वपूर्ण होती है जब वह सामाजिक संदर्भों में तात्पर्यपूर्ण हो। शायद इसी मनन के कारण मैं मौलिक शैली में कुछ कर सका हूँ। पारंपरिक चित्रकला का मैं बहुत सम्मान करता हूँ और उतना ही आधुनिकता का भी। हमारे चारों ओर का जो परिवेश है, जो मानुषजन हैं, वे हमें बहुत प्रभावित करते हैं। अपने चारों ओर के परिवेश और सामाजिक अवस्था से जुड़कर ही मैंने काम किया है।

जहाँ तक मेरे निर्माण या विकास में बंगाल के अवदान की बात है तो मूर्तियाँ तो मैं बचपन से ही बनाता था। मिट्टी को हाथ से 'स्पर्श' करने में कुछ खास मैं अनुभव करता था। इस 'टच' में कुछ ड्राइंग और पेंटिंग भी अनुभव करता रहा हूँ। छुटपन में दुर्गा की प्रतिमा जब मैं देखता था तो प्रतिमा की आँख मुझे 'हांट' करती थीं। विस्फारित—खुले नेत्र। जीवंत-सी आँखें। अपलक देखती हुई। मिट्टी से प्रतिमा गढ़ते

समय हाथ के स्पर्श के विशिष्ट अनुभव के अलावा बंगाल की जो पारंपरिक लोक शैलियाँ हैं जैसे वीरभूम–बाकुंडा के टेराकोटा–उसने मुझे बहुत प्रभावित किया है। मेरे काम पर बंगाल की पारंपरिक शैली का अप्रत्यक्ष प्रभाव पड़ा है। इसके अलावा बंगाल की सांस्कृतिक और सामाजिक आबोहवा ने मुझे बहुत प्रभावित किया है। इस आबोहवा ने बौद्धिक रूप से एक दिशा तय करने में मुझे मदद पहुँचाई है। बचपन से ही कविताएँ पढ़ता था। जीवनानंद दास, रवींद्रनाथ ठाकुर, सुभाष मुखोपाध्याय, विष्णु दे की कविताएँ पढ़ता था और उनकी कविताओं ने मेरी अन्य तरह की मानसिकता तैयार की। तो कोलकाता के सांस्कृतिक परिवेश, यहाँ की शिक्षा ने और साहित्य से संपर्क ने मुझ पर काफी असर डाला।

आप पेंटिंग में एक स्कूल की तरह काम कर रहे हैं। नई पीढ़ी का रुझान इस ओर किस तरह का है?

मैं कला का शिक्षक हूँ इसलिए मेरे जो छात्र हैं, उन पर मेरे काम का, मेरे चिंतन का कुछ प्रभाव पड़ना स्वाभाविक है। अपनी चित्रकृतियों में मैं जो कुछ कहता हूँ या चित्रकला पर जो मैं लिखता हूँ तो मेरा काम देखकर नई पीढ़ी में उसकी एक प्रतिक्रिया होती है। मेरा ही क्यों, गणेश पाइन, विकास भट्टाचार्य जैसे प्रतिष्ठित कलाकारों के काम भी नई पीढ़ी को प्रेरित करते रहे हैं। कौन किससे प्रभावित होगा, कहना मुश्किल है। कई जगहों पर–भारत में या विदेशों में दूसरों के काम देख हम भी प्रभावित होते हैं। प्रभावित होने की कोई भौगोलिक सीमा नहीं है। देश-विदेश में मैंने कितनों को प्रभावित किया और अन्य शिल्पियों से मैंने कितना प्रभाव ग्रहण किया, इसका हिसाब रखना कठिन है।

समकालीन चित्रकला की विकास यात्रा में आपकी महत्त्वपूर्ण भागीदारी रही है। आपकी राय में इस यात्रा में कौन-कौन से महत्त्वपूर्ण पड़ाव रहे हैं?

महत्त्वपूर्ण भागीदारी है–यह सुनकर संकोच होता है। हाँ, आरंभिक दौर में जब अध्ययन कर रहा था तो अच्छे अध्ययन का सुयोग मिला और अच्छे स्केच बनाने का भी। परवर्ती काल में पेरिस से लौटकर आया तो अपनी जगह बनाने के लिए शैली में मौलिकता लाने की ओर ध्यान केंद्रित किया। मद्रास में रहते हुए छोटे-छोटे चित्र बनाए अंतरंग विषयों पर, अपने जीवन पर और अपने परिवेश से जुड़कर। दिल्ली में रहते हुए समाज और राजनैतिक विषयों पर चित्र बनाए। कुछ काल्पनिक-फैंटेसी भी। काव्य की भी प्रेरणा लेकर। लाइन ड्राइंग के बीच काम करते हुए ड्राइंग को अतिरिक्त महत्त्व देने वाले काम किए। यह दिखाने की कोशिश की कि ब्रश की लाइन, वाइब्रेशन, स्पेस टेंशन क्या कहते हैं। लताएँ और मनुष्य की आकृति, प्रकृति की छवियाँ–कई बड़े चित्र दिल्ली में रहते हुए बनाए। बाद में चिंतन और शैली को पास लाने की कोशिश की और 'टाइगर इन द मूनलाइट,' 'नटी विनोदिनी' जैसी चित्रकृतियाँ

बनाईं। शांतिनिकेतन आया तो सामाजिक व मानवीय संदर्भों वाली चित्रकृतियाँ बनाईं।

आज ऐसी चित्रकृतियाँ बनाई जा रही हैं जो हमारे सामाजिक-राजनैतिक- सांस्कृतिक जीवन में हस्तक्षेप करती हों?

आज के चित्रकारों में गणेश पाइन, विकास भट्टाचार्य, सुधीर पटवर्धन, गुलाम शेख, भूपेन, अर्पिता जैसे कलाकार हैं जिनकी चित्रकृतियों में सामाजिक, राजनैतिक सच्चाइयाँ हैं। मेरी चित्रकृतियों में भी आप ऐसे कंटेंट पाएँगे। हाँ इसी के समांतर यह भी सही है कि अनेक कलाकार ऐसे भी हैं जिनका काम अमूर्तन में है। सुपरफिशियल है। उनका काम देखकर लगता है कि समाज से उनका जीवंत संपर्क नहीं है।

दर्शक की स्मृति में किसी पेंटिंग की आयु किन बातों पर निर्भर करती है?

देखिए, चित्रकला के दो प्रमुख प्रकार हैं। एक जो प्राचीन काल से गाँवों में है। वह लोककला आम जीवन के अनुभवों और प्रयोजनों के बीच विकसित होती गई है। भारत के सुदूर गाँवों में दीवारों पर, कपड़ों पर एक से बढ़कर एक नक्काशी और कला देखकर किसी को भी विस्मय हो सकता है। वैसा काम तो स्मृति में कायम रहता ही है और देर तक कायम रहता है। दूसरी ओर, जो क्लासिक या अकादमिक आर्ट है वह सबकी स्मृति में देर तक कायम नहीं रहती या सबकी समझ में नहीं आती तो उसके लिए कला अपनी जगह से नीचे नहीं आएगी। वह अपनी जगह पर ही रहेगी। दर्शकों को ही ऊपर उठना होगा, आइंस्टीन के सापेक्षता के सिद्धांत की तरह। पारंपरिक और क्लासिक दोनों कलाओं का अलग महत्त्व है। दोनों अपने आप में संस्थाएँ हैं। दोनों ने अपने-अपने सामाजिक ढाँचे में विकास यात्रा तय की है। पारंपरिक कला ने गाँवों में और अकादमिक कला ने शहरों में। भारत के संदर्भ में दोनों सत्य हैं। फ्रांस में यह समस्या नहीं है। वहाँ एक तरह का समाज है इसलिए कला भी एक ही तरह की है—अकादमिक। वहाँ एक ही तरह का साक्षर-शिक्षित समाज है.। भारत में एक समस्या और है। यहाँ चित्रकला जब व्यापक दर्शक समाज तक पहुँचेगी तभी तो स्मृति में देर तक रहेगी। हमारे यहाँ प्रिंट और इलेक्ट्रॉनिक मीडिया भी उन्हीं का प्रचार-प्रसार करता है जो मशहूर चित्रकार हैं। मीडिया मशहूर चित्रकारों को सेलिब्रिटी की तरह दिखाता है, उनकी चित्रकृतियों को नहीं। मीडिया भी पापुलर इमेज चाहता है, शायद व्यावसायिक कारणों से। लेकिन यह भी याद रखें कि कोई चित्रकृति फिल्मी हीरो-हीरोइन की छवि नहीं होती कि हमेशा मस्तिष्क में समाई रहे।

पारंपरिक और आधुनिक शैलियों की बहुतायत के बावजूद चित्रकला हमारे यहाँ एक सांस्कृतिक और कलात्मक अनिवार्यता क्यों नहीं बन पाई?

इसकी एक वजह पूर्ण साक्षरता का नहीं होना है। शत-प्रतिशत साक्षरता रहने से ही शिक्षा, साहित्य, संस्कृति, नृत्य, गीत-संगीत, चित्रकला और दूसरी ललित कलाओं

की अस्मिता के सवाल उससे जुड़ते हैं। दूसरी वजह है कि जो शिक्षित हैं, उनमें भी ज्यादातर लोकप्रिय कला विधाओं को ही पसंद करते हैं। सिनेमा में भी लोकप्रिय हैं व्यावसायिक फिल्में। आर्ट फिल्में सिर्फ कुछेक गंभीर लोग देखने आते हैं। चित्रकला की जो प्रदर्शनियाँ लगती हैं, तो वहाँ भी जाने के बजाय लोग टीवी-सिनेमा देखना पसंद करते हैं। ऐसे में चित्रकला किस तरह सांस्कृतिक अनिवार्यता बनेगी?

चित्रकला के जो रूप हैं, वे जीवन के यथार्थ को अभिव्यक्त करने में कहाँ तक सक्षम हैं?

यह बहुत कुछ कलाकार के जीवनानुभव और प्रतिभा पर निर्भर करता है। रवींद्रनाथ की चित्रकृतियों में जटिल होते जीवन की अभिव्यक्ति हुई है। सिर्फ कला ही क्यों, साहित्य में भी आप देखें तो जीवनानंद, प्रेमचंद और निराला की रचनाओं में जीवन के जटिल अनुभव पाए जाते हैं। यथार्थ की सार्थक अभिव्यक्ति बहुत कुछ शिल्पी की प्रातिभ क्षमता, मेधा और उसकी क्वालिटी पर निर्भर करती है। आज के चित्रकारों में कुछ ने जीवन के यथार्थ को अपनी कृतियों में अभिव्यक्त किया है।

देश-विदेश की चित्रकला से आप बहुत निकट से परिचित हैं। भारतीय और पश्चिमी चित्रकला में आपको क्या बुनियादी अंतर नजर आता है?

पश्चिम की कला हृदयहीन है। मैं यूरोप कई बार गया हूँ। वहाँ अपनापन नहीं है। हमारे यहाँ समस्याओं के बावजूद आत्मीयता है। पश्चिम में सब कुछ यांत्रिक है, यहाँ तक कि कला भी। हमारे यहाँ कला में भी एक इंटिमेसी है। रंग है, हृदय है। वहाँ मैटेरिलिस्टिक जीवन है और कलाओं पर उसका असर है। वे बाह्य जगत को देखते हैं और हम भीतरी जगत को, अपने अंतस को भी देखते हैं। भारतीय मनुष्य का जीवन, उसका चरित्र, उसका मनोविज्ञान, उसका परिवेश, उसकी समस्या, जटिलता सब कुछ पश्चिमी जीवन से अलग है। हमारी दीर्घ परंपरा में विशिष्टता लिए शिल्प-कला के कई उदाहरण हैं जो पश्चिम में नहीं मिल सकते। भारत की जो आधुनिक चित्रकला है, उसका भी निजी चरित्र है। हाँ, कभी आधुनिक भारतीय चित्रकला पश्चिम से प्रभावित थी पर अब उसका अपना चरित्र है। पश्चिम में अभी जो उत्तर आधुनिक कला विकास कर रही है, उससे यदि भारतीय आधुनिक कला जुड़ती है तो इससे 'तीसरी शैली' का निर्माण होगा, पर वह भी पश्चिम से अलग होगी। पश्चिम की टेकनीक लेकर भी हम जो करेंगे वह सृजन पृथ्वी को नया कुछ देगा, क्योंकि पश्चिम से प्रभाव लेकर भी हम अपने वैविध्यपूर्ण जीवन, स्थान, भाषा, काल को छोड़कर नहीं चल सकते। भारतीय कला जीवन को समग्र में देखती है। यह पश्चिम में नहीं है।

('जनसत्ता', : कोलकाता, 1 अक्टूबर 2000)

अँधेरे और उजाले का शिल्प

रंगमंच के सुप्रसिद्ध प्रकाश संयोजक तापस सेन से बातचीत

जीते जी किंवदंती बन चुके आलोक शिल्पी तापस सेन बयासी वर्ष की उम्र में भी चुस्त-दुरुस्त हैं। आज भी वे मंच को आलोकित करने में पूरी तरह संलग्न-सक्रिय हैं। बांग्ला, हिंदी और दूसरी भाषाओं के अनेक नाटकों, नृत्य सभा मंचों और फिल्मों के लिए तापस दा ने प्रकाश-परिकल्पना की। स्थितियों और प्रसंगों के अनुकूल प्रकाश रचने में उन्हें महारत हासिल है। कदाचित इसी करण वे रंगमंच की प्रकाश-व्यवस्था को स्वतंत्र कला की पहचान दिला सके।

पार्श्व में रहकर भी आपने प्रकाश-परिकल्पना को कला के दर्जे तक पहुँचाया, इसका मूल्य और महत्त्व प्रतिष्ठित किया। इस यात्रा की शुरुआत कैसे हुई?

यह यात्रा तब शुरू हुई जब मैं पंद्रह साल का था। नाटक का नाम था 'राजपथ'। इसके एक दृश्य में लैंपपोस्ट का उल्लेख था। मैंने कहा कि मैं मंच पर लैंपपोस्ट खड़ा कर सकता हूँ। मैंने स्कूल के वॉलीबाल पोस्ट का बाँस उखाड़ कर उसमें बल्ब फिट किया और नाटक में इस तरह लैंपपोस्ट खड़ा किया। उसके बाद मैं साधना बोस के पास पहुँचा और उनसे कहा कि मैं उनके कार्यक्रम के लिए 'प्रकाश व्यवस्था' करना चाहता हूँ। पहले तो वे सकपकाईं, क्योंकि तब मैं महज 19 वर्ष का था, पर बाद में तैयार हो गईं। फिर सफर पर निकल पड़ा मैं।

आपने आलोक शिल्प का ही चयन क्यों किया?

इसके लिए परिवेश का भी योगदान है। मैं बंगाल का हूँ पर जन्मा असम के धुबड़ी में। पिता वहीं रहते थे। वहाँ जिस परिवेश से मेरा सामना हुआ वह प्रकाश और अंधकार का छुपा-छुपाई वाला खेल था। तब बिजली नहीं हुआ करती थी। रात में नदी पर जाते-आते स्टीमरों की 'सर्च लाइट' दूर-दूर तक जाती। वह प्रकाश जाता तो अँधेरा दिखता। जुगनुओं को देखकर भी मेरे बाल मन पर असर पड़ता। दूसरे मेरे सामने तीन चीजें थीं—कला, साहित्य और टेक्नोलॉजी। मुझे लगता था कि इन तीनों में संश्लेषण संभव है। इसी को संभव करने के लिए मैंने आलोक शिल्प का चयन

किया। मेरे सामने सतु सेन का आदर्श था। इसके अलावा स्कूल में मेरे एक शिक्षक थे—प्रताप सेन, उन्होंने भी मुझे बहुत प्रोत्साहित किया।

प्रकाश व्यवस्था में अँधेरे की क्या भूमिका है?

अँधेरे की बहुत महत्त्वपूर्ण भूमिका है। यह सोचना भ्रांत है कि रोशनी द्वारा ही हम भावों को व्यक्त कर सकते हैं। अँधेरा भी बहुत कुछ कहता है, रचता है। अँधेरा यानी काली रोशनी। मेरी राय में वही प्रकाश परिकल्पना उत्कृष्ट होती है जिसमें प्रकाश और अंधकार का यथोचित संयोजन हो।

अपनी रंगयात्रा में आप किन कलाकारों और निर्देशकों की सृजनशीलता से प्रभावित हुए?

मैंने अनेक दिग्गजों के साथ काम किया। ऋत्विक घटक, सत्यजित राय, मृणाल सेन, रविशंकर, शंभुमित्र, उत्पल दत्त, उदय शंकर के संपर्क में रहा। पृथ्वीराज कपूर से भी संपर्क था पर जिन तीन लोगों से मेरा आत्मीय जुड़ाव बना और कला का मर्म मिला वे थे—उदय शंकर, शंभु मित्र और उत्पल दत्त।

इनके साथ काम करने के अनुभव कैसे रहे?

जब मैं छोटा था तो उदय शंकर का प्रशंसक था। पाँच-छह साल का था, तभी से उनका नृत्य मुझे लुभाता था। उनके कार्यक्रम की प्रकाश परिकल्पना मेरे लिए विशेष तौर पर आह्लादकारी होती थी। उनका एक नृत्य है—छाया नृत्य। प्रकाश की छाया में चेहरा, रूप किस तरह बदलता है और शैडो कितनी महती भूमिका निभाता है, उस नृत्य की प्रकाश रचना में हमने यह दिखाया था। बंगाल के अकाल के समय भी एक नाटक में हमने छाया की मर्मभरी छवियाँ दिखाई थीं। उदय शंकर को वे छवियाँ भाती थीं और मैं आंतरिक संतुष्टि महसूस करता था। वयस्क होकर मंच की आलोक परिकल्पना मैंने ऋत्विक घटक के नाटक 'ज्वाला' से 1949 में शुरू की पर मेरी घनिष्ठता उत्पल दत्त से ज्यादा रही। आलोक रचना में जो भी काम मैं कर सका, उसमें उदय शंकर, उत्पल दत्त और शंभु मित्र का बहुत योगदान रहा। तभी मैं 'पथिक', 'सेतु', 'रक्तकरबी' 'चार अध्याय', 'अंगार' और 'कल्लोल' से लेकर 'काशीनामा' के लिए मौलिक सूझ-बूझ के साथ रोशनी रच सका।

अब तक किस नाटक की प्रकाश-रचना विशेष रूप से स्मरणीय है?

उल्लेखनीय तो 'चार अध्याय' की प्रकाश परिकल्पना भी है पर देश भर में जिस नाटक की प्रकाश व्यवस्था ने धूम मचाई वह 'रक्तकरबी' था। शंभु मित्र की कल्पना को खोलेद चौधरी की मंच सज्जा और मेरी प्रकाश व्यवस्था ने मूर्त रूप देने की कोशिश की। एक असंभव मंच प्रयास को शंभु मित्र ने संभव किया था। उजास सुबह का दृश्य, विशु-नंदिनी की अंतरंग बातचीत का दृश्य, नंदिनी और राजा के बीच संवाद

का दृश्य, स्थान और परिवेश के लिए अलग-अलग प्रकाश की रचना हुई थी। वह रचना दृश्य से दृश्यांतर को जाती थी इसीलिए उसने लोगों को प्रभावित किया था।

उत्पल दत्त और शंभु मित्र के साथ काम करते हुए उनके आपसी विरोध को लेकर क्या कभी परेशानी हुई?

दोनों के आपसी विरोध को लेकर मुझे कोई समस्या नहीं हुई। उत्पल दत्त ज़रूर शंभु मित्र के काम पर प्रतिकूल टिप्पणियाँ करते थे पर शंभु मित्र ऐसा नहीं करते थे। चालीस के दशक से लेकर पिछले दशक तक शंभु दा को मैंने देखा। मुंबई से लेकर कोलकाता में 11ए नसीरुद्दीन रोड के उनके आवास पर अनगिनत बार उनसे मिला पर वे प्रतिकूल टिप्पणियों से बचते थे।

आपने उदयशंकर, बिरजू महाराज, रविशंकर के संगीत मंचों से लेकर नाट्य मंचों और मृणाल सेन की 'खँडहर' जैसी फिल्म की प्रकाश परिकल्पना की। नृत्य, संगीत, नाटक और फिल्मों के सेट की प्रकाश परिकल्पना में कैसा अंतर महसूस करते हैं?

एक ही नाटक के लिए अलग-अलग दृश्य के लिए अलग-अलग ढंग के प्रकाश की रचना करनी पड़ती है। नाटक हो या संगीत का मंच या फिल्मी दृश्य—उनकी जो स्थितियाँ, परिवेश और प्रसंग होते हैं, उसी के अनुकूल प्रकाश की रचना करनी पड़ती है।

हिंदी रंगमंच के साथ अपने संबंधों के बारे में कुछ बताइये।

पचास के दशक से ही हिंदी रंगमंच के साथ जुड़ा हूँ। श्यामानंद जालान और प्रतिभा अग्रवाल के हिंदी नाटकों के लिए पचास, साठ और सत्तर के दशक में रोशनी की रचना करता था। अभी उषा गांगुली और डाली बसु के नाटकों के लिए करता हूँ। आगे भी करूँगा। हिंदी रंगमंच के साथ मेरा जुड़ाव सहज और स्वाभाविक है।

('सहारा समय' : दिल्ली, 10 जुलाई 2004)

चित्र बनाना जहाँ ख़त्म होता है, वहीं सर्जनात्मक कला शुरू होती है

चित्रकार परितोष सेन से बातचीत

विख्यात चित्रकार परितोष सेन ने अपनी अनवरत कला साधना से चित्रकला को नई दीप्ति दी है। 18 अक्टूबर 1918 को ढाका (बांग्लादेश) में जन्मे परितोष ने 18 वर्ष की उम्र में ढाका छोड़ दिया और कला की पढ़ाई के लिए मद्रास चले गए। उन्होंने 1940 में गवर्नमेंट कालेज ऑफ आर्ट्स एंड क्राफ्ट, मद्रास से फाइन आर्ट्स में डिप्लोमा किया। उसी साल कला शिक्षक होकर डेली कालेज, इंदौर गए। 1942-43 में कलकत्ता ग्रुप बनाया। चित्रकला में उच्चतर शिक्षा के लिए पेरिस गए तो कलकत्ता ग्रुप बिखर गया। 1954 में पेरिस से लौटे। 1954 से 1956 तक उन्होंने नेतरहाट विद्यालय में पढ़ाया। वे 1956 से 1979 तक रीजनल इंस्टीट्यूट ऑफ पेंटिंग यादवपुर (कोलकाता) में कला के शिक्षक रहे। इसी दौरान उन्हें डिजाइनिंग व टाइप फेस के लिए फ्रेंच फेलोशिप (1969) और जेडीआर थर्ड फंड फेलोशिप (1970) मिली। वे 1981-82 में मेरीलैंड इंस्टीट्यूट ऑफ आर्ट, बाल्टीमोर में विजिटिंग प्रोफेसर रहे। भारत के अलावा लंदन, ब्रुसेल्स आदि जगहों पर उनकी चित्रकृतियों की प्रदर्शनियाँ लगी हैं। दिल्ली, मुंबई, कोलकाता समेत भारत की कई कलादीर्घाओं और जापान, आस्ट्रेलिया समेत कई देशों की 'प्रमुख कला दीर्घाओं' में परितोष सेन की चित्रकृतियाँ संगृहीत हैं। एक चित्रकार के अलावा परितोष सेन एक अच्छे लेखक भी हैं। उन्होंने लिखना देर से शुरू किया। तब तक चित्रकार के रूप में वे प्रसिद्ध हो चुके थे। 1959 में 'सेमिनार' में उनका पहला लेख आधुनिक कला पर छपा था। अब तक पाँच पुस्तकें छप चुकी हैं। उन्होंने ज्यादातर आत्मकथात्मक और विदेशों के संस्मरण लिखे हैं। उनके प्रशंसक पाठकों की संख्या भी काफी है। 84 वर्ष की उम्र में भी कोलकाता के

न्यू अलीपुर के फ्लैट में अपनी स्टुडियो में उनकी युवक जैसी सक्रियता देखकर अचंभा होता है। वे अक्सर चित्रकृति रचते हुए, लिखते हुए या पढ़ाई में रमे हुए मिलते हैं।

आप अपने सृजन कर्म को कितने चरणों में बाँटना चाहेंगे?

दो चरणों में। पहला चरण तब शुरू होता है जब पेंटिंग शुरू की। पूरा परिवार इसके एकदम विरुद्ध था कि चित्रकला को मैं कैरियर बना रहा हूँ पर मैं डिगा नहीं। 1936 में सिर्फ माँ का आशीर्वाद लेकर चित्रकला की बारीकियाँ सीखने के लिए मैं मद्रास गया। वहाँ देवी प्रसाद राय चौधरी गुरु के रूप में मिले। तब हमारे क्लास में पाँच बंगाली थे। हाँ, बड़े भाई जरूर हर महीने पचीस रुपए भेज देते थे। पाँच रुपए स्कूल फीस, पाँच रुपए यातायात और बाकी में अन्य खर्चे होते थे। कला-छात्र के रूप में जो चरण था, वह इस मायने में महत्त्वपूर्ण था कि यह जान सका कि सिर्फ कोई चित्र बना देने से ही कला नहीं बनती, उसमें सर्जन होना चाहिए, रस होना चाहिए। जहाँ पिक्चर मेकिंग खत्म होता है, वहीं क्रियेटिव आर्ट शुरू होता है। चित्रकृति में रस एक ऐसी चीज है जिसे समझने में काफी वक्त लगता है पर उसे मेरे गुरु देवी प्रसाद राय चौधरी ने बहुत सरलता से हमें समझा दिया। उन्होंने बताया पेंटिंग क्या है। शिल्प कला का इतिहास क्या है? उन्होंने ही बताया कि वाटर कलर, आयल पेंट, ड्राइंग का इस्तेमाल किस तरह होना चाहिए। आर्ट कालेज के दिनों में बंगाल स्कूल और गगनेंद्र नाथ के प्रभाव में जो चित्रकृतियाँ मैंने बनाईं, तब मुझे सही दिशा का ज्ञान नहीं था। हालाँकि वे चित्रकृतियाँ तब की मशहूर पत्रिकाओं–'प्रवासी' और 'माडर्न रिव्यू' में छपीं। हर चित्रकृति पर दस रुपए पारिश्रमिक मिलता था। ट्रेनिंग खत्म होने के बाद मेरे कला कर्म का दूसरा चरण शुरू होता है। ट्रेनिंग खत्म होने के बाद टालीगंज के रिजेंट पार्क में घर-घर जाकर मैं पेंटिंग बेचता। एक आईसीएस अफसर ने तीस रुपए का चेक देकर मेरी पेंटिंग खरीदी थी। चेक घर पर दिखाया तो भाई काफी प्रभावित हुए। आरंभिक दौर में बनाई मेरी एक पेंटिंग एक मेयर ने दो सौ रुपए में ली थी। दूसरे चरण में दिशा का ज्ञान हुआ। यह ज्ञान हुआ कि सिर्फ टेक्नीक से सर्जन नहीं संभव है। यह जाना कि जिस तरह सिर्फ शुद्ध व्याकरण में लिखने से ही साहित्यिकता नहीं होती, वह तब होती है जब कोई लेखन आत्मा को आनंदित या उद्वेलित करे। उसी तरह चित्रकृति ऐसी होनी चाहिए जो यह जताए कि चित्रकार जीवन-जगत को किस दृष्टि से देखता है। उसके चारों ओर जो हो रहा है, उसे किस भाँति वह ग्रहण कर रहा है, उसका उसके मस्तिष्क पर क्या प्रभाव पड़ रहा है और उसे वह अपने सर्जनात्मक कार्य में किस भाँति अभिव्यक्त कर रहा है।

क्या इसी चिंतन के आधार पर आपने 'बंगाल में अकाल' जैसी चित्रकृतियाँ बनाईं?

1943 में बंगाल में जो अकाल पड़ा, वह तो अंग्रेजों का थोपा हुआ था। 'बंगाल के अकाल' की चित्रकृतियाँ मैंने जब बनाईं तो पूरी वास्तविकता में अपने चारों ओर साफ-साफ देख रहा था। तब गाँधी का भारत छोड़ो आंदोलन चल रहा था, जापानी सेना असम, मणिपुर में प्रवेश करने की तैयारी में थी, असम व बंगाल के लोग बेसब्री से और उत्साहपूर्वक प्रतीक्षा कर रहे थे कि सुभाषचंद्र बोस की इंडियन नेशनल आर्मी आकर भारत से अंग्रेजों को भगा देगी। स्थिति को भाँप अंग्रेजों ने बंगाल में खाद्य आपूर्ति बंद कर दी, नतीजतन अकाल पड़ गया—पचास लाख लोग भूखों मर गए। सामाजिक, राजनीतिक उथल-पुथल के उस दौर में हम बुद्धिजीवियों ने एकजुट होकर तय किया कि परिस्थिति से मुकाबला करेंगे। चित्रकारों ने चित्रकृतियाँ बनाकर, नाट्यकर्मियों ने थियेटर के जरिए, संगीतकारों ने गीत के जरिए, कवियों ने कविताएँ लिखकर प्रतिवाद दर्ज किया। कला की दुनिया में एक नया फोर्स पैदा हुआ जो धीरे-धीरे पूरे देश में फैल गया।

आपने जो गंभीर चित्रकृतियाँ बनाई हैं, उनमें 'हिंसा' शृंखला के अनेक काम हैं। हिंसा को अंतर्वस्तु बनाने के पीछे क्या कारण थे?

किसी भी तरह की हिंसा मुझे बेचैन कर देती है। यहाँ तक कि पति-पत्नी का झगड़ा भी। बड़ा प्राणी छोटे प्राणी को ग्रास बना रहा है। आतंकवाद हिंसा को नई शक्ल दे रहा है, हिंदू-मुसलिम दंगे में हिंसा, अमेरिका की तो हवा में ही तैरती है हिंसा...यानी हिंसा के कई चेहरे हैं। ये चेहरे मुझे इतनी यंत्रणा देते हैं कि बयान नहीं कर सकता। हिंसा को लेकर भीतरी यंत्रणा से ही विश्वयुद्ध, देश विभाजन, दंगे, खाड़ी युद्ध, नक्सल आंदोलन जैसी राष्ट्रीय-अंतर्राष्ट्रीय घटनाओं पर चित्रकृतियाँ बनाईं। हिंसा संबंधी बल्कि हिंसा के विरुद्ध मेरे ये काम जरूर मेरे गंभीर काम हैं किंतु जीवन जगत में सिर्फ हिंसा तो नहीं है। हम हँसते हैं, गाते हैं, आनंद करते हैं इसलिए आनंद और कष्ट के भी चित्र मैंने काफी बनाए हैं। ह्यूमर के चित्र, बांग्ला ग्राम के चित्र, प्रकृति, पक्षी, वृक्ष, फल, ऐतिहासिक पात्रों आदि आदि चित्र बनाए हैं।

आपने जो अनेक आत्म चित्र (सेल्फ पोर्ट्रेट) बनाए हैं, उसकी गणना नहीं कर रहे हैं?

सेल्फ पोर्ट्रेट तो पिकासो से लेकर हुसैन तक अनेक चित्रकारों ने बनाए हैं। वैसे मैंने कई चित्रों में स्वयं को इसलिए माडल बनाया है क्योंकि मुझे अपना चेहरा मजेदार लगता है।

एक 'आत्म चित्र' में एक लेडीज बस में आप चढ़ने की कोशिश कर रहे हैं। क्या यह यौवन के खत्म होने पर टिप्पणी है?

यौवन के खत्म होने पर टिप्पणी तो है ही। उस चित्र में मेरे जैसे सभी बूढ़ों की वही कथा है।

कला के लिए आपकी प्रेरणा के स्रोत क्या हैं?

परिवेश और यथार्थ मुझे अनुप्राणित करता है। अपने चारों ओर जो कुछ देखता हूँ, उसे अपने क्रिएटिव माइंड से छानता हूँ। तीसरी आँख से उसे अपने चित्रपट पर उतारता हूँ। मेरी राय में कला में 'फार्म' की भूमिका महत्त्वपूर्ण है। फार्म और कंटेंट दोनों को मिलाते हुए मैं याद रखता हूँ कि मैं एक समाज चेतन शिल्पी हूँ। अपनी अलग चित्रभाषा को जीवन के साथ जोड़ना मेरा ध्येय रहा है। इसके अलावा हमारी जो कला परंपरा और विरासत रही है, उसने भी मुझे काफी अनुप्राणित किया है। भारत एक ऐसा देश है जहाँ विचित्र रोशनी और रंग हमेशा नजर आते हैं। यहाँ तरह-तरह के लोग, तरह-तरह की वेशभूषा, खान-पान, लोक संस्कृति इन सबने मुझे बहुत प्रभावित किया। अपने देश की संस्कृति से काफी कुछ पाया। यूरोपीय संस्कृति से भी हमने ग्रहण योग्य चीजें ग्रहण कीं। हमारी कला में दोनों ने योगदान किया है।

देश-विदेश की कला से आप बहुत निकट से परिचित हैं। भारतीय और पश्चिमी कला में आपको क्या बुनियादी अंतर नजर आता है?

बीसवीं शताब्दी के लिए आधुनिक कला पश्चिम के लिए नई बात थी, हमारे लिए नहीं। यूरोप के आधुनिक कलाकारों ने 'टू डाइमेंशनल सरफेस' के विरुद्ध 'थर्ड डाइमेंशन' की खोज की। वह यूरोपीय कलाकारों के लिए नई चीज थी। भारतीय कला में तो वह युग-युग से रहती आई है। हमारे यहाँ रेखा भित्तिक कला बहुत पुरानी है जो यूरोप के कलाकारों के लिए नई थी। आरंभिक राजस्थानी चित्रों, भित्ति चित्रों को यूरोपीय कलाकारों ने अपनाया। इस तरह कई मामलों में भारतीय कला की अलग विशिष्टता रही है जो पश्चिम में नहीं रही है। उन्होंने काफी कुछ हमसे ग्रहण किया, हमने भी उनसे ग्रहण किया।

चित्रकला अभी भी अभिजात वर्ग की कला क्यों बनी हुई है?

कला के साथ समाज की दूरी के कारण यह स्थिति है। मिडिल क्लास इलीट कल्चर का यह हिस्सा न रहे। आम आदमी की रुचि का हिस्सा भी बने। बस्ती के लोग भी आएँ। युगों-युगों से जो गाँवों में, घरों में जो कला चली आ रही है, बस्तियों में भी घरों पर चित्र उकेरे मिल जाएँगे, लेकिन आधुनिक कला को भी खास की बजाय आम कैसे बनाया जाए, यह बड़ा प्रश्न है। ठीक ही कहा गया है कि पेंटिंग ऐसी हो जिसे देख दिनभर काम कर आए आदमी की थकान मिट जाए।

कोई चित्रकृति आम दर्शकों की स्मृति में देर तक कायम क्यों नहीं रहती?

सुबह से शाम और देर रात तक घूमते हुए जहाँ भी देखिए जो भी साइनबोर्ड, पोस्टर दिखेंगे अमूमन भड़कीले दृश्य होंगे फिल्मों के। टीवी खोलिए तो उसी तरह के विज्ञापन आएँगे। तो आपकी आँखें तो यही सब देख रही हैं चौबीस घंटे। ऐसे में आपकी स्मृति में कोई पेंटिंग कैसे देर तक कायम रहेगी? आज हमेशा जब फिल्मी गीत सुन रहे हैं तो शास्त्रीय संगीत कैसे सुहाएगा? समूचे वातावरण में जो दिखाया सुनाया जा रहा है, उसे देखते हुए सोचिए तब स्मृति में पेंटिंग की आयु की बात स्पष्ट हो पाएगी।

आपकी भावी योजनाएँ क्या हैं?

आत्मकथा लिखना चाहता हूँ। उसमें कुछ भी छिपाऊँगा नहीं। बचपन की स्मृतियाँ, पेरिस के संस्मरण पहले ही लिख चुका हूँ। अब जो समूची जीवनी लिखूँगा उसमें सारी सच्ची बातें सामने आएँगी। स्त्रियों के साथ अपने संबंध, कौन-कौन स्त्रियाँ मेरे जीवन में आईं, उनके साथ अलग-अलग जो अनुभव हुए—सब लिखने की योजना है। मेरे जीवन में जो तरह-तरह के विचित्र अनुभव हुए, उन्हें पाठकों के साथ बाँटना चाहता हूँ। विदेशी कलाकारों के साथ अपनी मुलाकातों जैसे पिकासो से रोचक भेंट, पहले किताबों में उनका काम देखा था, फिर प्रत्यक्ष देखा, उन्हें भी, उनके काम को भी, अपनी कला के लिए शिल्प की खोज, उस दौरान के अनुभव, यह सब लिखना चाहता हूँ। कलाकार अपने समय और परिस्थिति से लगातार मुठभेड़ करता है। जैसे-जैसे मेरी उम्र बीत रही है, मुझे अपना रास्ता कठिन और लंबा मालूम पड़ता है। समय की सच्चाई और परिस्थिति को कैसे कला में अभिव्यक्त करें, कलाकार जीवनभर इसी से जूझता है। यह संघर्ष कभी खत्म नहीं होता। मैं निकट भविष्य में मूर्ति कला में कुछ काम करना चाहता हूँ। कुछ काम करके बीच में ही उसे छोड़ देना पड़ा क्योंकि मेरे पास उतनी जगह नहीं। यह काम यदि पूरा नहीं कर सका तो अफसोस रह जाएगा।

(कोलकाता, 29 दिसंबर 2001)

जीवन की अनुकृति है नाटक

रंगकर्मी उषा गांगुली से बातचीत

कोलकाता में रहकर हिंदी थियेटर करने वाली उषा गांगुली भारतीय रंग जगत की प्रतिष्ठित नाट्य निर्देशिका और अभिनेत्री हैं। उनकी पहचान एक प्रतिबद्ध रंगकर्मी के रूप में रही है। यह पहचान उन्हें अपनी निरंतर सक्रियता और उन गहरे सामाजिक आशयों वाले नाटकों के कारण मिली है, जिन्हें वे अपनी संस्था 'रंगकर्मी' के लिए निर्देशित करती रही हैं। हिंदी और बांग्ला नाट्यप्रेमियों के बीच सेतु का काम करनेवाली उषा नाटक खेलने बंगाल ही नहीं, अन्य राज्यों के सुदूर अंचलों में भी जाती हैं। उनके नाटकों के लिए दर्शकों का टोटा कभी नहीं रहा। यह बात दीगर है कि बंगाल में उनके हिंदी नाटकों के अधिकतर दर्शक हिंदीभाषियों के बजाय बांग्लाभाषी होते हैं। गोर्की के उपन्यास पर आधारित उनके नाटक 'माँ' को तो पचास-पचास हजार की भीड़ ने देखा। उषा गांगुली ने 'रंगकर्मी' के बैनर तले बीते दो दशकों में 'परिचय', 'जात ही पूछो साधु की', 'गुड़ियाघर', 'माँ', 'महाभोज', 'पुरुष', 'लोककथा', 'अपहरण भाईचारे का', 'वामा', 'तमाशा पर तमाशा', 'हिम्मत माई' 'काशीनामा और बदनाम मंटो' नाटकों का मंचन किया है। पेशे से प्राध्यापिका और कई पुरस्कार पा चुकीं उषा गांगुली को रंग जगत में उनके अवदान के लिए 17 दिसंबर 1999 को दिल्ली में संगीत नाटक अकादेमी अवार्ड भी दिया गया।

आपको संगीत नाटक अकादेमी अवार्ड दिए जाने का कोलकाता के रंग जगत ने एक विवेकपूर्ण निर्णय के रूप में स्वागत किया है। इस सम्मान के बारे में आपकी अपनी प्रतिक्रिया क्या है?

यह सम्मान मेरा या मेरी संस्था का नहीं, पूरे कोलकाता और कोलकाता के दर्शक वर्ग का सम्मान है। रंग जगत को यह सम्मान मुझे दिया जाना विवेकपूर्ण लगा तो मुझे भी अच्छा लगा, बस्स।

आपके जीवन का पहला प्रेम नृत्य रहा पर आपने थियेटर को अपने जीवन का मकसद बनाया। इस चयन की वजह?

इस चयन का कारण शुरू में कोई आदर्श या दर्शन नहीं था। आठ साल की थी तो नृत्य सीखने लगी। कथक से शुरू कर मणिपुरी तक, और अंततः भरतनाट्यम ही सीखा। कई कार्यक्रमों में नृत्य पेश किया। नृत्य-नाटकों में भाग लिया। शादी के बाद '68 में आखिरी बार नृत्य पेश किया था यूनिवर्सिटी इंस्टीट्यूट हाल में। रंगयात्रा शुरू हुई सत्तर में। संगीत कला मंदिर के नाटक 'मिट्टी की गाड़ी' में वसंतसेना की भूमिका से। पर संगीत कला मंदिर का परिवेश मुझे रास नहीं आ रहा था। 1975-76 में अपना नाट्य ग्रुप 'रंगकर्मी' बनाया। अब तो थियेटर जीने का पर्याय बन गया है।

कोलकाता के बाहर और किसी शहर में रहतीं तो हिंदी रंगमंच के लिए इतना कुछ कर पातीं?

कोलकाता के बाहर रहती तो क्या होता क्या नहीं होता, यह बताना मुश्किल है, क्योंकि भविष्यवाणी करनेवाला तोता मेरे पास नहीं है। पर सही है कि बंगाल की सांस्कृतिक हवा ने गहरा असर डाला है। कोलकाता के बाहर रहकर शायद हिंदी रंगमंच के लिए इतना नहीं कर पाती।

कोलकाता में, हिंदी नाटकों में हिंदी भाषी लड़कियों की उपस्थिति नगण्य क्यों है? दूसरी ओर बांग्लाभाषी लड़कियाँ हिंदी नाटकों में खूब काम कर रही हैं। क्या ऐसा इसलिए है कि बांग्ला थियेटर में अभिनेत्रियों को वाजिब जगह नहीं मिलती?

ऐसे सवाल से बांग्ला थियेटर से मेरी दुश्मनी करवाओगे? बांग्ला, गुजराती, मराठी, अंग्रेजी बोलनेवाली लड़कियाँ अधिक तादाद में इसलिए आती हैं कि यहाँ थियेटर की गहरी ट्रेनिंग मिलती है। खूब थियेटर होता है। दीदी-सी निर्देशिका मिलती है। मेरे पास जो लड़के-लड़कियाँ आते हैं, उनमें से किसको सिखाऊँगी, किसको नहीं—यह फैसला मेरे लिए बहुत महत्त्वपूर्ण होता है। इस बार ढाई सौ छात्र-छात्राओं में से मैंने सिर्फ सोलह का चयन किया। सोलह का ही चयन इसलिए किया कि मैं देखती हूँ कि जो थियेटर सीखने आते हैं उनका सामाजिक दृष्टिकोण क्या है। मैं जिस तरह का थियेटर करती हूँ उसमें सामाजिक चेतना बड़ा पहलू है। मैं देखती हूँ कि वास्तव में वे थियेटर से प्यार करते हैं या कामर्शियल अभिनय जगत में पहुँचने के लिए सीढ़ी के रूप में मेरा इस्तेमाल करना चाहते हैं। यहाँ बांग्लाभाषी परिवारों में नृत्य-संगीत से एक अटूट लगाव है। मैं मानती हूँ कि नृत्य और थियेटर का अन्योन्याश्रित संबंध है। इसलिए बांग्लाभाषी लड़कियाँ थियेटर में ज्यादा आती हैं, हिंदीभाषियों में अपने थियेटर-अपनी संस्कृति के प्रति उतनी न चेतना है न लगाव। नाटक करने को हेय दृष्टि से देखा जाता है। उससे किसी और कला माध्यम की

तुलना नहीं की जाती। लोग गर्व से कहेंगे कि उनकी बच्ची कविता लिखती है, कहानी लिखती है, पेंटिंग बनाती है... पर नाटक में काम कर रही है यह बताने में लज्जा आएगी।

नृत्य का थियेटर से अन्योन्याश्रित संबंध किस तरह है?

अपनी देह को समझने के लिए नृत्य सीखने की जरूरत पड़ती है। मैं बताऊँ, मेरे पास जो अभिनय सीखने आते हैं वे अपनी देह को अच्छी तरह नहीं समझते हैं। थियेटर में शरीर, शरीर के व्यवहार की बड़ी भूमिका है। 'डांस मूवमेंट' नहीं पता हो तो मंच पर अभिनय नहीं हो सकता। यह मेरा निजी व्याकरण है। भाव-भंगिमा, रस और वक्तव्य मिलकर ही अभिनय को सँवारते हैं। नृत्य हो या संगीत—वह जीवन की लय है। नाटक भी जीवन की लय से जुड़ा है। शब्द, स्वर, ताल, छंद और लय विहीन जीवन क्या संभव है? इसलिए थियेटर का नृत्य-संगीत से अटूट संबंध है।

आपकी राय में कला का स्रोत क्या है?

जीवन ही स्रोत है, धारा है, उद्देश्य है।

भारतीय रंगमंच में अभिनय के स्तर के बारे में आप क्या कहना चाहेंगी?

अभिनय का स्तर संतोषजनक है। अपनी अभिनय क्षमता से प्रभावित करने वाले बहुतेरे अभिनेता-अभिनेत्रियाँ हैं—बाल, युवा से लेकर प्रौढ़-वृद्ध तक, पर समाज का मान कहाँ है उनके लिए?

अपनी समकालीन या थोड़ा वरिष्ठ या कनिष्ठ पीढ़ी के नाट्य निर्देशकों के बारे में आपकी क्या राय है?

वरिष्ठ पीढ़ी के निर्देशक नहीं होते तो हम सबको राह कौन दिखाता! उत्पल दत्त, तनवीर साहब, एमके रैना का काम मुझे भाता रहा है। रतन थियम का काम अच्छा लगता है। नई पीढ़ी के कई निर्देशकों ने बड़ा काम किया है। वे नहीं होते तो प्रयोग कौन करता?

नाटककार, निर्देशक, अभिनेता, पार्श्वकर्मी, दर्शक—इन्हें महत्त्व की दृष्टि से किस क्रम में रखना चाहेंगी?

मुझे तो काम करना पसंद है, महत्त्व के हिसाब से क्रम बनाना या बेहतर क्या है बोलना अच्छा नहीं लगता। नाटक में सबकी अपनी-अपनी जगह है। सबका सम्मान है। एक की कमी को दूसरा पूरा नहीं कर सकता। दर्शक न होता तो नाटक नहीं होता। अभिनेता न हो तो मंच खाली निर्देशक न हो तो दिशा गायब। सब अपनी-अपनी जगह मान्य और महत्त्वपूर्ण हैं।

भारत के अन्य राज्यों में थियेटर की स्थिति क्या कलकत्ता से बेहतर है?

कलकत्ता या बंगाल-सा थियेटर भारतीय रंगमंच में कहीं नहीं हो रहा। यहाँ हमेशा

उद्देश्यपूर्ण नाटक होते रहे हैं। यहाँ अब भी ऐसा वातावरण है कि रंगमंच अपनी विरासत और परंपरा से जुड़कर विकास कर सके। कोलकाता के थियेटर में कमिटमेंट, अनुशासन, आदर्श, मूल्यबोध, नैतिक चेतना ज्यादा परिष्कृत है। उनके सामने यह स्पष्ट रहता है कि थियेटर में क्या करना है, क्यों करना है, कैसे करना है।

आपकी दृष्टि में रंगमंच के सामने चुनौतियाँ क्या हैं?

चुनौतियाँ एक नहीं, ढेर-सी हैं। नाटक की कमी से लेकर अर्थाभाव तक। पर सलाम है हर उस रंगकर्मी को जो हर स्थिति का डटकर मुकाबला करता है। रंगमंच के सामने इलेक्ट्रानिक मीडिया और विकसित उपग्रही उपादानों के बरक्स अपने को बचाने की भी चुनौती है। इलेक्ट्रानिक मीडिया या उपग्रही उपादान सुविधाएँ तो दे सकते हैं पर बिल्कुल सामने बैठकर नाटक देखने का सुख नहीं दे सकते। थियेटरवालों में सुविधाओं की लिप्सा कभी नहीं रही। इसीलिए इलेक्ट्रानिक मीडिया और थियेटर का द्वंद्व बढ़ने के बावजूद अच्छे नाटक खेले जा रहे हैं। वे सीधे दर्शक तक संप्रेषित हो रहे हैं कि नहीं, यह एक प्रश्न जरूर है, पर मैं मानती हूँ कि थियेटरवालों के कुछ कमिटमेंट्स होते हैं। अपनी समझ, दर्शन, सिद्धांत, अवधारणा, आदर्श और चिंताओं के कारण ही थियेटर का अपना महत्त्व है और उसी के कारण वह बचा रहेगा, बल्कि आगे बढ़ेगा। इसलिए रंगमंच के सामने आज बड़ी चुनौती हर राज्य में रेगुलर शो कर सही दर्शक बनाने, उससे रागात्मक रूप से जुड़ने की है। मायाजाल बनाने या सिनेमा की तरह बाजारू बनाने के बजाय दर्शक की रुचि का परिष्कार किया जाना भी चुनौती के रूप में हमें स्वीकार करना चाहिए। फिर कहूँ, यह हमारे सामने साफ होना चाहिए कि क्या करना है, किसके लिए करना है, क्यों करना है। 'मटका' (लेखक—आदित्य अग्निहोत्री), 'बेटी आई' (लेखक—ज्योति म्हापेसकर) जैसे नाटकों के शो हमने स्कूल-कालेजों में इसी मकसद से किए कि अच्छे नाटकों में किशोर-किशोरियों की रुचि जगे। उद्देश्यपूर्ण नाटक खेलते जाना भी कम चुनौतीपूर्ण नहीं है।

नाटक की सौंदर्यशास्त्रीय शुद्धता और इसके मंच के राजनैतिक हथियार के रूप में इस्तेमाल को लेकर आप क्या सोचती हैं?

नाटक ऐसा हथियार है जो सुंदर भी है, पैना भी। नाटक जीवन की अनुकृति है। उसमें वैचारिक उत्तेजना को बढ़ाने की सामर्थ्य होती है। पर बदलाव लाने के लिए थियेटर के हथियार के रूप में इस्तेमाल की भले संभावना रहे, हम उस तेज हथियार का इस्तेमाल कहाँ कर पा रहे हैं?

रंगकर्मी के नाते आपकी चिंताएँ?

चिंताएँ रंगकर्म को लेकर नहीं, देश को लेकर हैं। देश की मौजूदा दशा देखकर मुझे तकलीफ होती है। मानवीय गुण, करुणा और संवेदना से देश खाली होता जा रहा है। मनुष्य, समाज और देश को बेहतर बनाने की चिंता और संकल्पशक्ति कहाँ नजर

आ रही है? भूख, गरीबी, अशिक्षा, हिंसा, शोषण से देश कब मुक्त होगा, यह सवाल मुझे चिंतित करता है।

('जनसत्ता' : दिल्ली, 7 दिसंबर 1999)

संवाद-2

आप द्वारा निर्देशित 'काशीनामा' को 2003 का पश्चिम बंगाल का सर्वश्रेष्ठ नाट्य पुरस्कार मिला। आपकी प्रतिक्रिया?

मैं यह पुरस्कार पाकर बहुत प्रसन्न हूँ। मैं चयनकर्ताओं की आभारी हूँ और बांग्ला दर्शकों की भी, जिनका बहुत-बहुत प्यार 'काशीनामा' को मिला। तभी साल भर में उसके पचास शो हम कर पाये। पचासवाँ शो इसी छह मई को हुआ। कोई पुरस्कार मिलता है तो लगता है कि समाज हमारे रंगकर्म को उपयोगी मानता है। 'काशीनामा' के पहले प्रभा न्यास ने सम्मानित किया। उसके पहले संगीत नाटक अकादेमी अवार्ड मिला था। पश्चिम बंगाल सरकार ने 1981 में 'गुड़िया घर', 1986 में 'महाभोज' में सर्वश्रेष्ठ अभिनेत्री का पुरस्कार दिया था। पश्चिम बंगाल नाट्य अकादेमी ने 'रुदाली' और 'कोर्टमार्शल' को भी पुरस्कृत किया था। ये बड़े पुरस्कार हैं, पर जब कोई दर्शक पत्र लिखता है कि नाटक अच्छा लगा तो वह भी एक सम्मान ही प्रतीत होता है, या महाश्वेता देवी जब कहती हैं कि फिल्म से नाटक 'रुदाली' अच्छा लगा तो वह भी बड़ा सम्मान लगता है। लेकिन सबसे बड़ा सम्मान तब लगता है जब हजारों-हजार की भीड़ जुटती है हमारा मंचन देखने के लिए। 'माँ' को तो पचास-पचास हजार की भीड़ ने देखा।

'काशीनामा' के बाद 'बदनाम मंटो' का मंचन आप कर रही हैं। नाटक का चुनाव आप किस तरह करती हैं? आप रचना में पहली चीज क्या खोजती हैं?

चयन के पीछे दृष्टि यह रहती है कि उसमें दर्शक को झकझोरने की सामर्थ्य हो। काशीनाथ सिंह की कहानी 'पांडे कौन कुमति तोहे लागी' पढ़ते समय लगा कि इसका मंचन हो सकता है। मैंने काशीनाथ जी के साथ बैठकर पुनर्लेखन किया और मंचन भी। साठ के दशक में मैंने देखा था कि श्यामानंद जालान के साथ मोहन राकेश बैठते थे। साथ बैठने से ही निर्देशक मंच की भाषा ढूँढ़ता है और लेखक भाषा देता है। हम नाटकों पर तीन तरह से काम करते हैं। लिखित नाटक भी यदि हम लेते हैं तो उस पर भी री-वर्क करना पड़ता है, यदि कहानी उठाते हैं तो उसके नाट्य रूपांतरण में फिर से काम करना पड़ता है। तीसरी स्थिति है कि हम मौलिक नाटक लिखते हैं और उसका मंचन करते हैं। मंचन के लिए किसी रचना का चुनाव सहज प्रक्रिया नहीं होती। कोई कहानी, उपन्यास या संस्मरण सहसा मेरे निर्देशक मन या दिमाग पर

असर डाल दे, फौरन कोई इमेज बन जाए, या मुझे झकझोर दे या किसी रचना में मुझे दृश्यबंध, संवादों का उतार-चढ़ाव, गतियाँ या अनछुपी ध्वनियाँ नजर आएँ या इन सबका सम्मिश्रण, तो उस ओर मेरा आकर्षण बढ़ जाता है। मैं जब कोई रचना मंचन के लिए उठाती हूँ तो इतना जरूर ध्यान रखती हूँ कि अपने को मूल रचना पर आरोपित न किया जाए, मूल रचना पर इतनी कैंची नहीं चलाई जाए कि लेखक का सिर्फ नाम बचे और रचना निर्देशक की हो जाए। मुझे लगता है कि मंच की भाषा ऐसी हो जो संसार में किसी दर्शक से अंतरंग संवाद स्थापित कर ले।

आपके अभिनय और निर्देशन में भावातिरेक की बात कही जाती है। आपका क्या कहना है?

भावातिरेक के बारे में मुझे यह कहना है कि मैं बहुत सहज ढंग से थियेटर करती हूँ। मैं तकनीक या कौशल या बौद्धिकता नहीं डालती। दूसरे नृत्य के अनुभव का लाभ उठाती हूँ। 'काशीनामा' में नृत्य की लय का भरपूर उपयोग मैंने किया। थियेटर में कोरियोग्राफी या दृश्यपरकता या स्पेस ब्लॉकिंग से रंगमंच का विकास ही हुआ है। नाटक भी जीवन की लय से बँधा है। शब्द, स्वर, ताल, छंद और लयविहीन जीवन असंभव है इसलिए नाटक में भी इसकी जरूरत है।

('सहारा समय', दिल्ली, 22 मई 2004)

ऐसी आधुनिकता मेरी समझ में नहीं आती

अभिनेत्री केतकी दत्त से बातचीत

उषा गांगुली निर्देशित नाटक 'मुक्ति' जिसने भी देखा वह केतकी दत्त के असाधारण अभिनय से ठगा रह गया। कदाचित 'मुक्ति' में अविस्मरणीय अभिनय की बदौलत ही उन्हें इस वर्ष संगीत नाटक अकादेमी पुरस्कार मिला। 13 जुलाई 1934 को जन्मी केतकी को अभिनय विरासत में मिला। शिशिर कुमार भादुड़ी चाचा थे। माँ प्रभादेवी अपने जमाने की प्रख्यात अभिनेत्री थीं। केतकी ने दस साल की उम्र में ही अभिनय शुरू किया। यानी उनकी अविराम रंगयात्रा के सत्तावन वर्ष पूरे हो चुके हैं। 'नटी विनोदिनी', 'दयाल ओपेरा', 'वर वधू', 'कमलकामिनी', 'निजभूमि' जैसे नाटकों में केतकी के अभिनय को यादगार माना जाता है। यही बात 'वंचिता', 'कंकाल', 'नागरिक' और 'सती' जैसी फिल्मों में उनके अभिनय के लिए भी सही है। कुछ टीवी सीरियलों में भी उन्होंने काम किया। संगीत नाटक अकादेमी अवार्ड से पहले रंगमंच में असाधारण व उल्लेखनीय योगदान के लिए उन्हें 'दिशारी अवार्ड', 'रिजेंट अवार्ड', पश्चिम बंग राज्य नाटक अकादेमी का सर्वश्रेष्ठ अभिनेत्री पुरस्कार, पश्चिम बंग नृत्य-नाटक-संगीत कला अकादेमी अवार्ड, सेंटेनरी स्टार थिएटर अवार्ड, सूतामाटी परिषद अवार्ड, सूरजबाला देवी अवार्ड और उजाला आनंदलोक अवार्ड जैसे सम्मानों से नवाजा गया है।

आपने रंगमंच में जब प्रवेश किया था, तब यानी पचास-पचपन साल पहले मंच-सज्जा, प्रकाश संयोजन किस तरह का होता था?

तब इतने संसाधन उपलब्ध नहीं थे, फिर भी सेट डिजाइन अपूर्व होती थी। मुझे याद है 1949 में 'आत्मदर्शन' नाटक में काँच के दो लंबे टुकड़ों के सहारे काम, क्रोध, लोभ, मोह और अहंकार को मंच पर खूबसूरती से दिखाया गया था। 1949 में ही 'किन्नरी' नाटक में सीतादेवी ने परी की भूमिका की थी। दोनों हाथों की उँगलियों में सफेद धागे से पंख बाँध जब वे ऊपर से मंच पर आतीं तो लगता मंच पर साक्षात परी

अवतरित हुई है। पूरा मंच हल्के आसमानी रंग में सज्जित होता। मंच पर कपड़े पर आँके गए मेघ होते। बीच-बीच में धुआँ आता। एकदम झकझक सफेद कपड़े में सीतादेवी पंख उठाते-गिराते जब नृत्य करतीं तो पार्श्व से गायन होता—'उतरो उतरो चले ऐशो नर वर' और दर्शक मंत्रमुग्ध हो जाते। स्टार थिएटर के नाटक होते तो शुरू में तीन बार घंटियाँ बजतीं। पहली घंटी बजती तो परदा ऊपर से नीचे गिरता और कुछ विज्ञापन दिखाई देते, मसलन एमबी ज्वेलर्स। दूसरी घंटी के बाद दिखाया जाता—अमुक नाटक अमुक हाल में अमुक समय में मंचित होगा। तीसरी घंटी में परदा दाएँ से बाएँ गिरता, फिर नाटक दिखाया जाता। ऐसा ही एक नाटक दिखाया गया था—'शाहजहाँ'। ठीक पचास साल पहले की बात है। राजा की पोशाक में शाहजहाँ लेटे हुए हैं। सिर के पास तकिया है। सिर के बाल बिल्कुल सफेद हैं। ऐतिहासिक दृश्य का 'एफेक्ट' आ गया था। पीछे कपड़े के ऊपर आँका गया ताजमहल था। थोड़ी लाइट पड़ते ही पानी नजर आता और उसमें ताजमहल भी दिखता। दिन का समय दिखाने के लिए साठ पावर के बल्ब में पीला रंगीन पतला कागज लपेट दिया जाता। चाँदनी रात का एफेक्ट दिखाने के लिए नीला कागज लपेटा जाता और वह वैसा ही रिफ्लेक्ट होता। आज उस जमाने जैसी सेट डिजाइन उतने कम संसाधन में संभव है क्या, नहीं कह सकती।

अपनी लंबी रंगयात्रा में आप किन रंगकर्मियों की सृजनात्मकता से गहरे प्रभावित हुई हैं?

मेरे घर का जो माहौल था उसमें रंगकर्म के प्रति रुचि एक तरह से जन्मजात थी। बचपन से ही अभिनय, नृत्य और गायन सीखना अनिवार्य था। मैंने सबसे ज्यादा अपनी माँ से सीखा। उन्होंने ही अपने हाथों मुझे गढ़ा। माँ के अलावा भी कई के काम से मैं मुग्ध हुई पर प्रत्यक्ष प्रशिक्षण और प्रभाव माँ से ही ग्रहण किया।

आपकी दृष्टि में कला का स्रोत क्या है?

पहला स्रोत परिवेश है, दूसरा संस्कार—किसी को कला विरासत में मिल सकती है। तीसरा है, कला के प्रति ललक जो बाद में प्यार में बदल जाती है।

नाटक की दुनिया में स्त्री होने के दुख क्या हैं और सुख क्या हैं?

नाटक की दुनिया में स्त्री होने के दुख भी हैं और सुख भी। पर दुख का पलड़ा भारी है लेकिन अभिनय करते समय स्त्री अपनी सारी व्यक्तिगत यंत्रणा भूल जाती है। एक तो निजी...भीतर की यंत्रणा, दूसरे पग-पग पर संघर्ष। परिवार, दफ्तर और रंगमंच में सामंजस्य बिठाए रखने की समस्या तो आम है। अपने बारे में बताऊँ। जब माँ की मृत्यु हुई तब मैं उन्नीस वर्ष की थी, तब से निरंतर संघर्ष करना पड़ा है। इतना संघर्ष किसी पुरुष ने भी शायद ही किया हो। कभी-कभी मुझे लगता है कि विवाह

कर मैंने गलत किया। घर-परिवार में जाने से कई चीजें नष्ट हो जाती हैं। मैं दो बेटों, तीन बेटियों की माँ हूँ। मेरे चार नाती और तीन पोतियाँ हैं। पर मेरा मानना है कि परिवार अलग चीज है। रंगमंच अलग। दोनों को एक आँख से नहीं देखा जा सकता।

स्त्री की यंत्रणा को 'मुक्ति' नाटक ने वाणी दी है। राह भी दिखाई है। इस नाटक में काम करने का अनुभव कैसा रहा?

इस नाटक ने मुझे नया जीवन दिया। मैं सात वर्षों से बेकार बैठी थी। अभिनय ही मेरी जीविका का एकमात्र आधार है। बेकारी के दिनों में मैंने कई जगह संपर्क किया पर काम नहीं मिला। 1992 में गले में ट्यूमर हो गया था। होम्योपैथ से वह ठीक हुआ। उसके बाद आर्थिक संकट के सात कठिन वर्ष काटे। अंततः मई 1999 में सीगल के समन्वय कार्यक्रम में उषा गांगुली से मेरी भेंट हुई। उनका नाम मैंने बहुत सुना था। मुझे भी वे जानती थीं पर भेंट पहली दफा उस कार्यक्रम में ही हुई। उन्होंने मुझसे कहा कि वे महाश्वेता देवी की कहानी पर आधारित नाटक 'मुक्ति' करना चाहती हैं और उसमें मुझे मुख्य भूमिका देना चाहती हैं। मेरे लिए वह प्रस्ताव स्वीकार करना एक चुनौती थी। 'रंगकर्मी' का इतना नाम है, यदि नाटक फ्लॉप होता तो मेरे कारण उषा दी की कितनी भद्द पिटती। नाटक में बांग्ला भाषा थी, उसे साधना था। रोज भीड़भरी बस से मैं रिहर्सल करने जाती। चार महीने रिहर्सल चला। एक तरफ का बस भाड़ा उनसे लेती थी। उषा दी ने मेरी पूरी क्षमता का इस्तेमाल किया। वे बताती थीं कि यह संवाद ऐसे बोलो—सा रे गा मा प ध नि सा के जरिए वे उतार-चढ़ाव और अभिनय के स्केल को बतातीं। मुक्ति में मेरे काम की सराहना हुई तो कई दूसरी जगहों से भी काम मिला।

'मुक्ति' का कथ्य क्या है?

नाटक में तीन पीढ़ियाँ हैं। आज की पीढ़ी प्रतिवाद कर रही है। नीना प्रेरणा का काम करती है मुक्ति के लिए कि वह भी माँग कर सकती है। मुक्ति को भी लगता है कि जिद कर उसे भी अपने प्रेमी से विवाह करना चाहिए था। तीसरी पीढ़ी पूर्ववर्ती पहली पीढ़ी को प्रेरित करे मुक्ति के लिए, यह कथ्य बहुत वजनदार है। उषा गांगुली ने बहुत ही चमकदार तरीके से इसे प्रस्तुत भी किया है।

नाटककार, निर्देशक, अभिनेता-अभिनेत्री, पार्श्वकर्मी और दर्शक इन्हें महत्त्व की दृष्टि से आप किस क्रम में रखना चाहेंगी?

सबसे पहले मैं निर्देशक को रखूँगी, क्योंकि मंच से लेकर नेपथ्य तक की समूची परिकल्पना उसी की होती है। उसके बाद अभिनेता-अभिनेत्री आते हैं और तब पार्श्वमंच कार्यकर्ता और उसके बाद दर्शक।

समकालीन बांग्ला रंगमंच में अभिनय का स्तर कैसा है?

आज के कलाकारों के भीतर अभिनय की भीतरी आग नहीं है। आज अमूमन मैं देखती हूँ कि थोड़ा अभिनय सीखते ही नौजवान टीवी की ओर चले जाते हैं। टीवी सीरियलों में काम करने वाली लड़कियों के हाथ में सेलुलर फोन होता है, नई पीढ़ी तड़क-भड़क और चमक में विश्वास करती है पर अपने अभिनय में वह कोई चमक नहीं दिखा पा रही है। मुझे छवि विश्वास के अभिनीत कई दृश्य आज भी याद हैं। 1835 से लेकर 1980 तक के नाटकों में गए गए सत्तर गीत भी याद हैं। 1980 के बाद का कुछ याद नहीं क्योंकि याद रखने लायक न अभिनय दिखा न गीत।

ऐसे में बांग्ला रंगमंच का भविष्य आपको कैसा लगता है?

बांग्ला थिएटर, थिएटर के रूप में नहीं रह पाएगा। कम्प्यूटर की तरह अभिनय होगा। पुरानी चीजें, वह प्रतिबद्धता सीखने की ललक नहीं लौटने वाली। जो आधुनिकता आ रही है वह मेरी समझ में नहीं आती।

एक रंगकर्मी के रूप में आपकी महत्त्वाकांक्षा और स्वप्न क्या हैं?

जो सपने थे उन्हें विसर्जित कर दिया। मैं अनेक बार उपेक्षित हुई, अनेक आघात सहे; इसलिए जो सपने मन में हैं भी वे मेरे साथ ही चले जाएँगे।

यदि मैं आपसे पूछूँ कि आपकी अंतिम इच्छा क्या है तो?

अंतिम इच्छा यह है कि अतीत के जो नाटक हैं—1835 से लेकर 1980 तक के—उनमें गाए जाने वाले करीब सत्तर गीत, जो मुझे याद हैं, सरकार उन्हें संरक्षित कर ले। रेकार्ड कर रख ले। राष्ट्रीय नाट्य विद्यालय और संगीत नाटक अकादेमी से इसके लिए मैं अपील करना चाहूँगी। कुछ गीत नाट्य शोध संस्थान के डॉ. प्रतिभा अग्रवाल ने रेकार्ड कराए भी हैं। उन्होंने बड़ा काम किया है। जितने सारे गीत मुझे याद हैं यदि वे रेकार्ड नहीं हुए तो मेरे साथ ही चले जाएँगे और आने वाली पीढ़ी नहीं जान पाएगी कि बंकिम, रवींद्रनाथ ठाकुर, काजी नजरुल इस्लाम, बेनीमाधव घोषाल, दुर्गा सेन के कौन गीत भारतचंद्र, रामनारायण रत्न, जतींद्रनाथ ठाकुर, बंकिमचंद्र चट्टोपाध्याय, रवींद्रनाथ ठाकुर, गिरीशचंद्र घोष, अनुरूपा देवी सरस्वती, भूतनाथ दास, जोगेश चौधरी, मन्मथ राय और असीम चक्रवर्ती के नाटकों में गाए जाते थे।

(**'जनसत्ता' : दिल्ली, 2 जुलाई 2001**)

शास्त्रीय संगीत का युग फिर लौटेगा

ठुमरी सम्राज्ञी गिरिजा देवी से बातचीत

शास्त्रीय संगीत की विख्यात शख्सियत और ठुमरी सम्राज्ञी गिरिजा देवी का मानना है कि शास्त्रीय संगीत सिमट रहा है। वर्षों बनारस में संगीत-साधना करने के बाद गिरिजा देवी दिसंबर 1977 से कोलकाता में रह रही हैं। यहाँ वे आईटीसी संगीत रिसर्च अकादेमी में गुरुकुल पद्धति से शास्त्रीय संगीत की शिक्षा देती हैं। स्वर्गीय पंडित सरजू प्रसाद मिश्रा की सुयोग्य शिष्या गिरिजा देवी को प्रेम से लोग आपाजी कहते हैं। उन्होंने भारत के सभी प्रमुख शहरों के अलावा विदेशों में—अमेरिका, ब्रिटेन, रूस, फ्रांस, नेपाल आदि में शास्त्रीय संगीत के कई यादगार कार्यक्रम पेश कर असंख्य लोगों को मुग्ध किया है। भारतीय शास्त्रीय संगीत में उल्लेखनीय योगदान के लिए उन्हें पद्मश्री, पद्म भूषण, संगीत नाटक अकादेमी अवार्ड, यशभारती अवार्ड, उस्ताद हाफिज अली खाँ अवार्ड, तानसेन अवार्ड और सरस्वती अवार्ड आदि सम्मानों से विभूषित किया गया है। उन्हें कोलकाता विश्वविद्यालय, रवींद्रभारती विश्वविद्यालय और वाराणसी के महात्मा गाँधी काशी विद्यापीठ ने डी.लिट्. की उपाधि प्रदान की है।

आपने ठुमरी को विश्वजनीन बनाया। ठुमरी है क्या?

ठुमरी गीत का एक प्रकार है। इसमें शृंगार, भक्ति, वात्सल्य और विरह के बोल होते हैं। ठुमरी को साहित्य भी कह सकते हैं। इसे लोग बहुत पसंद करते हैं। इतना पसंद करते हैं कि मुझे ठुमरी गायिका ही मानते हैं जबकि मैं ख्याल, टप्पा, गीत, भजन आदि सब गाती हूँ।

ओपेन हार्ट सर्जरी के बाद आपकी तबीयत कैसी है? क्या आपके गायन पर इसका असर पड़ा है?

ओपेन हार्ट सर्जरी को लेकर मेरे संगीत में कोई परेशानी पैदा नहीं हुई। भगवान जब तक अनुमति देगा, मैं शास्त्रीय संगीत की साधना करती रहूँगी। शास्त्रीय संगीत

मेरा जीवन है। मैं रियाज करती हूँ, गाती हूँ और सिखाती हूँ। मेरे अनेक शिष्य हैं। आठ-दस तो ऐसी शिष्याएँ हैं, जिनसे मुझे भारी उम्मीदें हैं। वे पूरी तन्मयता से ठुमरी को जिंदा रखने में जुटी हुई हैं।

नई पीढ़ी शास्त्रीय संगीत से क्यों दूर हट रही है?

क्योंकि नए लोगों के पास इतना वक्त नहीं कि गुरु के पास बैठ कर वे संगीत की भलीभाँति शिक्षा ले सकें और पर्याप्त रियाज कर सकें। हम लोगों को हमारे गुरु एक ही राग को कई-कई वर्ष तक सिखाते थे और हम तन्मय होकर सीखते थे। मुझे यमन व भैरव दो राग सीखने में ही तीन साल लग गए थे। मैं 73 वर्षों से शास्त्रीय संगीत की साधना कर रही हूँ। आज नई पीढ़ी के पास घंटों रियाज करने का या वर्षों कोई राग सीखने का धैर्य नहीं है। नए लोग शास्त्रीय संगीत की अपेक्षा लाइट म्यूजिक की ओर आकृष्ट हो रहे हैं। वे देखते हैं कि फिल्मी संगीत या लाइट म्यूजिक में जल्द नाम हो जाता है और धन भी काफी मिलता है, जबकि शास्त्रीय संगीत 10-15 वर्ष सीखने के बाद लाख रुपए भी नहीं मिलते। इसीलिए नए लोगों का पुरानी शास्त्रीय चीजों से जी उचट रहा है। नए लोगों में इतना भी धैर्य नहीं कि घंटा-दो घंटा एक गायक को वे सुन सकें।

नई पीढ़ी को आकर्षित करने के लिए क्या कोई नई पद्धति अपनाई जाने की संभावना बन सकती है?

शास्त्रीय संगीत सीखने-सिखाने की एक पद्धति रही है। उस पद्धति से ही शास्त्रीय संगीत सीखा जा सकता है। कोई नई पद्धति नहीं संभव है। आज नई पीढ़ी जल्दी में है। वह एक वर्ष में ही सब सीख लेना चाहती है। उनके पास जब रियाज का ही वक्त नहीं, तो स्वरों की तपस्या कैसे होगी। तपस्या से ही संगीत सधता है और तब जाकर वह दिल में लगता है। नए लोगों में इस तपस्या का अभाव है।

गुरु भी तो पहले दो-चार शिष्य रखते थे, आज भीड़ लगाए रहते हैं?

पहले कम शिष्य रहते थे, लेकिन वे गुरु की हर बात सिर आँखों रखते थे। शिष्य बनने के लिए भी लंबी प्रतीक्षा करते थे, लेकिन आज गुरु यदि भीड़ लगाए रखते हैं, तो यह उनकी मजबूरी भी है। वे खर्चा कैसे चलाएँगे? इन्हीं कारणों से शास्त्रीय संगीत नहीं फैल रहा है। इक्का-दुक्का कलाकार ही उभर कर सामने आ रहे हैं।

इस परिस्थिति के पीछे परिवेश का कितना हाथ है?

आज रुचियाँ बदल गई हैं। खान-पान बदल गया है। आज रोटी-भात की जगह चाउमिन, फास्ट फूड चल रहा है और नए लोग यही खाकर अमूमन शिकायत करते हैं कि पेट दर्द कर रहा है, जी ठीक नहीं लग रहा है। अरे भाई, यदि घर का पौष्टिक आहार छोड़ कर बाहर का अपौष्टिक आहार लोगे, तो इसका नतीजा भी भुगतना ही

पड़ेगा। आज़ खान-पान बदलने के साथ ही स्वाभाविक दिनचर्या भी बदल गई है। पूरा परिवेश और आबोहवा बदल गई है। फैशन की बाढ़ आ गई है। लाइट म्यूजिक देखें। कैसे-कैसे अटर-पटर शब्द इस्तेमाल हो रहे हैं।

इस स्थिति से कैसे निजात पाया जा सकता है?

इसके लिए साहित्यिक संस्कार जरूरी है। मैं जब सीखती थी, तो साहित्यकारों से मेलजोल रखती थी। रामधारी सिंह दिनकर से लेकर महादेवी वर्मा तक से संपर्क रखती थी। साहित्यकारों से मिली चीज का मेरे शास्त्रीय संगीत पर भी असर पड़ा। मैं समृद्ध हुई। आज के लोग साहित्यकारों से मेलजोल नहीं रखते और उनसे ग्रहण भी नहीं करते।

शास्त्रीय संगीत के लिए यह जो प्रतिकूल समय है, इसके भविष्य के बारे में आप क्या सोचती हैं?

इधर कुछ वर्षों से शास्त्रीय संगीत के लिए प्रतिकूल समय जा रहा है, पर मुझे विश्वास है कि शास्त्रीय संगीत का युग फिर लौटेगा। सरकारी और गैरसरकारी अकादमियों से भी अपेक्षा है कि वे अच्छे गुरुओं का चयन करें। जो थोड़े लोग गंभीरता से शास्त्रीय संगीत सीख चुके हैं या सीख रहे हैं, उन्हें मंच भी मिलना चाहिए, ताकि वे अपनी प्रतिभा का प्रदर्शन कर सकें। नए लोगों को यदि मंच नहीं मिलेगा और प्रायोजक या आयोजक यदि बड़े नामों के पीछे ही भागते रहेंगे, तो नए कलाकारों का क्या होगा? सरकारी व गैरसरकारी संस्थाओं को चाहिए कि वे नई प्रतिभाओं को आगे बढ़ाने के लिए आगे आएँ।

('हिंदुस्तान' : दिल्ली, 30 जुलाई 2006)

समांनांतर सिनेमा को बचाना जरूरी है

फिल्मकार गौतम घोष से बातचीत

भारतीय सिनेमा में सत्यजित राय, ऋत्विक घटक और मृणाल सेन की सृजनशील परंपरा को आगे बढ़ाने का श्रेय जिन्हें जाता है, उनमें फिल्मकार गौतम घोष भी एक हैं। उन्होंने जिन फिल्मों का निर्देशन किया है उनमें एक स्पष्ट वैचारिक दृष्टि दिखाई पड़ती है। एक ऐसे समय में, जब सार्थक सिनेमा की साँसें फूल रही हैं, और ढेर सारे अच्छे फिल्मकार चालू फिल्मों की ओर लौट रहे हैं, गौतम घोष ने अपना ढंग नहीं बदला है। पिछले सत्ताईस वर्षों के दौरान उन्होंने 'पार', 'पतंग', 'गुड़िया', 'दखल', 'अंतर्जली यात्रा', 'पद्मा नदीर माझी', 'माँ भूमि' जैसी कलात्मक और दृष्टिसंपन्न फिल्में दीं तो 'कान्सेप्ट' और 'आइडिया' में बेजोड़ दर्जन भर लघु फिल्मों और वृत्तचित्रों का भी निर्माण किया। अपनी स्पष्ट अवधारणा के लिए ख्यात पचास वर्षीय गौतम घोष समझौतों के लिए नहीं जाने जाते और उनकी वैचारिक सजगता सबका ध्यान खींचती रही है। उनकी लगभग हर फिल्म को राष्ट्रीय पुरस्कार मिले। अनेक अंतर्राष्ट्रीय फिल्म महोत्सवों में भी उनकी फिल्में सम्मानित हुईं।

बचपन की स्मृतियाँ मन में किस रूप में अंकित हैं?

बचपन में खेल में मेरी बड़ी रुचि थी। क्रिकेट, फुटबाल और हाकी में। जादूगर पीसी सरकार का मैं फैन था। जादू की किताबें पढ़ता था। घर में हर महीने मैजिक शो-होम थिएटर होता था। तब टेलीविजन नहीं था पर बच्चों की कोई अच्छी फिल्म आई तो हमें दिखाया जाता था। एक बार टारजन की फिल्म देखकर पेड़ पर डोरी बाँधकर मैं झूलने गया था। डोरी टूट गई और मेरा पैर भी टूट गया था। बचपन में शौर्य गाथाएँ और यात्रा कहानियों में बहुत रुचि थी, वही ज्यादा पढ़ता था। शिवकुमार राय, योगेंद्र नाथ सरकार, रवींद्रनाथ ठाकुर और अंग्रेजी के कई कवियों की कविताएँ पढ़ता था। छुट्टियों में जब हमारे सभी सहपाठी अपने गाँव चले जाते थे तो मेरा भी

मन करता गाँव जाने का। पर मेरा तो कोई गाँव था नहीं। मेरा पैतृक गाँव उस पार (बांग्लादेश) था। जो छूट गया। मैं कलकत्ता में जन्मा, यहीं पला-बढ़ा। बचपन में बिहार जाता था, हजारीबाग वगैरह में हमारे रिश्तेदार थे।

पचास और साठ के दशक में आपने जिस कलकत्ता को देखा और अभी जिस कोलकाता को देख रहे हैं, दोनों में क्या अंतर महसूस करते हैं?

बचपन में जिस दृष्टि से किसी चीज को देखते हैं, बड़ा होने पर उसे भिन्न रूप में हम देखने लगते हैं। लेकिन जो अंतर मैं महसूस करता हूँ, वह यह कि पहले कलकत्ता ज्यादा सुंदर था। पड़ोसी अच्छे थे। दुख-सुख में साथ देते थे। आज हत्या हो जाने पर भी खबर नहीं लेते। कलकत्ता ज्यादा आर्गेनाइज्ड था। अभी कई परिवर्तन हो गए हैं। शहर का स्वभाव बदल गया है। मूल्य बदल गए हैं। यह देख पीड़ा होती है। एक परिवर्तन अच्छा हुआ है—पहले गाँवों में बाढ़-सूखा आने पर ग्राम बांग्ला के लोग कलकत्ता आ जाते थे रोजी रोटी की तलाश में। इधर इनका आना कम हुआ है इससे यह साबित होता है कि गाँवों का जीवन-स्तर सुधरा है।

फिल्म बनाने की शुरुआत कैसे हुई?

आम तौर पर घर में टीवी पर फिल्में देखकर उसके बारे में एक धारणा बना ली जाती है, उस तरह का सुयोग मेरे पास नहीं था। मैंने पहले बताया, कभी-कभार बच्चों की फिल्म हम देख आते थे। किसी-किसी रविवार के मार्निंग शो में कुछ विदेशी फिल्में भी देख लेते थे। एक बार माँ के साथ 'पथेर पाँचाली' देखने गया था और खूब रोया था। फिल्म बनाने की शुरुआत मैंने जब की, उसके पहले फिल्म विषयक लिखना-पढ़ना होता था। योजनाएँ बनती थीं मित्रों के साथ। नेशनल लाइब्रेरी जाता था—छाँट-छाँट कर फिल्म विषयक किताबें पढ़ता था। तब नाटक करता था। उसी समय यामिनी राय के पौत्र देवव्रत राय का कैमरा लेकर निकल पड़ा। देवव्रत मेरा दोस्त था। उसके कैमरे से चित्र उतारने की प्रैक्टिस की मैंने। तब उम्र कम थी। देवव्रत के 16 मिमी के कैमरे से एक तरह की एनिमेशन फिल्म शुरू की। कह सकते हैं कि फिल्मी यात्रा इमैच्योर फिल्म बनाने से शुरू हुई किंतु 1973 से फिल्मों के साथ गंभीर रूप से जुड़ा। 1972 में 35 मिमी के कैमरे से बिजली संकट पर डाकूमेंटरी बनाने की कोशिश की। उसके पीछे कोई बैकिंग नहीं थी। बंधु-बांधवों से कर्ज लेकर उसे बनाया। काफी दिनों बाद कर्ज उतार सका। 'न्यू अर्थ' मेरी पहली डाकूमेंटरी है। डाकूमेंटरी बनाते बनाते शहर के बाहर के लोगों के जीवन को देखा। लोगों की तमाम समस्याएँ देखीं, उन्हें समझने की कोशिश की। यह कोशिश ही मुझे आम आदमी के करीब ले गई। डाकूमेंटरी बनाते बनाते मैं टेकनीक सीख रहा था। फोटोग्राफी, एडिटिंग—सारे पहलू सीख रहा था। विज्ञापन फिल्में बना रहा था। इसी बीच मृणाल सेन के 'मृगया' के निर्माता ने

मुझसे आंध्र के आम लोगों के लिए कोई फिल्म बनाने के लिए कहा। उनका नक्सलियों का जन नाट्य मंडली का ग्रुप था। मैंने उनसे कहा कि तेलंगाना विद्रोह पर किशन चंदर के उपन्यास 'जब खेत जागे' पर मैं फिल्म बना सकता हूँ। मैं आंध्र के गाँव-गाँव गया। विद्रोह के प्रत्यक्षदर्शियों से मिला। मूल कहानी में इस अनुभव को जोड़ा। फाइनल स्क्रिप्ट अंग्रेजी में बनी फिर तेलुगु में अनुवाद हुआ। प्रोड्यूसर के पास पैसे कम थे, इसलिए भारी मुश्किलों में वह फिल्म बनी।

पहली फिल्म रिलीज करने वाला दिन आपके लिए कैसा था?

मैं बहुत नर्वस था। मैं चिकनपल्ली में नीलांजना (पत्नी) के साथ था। नई-नई हमारी शादी हुई थी। प्रीमियर शुरू होते ही हाल से भाग खड़ा हुआ। चाय की दुकान में बैठा था। फिल्म खत्म होने के बाद वहाँ के एक मित्र ने मुझसे कहा, मियाँ तुम यहाँ बैठे हो, फिल्म हिट कर गई। पब्लिक का जबर्दस्त रेस्पांस है। फिर जिन-जिन सिनेमाघरों में फिल्म लगी थी—वहाँ वहाँ गया—'माँ भूमि'—एक ब्लैक एंड व्हाइट मूवी हर जगह हिट जा रही थी। उसके बाद तो तेलुगु में कई फिल्में करने का प्रस्ताव आया पर मैंने साफ मना कर दिया और कहा कि अगली फिल्म अपनी मातृभाषा बांग्ला में बनाऊँगा। कलकत्ता लौट आया और आकर बांग्ला फीचर फिल्म 'दखल' बनाई।

तेलुगु आपको आती नहीं, फिर भी तेलुगु में आपने फिल्म बनाई। हिंदी में तो कई एक श्रेष्ठ फिल्में बनाईं। भाषा की समस्या नहीं होती? क्या आपके लिए कथ्य ही महत्त्वपूर्ण होता है?

हिंदी में मैनेज कर लेता हूँ। बिहार से और हिंदी से मेरा संपर्क रहा है। तेलुगू में मैंने अपनी पहली फिल्म 'माँ भूमि' जरूर बनाई और भाषा की समस्या से मुझे जूझना भी पड़ा पर अनुवाद के जरिए उससे निपट लिया। 'माँ भूमि' भी मैं हिंदी में ही बनाना चाहता था पर निर्माता का आग्रह था कि तेलंगाना पर फिल्म बने और वह हिंदी में हो तो आंध्र के तेलुगुभाषी कैसे समझेंगे? इसलिए तेलुगु में बनाई। भिन्न भाषाओं, विभिन्न स्थितियों और विभिन्न विषयों पर मैंने फिल्म बनाई। कभी आंध्र में कभी बंगाल में कभी बिहार में तो कभी बांग्लादेश में तो कभी सेंट्रल एशिया, चीन में। भिन्न जगहों-भाषाभाषियों के बीच काम करते हुए नए अनुभव होते हैं। हर फिल्म का मेरा अलग-अलग अनुभव है। लेकिन जैसा कि आपने पूछा, कथ्य तो महत्त्वपूर्ण होता ही है—आप कहना क्या चाहते हैं और कैसे अभिव्यक्त करते हैं?

आपकी अपनी ही फिल्मों में आपको कौन-सी सर्वाधिक प्रिय है?

हर फिल्म बनाकर आनंद का अनुभव किया है मैंने पर बाद में देखा तो गलतियाँ पकड़ में आईं। सोचा कि अगली फिल्म में करेक्ट कर लूँगा। आप जो लिखते हैं उसे करेक्ट कर सकते हैं पर फिल्मों में ऐसा नहीं होता। मैंने जितनी भी फिल्में-वृत्तचित्र

बनाए, वह सिर्फ मूवी बनाना नहीं, मेरा शिक्षित होना रहा है। मैं शिक्षित हुआ हूँ। इस शिक्षा में विश्व को, इतिहास को जाना है। मुझे लगता है कि इतिहास को साथ नहीं रखे तो हम आगे नहीं बढ़ पाएँगे। हम वर्तमान में रहते हैं पर हर समय वर्तमान को पकड़ नहीं पाते। भविष्य हम जानते नहीं कि आगे क्या होगा जबकि इतिहास उदाहरण के रूप में मौजूद रहता है। उससे सीख ली जा सकती है। इसे मैं फिल्म बनाते समय ध्यान में रखता हूँ। अपनी फिल्मों के बारे में मेरा कोई इगो (अभिमान) नहीं। अपनी पसंद और दृष्टि रही है पर कभी मैं यह नहीं सोचता कि यही आखिरी शब्द है। मैं खुले मन से अपनी फिल्मों की समालोचना करता हूँ पर अपनी ही फिल्मों में मुझे कौन सी प्रिय है, यह कहना कठिन है। बोल सकता हूँ, अगली फिल्म मेरी फेवरिट फिल्म होगी जिसे जनवरी 2000 ई. में शुरू करूँगा।

उस फिल्म का नाम? थीम क्या है?

नाम अभी नहीं तय किया है। एक अंधे व्यक्ति के प्रेम प्रसंग पर आधारित है थीम। एक जन्मजात अंधा व्यक्ति है—देख नहीं सकता पर आम आदमी की तरह ही उसकी भी अपनी भावनाएँ हैं। उसके भीतर भी विपरीत लिंग के प्रति आकर्षण है। उसने हालाँकि कभी देखा नहीं कि एक औरत कैसी दिखती है? एक दूसरा पात्र भी है और वह भी ग्लूकोमा के कारण अंधा हो गया है। उसके मानस में स्त्री की वह छवि है जो उसने बीस साल पहले देखी थी—तब उसकी आँखें थीं।

महाश्वेता देवी की कहानी पर आधारित आपकी फिल्म 'गुड़िया' को वैसे तो सर्वश्रेष्ठ फिल्म का अवार्ड मिला पर फिल्म और कहानी में पूरा मेल दिखता नहीं। इसकी वजह?

गुड़िया फिल्म से मैं स्वयं संतुष्ट नहीं हूँ। मैंने जो सोचा, नहीं कर पाया। फिल्म और बेहतर बन सकती थी। कथ्य के हिसाब से बहुत तीक्ष्ण फिल्म है। थीम फैंटास्टिक है पर मिठुन चक्रवर्ती परेशान थे। उनका कहना था कि मुंबई में वे शूटिंग नहीं कर पाएँगे—इसलिए जैसी फिल्म बननी चाहिए थी, नहीं बन पाई।

महाश्वेता देवी की एक और कृति 'हजार चौरासी की माँ' पर भी आपने कभी फिल्म बनाने की सोची थी, आप क्यों नहीं बना पाए, जिसे गोविंद निहलानी ने बाद में बनाया?

अस्सी में सोची थी 'हजार चौरासी की माँ' पर फिल्म बनाने की बात। महाश्वेता देवी से बातचीत भी की थी। इसकी कथा 1970-71 के कलकत्ता पर आधारित है। उस समय का टेंशन है, यह ऐसी कथा है कि तत्काल उसका फिल्मांकन करना चाहिए था। बाद में मुझे लगा कि देर हो गई है। गोविंद निहलानी को भी फिल्म में कहानी का विस्तार करना पड़ा।

अभी हाल कोलकाता फिल्म महोत्सव खत्म हुआ। इसके चेयरमैन के रूप में महोत्सव की प्रासंगिकता के बारे में आप क्या कहना चाहेंगे?

कभी दिल्ली, कभी मुंबई, कभी चेन्नई, कभी कोलकाता में फिल्म फेस्टीवल होता है। इन महोत्सवों से फिल्मकार अनुप्राणित होते हैं। ये महोत्सव उनके लिए उत्प्रेरक का काम करते हैं। रोज ही दर्शकों की भारी भीड़ भी कम से कम कोलकाता में तो उमड़ती ही है। इसलिए इसकी प्रासंगिकता तो है। लेकिन आजकल जो फिल्में बन रही हैं, उनका इम्पैक्ट नहीं पड़ रहा। फिल्म फेस्टीवल रिचुअल हो गया।

('जनसत्ता सबरंग' : कोलकाता, 5 दिसंबर 1999)

संवाद-2

आप सत्ताईस वर्षों से सार्थक फिल्में बना रहे हैं। इसके पीछे सिनेमा के प्रति आपका अनुराग रहा है या जीवन और समाज से गंभीर रूप से जुड़ी कोई और बात?

सिनेमा के प्रति अनुराग तो रहा ही, पर उसके साथ ही समाज के लिए कुछ करने की आकांक्षा भी रही है। मुझे जो सुविधाएँ सहज प्राप्त हैं, मुझसे गरीब लोगों को नहीं प्राप्त हैं। दबे-कुचले शोषित जनों के लिए कुछ करने की दृष्टि मुझे वामपंथ ने दी। छात्र जीवन में मैं एसएफआई से जुड़ा था। मार्क्स की किताबें पढ़ता था। उससे जीवन और समाज को समझने में मदद मिली। सिनेमा एक व्यापक माध्यम है, लेकिन सवाल है उसका इस्तेमाल आप किस रूप में करते हैं। यदि आप सार्थक फिल्मों को बढ़ावा देना चाहते हैं तो जाहिर है वैसी ही कलात्मक फिल्में बनाएँगे। मैं अपने विचारों के प्रति प्रतिबद्ध रहा हूँ और जो मेरी चिंताएँ रही हैं, उन्हें अपनी फिल्मों में रखने की मैंने कोशिश की है। हम एक वर्ग विभाजित समाज में रहते हैं। हमारी संस्कृति भी वर्ग पर आधारित है। सिनेमा एक माध्यम है, भाषा है इसलिए वर्ग आधारित समस्याओं को आप उसमें उभार सकते हैं। सिनेमा में आप भूगोल, साहित्य, राजनीति सब कुछ सृजित कर सकते हैं। करना चाहिए।

आज की उपभोक्ता संस्कृति और नई बाजार व्यवस्था में समानांतर सिनेमा की उपयोगिता और सार्थकता कितनी है?

बहुत है। सिर्फ सिनेमा ही नहीं, हर क्षेत्र में समानांतर आंदोलन चलाने वाले हमेशा अल्पसंख्यक रहे हैं। काफी पहले आपको याद होगा, 'फोरम आफ गुड सिनेमा' बना था। वह काम नहीं कर सका, यह दूसरी बात है। अच्छे फिल्मकार मिलकर मंच बनाएँ, इससे ज्यादा जरूरी दर्शकों में सार्थक फिल्मों के प्रति रुचि जगाना है। पश्चिमी देशों में—अमेरिका, फ्रांस में सार्थक फिल्मों के लिए संगठित काम हुए हैं। हमारे यहाँ

भी ऐसी पहल जरूरी है ताकि समानांतर सिनेमा को चाहने वाले दर्शक बढ़ें। दर्शकों में जागरूकता लाने में पत्र-पत्रिकाएँ भी अहम भूमिका निभा सकती हैं। मैं कला, सिनेमा और वाणिज्यिक सिनेमा में विश्वास करता हूँ। जन के यथार्थ को दर्शाने में विश्वास करता हूँ। हमें समानांतर सिनेमा के लिए लड़ाई जारी रखनी है। पूरी दुनिया में गंभीर फिल्मों के लिए लड़ाई जारी है। दिक्कत यह है कि संजीदा फिल्में बनाने वालों में कई गलत प्रवृत्तियाँ घर कर रही हैं। अवार्ड मिल गया। वेनिस, कान, बर्लिन घूम आए अंतर्राष्ट्रीय फिल्म महोत्सवों में और अपनी पीठ ठोंक ली, यह गलत है। हमें दर्शक के प्रति जवाबदेह होना चाहिए। सार्थक फिल्मों की उपयोगिता तभी है जब वे व्यापक दर्शक वर्ग तक पहुँचें। सत्यजित राय ने 1962 में 'कंचनजंघा' बनाई थी। वह फिल्म अपने समय से बहुत आगे थी। वह सिनेमाई क्रांति का प्रतीक थी पर बाक्स आफिस पर वह पिट गई। राय ने फिर वैसी फिल्में बनाईं क्योंकि अपने दर्शकों के प्रति वे बहुत सजग थे।

भारत में सर्वाधिक आठ-नौ सौ फिल्में साल भर में बनती हैं पर अंतर्राष्ट्रीय फिल्म महोत्सवों में भारत नहीं, छोटे-छोटे देश कम फिल्में बनाकर भी पुरस्कार ले जाते हैं। क्या भारतीय फिल्में गुणवत्ता में इतनी दरिद्र हैं?

भारत में सर्वाधिक फिल्में बनती तो जरूर हैं पर वे भारतीय जनजीवन की यथार्थ तस्वीर नहीं दिखातीं। सैकड़ों हिंदी फिल्में जो बन रही हैं, क्या वे हिंदी क्षेत्रों—उत्तर प्रदेश, बिहार, मध्य प्रदेश, राजस्थान के जीवन के यथार्थ को दिखाती हैं? हिंदी क्षेत्रों के लोगों की समस्याएँ, अंतर्द्वंद्व, उनकी मानसिकता इन फिल्मों में प्रतिबिंबित होती है? इसीलिए इन फिल्मों को मैं हिंदी फिल्में नहीं, मुंबइया फिल्में कहता हूँ, वे मसाला फिल्में हैं। दूसरी तरफ जहाँ सिनेमा काफी देर से पहुँचा—चीन में अस्सी में आया—वहाँ, चीन, ताइवान, ईरान, तुर्की में गुणवत्ता पर ध्यान दिया जाता है। वे काफी संगठित भी हैं। यूरोप, अमेरिका में उनकी फिल्मों का बाजार भी है। विदेश-में भारतीय फिल्मों ने अपना वांछित बाजार ही नहीं बनाया है। और देखिए आठ सौ फिल्में हम बना तो रहे हैं पर उनमें दस प्रतिशत ही अपनी लागत वसूल कर पा रही हैं?

जिस तरह पाश्चात्य संगीत से भारतीय शास्त्रीय संगीत को सहज अलगाया जा सकता है, क्या उस तरह भारतीय फिल्मों की भी अपनी पहचान है?

मैंने अभी कहा कि हिंदी फिल्में यदि हिंदी क्षेत्रों के यथार्थ को प्रतिबिंबित नहीं करेंगी, उनकी जड़ अपनी जमीन पर नहीं मिलेगी तो भारतीय फिल्मों की अपनी पहचान कैसे बनेगी? इटली की अपनी फिल्मों की परंपरा है। जापान की भी है। हमारे यहाँ सत्यजित राय, ऋत्विक घटक, मृणाल सेन और मुंबई-चेन्नई के कुछ फिल्मकारों

को छोड़ दें तो मुख्यधारा का जो सिनेमा है, उनमें 99 फीसदी अपनी जड़ों से नहीं जुड़े हैं। अपनी ज़मीन से नहीं जुड़े हैं।

मगर कलात्मक फिल्मों के लिए प्रायोजक कहाँ मिलते हैं?

सुरुचिपूर्ण कलात्मक फिल्मों के लिए निर्माता नहीं मिलते या बहुत मुश्किल से मिलते हैं तो इसलिए कि आजादी के बाद मध्य वर्ग की मानसिकता काफी बदल गई। सेवा की भावना, हमदर्दी खत्म होती गई। मूल्यों के प्रति निष्ठा नहीं रही, चाहे राजनीति के क्षेत्र में हो या अफसरशाही या व्यवसाय—हर क्षेत्र में मध्यवर्ग के जो लोग गए, वे स्वार्थी हो गए। सुविधाभोगी हो गए। पहले ऐसे स्वार्थी लोग कम थे लेकिन अब स्वार्थी लोग ही नब्बे फीसदी हैं। आम आदमी की चिंता, संस्कृति की चिंता अपेक्षाकृत कहाँ है? इसीलिए सार्थक फिल्मों के निर्माता नहीं मिलते। संस्कृति से कटते जाने का भी असर पड़ा है। यहीं मैं कहना चाहता हूँ कि हिंदू धर्म नहीं, महान दर्शन है। जो नास्तिक है, वह भी हिंदू है। कुछ लोग धर्म का राजनैतिक उद्देश्य के लिए इस्तेमाल कर रहे हैं—वह गलत है। संस्कृति से कटने और स्वार्थी होने की यह पराकाष्ठा है। आम आदमी की चिंता, संस्कृति के साथ उसके संबंध और लोक की चिंता वे ही करते हैं जो यथार्थ तस्वीर खींचना चाहते हैं।

निर्माता नहीं मिलने के कारण ही तो आपने पश्चिम बंग सरकार और बांग्लादेश सरकार की मदद लेकर फिल्में बनाईं?

बांग्लादेश सरकार की मदद से सिर्फ 'पद्मा नदीर माझी' बनाई थी। सरकार की मदद से फिल्म बनाने में क्या बुराई है? मेरे पिताजी कहते थे कि अपने पैतृक स्थान बांग्लादेश पर फिल्म बनाऊँ। मैं तो उस पार का हूँ। बचपन में स्कूल के दिनों में गर्मी की छुट्टी, पूजा की छुट्टी और क्रिसमस की छुट्टी में जब सारे सहपाठी अपने अपने गाँव जाते तो मैं तड़प कर रह जाता। मेरे पिताजी ने बताया था कि मेरा कोई गाँव नहीं है। पैतृक गाँव उस पार था। विभाजन के बाद हम कलकत्ता में रह गए। मुझे लगता है कि 1947 का देश विभाजन भारत के इतिहास में एक कलंक है और कई समस्याओं का जनक भी। 'पद्मा नदीर माझी' की शूटिंग में मेरे पिता भी गए। पचास साल बाद अपने पैतृक गाँव फरीदपुर के पास पहुँचे तो उनकी आँखों में आँसू थे। 'सेंटीमेंट्स' का मामला था। फिल्म में दोनों देशों के कलाकारों ने मिलकर काम किया था। ऐसी प्रस्तुतियों में सरकारी मदद लेने में क्या हर्ज है?

सन् सैंतालीस के विभाजन को आप कई समस्याओं की जड़ बता रहे हैं, क्या उनका उल्लेख करेंगे?

देखिए 1947 में धर्म के आधार पर देश का बँटवारा हुआ। अंग्रेजों के साथ मिलकर हमारे राजनैतिक नेताओं ने देश विभाजन की सहमति जताकर बड़ी भूल की।

हालाँकि ये हमारे नेता महान हैं पर विभाजन के प्रश्न पर उन्होंने भारी भूल की। चूँकि धर्म के नाम पर सन् सैंतालीस में देश का विभाजन हुआ था, आम आदमी विभाजन के पक्ष में नहीं था। आज जो हिंदू-मुसलमान के बीच तनाव रहता है, जातियों के बीच तनाव रहता है, उसके लिए विभाजन ही जिम्मेदार है। आज के सांप्रदायिक तनाव की जड़ विभाजन में है। विभाजन के चलते ही भारत व पाकिस्तान में तनाव है। कारगिल का संकट उसी का परिणाम था। सियाचिन में करोड़ों रुपए रोज भारत-पाक दोनों खर्च कर रहे हैं सिर्फ दबाव बनाने के लिए जबकि वह ग्लेशियर है—वहाँ आदमी नहीं रह सकता। यह निरंतर तनाव उसी विभाजन की ही तो परिणति है।

आपने अपनी मातृभाषा बांग्ला के अलावा हिंदी और तेलुगु में भी फिल्में बनाईं। भारतीय भाषाओं में परस्पर समन्वय और उनके विकास के लिए आपके क्या सुझाव हैं?

भारतीय भाषाओं के उत्थान का मैं पक्षधर हूँ, लेकिन इसका मतलब अंग्रेजी विरोधी होना नहीं है। सभी भारतीय भाषाओं को समान महत्त्व दिया जाना चाहिए। सबको बराबर का आदर मिलना चाहिए। हिंदी भी एक बड़े क्षेत्र की भाषा है, इसी कारण उसे सर्वाधिक महत्त्व मिले—क्या यह जायज है? आदिवासियों की भाषाएँ हैं—सौ से ज्यादा बोलियाँ हैं—उनका विकास सुनिश्चित किया जाना चाहिए। त्रिपुरा में बोली-भाषा की ही मुख्य समस्या है। क्रिश्चियन वहाँ रोमन और बाकी लोग बांग्ला लिपि के पक्षधर हैं। भाषा की समस्या राजनैतिक तनाव का कारण बनी हुई है। हाँ, अंग्रेजी की उपेक्षा कैसे की जा सकती है? यहाँ वर्षों अंग्रेजी का शासन था—क्या इससे इनकार किया जा सकता है? लेकिन इसका यह अर्थ नहीं कि हम अपनी मातृभाषा की उपेक्षा कर अंग्रेजी अपनाएँ। हमारे पिता की पीढ़ी ने अपनी मातृभाषा में पढ़ाई की थी और अंग्रेजी भी सीखी थी। अंग्रेजी अदब नहीं सीखा था। किसी भी भाषा का विरोध या उपेक्षा किए बगैर हर भाषा की उन्नति की बात सोची जानी चाहिए।

एक बुद्धिजीवी के नाते आपकी चिंताएँ?

चिंता आज भी समाज में व्याप्त विषमता और बेबसी को लेकर होती है। फिल्म बनाने के अलावा समाज के लिए कुछ करने की साध लेकर ही इटली व बंगाल सरकार के अनुदान से अत्यंत पिछड़े लोगों के लिए हमने एक कम्युनिकेशन सेंटर बनाया है। पूर्वोत्तर के पिछड़े लोगों के लिए यह सेंटर एजुकेशन साफ्टवेयर बनाएगा। जनजातियों का जीवन स्तर कैसे ऊपर उठे, हम इसके लिए प्रयास कर रहे हैं। आदिवासियों के साथ सरकारों ने इतनी ज्यादतियाँ कीं। उनका महुआ बंद करा दिया जो उनका सदियों का पेय था और उसके बदले उन्हें देसी शराब दी जा रही है।

बिहार, ओडीशा में देशी शराब के ठेकेदार आदिवासियों को विकृत शराब पिला रहे हैं—उन्हें लूट रहे हैं। आदिवासियों को उनकी परंपरा और संस्कृति से बेदखल किया जा रहा है। उन्हें और उनकी संवेदना समझने की कोशिश शासन को करनी चाहिए।

('जनसत्ता' : दिल्ली, 6 फरवरी 2000)

संवाद-3

आपने 'पथेर पांचाली' पहली बार कब देखी थी?

जब 'पथेर पांचाली' रिलीज हुई थी, उसी समय देखी थी। तब बिल्कुल छोटा था। मैंने यह फिल्म माँ के साथ देखी थी और खूब रोया था। बाद में इस फिल्म को कई-कई बार देखा। 'पथेर पांचाली' की रजत यात्रा (पच्चीस वर्ष पूरे होने पर) पर मैंने अपनी फिल्म फीचर फिल्म बनायी थी—'माँ भूमि' तेलुगु में।

'पथेर पांचाली' का आपके लिए क्या महत्त्व है?

इसमें ग्रामीण भारत का यथार्थ यानी भारतीय सिनेमा का यथार्थ प्रतिबिंबित हुआ था। फिल्म कला यथार्थ का संप्रेषण कैसे करे—यह सीख मैं ऐसी फिल्मों से ग्रहण करता हूँ। आज सिनेमा का जितना विस्तार हुआ है, उतना किसी कला-रूप का नहीं। इसलिए इतने विस्तारित रूप का इस्तेमाल यदि जीवन जगत की असल तस्वीर दिखाने में किया जाए तभी उसकी प्रासंगिकता है। हमारे लिए सत्यजित राय की यह उक्ति प्रेरणा का काम करती है कि 'फिल्म छवि है, फिल्म शब्द है, फिल्म गति है, फिल्म नाटक है, फिल्म कहानी है, फिल्म संगीत है और इन सभी बातों का साक्ष्य फिल्म के एक मिनट के दृश्य में ही किया जा सकता है।' सत्यजित राय ने अनवरत यह साक्ष्य पेश किया था। मेरे लिए सत्यजित राय की फिल्म 'पथेर पांचाली' का यह महत्त्व भी है कि वे सिनेमा के दृश्य काव्य-रूप को शिल्प के उत्कर्ष तक ले गये थे।

भारतीय सिनेमा में 'पथेर पांचाली' की आज क्या जगह है?

भारतीय सिनेमा में उसका महत्त्व आज है और आगे भी रहेगा क्योंकि उसने यथार्थवादी न्यू वेब सिनेमा को जन्म दिया। 'पथेर पांचाली' बताती है कि सिनेमा की भाषा और उसमें अंतर्निहित कलात्मक संभावनाओं को सर्वोच्च वरीयता दी जानी चाहिए। लेकिन सिनेमा में जिस 'पथेर पांचाली' का इतना महत्त्व है, उस फिल्म की अर्धशती यात्रा पर सिनेमा हॉलों में उसे और राय की अन्य फिल्मों को नहीं दिखाया जा रहा है। 'पथेर पांचाली' की अर्धशती पर हम राय को किस तरह की श्रद्धांजलि दे रहे हैं?

'पथेर पांचाली' से जो समांनांतर सिनेमा आंदोलन आरंभ हुआ, वह आज कहाँ खड़ा है?

समांतर आंदोलन चलाने वाले हमेशा अल्पसंख्यक रहे हैं, चाहे वे सिनेमा के क्षेत्र में हों या दूसरे क्षेत्र में। एक बार 'फोरम ऑफ गुड सिनेमा' बना था, पर काम नहीं कर सका। पश्चिमी देशों, खासकर अमेरिका और फ्रांस में सार्थक फिल्मों के लिए संगठित काम हुए हैं। हमारे यहाँ समांनांतर सिनेमा के प्रति दर्शकों में रुचि जाग्रत करने की पहल नहीं हुई है। इसके लिए वे फिल्मकार भी दोषी हैं जो दर्शकों के लिए नहीं, अवार्ड के लिए फिल्में बना रहे हैं। हमें दर्शकों के प्रति जवाबदेह होना पड़ेगा। यह सही है कि समांनांतर या न्यू वेब सिनेमा की प्रासंगिकता तभी है जब वह व्यापक दर्शक वर्ग तक पहुँचे। यदि आप सार्थक फिल्मों को बढ़ावा देना चाहते हैं तो आपको स्वस्थ कलात्मक फिल्में बनानी पड़ेंगी, पर हम देखते हैं कि भारत में सबसे ज्यादा जिस भाषा में फिल्में बनती हैं–हिंदी में–वे हिंदी पट्टी का असल जीवन और वहां की जटिलता नहीं दिखातीं।

('सहारा समय' : दिल्ली, 11 सितंबर 2004)

संगीत में ही शांति व संतुष्टि

रंगकर्मी-गायिका नगीन तनवीर से बातचीत

विख्यात रंग निर्देशक हबीब तनवीर की बेटी नगीन तनवीर भोपाल में एक योग-संगीत केंद्र खोलने की तैयारी में हैं। हबीब तनवीर ने जिस तरह रंगमंच में मौलिकता व प्रयोगधर्मिता को प्रतिष्ठित किया, उसी तरह नगीन तनवीर संगीत में कुछ नया प्रयोग करना चाहती हैं। नई पीढ़ी की सुपरिचित कलाकार-गायिका नगीन पिछले दिनों कोलकाता आईं तो उनकी भविष्य की योजनाओं के बारे में, पिता व माँ के बारे में बातचीत हुईः

पिता के रूप में हबीब तनवीर कैसे हैं?

बाबा (हबीब तनवीर) बहुत विनम्र हैं। शर्मीले स्वभाव के हैं। इतनी शोहरत पा लेने के बावजूद ईगो नहीं है। बेहद मोहब्बतवाले इंसान हैं। दोस्त आदमी हैं। दोस्तों से मिलना-मिलाना उन्हें बहुत अच्छा लगता है। घर में उनका रहन-सहन बिल्कुल सहज और सादा है। वे बहुत सादा खाना पसंद करते हैं। दाल-भात, रोटी-सब्जी। क्रिकेट का बहुत शौक है। कोई काम न हो और टीवी पर मैच आ रहा हो, तो शौक से देखते हैं। फुटबॉल और चौसर भी उन्हें प्रिय है। मैंने देखा है कि बाबा की कई बार नाहक आलोचनाएँ हुईं। कई बार तो उन्हें शोषक तक करार दिया गया। पर उन लांछनों की परवाह किए बगैर बाबा कहते रहे—काम होना चाहिए। वे साधक कर्मयोगी हैं। नेकी कर दरिया में डाल की नीति पर वे चलते रहे हैं। उन्होंने साहस कभी न छोड़ा। मैं भाग्यशाली हूँ कि जन्म लेते ही मुझे कला का वातावरण मिला। बाबा या अम्मा ने किसी चीज से मुझे रोका नहीं। संगीत में मेरी रुचि को देखते हुए उन्होंने बराबर मुझे प्रोत्साहित किया। मैंने पहले शर्वरी मुखर्जी से संगीत सीखा फिर दीपाली नाग से। अभी सुलोचना वृहस्पति जी से सीख रही हूँ। गुलेंचा बंधुओं से भी मार्ग दर्शन मिलता है। बड़ोदरा में म्यूजिक में बीए करने के बाद चंडीगढ़ से एमए इन म्यूजिक किया। घर में बहुत प्रोटेक्टेड रही हूँ। मेरे पहले तीन बच्चे गिर गए थे, इसलिए मुझ पर बाबा-अम्मा बहुत ध्यान देते रहे हैं। बाबा-अम्मा हमेशा चिंतित रहते

कि मैं इतनी भोली हूँ—कैसे जीवन चलाऊँगी। पढ़ाई करने जब बाहर नहीं गई थी तो बाबा-अम्मा सदा मुझे साथ रखते थे। मेरा बचपन 'नया थियेटर' के भोले-भाले कलाकारों के बीच, उनकी गोद में गुजरा। मेरी परवरिश में कोई भेदभाव नहीं था कि अमुक गाँव का, अमुक शहर का, अमुक फलां जाति या धर्म का है। मैं कोई भेदभाव नहीं मानती। बाबा-अम्मा बचपन से ही मुझे संगीत, नृत्य, नाटक के कार्यक्रमों में ले जाते। बेगम अख़्तर, भीमसेन जोशी, कुमार गंधर्व, यामिनी कृष्णमूर्ति के कार्यक्रम बाबा-अम्मा के साथ ही देखे। बाबा जब यूरोप जाते तो मेरे लिए वहाँ के लोक संगीत के कैसेट लाते। रोमानिया, यूगोस्लाविया, बल्गारिया के लोक संगीत के कैसेट बाबा के सौजन्य में ही सुन पाई-गुन पाई। पाश्चात्य व भारतीय संगीत दोनों मैं चाव से सुनती रही हूँ।

माँ की कमी का एहसास क्या बाबा होने देते हैं?

माँ की रिक्तता का एहसास तो हमेशा होता है। माँ की स्मृति बहुत सताती है। उन्हें सेप्टिक हो गया था। वे भोपाल स्थित एक अस्पताल में जूझ रही थीं। चिकित्सा में लापरवाही के कारण वे चल बसीं। मरने से पहले उन्होंने बाबा से कहा था—मैं जा रही हूँ। उन्हें मृत्यु का एहसास हो गया था। माँ का स्नेह, वह प्यार बाबा के स्नेह और प्यार से अलग होता है। मैं एक ऐसी स्त्री की तलाश में हूँ जो बिल्कुल अम्मा जैसी हो। माँ की जरूरत शिद्दत से महसूस करती हूँ। मैं जब बहुत भावुक होती हूँ तो उन्हें खोजती हूँ। मैं माँ के बहुत करीब थी। उनसे बहुत लगाव था। मैं उनसे रूठती थी, झगड़े भी करती थी पर झट हम मिल भी जाती थीं। पिता के साथ थोड़ी दूरी रहती है। माँ चाहती थीं कि मैं अच्छी संगीतकार बनूँ। मुझमें वह साधना जग गई है। पहले से अब संगीत साधना और तीव्र रूप में जगी है।

आपकी रुचि का क्षेत्र संगीत था, फिर थियेटर की ओर क्यों मुड़ीं?

मैं शुरू से ही संगीत में ही रमे रहना चाहती थी। संगीत में ही मुझे शांति व संतुष्टि मिलती है, पर बाबा के नया थियेटर ग्रुप में सिंगर हैं ही नहीं। सिंगर के नाम पर मैं ही हूँ और थियेटर में संगीत पक्ष का होना जरूरी है। बाबा चाहते हैं इसलिए उसका संगीत पक्ष मुझे ही देखना पड़ता है। संगीत एकांतवाली साधना है। उसमें अकेले रियाज करना पड़ता है, जबकि थियेटर का एटीच्यूड अलग है। उसमें समूह में काम करना पड़ता है। संगीत व थियेटर दोनों में भरसक समन्वय की कोशिश करती हूँ। अभी भी अपने संगीत पक्ष को लेकर मैं बहुत सतर्क रहती हूँ। अपने कंठ का ध्यान रखती हूँ। ठंड से इसे बचाती हूँ। चटपटा खाना नहीं खाती। खट्टा नहीं खाती। समय मिलते ही रियाज करती हूँ। मुख्यतः सुबह के समय छत्तीसगढ़ी व अन्य प्रांतों के लोक संगीत गाती हूँ। सुगम संगीत और उप शास्त्रीय संगीत भी। मेरे गुरुओं ने

कहा कि मुझमें क्लासिक म्यूजिक की काफी पोटेंशियल है। शास्त्रीय संगीत के जो कुछ कार्यक्रम मैंने पेश किए तो उसमें रेस्पांस भी खूब मिला।

जैसे?

लाहौर में 1999 में मेरा एक प्रोग्राम हुआ था, क्लासिक म्यूजिक का। उसमें मेरे गायन को बहुत एप्रिसिएट किया गया। बालासोर में 29 दिसंबर 2005 को भी मेरे गायन का प्रोग्राम बहुत सराहा गया। कोलकाता में भी मेरा कार्यक्रम पसंद किया गया, इन प्रशंसाओं ने मुझे नई ऊर्जा से भर दिया। मैंने फैसला किया है कि बाबा के नया थियेटर के संगीत पक्ष को देखते हुए मुझे शास्त्रीय संगीत भी गाना है। परिश्रम कर मंजिल तय करनी है।

घर के काम, बाबा की देखरेख और अपने संगीत के कामों के बीच संतुलन कैसे बिठाती हैं?

घर की पूरी जिम्मेदारी अब मुझ पर आ गई है। समय ही कम बचता है पर उसी में संगीत व थियेटर के लिए, रियाज व रिहर्सल के लिए और योग के लिए भी समय निकालना ही पड़ता है। माँ के रहने पर वे बाबा के थियेटर के कई पक्ष अकेले सँभाल लेती थीं, अब वह काम भी मुझे देखना पड़ता है।

कला के क्षेत्र में आपकी महत्त्वाकांक्षा व स्वप्न क्या हैं?

मैंने अब तक अलग-अलग घरानों के गुरुओं से शास्त्रीय संगीत की जो भी तालीम ली है, उससे एक नई शैली पैदा करने का सपना है। ऐसी शैली विकसित करना चाहती हूँ जिसमें रामपुर परंपरा की भी झलक मिले, सुलोचना जी की भी झलक मिले, गुदेंजा जी की भी और दीपाली जी की भी झलक मिले। भोपाल में हमें जो सरकारी जमीन मिली है, वहाँ एक ऐसा केंद्र बनाना चाहती हूँ, जहाँ मैं बच्चों को शास्त्रीय लोक संगीत सिखा सकूँ। योग के द्वारा संगीत सिखा सकूँ ताकि भावनात्मक, मानसिक, शारीरिक और आध्यात्मिक चारों स्तरों पर वे दीक्षित हो सकें। आदिवासियों के अनेक गाने, लोक संगीत के 70-75 प्रतिशत गाने लुप्त हो गए हैं, उन्हें पुनर्जीवित करने की भी इच्छा है।

(कोलकाता, 10 दिसंबर 2005)

आगे बढ़ा है हिंदी रंगमंच

रंगकर्मी डॉ. प्रतिभा अग्रवाल से बातचीत

रंगकर्मी डॉ. प्रतिभा अग्रवाल सिद्ध गद्य लेखिका और अनुवादक भी हैं। हिंदी मुहावरों पर उन्होंने डी. लिट्. किया। कोलकाता में उन्होंने अपनी तरह के अकेले नाट्य शोध संस्थान की स्थापना की। कोलकाता के आचार्य जगदीश चंद्र बसु रोड स्थित उनके आवास पर यह बातचीत नौ अक्तूबर 1999 की सुबह हुई।

सृजन की इतनी विधाओं (गद्य लेखन, अनुवाद, रूपांतर, संपादन, अभिनय, निर्देशन) को आपने कैसे साधा?

अलग-अलग विधाओं में काम की जहाँ तक बात है, शुरुआत अनुवादों से हुई। अनामिका में नाटक करने के लिए अनुवाद की जरूरत पड़ती थी और वहीं से नाटकों का अनुवाद शुरू किया। पर उसके भी पहले यहाँ एक मासिक पत्रिका निकलती थी– 'नया समाज'। सेंगर जी उसके संपादक थे। वे मुझसे अनुवाद कराते थे। मुझसे पुस्तक समीक्षाएँ भी कराते थे। अनामिका की जरूरत को पूरा करने के लिए मैंने नाटकों का अनुवाद किया 'एवम्, इंद्रजित', 'पगला घोड़ा', 'सारी रात', 'टीन की तलवार', 'राजदर्शन', 'शाम ढले विसर्जन', 'साप उतारा', समेत तीस से ज्यादा बांग्ला, अंग्रेजी और गुजराती नाटकों का हिंदी में अनुवाद किया। 'गोदान', 'देना-पावना', 'घर और बाहर', 'वंश वृक्ष', 'सुहाग के नूपुर', 'मैला आँचल', आदि उपन्यासों का नाट्य रूपांतर किया। शमीक बंद्योपाध्याय के साथ मिलकर हिंदी से बांग्ला में अनुवाद किया। नंदलाल बसु रचनावली का हिंदी में अनुवाद किया। सुकुमारी भट्टाचार्य और सुनील गंगोपाध्याय की पुस्तकों का अनुवाद किया। कुछ पुस्तकों का संपादन किया, जैसे– 'हबीब तनवीर : एक रंग व्यक्तित्व', 'मास्टर फिदा हुसैन', 'कहानी मदन बाबू की', 'कलकत्ता साहित्य संकलन' (पाँच बार), 'हिंदी मुहावरा कोश', 'वृहत् मुहावरा कोश', 'भंवरमल सिंघी : सात दशकों की जीवन यात्रा का अर्घ्य'।

मौलिक गद्य लेखन का काम बाद में शुरू हुआ। पहली पुस्तक 'सृजन का सुख दुख' 1981 में आई, लिखना 78-79 में ही शुरू कर दिया था। उसके बाद 'हिंदी

मुहावरे : विश्लेषणात्मक विवेचन', 'मोहन राकेश', 'दस्तक जिंदगी की', 'मोड़ जिंदगी का' और 'प्यारे हरिश्चंद्र जू'—पुस्तकें आईं। मौलिक लेखन की शुरुआत ऐसे हुई कि नाटक करते हुए कई वर्ष हो गए थे और काफी बातें मन में आती थीं। चालीस के दशक से ही नाटक करती थी और सातवें दशक में लिखना शुरू किया। तब नाटकों के बारे में रंगकर्मी स्वयं बहुत कम लिखते थे। इधर दस-पंद्रह वर्षों में ज्यादा लिखा जा रहा है। भीतर से अकुलाहट हुई तो मैंने लिखा।

आपका जो मौलिक लेखन है, वह अपने ही बारे में ज्यादा है। ऐसा क्यों?

'सृजन का सुख दुख', 'दस्तक जिंदगी की', 'मोड़ जिंदगी का', इन पुस्तकों में मैंने अपने बारे में जरूर लिखा है पर केवल अपने बारे में नहीं लिखा। इन पुस्तकों में मैंने कलकत्ता के हिंदी रंगमंच का इतिहास भी प्रस्तुत किया है। इसीलिए इन्हें लिखते समय झिझक नहीं हुई। कभी संकोच नहीं हुआ।

मैंने पूछा था कि विविध विधाओं को आपने कैसे साधा—लेखन, अनुवाद, रूपांतर, संपादन के बारे में तो आपने बताया पर अभिनय और निर्देशन के बारे में नहीं बताया?

दादाजी नाटककार थे। बाबूजी भारतेंदु नाट्यमंडली से जुड़े थे। इसलिए रुचि बचपन से ही थी अभिनय में। जब कलकत्ता आई विवाह के बाद तो यहाँ 30 अगस्त 1948 को अभिनव संस्कृति संसद की ओर से मारवाड़ी विद्यालय में रामकुमार वर्मा की दो एकांकियाँ खेली गईं। पति-पत्नी ही प्रेमी-प्रेमिका की भूमिका में उतरे थे। तब किसी और की पत्नी या प्रेमिका के अभिनय करने को बदचलन माना जाता। अभिनव संस्कृति संसद के बाद 1949 में तरुण संघ की ओर से हमने नाटक किए। 1955 में अनामिका की स्थापना हुई। 1950 में श्यामानंद जालान के साथ काम शुरू किया। बीस साल तक हमने साथ काम किया। भंवरमल सिंघी थे। तब चारों ओर रंगमंच के अनुकूल एक माहौल था जिसे सुधारवादियों ने बनाया था। सुधारवादी चाहते थे कि बंगाल का हिंदीभाषी समाज साहित्य-संस्कृति के क्षेत्र में महत्त्वपूर्ण भूमिका अदा करे। निर्देशन में मेरी खास रुचि कभी नहीं रही। सात-आठ का निर्देशन मैंने मजबूरी में किया। सृजन के विभिन्न क्षेत्रों में अभिनय, निर्देशन, लेखन—जो कुछ मैं तभी कर पाई क्योंकि ये विधाएँ सहज स्वाभाविक रूप में मेरे जीवन में आती गईं।

कलकत्ता के अलावा और किसी शहर में रहतीं तो क्या इतना कुछ कर पातीं?

बनारस में रहती तो नहीं कर पाती। कलकत्ता में रहकर जो सुयोग मिला, वह और कहीं मिलता—यह कहना मुश्किल है। यहाँ रहकर बंगाल की समृद्ध परंपरा से जुड़ने का सहज मौका मिला। अनुकूल वातावरण मिला। मदन जी (मदन मोहन

अग्रवाल) का सर्वाधिक सहयोग मिला। इसलिए और शहर में रहती तो शायद इतना नहीं कर पाती।

आपने बताया कि बहुत पहले अनुकूल वातावरण था। क्या आज ऐसा माहौल है कि हिंदी रंगमंच अपनी विरासत और परंपरा से जुड़कर विकास कर सके?

आज जो काम हो रहा है, बीते पचास वर्षों में जो काम हुआ है—उसके पहले पारसी थियेटर था। उन्नीसवीं सदी के उत्तरार्ध में भारतेंदु, प्रताप नारायण मिश्र, बालकृष्ण भट्ट ने कुछ काम किए थे। उनकी जो परंपरा है, उसे नकारने का प्रश्न ही पैदा नहीं होता। जहाँ तक विरासत की बात है तो लोक परंपरा की सीमाएँ होती हैं। आज सबकुछ इतनी द्रुत गति से बदल रहा है कि जब तक सोचें कि इस काम को करने से लाभ है तब तक दुनिया बदल जाती है। यह समय ऐसा है कि सोचने का अवसर ही नहीं मिलता कि क्या छोड़ें और क्या पकड़ें। लोक परंपरा की धारा को ग्रहण करें या शहरी धारा को? परिवर्तन तेजी से हो रहा है। जड़ों तक जाने के संदर्भ में संगीत नाटक अकादेमी दस साल तक वृत्ति देती रही। लोक नाट्य रूपों से जुड़े पचासों नाटक किए गए। लोक नाट्य रूपों को समाहित कर लेना और उन्हें अपना अभिन्न अंग बनाना बड़ी बात है। हबीब तनवीर ने छत्तीसगढ़ के कलाकार लिए पर उनकी प्रस्तुतियों की भी अपनी सीमाएँ हैं। लोक नाट्य की क्षेत्रीय विशेषताओं को लें पर ग्रुप में दस कलाकार यदि हैं तो जरूरी नहीं कि सभी नाटक के अनुकूल हों।

हिंदी रंगमंच की सृजनात्मक विकास यात्रा को आप किस रूप में देखती हैं?

पिछले पचास वर्षों में काफी विकास हुआ है। हिंदी रंगमंच निश्चित रूप से आगे बढ़ा है। कलकत्ता में 1948 के बाद जितने नाट्य दल थे, सबने अपने-अपने ढंग से काम किया। अनामिका, अदाकार, पदातिक, रंगकर्मी ने काफी काम किया। आज बहुत-सी चीजों का प्रभाव नहीं पड़ता। दर्शकों पर नाटकों का जो प्रभाव छठे-सातवें दशक में पड़ता था, वह आज नहीं पड़ता। पहले नाटक नए लगते थे। प्रस्तुतीकरण का ढंग नया लगता था। पूरे भारतवर्ष में सत्तर के दशक में जो सृजनात्मक रंगमंच का काम हुआ, उसे आज भी याद किया जाता है। आज के नाटकों का पहले जैसा इम्पैक्ट नहीं पड़ता।

इसकी क्या वजह है?

कारण कई हो सकते हैं। पहले अभिनय ही महत्त्वपूर्ण होता था। अभिनय के कारण ही 'तुगलक', 'खामोश', 'आषाढ़ का एक दिन' आज भी याद किया जाता है पर अभी यह हो गया है कि नाटक को मनोरंजक बनाने की उत्सुकता ज्यादा देखी जाती है कि थोड़ा हँसी-मजाक भी चाहिए। अभिनय पर, प्रस्तुतीकरण पर उतना महत्त्व नहीं दिया जाता शायद इसीलिए आज के नाटकों का प्रभाव स्थाई नहीं रहता।

लेकिन नुक्कड़ नाटकों का प्रभाव पड़ता है। आखिर क्या कारण है कि बहुत जल्दी नुक्कड़ नाटक एक नई विधा के रूप में उभरा और ताकत बन गया, थियेटर उस तरह से ताकतवर और प्रभावकारी क्यों नहीं बन पाया?

दोनों का क्षेत्र अलग है। नुक्कड़ नाटकों का मकसद तात्कालिक होता है—झटपट तैयार किया और नुक्कड़ पर खेल दिया और किसी मुद्दे पर अपना दृष्टिकोण या प्रतिवाद व्यक्त कर दिया। आज ऐसे नाटक यहाँ बादल बाबू करते हैं, अनिल भौमिक करते हैं। वे अपने नाटक को आँगन मंच (मुक्तांगन) कहते हैं। पर नाटक ज्यादा महत्त्व का सृजन है। उसे निश्चित मंच पर खेलना पड़ता है। दूसरी ओर नुक्कड़ नाटक प्रतिवाद का नाटक है। प्रतिवाद करने के लिए अपने अंदर सतता चाहिए। ईमानदारी चाहिए। आप स्वयं वही काम करें और दूसरे करें तो प्रतिवाद करें, यह उचित है? आजकल देखा जाता है कि वे प्रतिवाद करने के लिए प्रतिवाद करते हैं।

आज हिंदी रंगमंच के सामने प्रमुख चुनौतियाँ क्या हैं?

सबसे बड़ी चुनौती तो ये है कि अच्छे नाटक, अच्छे अभिनेता और संसाधन चाहिए। नाटक के लिए नियमित कलाकार उपलब्ध होने चाहिए। हाल का भाड़ा महँगा हो गया है। प्रचार महँगा हो गया है। नियमित कलाकार मिलते नहीं। ये सारी चुनौतियाँ हैं और इनके बीच नाटक करना कठिन हो गया है। एनएसडी ने जो रंग मंडल बनाए गए हैं वे सरकारी अनुदानों पर चल रहे हैं। तनख्वाह लेकर कलाकार प्रदर्शन करते हैं।

एक चुनौती यह है कि हम वही नाटक करते हैं जो हमें अच्छा लगता है। जैसा करना चाहते हैं, वैसा ही नाटक करते हैं दर्शकों की बात नहीं सोचते। यह मानकर चलते हैं कि हल्की-फुल्की अश्लील बातें ही दर्शक पसंद करेगा। इन बातों का हमारी संवेदना से क्या संबंध है?

कलकत्ता की फाइन आर्ट्स अकादेमी में सात सौ सीटें हैं। पंद्रह सौ रुपए हाल का भाड़ा है। दो विज्ञापन दें तो चार हजार खर्च हो जाते हैं। इतने का टिकट ही बिक जाए तो बड़ी बात है। कलाकारों की परवरिश हिंदी थियेटर कर सके ऐसी स्थिति नहीं है। पूर्णकालिक कलाकार नहीं है। पूर्णकालिक रहे तो जीविका नहीं चला पाएगा और रंगमंच के सामने एक और बड़ी चुनौती ये टीवी है। टीवी को बंद नहीं किया जा सकता। उसके साथ ही हमें रहना है और नाटक का इम्पैक्ट कैसे पड़े, यह सोचना है।

आप निर्देशक और कलाकार के बीच किस तरह के संबंध की अपेक्षा रखती हैं?

निर्देशक और नाटककार ही नहीं, पूरी टीम के सदस्यों में सौहार्दपूर्ण संबंध होना चाहिए—एक-दूसरे के प्रति सहयोगी होना चाहिए। नाटककार नाटक लिख देता है,

निर्देशक उसे मंच पर उतारता है। निर्देशक रंगमंच की जरूरत के मुताबिक नाटक की स्क्रिप्ट बदलता है पर मैं मानती हूँ कि निर्देशक को लेखक का मूल मंतव्य अक्षुण्ण रखना चाहिए। मूल मंतव्य में कोई अंतर नहीं आना चाहिए। निर्देशक को चाहिए कि वह ईमानदारी से देखे कि नाटककार क्या कहना चाहता है? उसमें निर्देशक कलम न चलाए यदि मर्जी के अनुसार परिवर्तन करना है तो उस नाटक को न उठाए।

रंगकर्मी के रूप में हिंदी रंगमंच के क्षेत्र में आपकी महत्त्वाकांक्षा और स्वप्न क्या हैं?

इस उम्र में पहुँचकर महत्त्वाकांक्षा क्या होगी? जो करना था, कर लिया। स्वभाव से स्वप्न द्रष्टा हूँ नहीं। चालीस के दशक से लेकर अस्सी के दशक तक अभिनय निर्देशन किया। जितना बन सका, किया। 18-19 साल से नाट्य शोध संस्थान का काम जो रंगमंच के इतिहास को सुरक्षित रखने का काम है—इसके अलावा कोई स्वप्न नहीं। सपने देखे तो देखते रह जाएँगे—काम धरे के धरे रह जाएँगे।

जिन सपनों को लेकर आपने नाट्य शोध संस्थान की स्थापना की थी, उन्हें किस हद तक पूरा करने में सफलता मिली है?

शुरू में नाट्य सूचना केंद्र की स्थापना हुई थी। शमीक बंद्योपाध्याय और खालिद चौधरी हमारे साथ थे। 1981 में नाट्य शोध संस्थान की स्थापना हुई। धीरे-धीरे हमें लगने लगा कि सूचनाओं का अंत ही नहीं है। सूचनाएँ एकत्र करने का काम बढ़ता ही गया। जब काम शुरू किया तब नहीं सोचा था कि काम इतना बड़ा आकार लेगा। रंगकर्मियों का जन्म, काम, मृत्यु तिथि से लेकर अखिल भारतीय स्तर पर सारी भाषाओं के नाटकों की दुर्लभ पांडुलिपियों, पोस्टरों, टिकटों, नाट्य समीक्षाओं, आलेखों, पत्र-पत्रिकाओं की कतरनों, पत्रिकाओं, पुस्तकों, आडियो, वीडियो कैसेट, फिल्म स्टेज माडल, स्लाइडों, ग्रामोफोन, रिकार्डिंग, तस्वीरों, नाटक के लिए उपयोग में लाए गए आभूषण, पोशाक, ब्रोशर्स का संग्रह करना हमने शुरू किया। संग्रह का काम ही नहीं हुआ बल्कि उसके संरक्षण का काम भी हुआ है। संस्थान में शताधिक मूल पांडुलिपियाँ हैं। शोधार्थियों की सुविधा के लिए पाँच हजार से ज्यादा पुस्तकें सिलसिलेवार ढंग से रखी गई हैं। तीन हजार पत्रिकाएँ हैं। 1859-60 में छपा मधुसूदन दत्त का बुड़ो शालिकेर घाड़ेरो का पहला संस्करण, 1867 में उपेनदास का प्रतिबंधित नाटक सुरेंद्र विनोदिनी जैसी किताबें यहाँ उपलब्ध हैं। दुर्लभ कृतियों का लेमिनेशन कराया गया है। संस्थान ने अखिल भारतीय स्तर पर भारतीय भाषाओं खासकर बांग्ला, हिंदी, मराठी, अंग्रेजी, कन्नड़ के थियेटर के बारे में ये सूचनाएँ एकत्र की हैं कि उन भाषाओं में फलां नाटक का प्रथम प्रदर्शन कब हुआ? किस ग्रुप ने खेला था? उसमें किन्होंने अभिनय किए थे? निर्देशक कौन थे?

कई शख्सियतों ने अपने पूरे के पूरे संग्रह संस्थान को दे दिए हैं। मन्मथ राय, हरींद्रनाथ दत्त ने अपने पूरे संग्रह संस्थान को दे दिए। श्यामानंद जालान, गिरीश कर्नाड, खालिद चौधरी, नीतिश सेन, ओंकार शरद, शिव कुमार झुनझुनवाला, साधना राय चौधरी, असित बसु, त्रिदिव दत्त, नेपाल नाग, भानुशंकर मेहता, जेएन कौशल, प्रदीप बसु, बीरु मुखर्जी आदि ने अपनी मूल पांडुलिपियाँ, पत्र, पुरानी पत्रिकाएँ, किताबें संस्थान को भेंट की हैं। हिंदी, बांग्ला, असमिया, गुजराती, कन्नड़, मलयालम, मणिपुरी, मराठी, ओड़िया, पजाबी, संस्कृत, तेलुगु, तमिल, उर्दू, अंग्रेजी, जर्मन की किताबों और पत्रिकाओं से संस्थान के दो कक्ष अटे पड़े हैं। तीन हजार से ज्यादा नाटकों के रेकार्ड, चार हजार तस्वीरें सहेजकर रखी गई हैं। पुस्तकालय और अध्ययन कक्ष हैं ही।

शुरू में मैंने बताया कि उपचार ट्रस्ट की शाखा के रूप में यह नाट्य शोध संस्थान 19 जुलाई 1981 में अभिनवभारती के एक कक्ष में शुरू हुआ। वहाँ छह अलमारियाँ शुरू में थीं। बाद में 4 ली रोड के 1600 वर्ग फीट के फ्लैट में यह संस्थान आ गया। वहीं वर्षों से संस्थान चल रहा है। संस्थान यहाँ से साल्टलेक में शिफ्ट हो रहा है। तब नाट्य सामग्रियों के संरक्षण में जो मुश्किलें आ रही थीं वे दूर हो जाएँगी और संस्थान के मासिक कार्यक्रमों के तहत नाटक-पाठ, पुस्तक-चर्चा, वार्ता, संगोष्ठी, पारंपरिक थियेटर, वीडियो शो, स्लाइड शो, नाटकों में गाए गए गीतों के कार्यक्रम, व्याख्यान, निदेशक-अभिनेता से मिलिए कार्यक्रम आदि सुगमतापूर्वक चल सकेंगे। पुस्तक और संस्थान की मासिक पत्रिका के प्रकाशन कई काम हैं।

तो सफलता की जहाँ तक बात है संस्थान का काम सतत चलने वाला काम है। जिम्मेदारी बहुत बड़ी है। इसे निभाने के लिए साधन जुटाने पड़ते हैं। साधन जुटते जाएँगे, ऐसा मैं उम्मीद करती हूँ और 'आर्काइव' का काम व्यवस्थित ढंग से चलता रहेगा।

प्रतिभा जी, आप भारतेंदु हरिश्चंद्र के परिवार से ताल्लुक रखती हैं। आखिरी सवाल उन्हीं पर पूछना चाहता हूँ। भारतेंदु पर आपने जो पुस्तक लिखी 'प्यारे हरिश्चंद्र जू' उसकी रचना प्रक्रिया के बारे में बताएँगी? यह भी जानने की इच्छा है कि पुस्तक में भारतेंदु के जीवन के जो विविध प्रसंग हैं–खासकर प्रेम प्रसंग वे क्या पूर्णतः सही घटनाएँ हैं या कि कल्पना का भी सहारा आपने लिया है?

भारतेंदु हमारे दादाजी के ममेरे भाई थे। भारतेंदु के साथ मेरे दादाजी का बीस वर्ष तक सीधा संपर्क रहा। भारतेंदु भवन में मेरा बचपन बीता। इसलिए भारतेंदु पर लिखने की मेरी इच्छा तो थी पर लिखना आसान नहीं था। राजेंद्र यादव भारतेंदु पर लिखने के लिए मुझे उकसाते रहते थे। भारतेंदु के जीवन के सर्वाधिक प्रामाणिक तथ्य

उनके ग्रंथों में बिखरे पड़े हैं। उन्हें मैंने एकत्र किया। दो साल तक सामग्री इकट्ठी करती रही। भारत कला भवन से सहयोग लिया। भारतेंदु का व्यक्तित्व बहुआयामी था। वे सुधारवादी थे। धर्म, समाज सुधार, शिक्षा, आचरण, सृजन पर उनकी दृष्टि साफ थी। वे उदार दृष्टिकोण वाले शख्स थे। उनके लेखन से इसका पता चलता है। उनका जन्म ननिहाल में हुआ। जब जन्म की खबर आई होगी तो हमारे यहाँ वैष्णव परिवारों में जन्म पर जो कुछ परंपरागत ढंग से होता है—वह कल्पना कर मैंने लिखा। उसी तरह पिता की मृत्यु के बाद बहन से पूछते हैं कि माँ दूसरा विवाह क्यों नहीं कर सकती—यह सवाल कल्पना पर आधारित है। चूंकि वे समाज सुधारक थे। विधवा विवाह के पक्षधर थे इसलिए ऐसे प्रसंग मैंने बीच-बीच में डाले।

जहाँ तक प्रेम प्रसंग की बात है तो वे रसिक प्रवृत्ति के थे। पिता भी रंगीली तबीयत वाले थे। सुंदरता सबको आकृष्ट करती है। बाईजी के यहाँ जाना, संगीत के प्रति लगाव। भाई-बहन की मृत्यु पर 8-10 साल की उम्र में उनमें क्या विचार आए होंगे, यह कल्पना कर लिखा।

मल्लिका के साथ उनके प्रेम प्रसंग के विवरण लिखते समय भी थोड़ा रचना का सहारा लिया। मल्लिका के साथ उनके जो जो संबंध थे, उनके उद्धरण मैंने उनकी रचनाओं से ही लेकर उद्धृत कर दिए। मल्लिका की एक चिट्ठी मैंने जाँची। भारतेंदु की मृत्यु पर मल्लिका पर क्या गुजरी होगी—यह कल्पना का सहारा लेकर लिखा। कल्पना का सहारा कई घटनाओं, प्रसंगों में मैंने लिया पर प्रामाणिकता जाँच कर जैसे ये जो कहा जाता है कि बलिया में भारतेंदु ने अभिनय किया, यह सही नहीं है। वे गए थे। उन्होंने भाषण किया था पर तत्कालीन अखबारों में मैंने कहीं नहीं पाया कि उन्होंने अभिनय किया था। प्रामाणिकता जाँचकर ही मैंने पुस्तक को अंतिम रूप दिया।

('रंग प्रसंग' : जनवरी-जून 2000)

जो मनुष्य में खुदा को खोजे, वह बाउल है

बाउल सम्राट पूर्णचंद्र दास से बातचीत

दुधू शाह ने एक पद में कहा है–'जे खोजे मानुषे खोदा सेई तो बाउल'। यानी जो मनुष्य में खुदा को खोजे, वह बाउल है। बंगाल का बाउल संप्रदाय चार सौ वर्षों से भी पुराना है। मध्ययुग के बांग्ला साहित्य में 'बाउल' शब्द का काफी व्यवहार हुआ है। खासकर कृष्णदास कविराज के 'चैतन्य चरितामृत' ग्रंथ में आठ बार बाउल शब्द का इस्तेमाल हुआ है। मालाधार बसु के 'श्रीकृष्ण विजय' और रागात्मिक पद में भी 'बाउल' शब्द का व्यवहार हुआ है। चैतन्य देव ने तो स्वयं को साफ-साफ बाउल कहा है।

बाउल शब्द की उत्पत्ति बातुल या व्याकुल शब्द से मानी जाती है। अर्थात् जो खुदा के प्रेम में पागल है, वह बाउल है। असीत कुमार बंद्योपाध्याय ने 'बांग्ला साहित्येर संपूर्न इतिवृत्त' में लिखा है, बाउलों ने अठारहवीं शताब्दी में उत्कृष्ट अध्यात्म संगीत की रचना की। असीत कुमार बंद्योपाध्याय ने दो पुराने बाउल गायकों का उल्लेख किया है : एक लालनशाह फकीर (जन्म 1775) और दूसरे पांजशाह। लालन फकीर के बाद पांजशाह बहुत लोकप्रिय हुए थे। लालन फकीर के बाउल गान से स्वयं रवींद्रनाथ ठाकुर बहुत प्रभावित हुए। उन्होंने लालन के बाउल गानों का संग्रह प्रकाशित किया था। रवींद्रनाथ की काव्य रचना भी बाउल से काफी प्रभावित हुई।

लेकिन आधुनिक काल में बाउल गान को विश्वभर में प्रतिष्ठित करने का श्रेय पूर्णचंद्र दास को जाता है। 1933 में वीरभूम के एक चक्का गाँव में उनका जन्म हुआ। उनका नाम पूर्णचंद्र इसलिए रखा गया कि वे जिस दिन जन्मे उस दिन फाल्गुन पूर्णिमा थी और पूरा चाँद उगा था। पूर्णचंद्र के पिता नवनीदास खेपा प्रसिद्ध बाउल गायक थे। रवींद्रनाथ ठाकुर से उनकी घनिष्ठता थी। पूर्णचंद्र का अधिकतर समय

अपने गायक पिता के साथ बीता। उन्होंने सात साल की उम्र में ही ट्रेनों और प्लेटफॉर्मों में गाना शुरू किया। इससे उन्हें काफी पैसे मिल जाते। पूर्णचंद्र दास संत सीताराम ओंकारनाथ के संपर्क में आये। उन्होंने पूर्णदास को बाउल संस्कृति दुनिया भर में फैलाने के लिए प्रेरित किया। 1942 में नौ साल की उम्र में पूर्णदास बाउल राज्य के बाहर पहली बार गये। तब जयपुर के कांग्रेस अधिवेशन में बाउल गाने के लिए वे आमंत्रित थे। राज्य के बाहर वह पूर्णदास की ही पहली यात्रा नहीं थी, बल्कि बाउल गान भी पहली बार राज्य की सीमा लाँघकर बाहर पहुँचा। पूर्णदास ही पहली बार बाउल संस्कृति को भारत के बाहर 1962 में ले गये, जब रूस में विश्व युवा महोत्सव आयोजित था। तब से पूर्णदास एक सौ पच्चीस देशों की यात्रा कर चुके हैं। रेडियो और दूरदर्शन पर बाउल संगीत पेश करने वाले पहले व्यक्ति भी पूर्णदास रहे। पूर्णदास के गाये अनेक कैसेट और सीडी भारत और विदेशों में बिके हैं। उन्हें 1967 में राष्ट्रपति डॉ. राजेंद्र प्रसाद ने बाउल सम्राट की उपाधि दी थी। 2001 में पूर्णदास को मध्य प्रदेश सरकार ने तुलसी पुरस्कार से सम्मानित किया, लेकिन पश्चिम बंगाल की सरकार ने उन्हें किसी पुरस्कार के योग्य नहीं समझा। बंगाल सरकार द्वारा सम्मानित होने के बजाय बाउल सम्राट अपमानित किये गये। दुखी होकर बंगाल यानी भारत छोड़ रहे हैं। उन्होंने अमेरिका में बस जाने का फैसला किया है। यह खुलासा वे स्वयं बातचीत में करते हैं।

सुना है, आपने अमेरिका में बस जाने का फैसला किया है, वहाँ बाउल अकादेमी भी आपने स्थापित कर ली है?

अमेरिका में बाउल अकादेमी स्थापित कर वहाँ बसने का मैंने फैसला तो किया किंतु मजबूरी में। क्या करता? यहाँ बाउल अकादेमी बनाने के लिए राज्य सरकार से जमीन माँगी थी। लेकिन नहीं दी। उल्टे, तत्कालीन मुख्यमंत्री ज्योति बसु ने 1994-95 में एक बयान देकर मुझे अपमानित किया। उन्होंने बयान दिया कि साल्टलेक में पूर्णदास बाउल को जमीन दी गयी जिसे उन्होंने बेच दिया। मैंने बसु को चुनौती दी कि प्लाट नंबर बतायें, कागजात दिखायें कि कौन जमीन दी गयी। गलतबयानी के लिए बसु ने माफी भी नहीं माँगी। इसी बीच सैन डियागो में अंतर्राष्ट्रीय बाउल संस्थान स्थापित करने का प्रस्ताव आया तो मैंने स्वीकार कर लिया। मैंने 2001 में अमेरिका के कैलीफोर्निया के सैन डियागो में 'पूर्णदास बाउल अकादेमी' की स्थापना की।

अकादेमी के लिए मैंने साल में आठ महीने अमेरिका में रहने का फैसला किया है।

आपने मौजूदा मुख्यमंत्री बुद्धदेव भट्टाचार्य से भेंट कर मदद क्यों नहीं माँगी? बुद्धदेव संस्कृतिकर्मियों की मदद करते हैं।

उनसे भी मिलने की कोशिश की। एक कार्यक्रम में वे मिले तो कहा कि मैं उनके दफ्तर जाकर मिलूँ। उनके दफ्तर ने बीसियों स्पष्टीकरण माँगे कि क्यों मिलना चाहता हूँ। मैंने सैकड़ों फोन किये। घंटों उनके दफ्तर के सामने खड़ा रहा, पर उनके सेक्रेटरी ने मिलने नहीं दिया। मैं परंपरा से एक भिखारी हो सकता हूँ, क्योंकि बाउल हूँ लेकिन इसका यह अर्थ नहीं कि मैं सरकार से भीख माँग रहा हूँ।

बाउल के नाते भिखारी होने की बात क्यों कह रहे हैं?

जैसा कि मेरे पूर्वज करते थे, भोजन के लिए बाउल गान गाकर मैं भीख माँगा करता था, लेकिन धन के लिए नहीं। गा कर ट्रेनों में भोजन या भोजन के लिए पैसे आदि लेने में मुझे कोई कुंठा नहीं हुई। बचपन में यह काम करता था। बाद में कोयलांचल में गाने लगा। वे मुझे राशन देते थे।

बाउल परंपरा के कितने घराने रहे हैं, अभी कितने मौजूद हैं?

महान बाउल गायकों के साथ बाउल संगीत काफी कुछ खत्म हो गया है। तीन-चार घराने हैं जो अब भी वीरभूम में हैं। चार घराने हैं—आउल, बाउल, सेन और दरवेश। मैं बाउलों की आठवीं पीढ़ी हूँ। मेरे बेटे दिव्येंदु, शुभेंदु और कृष्णेंदु नवीं पीढ़ी हैं। गोष्ठ, गोपाल, प्रह्लाद ब्रह्मचारी, दिलीप बंद्योपाध्याय, संजित मंडल, कार्तिक दास बाउल, हाराधन दास, सुदीप दास आदि सैकड़ों मेरे शिष्य हैं, पर मौलिक बाउल गान सभी प्रायः नहीं करते।

('सहारा समय' : दिल्ली, 23 अगस्त 2003)

सिनेमा से अटूट संबंध है कविता का

कवि-फिल्मकार बुद्धदेव दासगुप्त से बातचीत

भारत के सांस्कृतिक व्यक्तित्वों में कवि-फिल्मकार बुद्धदेव दासगुप्त अग्रणी स्थान रखते हैं। उनकी फिल्मों–'दुरत्व', 'नीम अन्नपूर्णा', 'गृहयुद्ध', 'शीत ग्रीष्मेर स्मृति', 'अंधी गली', 'फेरा', 'बाघ बहादुर', 'ताहादेर कथा', 'चराचर', 'लाल दरजा' और 'उत्तरा' ने भारतीय कला सिनेमा को नया आयाम दिया है। वेनिस, बर्लिन, कान, मांट्रियाल आदि अंतर्राष्ट्रीय फिल्म महोत्सवों में कई बार उनकी फिल्में शामिल हुई हैं। अनेक राष्ट्रीय-अंतर्राष्ट्रीय पुरस्कारों से उन्हें नवाजा गया है। एक समर्थ फिल्मकार की अंतर्राष्ट्रीय पहचान रखने वाले बुद्धदेव दासगुप्त बांग्ला के सुपरिचित कवि भी हैं। उनकी सात कविता पुस्तकें–'गभीर एरियेल', 'कफीन किम्बा सूटकेश', 'हिमयुग', 'छाताकहानी', 'रोबोटेर गान', 'श्रेष्ठ कविता', 'भोंबोलेर आश्चर्य काहिनी व अन्यान्य कविता', चार उपन्यास–'निखिलेर बेचे थाका', 'अमेरिका अमेरिका', 'यासीनेर आश्चर्य काहिनी' व 'रहस्यमय' और निबंधों की किताब 'स्वप्न, समय व सिनेमा' भारत और यूरोप की विभिन्न भाषाओं में भी अनूदित होकर प्रशंसित हुई हैं। पुरुलिया (पश्चिम बंगाल) के सुदूर अनरा गाँव में 1944 में जन्मे बुद्धदेव दासगुप्त की स्कूली शिक्षा हावड़ा और उच्च शिक्षा कलकत्ता के स्काटिश चर्च कालेज और कलकत्ता विश्वविद्यालय में हुई। उन्होंने बर्दवान के श्यामसुंदर कालेज और कलकत्ता के सिटी कालेज में 1976 तक अर्थशास्त्र का अध्यापन किया। उसके बाद से वे सिनेमा और लेखन से पूरी तौर पर जुड़ गए। उनकी फिल्म 'उत्तरा' वेनिस फिल्म महोत्सव के प्रतियोगी वर्ग में शामिल की गई। इस महोत्सव में बारह वर्ष बाद शामिल हुई कोई भारतीय फिल्म है। दासगुप्त इन दिनों रवींद्रनाथ ठाकुर के जन्मस्थान 'जोड़ासांको ठाकुर बाड़ी' पर एक घंटे का वृत्तचित्र बनाने में व्यस्त हैं।

रवींद्रनाथ के जन्मस्थान पर आप जो वृत्तचित्र बना रहे हैं, उसकी थीम क्या है?

इस वृत्तचित्र का नाम 'जोड़ासांको ठाकुरबाड़ी' है। यह सिर्फ रवींद्रनाथ पर नहीं है। यह ठाकुरबाड़ी भी सिर्फ रवींद्रनाथ की नहीं है। यह द्वारिकानाथ, देवेंद्रनाथ, अवनींद्रनाथ, गगनेंद्रनाथ, सुनयना देवी की भी उतनी ही है। कलकत्ता में ही ठाकुरबाड़ी से बड़े भवन हैं पर दुनिया में कोई ऐसा घर नहीं, जहाँ सांस्कृतिक धारा की निरंतरता दो सौ वर्षों तक बनी रहे। ठाकुरबाड़ी ने नवजागरण को जन्म दिया। कम्युनिस्ट पार्टी की शुरुआत यहीं हुई। स्वदेशी और राजनैतिक चेतना को इसने प्रखरता दी। बांग्ला संगीत और चित्रकला को नए आयाम दिए। ठाकुरबाड़ी से कई विभूतियों की कहानियाँ जुड़ी हैं। उन सबको समेटते हुए यह वृत्तचित्र होगा।

फिल्म में आपकी कल्पनाओं को आकार देने में कविता और चित्रकला किस तरह मददगार होती हैं?

कविता और चित्रकला के साथ ही संगीत को भी जोड़ लीजिए तो इन तीन भिन्न-भिन्न कला रूपों के साथ सिनेमा का एक अटूट संबंध है। जब मैं फिल्में बनाता हूँ तो ये तीनों कला रूप मेरे लिए प्रेरणा का काम करते हैं और नई नान स्टेटिक इमेज रचने में मदद पहुँचाते हैं। दूसरे फिल्मकारों के साथ ऐसा होता है या नहीं, नहीं जानता, पर मैं इन तीनों कला रूपों के सान्निध्य में ही बड़ा हुआ। मेरे पिता डाक्टर थे पर साहित्य-कला-संस्कृति में गहरी दिलचस्पी रखते थे। माँ बहुत अच्छा पियानो बजाती थीं और बहुत सुंदर गाती थीं। संगीत में वह जो रुचि जगी तो बाद में लोकनृत्य और लोककलाओं में भी आकर्षण बढ़ता गया। टैगोर की पेंटिंग देख चित्रकला में रुचि जगी। कई बार सिनेमा समानार्थी दृश्य की तलाश में कविता के पास जाता है, पेंटिंग के पास जाता है। जब आप कोई पेंटिंग देखते हैं तो उसके बाद के दृश्य की कल्पना भी कर सकते हैं या उसके बारे में सोच सकते हैं। पेंटिंग की कई गुना प्रतिछवियाँ मस्तिष्क में उभरती हैं। संगीत के सुरों से अलग छवि उभरती है। कविता से भी। जीवनानंद या निराला की कविताएँ सुनने मात्र से हमारे भीतर एक इमेज उभरती है। कविता लिखने की आरंभिक शर्त है कम से कम शब्दों में ज्यादा से ज्यादा बातें कहना। कविता की पंक्तियों के बीच जो 'स्पेस' होती है, वह भी काफी कुछ कह देती है। फिल्म के लिए भी आरंभिक शर्त यही है कि कम से कम शॉट्स में आप ज्यादा से ज्यादा बातें कहें। इस काम में काव्य दृष्टि और पेंटिंग भी मदद पहुँचाती हैं। इसका मतलब यह नहीं कि हर फिल्मकार को कवि या चित्रकार भी होना होगा। मेरी राय में किसी भी क्षेत्र का अच्छा सर्जक होने के लिए, अच्छा सृजन करने के लिए अच्छा मनुष्य होना अनिवार्य है। मेरे लिए सिनेमा का मतलब सिर्फ कहानी कहना भर नहीं है। उसमें आख्यान भी रहता है। पर आवरण में। कई चित्रकारों से

मैं अनुप्राणित हुआ हूँ, लेकिन कुछ चित्रकार ऐसे भी हैं जिन्होंने मेरी फिल्में देखकर चित्रकृतियाँ बनाई हैं और उन्होंने बार-बार मेरी फिल्में देखी हैं।

आपने कविता की आरंभिक शर्तें बताईं। परवर्ती शर्तें भी बताएँगे?

कविता की दूसरी शर्तें हैं कि उसमें काल, समय को पार कर जाने की ताकत हो। अच्छी कविता वह है जो जीवनभर बची रहे। उसमें जीवन दर्शन होता है। ऐसा दर्शन जो हमारे हृदय को सभी आघातों और दुःखों से बचाए रखता है, मनुष्य को बेहतर बनाने की दृष्टि देता है। सिनेमा भी वही काम करता है। अच्छा सिनेमा वह है जो कम से कम दस-बीस साल बचा रहे। पुरस्कार पाने भर से कोई कविता अच्छी कविता नहीं हो जाती न ही सिनेमा अच्छा सिनेमा हो जाता है। बांग्ला भाषा में इधर इतने पुरस्कार दिए जा रहे हैं कि मैं चकित हूँ। पता नहीं कौन लोग ये पुरस्कार देते हैं। पर क्या ये पुरस्कार कविता को बचाकर रख पाएँगे? निराला को कितने पुरस्कार मिले थे? निराला या जीवनानंद को हम पुरस्कारों के कारण याद करते हैं या उनकी कविताओं के कारण? उनकी कविताएँ हर युग में बची रहेंगी। पुरस्कारों के लिए अपनी मर्यादा को विसर्जित करना ठीक नहीं। सिनेमा के लिए भी यही बात सही है। कुछ फिल्मकार पुरस्कारों को ही ध्रुव सत्य मानते हैं पर ये पुरस्कार क्या दस-बीस साल भी सिनेमा को बचाकर रख पाएँगे? सत्यजित राय और ऋत्त्विक घटक की फिल्में आज भी बची हुई हैं जबकि उनके समकालीन मृणाल सेन की फिल्में खो गई हैं। सेन को कई पुरस्कार मिले पर उन्हें दर्शक आज याद नहीं करते क्योंकि उनकी फिल्मों में गहरा जीवन दर्शन और जीवन बोध नहीं है। वस्तुतः हममें से कई की कविता लिखते-लिखते, सिनेमा बनाते-बनाते उम्र बढ़ती जाती है, दर्शन नहीं जुड़ता। उम्र के साथ दूरदृष्टि नहीं आती। हृदय कलुषित रहता है इसीलिए कई कवि-चित्रकार-फिल्मकार उस उत्कर्ष को स्पर्श नहीं कर पाते जो वास्तव में महानता का प्रतीक है। मेरी राय में अच्छे फिल्मकार के लिए अच्छा मनुष्य होना जरूरी है। कवि के लिए भी यही बात सही है।

इस कोटि में कौन कवि आपकी दृष्टि में आते हैं? मेरा मतलब है, हिंदी और बांग्ला के कौन कवि-लेखक आपको प्रिय हैं?

बहुत पहले मैंने निराला की हिंदी कविताओं का बांग्ला में अनुवाद किया था। उनकी कविताओं ने अपनी ओर बेतरह आकर्षित किया था। अपने समकालीन कवियों में हिंदी में मंगलेश डबराल, प्रयाग शुक्ल और गिरधर राठी की कविताएँ जितनी भी पढ़ी हैं, बहुत प्रभावित हुआ हूँ। इनकी कविताएँ देख मेरी धारणा यह बनी है कि हिंदी कविता ने गद्य साहित्य को पीछे छोड़ दिया है। बांग्ला में रवींद्रनाथ, जीवनानंद दास, विभूतिभूषण, मानिक बंद्योपाध्याय और समरेश मजुमदार मेरे प्रिय लेखक रहे हैं। समकालीनों में शमशेर अनवर, भास्कर चक्रवर्ती, देवाशीष बनर्जी, राना

चट्टोपाध्याय, शक्ति चट्टोपाध्याय, समरेंद्र सेनगुप्त, विनय मजुमदार और अपनी अनुज पीढ़ी में जय गोस्वामी, पिनाकी ठाकुर और जयदेव बसु मुझे आकर्षित करते हैं।

कविता के साथ सिनेमा को आपने कैसे साधा?

बचपन में टैगोर की कविताएँ पढ़ता था और तब प्रभावित भी हुआ था। साहित्य व संस्कृति के संस्कार माँ ने दिए। बाद में कल्लोल युग के लेखकों की ओर झुकाव हुआ। पर कवि के रूप में सबसे ज्यादा जीवनानंद ने आकृष्ट फिर खुद भी कविताएँ लिखने लगा। विभिन्न पत्र-पत्रिकाओं में मेरी कविताएँ छपीं और सराही गईं। कविता की पहली किताब विद्यार्थी काल में ही आ गई। बाद में मैंने निबंध और उपन्यास भी लिखे। फिल्म सोसाइटी के शो में जब विदेशी फिल्में देखने लगा तो उस विधा में रुचि बढ़ी। कलकत्ता फिल्म सोसाइटी का सदस्य बना। सिनेमा का जादू इस कदर छाया कि फिल्मकार बनने की इच्छा जग गई। यह सोचकर ही रोमांच होता था कि परदे पर नाम आएगा तो कितना अच्छा लगेगा। एमए जब कर रहा था तो पंद्रह मिनट की पहली लघु फिल्म बनाई—'समयेर काछे'। वह जिस दिन रिलीज हुई, उस दिन जो आनंद मिला, वह सारी फिल्मों को मिलाकर भी नहीं मिला। लेकिन शुरू में ही मैंने तय कर लिया था कि सार्थक फिल्में ही बनाऊँगा। आज तक मैंने इस मामले में समझौता नहीं किया। साथ ही कविताएँ लिखना नहीं छोड़ा। दुनिया में कई फिल्मकार हुए जो कवि भी थे पर बाद में कविताएँ लिखनी उन्होंने छोड़ दीं। मैंने नहीं छोड़ा। सिनेमा में एक डर रहता है कि दर्शक पसंद करेंगे कि नहीं। कविता में यह डर नहीं है। कविता लिखकर सृजनात्मक आनंद मिलता है। भारत में फिल्मकार को जूते की सिलाई से लेकर चंडीपाठ तक करना पड़ता है। उसे हर समय लड़ना पड़ता है अपने वृत्त के भीतर और वृत्त के बाहर भी। उसमें कठिन परिश्रम करना पड़ता है। जब भविष्य में मुझे लगेगा कि अशक्त हो गया हूँ, शारीरिक अक्षमता के कारण सिनेमा नहीं बना पाऊँगा, तब भी कविता सहारा देगी। इसीलिए कविताएँ लिखनी मैंने जारी रखी हैं, लिखता रहूँगा। लेकिन अपने संदर्भ में स्पष्ट कर दूँ कि जब कविताएँ लिखता हूँ तो दिमाग में सिर्फ कविता ही होती है। विषय की संवेदना, कल्पनाशीलता, नए प्रयोग। उस समय सिनेमा के बारे में नहीं सोचता। अर्थशास्त्र का छात्र रहा हूँ, इस नाते कविता का अनुशासन जानता हूँ।

आज की नई विश्व बाजार व्यवस्था में समानांतर सिनेमा की सार्थकता कितनी है?

बहुत ज्यादा। लेकिन आप जिसे समानांतर सिनेमा कह रहे हैं, उस तरह का लेबल चिपकाए जाने के मैं विरुद्ध हूँ। जिस तरह अच्छा संगीत-बुरा सुर; अच्छी पेंटिंग-मंद पेंटिंग होती है उसी तरह अच्छा सिनेमा-बुरा सिनेमा होता है। मान लीजिए

कि आज के तरुण लेखकों की किताबें पुराने लेखकों की किताबों से ज्यादा बिकें तो क्या फणीश्वरनाथ रेणु, प्रेमचंद, सतीनाथ भादुड़ी, विभूतिभूषण, मानिक बंद्योपाध्याय की किताबों को बेचना या पुनःप्रकाशन बंद कर देना चाहिए? हिंदी फिल्मों के ऑडियो गीत कैसेट ज्यादा चलते हैं तो शास्त्रीय संगीत के कैसेट निकालना बंद कर देना चाहिए? दर्शक कम हैं या पाठक कम हैं—मूल्यांकन का यह आधार नहीं होना चाहिए। आधार गुणवत्ता होनी चाहिए और गुणवत्ता की ओर ही नई पीढ़ी को मोड़ने की जरूरत है। नई बाजार व्यवस्था और खगोलीकरण के इस युग में भी अच्छा साहित्य, अच्छा सिनेमा ही उद्वेलन पैदा करता है। आगे भी करेगा इसलिए उसकी सार्थकता हमेशा रहेगी।

जिस तरह पाश्चात्य संगीत को भारतीय शास्त्रीय संगीत से सहज अलगाया जा सकता है, क्या उस तरह भारतीय सिनेमा की भी निजी पहचान है?

क्यों नहीं है? प्रत्येक जाति, भाषा और देश की एक संस्कृति होती है। संस्कृति से मनुष्य को अलगाना मुश्किल है। रवींद्रनाथ में जो सांस्कृतिक चेतना, दर्शन दिखेगा वैसा इलियट की रचनाओं में नहीं मिलेगा। भारतीय सिनेमा में जो आंचलिक फिल्में हैं, उनका एक निजी सांस्कृतिक वैशिष्ट्य है। मुंबई की कामर्शियल फिल्मों में भारतीयता और भारत की सांस्कृतिक अभीप्सा नहीं होगी पर बांग्ला, तेलुगु, तमिल में होगी। जो सिनेमा सिर्फ मनोरंजन के लिए नहीं बनता, उनमें देशज वैशिष्ट्य की तलाश आसानी से की जा सकती है। इस तरह की देशज पहचान सत्यजित राय, ऋत्विक घटक से लेकर विमल राय व ऋषिकेश मुखर्जी तक की कई फिल्मों में की जा सकती है।

देश की संपर्क भाषा और राष्ट्रभाषा के बारे में आपके क्या विचार हैं?

देश की संपर्क भाषा हिंदी है। भारत की संपर्क भाषा आज भी अंग्रेजी नहीं है। सुदूर अंचलों में आज भी लोग अपनी भाषा में बात करते हैं, अंग्रेजी नहीं जानते। देश में इतनी सारी भाषाएँ हैं...। हाँ, भाषा को लेकर जो कट्टरवाद है, वह खतरनाक है। हिंदी व्यापक वर्ग समझता है। भारतीय भाषाओं में वह रत्न है। उसमें गजब की ग्रहणशीलता है। भाषा के बारे में मेरी व्यक्तिगत राय है कि सभी भारतीय भाषाओं को विकास का समान अवसर मिलना चाहिए। अनुवाद का काम बहुत होना चाहिए तभी ये भाषाएँ निकट आएँगी। आदर्श स्थिति यह है कि भारत में स्कूली स्तर से तीन भाषाएँ सिखाई जाएँ। एक मातृभाषा, एक हिंदी और एक कोई अन्य भाषा। ऐसा स्विट्जरलैंड में है। वहाँ तीन भाषाएँ फ्रेंच, जर्मन और इतालवी पढ़ाई जाती हैं।

(जनसत्ता : दिल्ली, 30 जुलाई 2000)

जो मिलना था, उससे ज्यादा मिला

गायक-संगीतकार मन्ना डे से बातचीत

जीते-जी किंवदंती बन गए गायक-संगीतकार मन्ना डे का सुगम संगीत में असाधारण अवदान है। घर में प्यार से पुकारा जानेवाला नाम मन्ना संगीत में इतना प्रसिद्ध हुआ कि असली नाम प्रबोध चंद्र डे नेपथ्य में चला गया। एक मई, 1920 को जन्मे प्रबोध उर्फ मन्ना कलकत्ता विश्वविद्यालय से स्नातक हैं। बीस वर्ष की उम्र में वे पहली बार संगीतकार बने—1940 में शैलेन राय के गीत को संगीतबद्ध करके। इस तरह, उनकी संगीत साधना के साठ साल पूरे हो चुके हैं। उम्र के अस्सी वर्ष पार कर चुके मन्ना डे की आवाज का जादू संगीतप्रेमियों में आज भी बरकरार है। सन् 1971 में फिल्म 'मेरा नाम जोकर' के गीत 'ऐ भाई जरा देख के चलो...' के लिए राष्ट्रीय पुरस्कार पाने वाले मन्ना डे को कई अन्य प्रतिष्ठित पुरस्कारों से भी सम्मानित किया गया है, जिनमें प्रमुख हैं—'पद्मश्री', 'लता मंगेशकर पुरस्कार' (मध्य प्रदेश सरकार का), 'माइकल साहित्य पुरस्कार', 'श्यामल मित्र अवार्ड', 'संगीत चंद्रचूड़', 'कमलादेवी पुरस्कार' आदि। हिंदी व बांग्ला दोनों में शास्त्रीय संगीत और लोक संगीत पर आधारित मन्ना डे के गाए गीत आज भी जो सम्मोहन पैदा करते हैं, वही बात उनके गाए रवींद्र संगीत, नजरुल संगीत और बच्चन की 'मधुशाला' के लिए भी सही है।

जब आप गाते हैं, उस समय, मन में श्रोताओं का ध्यान आता है? आप छह दशकों से गा रहे हैं, पहले और अब के श्रोताओं में क्या अंतर महसूस करते हैं?

श्रोताओं का ध्यान तो आ ही सकता है। कलकत्ता के नेताजी इनडोर स्टेडियम में 2 मई 2000 ई. को हुए आयोजन में श्रोताओं ने जिस तरह मेरे गाते समय 'रियेक्ट' किया, मैंने स्वयं को 'टेन इयर्स यंगर' महसूस किया। देश-विदेश में हर जगह स्टेज पर और फिल्मों में भी दर्शकों-श्रोताओं का मुझे पर्याप्त प्यार मिला है। उस जमाने की बात करूँ, जब मैंने संगीत यात्रा शुरू की, तो, तब सुनने वाले कम थे पर

कला के पारखी थे। पहले के गीत कालजयी होते थे—शब्दों में ताकत होती थी, धुन सम्मोहन पैदा करने वाली होती थी, तभी एक ही गीत साल-दर-साल गाया और सुना जाता था। आज के गाने ज्यादा से ज्यादा दो हफ्ते चलते हैं। सिनेमा का भी वही स्तर है। इधर चालू सिनेमा देखना मैंने बंद कर दिया है। इच्छा ही नहीं होती। टीवी भी आन कीजिए तो गाने का स्तर देखकर मन खिन्न हो जाता है। उसे देख लगता है कि कोई भी गा सकता है। अब तो लगता है कि अच्छा गायक बनने की जैसे जरूरत ही नहीं रह गई है।

इस तरह स्तर गिरने की वजह क्या है?

पसंद बदल गई है। समय बदला, परिदृश्य बदल गया है। हम जब गाते थे तो गाने में पूरी तरह इनवाल्व होते थे। एक-एक गाना तैयार करने में बीस-बीस दिन, एक-एक महीना लग जाता था। बहुत मेहनत कर तैयार करते थे। दिलोजान से गाते थे। कोई गाना गाना है तो उसे अपनाकर उल्टी नहीं करते थे। इसीलिए मेरे दौर के गीत सदियों तक पसंद किए जाते रहेंगे। मैं अपनी बात करूँ तो मैं गाने के लिए कुछ भी कर सकता हूँ। नई पीढ़ी में यदि इस तरह का 'इनवाल्वमेंट' और 'कमिटमेंट' नहीं होगा तो स्तर गिरेगा ही। आज के गायकों को देखिए—फिर कोई रफी या लता पैदा होगा? देखिए अनुराधा पौडवाल लता के गाए गाने गा रही हैं—इस तरह वह क्या सिद्ध करना चाहती हैं? ठीक है कुछ कैसेट निकालकर पैसे कमा लेगी पर क्या वह लता से बेहतर गा सकती हैं? सलील चौधरी जब वाद्य के बिना भी गाते थे तो लोग झूम उठते थे। इंद्राणी सेन उसी तरह नकल कर क्या साबित करना चाहती हैं?

छह दशक पहले जब आपने संगीत के क्षेत्र में कदम रखा, तब किन गायकों के गाने आपको अनुप्राणित करते थे?

तब मैं चाचाजी, खान साहब और सहगल जी के गाए गीतों से अनुप्राणित होता था। मेरे समकालीनों में रफी साहब, तलत साहब, लता जी, आशा जी के कंठस्वर मुझे भाते थे। एक बार मेरे एक मित्र ने रफी के गाए गीत 'मन रे तू काहे...' पर कहा कि इसे मन्ना डे गाते तो और बेहतर होता। मुझे उनकी टिप्पणी से दुख हुआ क्योंकि रफी साहब ने इस गाने को जिस ढंग से गाया, शायद मैं नहीं गा पाता और गाता भी तो वह गाना याद भी नहीं रहता। रफी साहब ने खुद को प्रूफ किया उस आर्ट में। वे ग्रेट सिंगर थे।

आपके अपने प्रिय गीत कौन हैं? किन गीतों को गाकर सर्वाधिक संतोष मिला?

यह बताना बहुत मुश्किल है। पर जिस गाने पर मुझे नेशनल अवार्ड मिला—'ऐ भाई जरा देख के चलो...' उससे ज्यादा अच्छे गीत मैंने गाए। ऐ भाई... को गाना मैं मानता ही नहीं—वह तो एक्टिंग है। मेरे अच्छे गानों जैसे 'लागा चुनरी में दाग...',

'कस्मे वादे प्यार वफा...', 'पूछो न कैसे मैंने रैन बिताई' आदि को तो पुरस्कार नहीं मिला। पर गाने हिट रहे। इसके अलावा 'कौन आया मेरे मन के द्वारे...', 'ओ मेरी जोहराजबीं...', 'ये रात भीगी भीगी...', 'झनक झनक तोरि बाजे पायलिया...'—कितने गीत गिनाऊँ, जिन्हें अब भी प्यार से सुना जाता है।

संगीत-साधना के कारण जीवन में संघर्ष भी करना पड़ा?

बाधाएँ तो शुरू से ही गले आ लिपटीं। स्कूल में जब अंतरविद्यालय गायन प्रतियोगिता के लिए पहली बार मेरा नाम प्रस्तावित हुआ तो मेरे चाचा (कृष्ण चंद्र डे जो अपने जमाने के सुप्रसिद्ध संगीतकार और गायक थे) को राजी करना ही समस्या थी। हिम्मत कर मेरे मित्र चाचा के पास गए तो उन्होंने उन्हें यह कहते हुए खदेड़ दिया—मन्ना गाएगा? वह जानता ही क्या है? बाद में जब खुद प्रिंसिपल साब ने चाचा से आग्रह किया तब जाकर वे राजी हुए और मुझे दिनरात सिखाना शुरू किया। उस प्रतियोगिता में मेरा प्रदर्शन बहुत बढ़िया हुआ। चाचा ही मेरे प्रथम गुरु और भाग्यविधाता बने। 1943 में चाचा अपने साथ मुझे मुंबई ले गए। उसी वर्ष उन्हें संगीत रचना के लिए फिल्म मिली 'तमन्ना'। उसी साल 'रामराज्य' फिल्म में मैंने गाया, पर सन् पचास में जब 'मशाल' रिलीज हुई तो उसमें मेरा गाया गाना 'ऊपर गगन विशाल, नीचे गहरा पाताल' हिट हो गया। हर जगह उसका रेकार्ड बजने लगा। फिर तो हिंदी और बांग्ला फिल्मों में गाने के लिए आफर पर आफर आने लगे पर तब के निर्माता और संगीत निर्देशक न तो मुझे पूर्ण शास्त्रीय गायक मानते थे न नायकों के लिए मेरी आवाज को उपयुक्त मानते थे। 'चोरी चोरी' की रिकार्डिंग के वक्त तो निर्माता चाहते ही नहीं थे कि 'यह रात भीगी भीगी' मैं गाऊँ—वह तो राजकपूर साहब के जोर देने से यह गीत मैं गा पाया।

इतनी लंबी संगीत यात्रा में कभी आपका जी ऊबा है?

जब कोई गीत ठीक से नहीं गा पाया तो मन खिन्न हुआ। आज भी जब मैं पीछे मुड़कर देखता हूँ तो ऐसा लगता है कि फिर से उन्हें गाऊँ तो और अच्छा गा सकता हूँ।

भारतीय शास्त्रीय संगीत पर पाश्चात्य संगीत का जो प्रभाव पड़ रहा है, उस पर आपकी क्या टिप्पणी है?

भारत के संगीतकार यदि पाश्चात्य संगीत से प्रभावित हो रहे हैं, तो वह अच्छा ही है—'हेल्दी' है। हिंदुस्तानी संगीत में जो वाद्य हैं—वही तबला, वही सरोद, शहनाई, तबला, ढोलक, मृंदग... उसके अलावा पाश्चात्य संगीत उपकरणों की मदद से संगीत रचना हो तो बुराई क्या है? हाँ, उनकी शैली की नकल नहीं होनी चाहिए।

क्या भारतीय वाद्य यंत्र अपर्याप्त हैं कि विदेशी वाद्ययंत्रों की मदद ली जाए?

बिल्कुल अपर्याप्त हैं। इसलिए संगीत रचना को प्रभावी बनाने के लिए अच्छी चीजों की मदद ली जानी चाहिए। हर जगह गाने में ऐसा चलता है।

आपने शास्त्रीय संगीत-लोक संगीत पर आधारित गीतों के अलावा रवींद्र संगीत भी गाया है। क्या आपको लगता है कि रवींद्रनाथ अपने गीतों के कारण ही चिरकाल तक जीवित रहेंगे?

रवींद्र साहित्य भी कम मूल्यवान नहीं है। रवींद्र संगीत को पूरा हिंदुस्तान नहीं अपना पाया है इसलिए कि वे बांग्ला में हैं। सभी लोग तो बांग्ला समझते नहीं हैं। दूसरी भाषाओं में अनुवाद होने पर भी गीत की ब्यूटी को वे अपना नहीं पाते। रवींद्र तक पहुँच कर ही उस ब्यूटी तक पहुँचा जा सकता है। हू-ब-हू उन्हीं भावनाओं की अभिव्यक्ति अनुवाद के जरिए संभव है? भाषा की समृद्धि और सौंदर्य अनुवाद में रह पाएगा? एक बार मधुकर राजस्थानी ने प्रयास किया था—तोमार पथ थेके/अनेक दूरे/गेछे बेके। उसका हिंदी में जब उन्होंने अनुवाद किया तो वह रिदम नहीं आया। रवींद्रनाथ ने अपने गीतों की धुन खुद बनाई है और वे जबर्दस्त हैं। माधुर्य से भरपूर हैं। शंकर जय किशन ने एक बार रवींद्र संगीत सुनकर कहा था कि ये क्या रोना धोना लगाए रहते हो। मैंने जब उन्हें सुनाया 'अरे ओ स्वप्न स्वरूपी...' और यह भी बताया कि यह धुन रवींद्रनाथ की ही बनाई हुई है तो वे चकित हो गए थे। रवींद्र संगीत लोकप्रिय इसलिए नहीं हुआ, क्योंकि हमें फ्री हैंड नहीं। अपने मनमाफिक नहीं गा सकते। जो संगीत रचना गुरुदेव की है, वही गाना पड़ता है। यदि फ्री हैंड मिलता तो मैं श्रोताओं को वही सुनाता। मैं तीस बार अमेरिका गया। कहाँ-कहाँ नहीं गया। हर जगह मैं बोलकर सुनाता, कहता—मैं जो सुनाता हूँ, वही सुनिए। और लोग सुनते।

भारत में संपर्क भाषा के बारे में आपकी क्या राय है?

संपर्क भाषा ही नहीं, राष्ट्रभाषा के रूप में हिंदी सर्वमान्य होनी चाहिए। लेकिन हिंदी को थोड़ा उदार होना चाहिए। यह कहना 'आप पधारिए साहब' की जगह सीधे 'आप आइए' कहना ठीक नहीं है? इसी तरह यह कहना कि 'कंठलंगोट पहनकर चलिए'—उसकी जगह 'टाई पहनकर चलिए' कहना ही ठीक है। हिंदी को कृत्रिमता से बचना चाहिए। ठेठ हिंदी से ही उसका प्रसार होगा। दूसरी भाषाओं के शब्द भी जो चल गए हैं, उन्हें हिंदी को ग्रहण कर लेना चाहिए। पंडित नरेंद्र शर्मा की हिंदी इतनी कठिन है कि पल्ले नहीं पड़ती। मेरी राय में तो हिंदी का सर्वाधिक प्रसार-प्रचार हिंदी फिल्मों ने किया है और पूरी दुनिया में किया है। कलकत्ता की हिंदी मुंबई में नहीं चलती। मुंबई में कहा जाता है—तेरे को क्या माँगता? पर हिंदी फिल्में सभी जगह

चलती हैं। हिंदी को संपर्क भाषा बनाने में फिल्मों की भूमिका भी स्वीकार की जानी चाहिए।

अच्छा मन्ना दा, इस पड़ाव पर मन में कोई अतृप्ति रह गई है?

जो मेरा प्राप्य था, उससे ज्यादा मिला। जितना प्यार, सम्मान, यश मिला, वह सपने में भी नहीं सोचा था। लेकिन मैं हिंदुस्तान में सबको खुश देखना चाहता हूँ। देश की अवस्था देख दुख होता है। देश में इतना दुख है, वह दूर हो—यही चाहता हूँ।

मृत्यु कैसी चाहते हैं?

जाना तो पड़ेगा ही। लेकिन अतृप्त होकर नहीं, तृप्त होकर जाना चाहता हूँ। इस जीवन से मैं खुश हूँ। अभी रवींद्रनाथ की वह बात याद आती है—'दिएछि जोतो, निएछि तार बेसी' (जितना दिया, उससे ज्यादा पाया)।

यदि जीवन दुबारा जीने को मिले?

पहले तो खूब पढ़ूँगा। क्योंकि ज्यादा ज्ञान रहने पर ही ऊँचे लोगों के साथ उठने-बैठने को मिलेगा। इस जीवन में मैं शास्त्रीय गायन व शास्त्रीय संगीत का साइंस ही सीख पाया। नया जीवन मिले तो बड़े उस्तादों से सही ढंग से गायन सीखूँगा।

('रविवारी जनसत्ता,' : दिल्ली, 28 मई 2000)

सिनेमा पर लिखते-लिखते सिनेमा में आया

फिल्मकार मृणाल सेन से बातचीत

'भुवन सोम' के जरिए हिंदी में समानांतर सिनेमा को जन्म देने वाले मृणाल सेन ने विदेशों में भी भारतीय सिनेमा को महत्त्वपूर्ण जगह दिलाने में बड़ी भूमिका निभाई। उन्होंने 'रातभोर', 'कलकत्ता 71', 'पदातिक', 'कोरस', 'खँडहर', 'जेनेसिस', 'महापृथ्वी', 'नील आकाशेर नीचे', 'पुनश्च', 'अवशेषे', 'प्रतिनिधि', 'बाइशे श्रावण', 'इंटरव्यू', 'मृगया', 'ओका ओरि कथा', 'एक दिन अचानक', 'माटीर मनीश', 'अकालेर संधाने', 'खारिज' और 'आमार भुवन' जैसी दृष्टि संपन्न फिल्में बनाईं। 1923 में फरीदपुर में जन्मे मृणाल सेन राज्यसभा के सदस्य भी रहे। उन्होंने सिनेमा पर कई किताबें भी लिखीं, जिनमें प्रमुख हैं—'चार्ली चैप्लिन', 'व्यूज आन सिनेमा', 'आमी एवं चलचित्र', 'चलचित्र : भूत, वर्त्तमान भविष्यत' और 'सिनेमार आधुनिकतार'।

सिनेमा के साथ आपका जो घनिष्ठ संपर्क है, इसका सूत्रपात कैसे हुआ?

सिनेमा से घनिष्ठ संपर्क! मैं तो सिर से पाँव तक सिनेमा हूँ। सिनेमा में आने के पहले मैं सिनेमा पर लिखता था। सिनेमा पर लिखा मेरा पहला लेख अंग्रेजी में 1945 में सोवियत जर्नल में छपा था। हीरेन मुखर्जी उसके संपादक थे। भारत-सोवियत मैत्री संघ का वह मुखपत्र था। उस लेख का शीर्षक था—'सिनेमा एंड द पीपुल'। उसके बाद मैंने लिखा था कि सिनेमा के साथ कविता का, साहित्य का, पर्यावरण का क्या मेल हो सकता है? तब लिखने के लिए मैं मेहनत भी ज्यादा करता था। सिनेमा पर ज्यादातर बांग्ला में ही लिखा। मेरे लेखों को पढ़कर मेरे मित्र कहते कि मैं सिनेमा को खूब समझता हूँ। इस तरह की बातें सामने आईं तो लगा मैं भी सिनेमा बना सकता हूँ। तो सिनेमा पर लिखते-लिखते मैं सिनेमा में आया। जीविका के लिए मेडिकल रिप्रेजेंटेटिव की नौकरी करता था। फिल्म बनाने पर आपस में विचार-विमर्श भी चल रहा था और अंततः 1956 में मैंने पहली फिल्म 'रातभोर' बना ही ली।

पहली फिल्म रिलीज करने वाला दिन आपके लिए कैसा था?

बहुत खराब। बहुत लज्जित और अपमानित महसूस किया, यह देखकर कि इतनी खराब फिल्म मैंने बनाई। फिल्म बहुत अच्छी बननी चाहिए थी। नहीं बनी। इसलिए पहली फिल्म के बारे में बात करने से मुझे बहुत दुख होता है।

लेकिन उसके दो साल के भीतर ही आपने महादेवी वर्मा की कहानी 'चीनी फेरीवाला' पर आधारित फिल्म 'नील आकाशेर नीचे' बनाई। उससे तो संतुष्टि मिली?

हाँ, वह ठीक बनी थी।

महादेवी वर्मा की इस कहानी पर फिल्म बनाने का विचार कैसे आया?

महादेवी वर्मा तो हिंदी की मूर्धन्य कवयित्री हैं। कवि के रूप में ही उनकी प्रसिद्धि रही। उनकी कहानी एक मित्र ने मुझे सुनाई। मुझे लगा इस पर फिल्म बन सकती है। इस कहानी में एक लाइन है, उससे मैं मुग्ध हो गया। 'चीनी फेरीवाला कहता है—मैं अंग्रेज नहीं हूँ। मेरा चमड़ा देखो।' कहानी पसंद आई सो फिल्म बनाई।

शुरुआती फिल्मों में शोषितों की तकलीफें आप में बौद्धिक बेचैनी पैदा करती हैं लेकिन परवर्तीकाल की फिल्मों से स्पष्ट है कि निचले तबके को छोड़ आप मध्यवर्ग के लोगों के बीच अटक गए। मध्य वर्ग की समस्या पर बनी 'अंतरीन', 'एक दिन प्रतिदिन', 'अकालेर संधाने' आदि उदाहरण हैं। आपमें इस परिवर्तन की वजह?

सही है, शुरुआती फिल्मों में शोषितों के शोषण को मैंने चित्रित किया है क्योंकि वह मेरी चिंता का विषय रहा है। लेकिन मुझे लगा कि मैं जिस वर्ग से आता हूँ उस वर्ग (मध्य वर्ग) के बारे में भी फिल्म बनानी चाहिए। तो एकाकी जीवन जी रहे लोगों के बारे में 'अंतरीन' बनाई, जिसे तुम मध्य वर्ग कह रहे हो। लेकिन मैंने धनी वर्ग पर कभी फिल्म नहीं बनाई क्योंकि मैं धनी वर्ग को नहीं जानता। मैं जिस इलाके में रहता हूँ, यहाँ के बंगाली धनिकों पर फिल्म बनाने को कहो तो उन पर भी फिल्म नहीं बना पाऊँगा क्योंकि उन्हें जानता नहीं हूँ। पर गरीबी और शोषण को देखता हूँ। पूरे विश्व में दलित, गरीब की एक ही दशा होती है। वैसे जो अत्यंत गरीब हैं, उन पर फिल्म बनानी हो और दिल पर हाथ रखकर कहने को कहा जाए तो उनके लिए भी मैं आउटसाइडर ही हूँ। वैसे गरीबों को आप भौगोलिक सीमा में नहीं बाँध सकते। 'आई मेक द फिल्म्स आल आन द प्रिविलेज पीपुल बट नाट सडेनली फार देम।' मैं यहीं पर ये भी कहूँगा कि मेरा किसी दलित साहित्य या दलित शिल्प पर भरोसा नहीं है।

प्रेमचंद ने गाँवों के अछूतों पर जो लिखा तो क्या अछूतों के लिए लिखा?

अछूतों पर लिखा जरूर पर अछूतों के लिए नहीं दूसरों के लिए—सबके पढ़ने के लिए लिखा। विभूति भूषण बंद्योपाध्याय ने जिन पर लिखा तो उनके लिए ही नहीं बल्कि सबके पढ़ने के लिए लिखा। यदि मैं अनपढ़ किसानों पर फिल्म बनाऊँ तो क्या

वे उस फिल्म को समझेंगे? फिल्म देखने के लिए उन्हें ट्रेनिंग देनी पड़ेगी। पेंटिंग का ज्ञान न रहने पर क्या पेंटिंग आप समझ पाएँगे, उसे देखकर आनंद उठा पाएँगे? नाटक देखने जाएँगे तो आँख-कान को स्थिर नहीं रखने से अच्छा दर्शक नहीं हो सकेंगे। दर्शक भी एक तरह के शिल्पी हैं। अच्छी कविता समझने के लिए उस स्तर तक मानस को पहुँचाना होगा। जैसे यदि आप पाठक होना चाहें तो सबसे पहले अक्षर ज्ञान सीखना होगा। कविता पढ़ना चाहें तो और ज्यादा लिखना-पढ़ना होगा। शिल्पी जैसा मन बनाना होगा। श्रोताओं-दर्शकों में भी शिल्पी के गुण होने चाहिए। कालिदास इतने बड़े कवि हैं पर यदि मैं किसी गाँव के चंडी मंडप पर बैठकर उनकी रचनाएँ पढ़ूँ—गाँव वालों को बुलाकर तो वे मुझ पर फौजदारी कर सकते हैं कि मैं उनका समय क्यों नष्ट कर रहा हूँ? इसीलिए मैंने कहा कि यदि अनपढ़ों पर फिल्म बनाऊँ तो उन्हें फिल्म देखने के लिए ट्रेनिंग देनी पड़ेगी।

आप छोटे दर्शक समूह के लिए ही फिल्म क्यों बनाते हैं? क्या आप व्यापक दर्शक वर्ग तक नहीं पहुँचना चाहते? व्यावसायिक फिल्मों की अभिनेत्रियों—डिंपल कपाड़िया, शबाना आजमी, स्मिता पाटील को लेकर आपने कला फिल्में बनाई हैं तो उन्हें ही लेकर कामर्शियल फिल्में क्यों नहीं बनाते? आपके सहयोगी अंजन दत्त कामर्शियल मूवी बना रहे हैं। गोविंद निहलानी भी बना रहे हैं, क्या आप नहीं बना सकते?

डिंपल, शबाना, स्मिता ब्रिलिएंट अभिनेत्रियाँ हैं। और देखो हम लोग तो एक कामर्शियल सेटअप में हैं ही। तुम जो लिखते हो तो क्या नहीं चाहते कि ज्यादा महत्त्वपूर्ण लिखो—ज्यादा से ज्यादा लोग उसे पढ़ें? इसी तरह मैं भी चाहूँगा ही कि ज्यादा से ज्यादा लोग मेरी फिल्में देखें, मुझे व्यापक स्वीकृति मिले। मैं हमेशा चाहूँगा कि व्यापक दर्शक मेरी फिल्में देखें। 'भुवन सोम', 'मृगया', 'कलकत्ता 71' जैसी मेरी फिल्में खूब चली हैं। पर जब सामान्य दर्शक मेरी फिल्म नहीं देखते तो मुझे भारी भीतरी यंत्रणा होती है। जब जब आम दर्शकों ने मुझे खारिज किया तो लगा कि ढह गया हूँ। कई बार कोलेप्स हुआ हूँ। मैं अपने बारे में बहुत क्रिटिकल हूँ। मैं अल्पसंख्यक दर्शकों के लिए फिल्म बनाता हूँ, यह सुन कर मुझे कष्ट होता है।

हालीवुड के बाद सर्वाधिक फिल्में भारत में बनती हैं। हालीवुड में बारह सौ और अपने यहाँ हर साल नौ सौ फिल्में बनती हैं। पर अंतर्राष्ट्रीय महोत्सवों में भारत नहीं, छोटे-छोटे देश संख्या में काफी कम फिल्में बनाकर भी पुरस्कार ले जाते हैं। भारतीय फिल्में, गुणवत्ता में इतनी दरिद्र हैं?

भारत सबसे ज्यादा फिल्में बनाने वाला देश है। पर पश्चिम से तुलना करें तो गुणवत्ता के मामले में यह बहुत पिछड़ा हुआ है। हमारे यहाँ भी अच्छी फिल्में बनती

हैं। बनी हैं। विभिन्न अंचलों में। लेकिन समग्रता में पूरी गुणवत्ता उतनी नहीं दिखती। गुणवत्ता की दृष्टि से पहली गंभीर पहल 1955 में सत्यजित राय ने की थी 'पथेर पांचाली' के साथ। वह भारतीय सिनेमा में 'न्यू लुक' था। इसका ये मतलब नहीं उसके पहले खराब फिल्में ही आईं। उसके पहले और बाद में भी अच्छी फिल्में बनी थीं। कलकत्ता, मुंबई और दक्षिण में अच्छी फिल्में बनी जरूर हैं पर क्या वे पूरे संसार को समग्रता में झकझोर कर रखने—कोई गहरा प्रभाव छोड़ने की सामर्थ्य भी रखती हैं? तो पुरस्कार कैसे मिलेगा, जब प्रभाव छोड़ने की सामर्थ्य नहीं?

गुणवत्ता की बात हो रही है, वह क्यों फिल्मों से गायब हो रही है?

अभी छोटे-छोटे देशों को भी पुरस्कार मिल गया हो, पर गुणवत्ता में कमी हर जगह आई है। सिर्फ भारत में नहीं। पूरे विश्व में बौद्धिक दरिद्रता दिख रही है। अच्छे उपन्यास बहुत कम आ रहे हैं। अच्छी कविताएँ कम आ रही हैं। उसी तरह बड़े कैनवास की फिल्में भी कम आ रही हैं। कह सकते हो, विश्व में बड़े फिल्मकार हैं, पर वैसी फिल्में नहीं आ रही हैं। यह विश्वव्यापी संकट है।

भारत में कुछेक फिल्मों में एक गुणवत्ता तो है ही, उनमें टेक्नीकल समृद्धि देखी जा सकती है और उस समृद्धि के साथ चिंतन के सूत्र भी खोजे जा सकते हैं। नहीं क्या?

इस टेक्नीकल समृद्धि को मैं बहुत महत्त्वपूर्ण मानता हूँ। इसीलिए ऐसी फिल्मों को मैं फेंकूँगा नहीं। यदि उनमें 'टेक्नीकल रिचनेस' हो। ऐसी कुछेक फिल्मों में चिंतन भी हो सकता है। ये न भी हो और यदि उस चिंतन को मेरा मानस नहीं भी ग्रहण करे तब भी ऐसी टेक्नीकल समृद्धि की प्रशंसा करूँगा मैं।

इस तरह की समृद्धि वाले किसी एक फिल्मकार का नाम बताने को कहा जाए तो?

तो मैं मणिरत्नम का नाम लूँगा। वे बहुत ही बुद्धिमान व्यक्ति हैं। वे टेक्नीकल रिचनेस और चिंतन दोनों को साथ रखकर काम करते हैं।

जिस तरह से भारतीय शास्त्रीय संगीत को पाश्चात्य संगीत से, भारतीय कलाओं को पाश्चात्य कलाओं से सहज अलगाया जा सकता है, उसी तरह भारतीय सिनेमा की अपनी निजी पहचान है?

अपनी निजी पहचान के लिए इतनी चिंता क्यों? भारतीय कलाओं में, यहाँ की चित्रकृतियों में, यहाँ नृत्य-संगीत में जो भारतीय तत्त्व और देशज गंध है, वो है। पर भारत और विदेश के बीच भिन्न कलाओं के विभेद की जो दीवार है, वह विज्ञान और प्रौद्योगिकी के विकास के साथ-साथ गिर रही है। भारत में जो श्रुति परंपरा थी, साहित्य की, उसका देशज चेहरा है। पर सिनेमा, प्रौद्योगिकी आधारित शिल्प है। सभी

शिल्पों का जन्म दिन क्या तुम बता सकते हो? 1895 के पहले सिनेमा कौन सा शिल्प था? भारतीय फिल्मों का वैशिष्ट्य सिर्फ भारतीय परिवेश में खोजोगे? यह विज्ञान का युग है। इस युग में जब समय और भौगोलिक दूरी अस्वाभाविक गति से घट रही है और सभ्य समाज का सांस्कृतिक जीवन कहीं भी सोशल एंथ्रोप्लोजिस्ट की भाषा में अब और शुद्ध नहीं रह पा रहा है, जब हम सभी संसारवासी थोड़ा-बहुत मिश्रित संस्कृति को अपना रहे हैं—ऐसे में हम आधुनिक लोग चिंतन, मनन और दर्शन में कितने विशुद्ध रह सकते हैं इस पर अवश्य ही विचार करने की जरूरत है।

आप क्या कहना चाहते हैं कि विज्ञान और औद्योगिक विकास के इस इंटरनेट युग में अपनी देशी पहचान के लिए विशुद्ध बने रहने की प्रासंगिकता नहीं है?

मेरा प्रश्न है, विशुद्ध रहने के लिए लड़ाई करने का प्रयोजन है क्या? जब फोटोग्राफी शुरू हुई तो उसे शुरू-शुरू में बुरी नजर से देखा गया किंतु कुछ ही दिनों में वह जीवंत हो उठी। फोटोग्राफरों ने अपनी बुद्धि और कला कौशल से लाइन और टोन के बीच फोटोग्राफी को समृद्ध किया। मैं तुमसे पूछता हूँ फोटोग्राफी के लाइनियर और टोनल कंपोजिशन में देसी गंध खोज सकते हो? विज्ञान की फोटोग्राफी शाखा का ही तो परवर्ती रूप है मूविंग पिक्चर्स यानी चलचित्र। उसके काफी दिन बाद चलमान चित्र में ध्वनि संयोजन हुआ। दोनों ने मिलकर जो बनाया, उसे आज हम फिल्म कहते हैं। फिल्म विधा मुख्यतः टेक्नोलाजिकल परफार्मेंस है। शिल्प माध्यम में उसकी संभावना बहुत ज्यादा है। टेक्नोलाजिकल परफार्मेंस में देसी गंध खोजी जा सकती है? यदि तुम कहो कि इस टेक्नोलोजी के व्यवहार के तरीके में यह खोजी जा सकती है तो व्यावहारिक वैशिष्ट्य में देसी चरित्र की खोज संभव नहीं। भारतीय फिल्मों को प्रायः देखता हूँ मंथर गति होती है। अनेक लोगों के विचार में यही भारतीय परंपरा का वैशिष्ट्य है। यदि ऐसा है तो ब्रेस की फिल्म को क्या कहेंगे? जापानियों के बैठने का एक तरीका है। वे जमीन पर बैठते हैं। अजू कैमरे में जमीन पर बैठने का चित्र उतारते। लोग कहते हैं कि इसी तरह वे अपनी फिल्मों में जापानी पहचान लाते हैं। लेकिन इस तरह से पहचान नहीं होती। यह सही है कि सत्यजित राय की फिल्म में चेहरे के गठन, बोली बानी, बैठने-चलने और कथा कहने के ढंग में ग्रामीण बंगाल का चित्र सामने उभरता है। लेकिन मेरा मानना है कि संसार बड़ी तेजी से आगे जा रहा है। आधुनिक विज्ञान और प्रौद्योगिकी ने सारी दीवारें तोड़ दी हैं। चाँद पर आप जा रहे हो, सारे मिथ टूट रहे हैं। जब समय और दूरी घट गई है, जब पूरे संसार में क्रास फर्टिलाइजेशन हो रहा है तो इस जमाने में अपनी निजी पहचान और स्वातंत्र्य बचाए रखने की चेष्टा क्यों?

आप पूरे विश्व में वैचारिक संकट की बात कह रहे थे। आप बताइए, क्या इसी कारण से पहले का बांग्ला साहित्य जिस तरह पाठकों को आकर्षित करता था, उसी तरह आज का साहित्य अपने पाठकों को नहीं आकर्षित करता? या कि आकर्षित करता है?

देखो, पुस्तक मेले में हर साल मैं देखता हूँ कि नई कृतियाँ भी पाठकों को आकर्षित करती हैं। भारी भीड़ जुटती है मेले में। उनका उत्साह देखते बनता है। एक हुजूम निकलता है मेले में, उसे आनंद मिलता है। प्रकाशक भी मानते हैं कि इलेक्ट्रानिक मीडिया के दबाव में उन्हें जितनी आशंका थीं, वे गलत थीं क्योंकि पर्याप्त किताबों की बिक्री होती है। मीडिया का और बाजार का दबाव है पर साहित्य का आकर्षण घट गया है, यह मैं नहीं मानता। हाँ, जो आज छप रहा है, उसकी गुणवत्ता पर सवाल हो सकते हैं। पर गुणवत्ता का संकट हर जगह है।

भारतीय भाषाओं के परस्पर समन्वय में अंग्रेजी की तुलना में हिंदी बाधक है?

ये किसने कहा? हिंदी कुछ प्रदेशों की भाषा है, उसी तरह अन्य भाषाएँ हैं। बांग्ला, तेलुगु, तमिल, मलयालम, उड़िया, मराठी आदि की जो आंचलिक पहचान है, उसे बरकरार रखते हुए विभिन्न भाषाओं के बीच संपर्क मजबूत कर ही स्थायी समन्वय स्थापित किया जा सकता है। भारतीय भाषाएँ अनुवाद से एक-दूसरे के पास आएँगी। एक-दूसरे के पास आने पर हम कूपमंडूकता से बाहर निकलेंगे। मैं एक घटना बताऊँ। प्रेमचंद की कहानी 'कफन' पर आधारित मैं तेलुगु में फीचर फिल्म बना रहा था। हिंदी में एक मुहावरा है—तू डाल-डाल मैं पात-पात। तेलंगाना में शूटिंग के दौरान वहां एक कामरेड मित्र मिले। बिल्कुल पढ़े-लिखे नहीं थे। उन्होंने कहा कि मार्क्सवाद उन्होंने संघर्ष करते-करते सीखा। किताब से नहीं। मैंने उनसे पूछा कि ये जो मुहावरा है—तू डाल-डाल मैं पात-पात ये तेलुगु में है कि नहीं? वे थोड़ी देर के लिए बाहर निकले। तब तक मैंने कुछ सीन ओके किए। वे थोड़ी देर में आए और कहा कि हाँ तेलुगु में भी है ऐसा। बांग्ला में उसका आशय इस तरह होगा—तू मेघे-मेघे, आमी ताराय ताराय। हिंदी में होगा—'तू मेघ मेघ, मैं तारा-तारा।' मुझे लगा यह तो और किसी भाषा में नहीं। तो इस तरह की चीजें अन्य भाषाओं में भी आएँ तो सारी भारतीय भाषाएँ उससे समृद्ध होंगी। इस बहुभाषी देश में आंचलिक साहित्य-कलाओं के बचे रहने का पथ है कि आंचलिक संपर्क को घनिष्ठ किया जाए। पर वास्तविकता ये है कि मराठी के लोग पश्चिमी साहित्य-कला पर बोल लेंगे पर अपने ही देश के अन्य प्रदेशों मसलन बंगाल के साहित्य-शिल्प से अनभिज्ञ हैं। मेरी चिंता है कि इस कूपमंडूकता से हम कैसे बाहर निकलें। एक शिल्प से दूसरे शिल्प के बीच संपर्क का जो काँटा है, उसे हटाया जाए। आंचलिक भाषाओं को मजबूत करने के लिए 'क्रास

फर्टिलाइजेशन' अनिवार्य है। सिनेमा के साथ थिएटर की दीवार तोड़ दो। आर्टिस्ट कहीं भी जाएँ। जहाँ इच्छा हो 'मूव' करें। आंचलिकता बाँधे न रख सके।

प्रेमचंद की कहानी 'कफन' पर आपने जब तेलुगु फिल्म 'ओका ओरी कथा' बनाई तो उसकी प्रतिक्रिया कैसी रही?

पहली बात तो लोगों ने पूछा कि 'कफन' जाड़े के समय को दर्शाने वाली कथा है– मैंने तेलंगाना में शूटिंग क्यों की? तेलंगाना में गर्मी पड़ती है। मेरा तर्क था कि गरीबी और शोषण तो ऋतु-निरपेक्ष हैं। शीतकाल हो या ग्रीष्मकाल हर समय गरीबी और शोषण की वही दशा होती है। मुंशी प्रेमचंद ने गरीबी और शोषण पर फोकस किया था इसलिए मैंने फिल्म में उसी पर फोकस किया। प्रेमचंद के बेटे अमृत राय ने यह फिल्म देखी तो प्रभावित हुए, उन्होंने कहा कि फिल्म से बहुत इंप्रेस्ड हैं पर जो इंटरप्रिटेशन है, उससे वे सहमत नहीं हैं। मैंने अमृत जी से कहा यदि मुंशी प्रेमचंद भी आज जीवित होते तो यही कहते कि फिल्म से डिपली इंप्रेस्ड हैं पर इंटरप्रिटेशन से एग्री नहीं हैं। पर इंटरप्रिटेशन का अधिकार मुझे है। यह अधिकार मुझे मेरा समय देता है। मैं एक जगह से कहानी ले रहा हूँ। एक समय की बात कहने जा रहा हूँ जब उसे अपने समय के मुताबिक तैयार करूँगा तो परिवर्तन करना ही होगा। सिर्फ सिनेमा की भाषा अलग होती है—यह बात तो सभी कहते हैं। मैं ये नहीं कहूँगा। मैं फिल्म को अपने समय से जोड़ता हूँ। सांप्रतिक चिंतन को उस पर रखता हूँ। रामायण और तुलसीदास के रामचरितमानस में विभिन्न समय की व्याख्या है। माइकल मधुसूदन दत्त विप्लवी थे। वे क्रिश्चियन क्यों बने थे? क्रिश्चियन धर्म से प्रेम के कारण नहीं। क्रिश्चियनों के प्रभाव में नहीं, बल्कि हिंदू धर्म की जड़ता और बुराइयों के कारण ईसाई धर्म में गए थे। वे रामायण के एक अंश पर लिखने बैठे तो लिखा—मैं राम से घृणा करता हूँ। उनकी सहानुभूति रावण के प्रति थी। वे उन्नीसवीं सदी में अपने समय के मुताबिक रामायण-महाभारत की व्याख्या कर रहे थे। यानी वे अपने समय से जुड़े थे।

इसी तरह मूल कहानी को फिल्म में अपने समय से जोड़ने का अधिकार मेरा समय देता है। मेरा समय ही मेरा सबसे महत्त्वपूर्ण शिक्षक है। फिल्म को मैं तीन कसौटियों पर कसता हूँ। एक टेक्स्ट, जिस पर फिल्म आधारित होती है। दूसरा सिनेमा का फार्म—उसमें आर्टिस्ट परफार्मेंस पर जोर रहता है और तीसरा—मेरा अपना समय। अपने समय में ढाला तभी 'कफन' पर बनी 'ओका ओरी कथा' अफ्रीका और लातिनी अमेरिका में दिखाई गई तो वहाँ के लोगों ने कहा कि यह तो उनके यहाँ की फिल्म है।

प्रेमचंद और हिंदी के और किन लेखकों ने आपको प्रभावित किया और क्यों प्रभावित किया?

प्रेमचंद मुझे टालस्टाय की तरह लगते हैं। उनमें गजब की संवेदनशीलता थी। 'कफन' उनकी सिंगिल बेस्ट स्टोरी है। यूँ दूसरी कृतियों में भी उन्होंने गाँवों के पीड़ितों की, शोषितों की व्यथा को शब्द दिए हैं। वे इस युग के महत्त्वपूर्ण और इस शताब्दी के अन्यतम साहित्यिक थे, इसलिए प्रभावित किया।

स्वाधीनता के पचास साल बाद अखिल भारतीय स्तर पर पश्चिम बंगाल का स्थान कहाँ है? खासकर कला और सिनेमा के क्षेत्र में?

मैं पश्चिम बंगाल के संदर्भ को यहाँ के विकास को, यहाँ की समस्याओं को भारत की समस्या से अलग रखकर नहीं सोचता। मैं खुद को भारतीय मानता हूँ। बंगाल के बारे में इस तरह कभी अलग से नहीं सोचता हूँ। हाँ, स्वाधीनता के पचास वर्ष बाद देश में संकट बढ़े हैं, घटे नहीं। साथ ही यह भी सही है कि मैं बंगाली हूँ। मछली भात खाता हूँ पर मेरे बेटे ने गुजराती लड़की से शादी की। मेरे घर के दरवाजे पर जो कलाकृति देख रहे हो—वह राजस्थान की है और घर में जो चित्रकृति देख रहे हो, यह चीन की है।

स्वाधीनता के पचास साल बाद बांग्ला साहित्य और सिनेमा की जो दशा है तो तुम देख सकते हो कि मानिक बंद्योपाध्याय से ज्यादा लोकप्रिय आज के हल्के लेखक हैं। सच यह भी है कि बांग्ला फिल्मों के लिए संकट बढ़ा है। शिल्प का संकट भी बढ़ा है और आर्थिक संकट भी। स्वाधीनता के बाद ही सोचना था कि बांग्ला फिल्मों का जो सीमित बाजार है, उसका विस्तार कैसे हो, दूसरी भाषाओं में डब कर अन्य राज्यों में बांग्ला फिल्मों को दिखाया जा सकता था। अब भी दिखाया जा सकता है। लेकिन आज संकट दूर करने के लिए लोकप्रिय बांग्ला सिनेमा के पीछे भागने का कोई मतलब नहीं क्योंकि तथाकथित लोकप्रिय सिनेमा का मतलब ही है स्थूल रस की अशालीन फिल्में। इनसे बचते हुए बाजार का विस्तार कर कम पैसे में शालीन फिल्में बनाई जानी चाहिए।

('जनसत्ता सबरंग' : कोलकाता, 10 मई 1998)

प्रेम के मार्फत ही कहीं पहुँच सकते हैं

सितारवादक पंडित रविशंकर से बातचीत

विश्वविख्यात सितारवादक पंडित रविशंकर प्रारंभ के दिनों में एक नर्तक के रूप में विख्यात थे। तब वह रवींद्र शंकर के नाम से जाने जाते थे। 'सितार' और 'सुरबहार' की बारीकियों, तकनीकियों में दक्षता उन्होंने अपने गुरु बाबा उस्ताद अलाउद्दीन खान से हासिल की। बीन और सुरशृंगार के भी वे मर्मज्ञ हैं। परफार्मर, कंपोजर, शिक्षक और लेखक के रूप में भी पंडित जी ने ख्याति अर्जित की।

अध्ययन के उपरांत रविशंकर जी आकाशवाणी से जुड़ गये। बाद में उन्होंने नेशनल चेम्बर आरकेस्ट्रा की स्थापना की। सन् 55 के बाद एक संगीतकार के रूप में उनकी माँग बढ़ती गयी। 1956 में उनका पश्चिमी देशों में मिशन शुरू हुआ। भारतीय संगीत और पश्चिमी संगीत को निकट लाने में उनका अपूर्व योगदान रहा है। पंडित जी ने कई रचनाएँ लिखी हैं। फिल्म संगीत के लिए भी लिखा है। चौथे दशक से ही विश्वभर के श्रोताओं को अपने अनूठे सितार वादन से मंत्रमुग्ध करते आ रहे रविशंकर ने हाल ही में सुकन्या शंकर से विवाह रचाया तो अचानक फिर से सुर्खियों में छा गये। सितार वादन को कलात्मक अभिव्यक्ति की अप्रतिम ऊँचाइयों तक पहुँचा देने वाले पंडित जी ने गत सात अप्रैल को अपने जीवन के 70वें वर्ष में प्रवेश किया। नेहरू जन्म शती के अवसर पर उन्होंने दिल्ली, कलकत्ता और बम्बई में 19 से 29 अप्रैल तक जुबीन मेहता के यूरोपीय कम्युनिटी यूथ आरकेस्ट्रा के साथ मिलकर रागमाला प्रस्तुत कर महानगरवासियों का मन मोहा।

शादी करने के बाद जीवन और व्यस्तता में कोई परिवर्तन आया है?

अरे भई घर बसाया तो परिवर्तन तो आएगा ही। वर्ष में 10 माह 'टूर' पर रहता था किंतु अब 10 माह घर पर रहूँगा। जब शादी की है तो पत्नी के साथ समय गुजारना ही पड़ेगा।

इस उम्र में आपने शादी की, प्यार-रोमांस के बारे आपका क्या ख्याल है?

रक्तमांस के शरीर में रोमांस और प्यार का अलग स्तर है। दरअसल मुहब्बत के ही कई स्तर हैं। संगीत-कला में आदि रस शृंगार रस है। वैष्णव साहित्य—देखें—जयदेव और कबीर का प्रेम। तो इसके भिन्न स्तर हैं पर जो भी चीजें हैं, कहीं भी हम प्यार के मार्फत ही पहुँच सकते हैं।

संगीत की ओर रुझान कब से हुआ?

बचपन से ही लगन थी। माता-पिता ही उत्साह भरते थे। मेरे भाई उदयशंकर विश्वविख्यात नर्तक थे। उनके साथ 10 साल की उम्र में ही पेरिस गया। उन्हीं के कार्यक्रम में नृत्य करता था। बाद में बाबा उस्ताद अलाउद्दीन खान ने हमारे दल को 'ज्वाइन' किया, तब मेरी 15 साल की उम्र थी। अलाउद्दीन खान साहब के संपर्क में आने के बाद मेरा जीवन ही बदल गया। उन्हीं को मैंने गुरु बनाया। उन्हीं से सब सीखा।

दिन में कितनी देर रियाज करते हैं?

जितना चाहते हैं, उतना नहीं कर पाते क्योंकि वक्त ही नहीं मिल पाता। भागदौड़ से फुर्सत ही नहीं। हाँ यदि एक जगह रहते हैं तो 6 से 8 घंटे भी रियाज कर लेते हैं।

विदेशों में आपने कई कार्यक्रम दिये हैं, वहाँ के कुछ अच्छे या बुरे अनुभवों के बारे में बतायेंगे?

विदेशों में मैंने 34 साल गुजारे। वहाँ छात्रों को पढ़ाया, सिखाया। लेक्चर दिया, अखबार, टी.वी., रेडियो के लिए काम किया। बहुत सारे अच्छे-बुरे अनुभव हैं, इन पर अलग से बात करनी होगी। इस सवाल का जवाब बहुत बहुत लंबा है, सवाल को फिर कभी छेड़ियेगा तो इत्मीनान से बतायेंगे।

आपने बहुत धन और यश अर्जित किया फिर भी किसी चीज का अफसोस तो नहीं रह गया?

अफसोस बहुत रहा है। मुझे लगता है कि संगीत में भी मुझसे कुछ हुआ नहीं। जहाँ तक जाना चाहिए था, नहीं पहुँचा। यह अफसोस है।

भारतीय संगीत पर पश्चिमी संगीत के प्रभाव के बारे में क्या कहेंगे?

पश्चिमी संगीत का उत्सव भारतीय संगीत से पूर्णतः अलग है। इन दो संगीतों का कभी स्वाभाविक मिलन संभव नहीं है पर एक रचनात्मक प्रयोग के आधार पर दोनों संगीतों को निकट लाने की कोशिश संभव है। मैंने रागमाला में विविध रागों के अलग-अलग चलन पर उनके संगीत की हारमोनी को जोड़ने की कोशिश की है। मैंने कई रागों की रागभाला पर लय को चार हिस्सों में बाँटकर उनके संगीत से जुड़ने की कोशिश की है। इस प्रयोग की पूरी प्रक्रिया में इस बात पर ध्यान देना पड़ता है कि

दोनों संगीत लय को गति देने में समानता दिखाएँ। मैंने तुरही, बांसुरी, वायलिन और क्लैनिनेट वाद्यों के साथ सितार के एकल वाद्य को जोड़ा है।

यूरोपीय कम्युनिटी यूथ आरकेस्ट्रा के साथ कार्यक्रम देने के बारे में कुछ कहेंगे?

'जुबीन मेहता के ग्रुप के 130 कलाकारों' (जो दस देशों के हैं) ने मेरी लयकारी को बहुत गौर और कड़ी मेहनत से अपने आरकेस्ट्रा में उतारने की कोशिश की है। मेरे साथ इन लोगों ने रोम, मैड्रिड और लंदन में कई कार्यक्रम दिये। ये ही कार्यक्रम हमने दिल्ली, कलकत्ता, बंबई में भी प्रस्तुत किये। इस नये और रचनात्मक प्रयोग में देश और विदेश दोनों जगहों के लोगों ने बहुत दिलचस्पी ली है।

इन दिनों क्या लिख रहे हैं?

जीवन में पहला नाटक लिख रहा हूँ। इसका संगीत सुर ओपेरा मेरा ही होगा। पटकथा मेरी ही होगी। कोरियोग्राफी मैं ही 'डाइरेक्ट' करूँगा।

आने वाले दिनों में आपके जीवन में कोई बड़ी घटना?

मेरी संगीत साधना में 50 वर्ष पूरा होने पर अमेरिका में 15 सितंबर को विशाल कार्यक्रम हो रहा है।

('दैनिक जागरण' : वाराणसी, 5 मई 1989)

रवींद्रनाथ मेरे हृदय में हैं

रवींद्र संगीत की अमेरिकी गायिका ली एलिसन सिबले से बातचीत

ली एलिसन सिबले ऐसी विरल गायिका हैं जिन्हें कई देशों के लोक संगीत से लेकर शास्त्रीय संगीत तक सीखने, गुनने और फिर उसमें योगदान करने का सुयोग मिला। राजनयिक की पत्नी होने के कारण उन्हें जॉर्डन, मैक्सिको, ब्राजील, नेपाल और भारत में रहने का मौका मिला और जब तक वे जिस देश में रहीं, वहाँ के गीत-संगीत में रमी रहीं। विभिन्न देशों में रहते हुए वहाँ की भाषाएँ भी उन्होंने सीखीं। भारत में वे दो वर्ष से हैं और इस दौरान उन्होंने रवींद्र संगीत में महारत हासिल की। 25 जून 1950 को न्यूयार्क में जन्मी सिबले की संगीत में रुचि बचपन से ही थी। अमेरिका में लंबे समय तक उन्होंने गायन, संगीत और विदेशी भाषाओं का अध्यापन किया। देश-विदेश के कई प्रमुख विश्वविद्यालयों में फिलहाल वे अतिथि अध्यापक हैं।

कोलकाता में आप दो वर्ष से हैं, इतने कम समय में रवींद्र संगीत सीखकर आपने कैसेट निकाल लिया, यह कैसे संभव हुआ?

यहाँ आने के दस दिन बाद ही अमेरिकन सेंटर में प्रमिता मल्लिक के कंठ से रवींद्र संगीत सुना। मैं मुग्ध हो गयी। मैंने उनसे पूछा कि क्या वे मुझे रवींद्र संगीत सिखाएँगी। वे सहर्ष तैयार हो गईं। बाद में वे मेरी अच्छी सहेली बन गयीं। सीखने के बाद लखनऊ, जमशेदपुर, ढाका और कोलकाता में रवींद्र संगीत के कई कार्यक्रम मैंने पेश किये। लोगों की प्रतिक्रिया देख हमने रवींद्र संगीत पर सीडी भी निकाली। मुझे यह कहते हुए अपार गर्व हो रहा है कि रवींद्र संगीत पर सीडी कैसेट निकालने वाली मैं पहली अमेरिकी हूँ। 'दूर के करिले निकट' शीर्षक से एचएमवी द्वारा निकले कैसेट में मेरे गाये गीतों के बोल हैं—'तोमार होलो शुरू', 'आजी शुभ दिन पितार भवने', 'फूले-फूले ढले-ढले'। 'फूले-फूले' और 'तोमार होलो शुरू' को अंग्रेजी में भी

गाया है। प्रमिता मल्लिक के साथ मिलकर साझा स्वर में 'आमी चीनी गो चीनी' और 'आमरा सवाई गो राजा' भी हमने गाया है।

वे कौन तत्त्व थे जिन्होंने आपको रवींद्र संगीत की ओर प्रेरित किया?

मैं रवींद्र साहित्य को पिछले तीन दशकों से पढ़ती रही हूँ। वे मेरे प्रिय कवि हैं। वे मेरे हृदय में हैं। इसीलिए कोलकाता में पाँव रखते ही मैं सबसे पहले जोड़ासांकू गई–जहाँ वे पैदा हुए। उस जगह को भी देखा जहाँ उन्होंने आखिरी साँस ली। रवींद्र की कविता मुझसे बात करती है, मेरे साथ गाना गाती है। शब्दों को मैं अपने हृदय में अनुभव करती हूँ। मैंने रवींद्र साहित्य का अंग्रेजी अनुवाद ही पढ़ा है क्योंकि तब बांग्ला आती नहीं थी (अब थोड़ी बांग्ला जरूर सीख गई हूँ)। लेकिन अंग्रेजी में पढ़ते हुए भी अर्थ भीतर उतरता है। प्रेम, रोमांस, समर्पण, जुड़ाव की अनुभूति होती है। मानसून पर, प्रकृति पर उनकी कविता भीतर तक चली जाती है। इसीलिए रवींद्र संगीत की तरह उनकी कविता भी मुझे आकर्षित करती है। यह आकर्षण और संगीत के प्रति मेरा समर्पण ही था कि दो महीने में ही रवींद्र संगीत मैं सीख पाई। वर्ना रवींद्र संगीत सीखने के लिए सैकड़ों वर्ष भी कम हैं। प्रमिता मल्लिक मुझे एक-एक शब्द बताती थी, उसका आशय बताती थी, मैं कई-कई बार प्रैक्टिस करती थी। मेरे पति (भारत में अमेरिका के कंसुलेट जनरल सिबले) भी लक्ष्य करते थे कि मैं ध्यानस्थ होकर प्रैक्टिस कर रही हूँ। इसके अलावा संगीत में अनुशासन बड़ी चीज है। संगीत से कलाकार अनुशासन सीखता है।

हिंदुस्तानी शास्त्रीय संगीत पाश्चात्य संगीत से कितना अलग और आगे है?

पाश्चात्य शास्त्रीय संगीत से हिंदुस्तानी शास्त्रीय संगीत बिल्कुल अलग है। गायन की तकनीक और रिद्म अलग है। व्याकरण, स्केल, उच्चारण, वस्तु अलग हैं। अलग-अलग परंपराएँ रही हैं। लेकिन मुझे लगता है कि संगीत को अलग कर नहीं देखा जाना चाहिए। संगीत सारी सीमाएँ पार कर जाता है। वह कोई सीमा नहीं मानता। कोई भी संगीत प्रेम, स्वाधीनता और समझदारी की अभिव्यक्ति का प्रतीक है। सीमाहीन होने के कारण ही भारत के शास्त्रीय संगीतकारों की पश्चिम में बहुत माँग रही है। यह तो ग्लोबल विलेज का जमाना है। यहाँ के संगीत को पश्चिम में और पश्चिम के संगीत को पूरब में आना ही चाहिए। बाजार से यदि संगीतकारों को आर्थिक सुरक्षा मिलती है तो यह हर तरह से उचित है।

क्या आप अन्य विधा सीखने की आकांक्षा रखती हैं।

समय मिला तो आगे भी रवींद्र संगीत ही सीखूँगी। अनेक शास्त्रीय संगीतज्ञों ने

रवींद्रनाथ को गाया है। कुछ ने अपनी तरह भी गाया है। एकाध मामलों में अपनी तरह गाना तो चल सकता है पर रवींद्रनाथ ने स्वयं अपने गीतों के लिए स्केल तय किया है, उससे छेड़छाड़ नहीं होनी चाहिए। वैसे मेरे लिए यही कम नहीं कि मैं अमेरिका अकेले नहीं जाऊँगी, मेरे साथ रवींद्रनाथ ठाकुर भी होंगे।

('सहारा समय' : दिल्ली, 4 सितंबर 2004)

लोक की तरफ देखो

रंगकर्मी हबीब तनवीर से बातचीत

हबीब तनवीर की रंग-सक्रियता 82 वर्ष की उम्र में भी चकित करने वाली है। उनकी सक्रियता और रंग-विधान का प्रतिफल है उनकी नयी रंग प्रस्तुति—राजरक्त। इसे मंच पर उतारने के लिए वे दो महीने कोलकाता में रहे। रवींद्रनाथ ठाकुर के लिखे इस नाटक का दिल्ली में प्रीमियर शो हुआ। उन्नीसवीं शताब्दी में लिखे गये नाटक को इस प्रस्तुति में हबीब तनवीर इक्कीसवीं शताब्दी से जोड़ते हैं। हबीब विलक्षण तरीके से परंपरा और आधुनिकता, लोक और आधुनिकता के बीच सेतु कायम करते हैं।

छह दशकों से ज्यादा की अपनी रंगयात्रा को आप कितने पड़ावों में बाँटना चाहेंगे?

'इप्टा' पहला पड़ाव था। तब मैं मुंबई जा चुका था। फिल्मों में जाना चाहता था। फिल्मों के प्रति आसक्त था। कई फिल्मों में अभिनय किया, फिल्मों के लिए गीत लिखे, रेडियो के लिए काम किया, 'फिल्म इंडिया', 'बाक्स ऑफिस' जैसी पत्रिकाओं में संपादन कार्य किया। वह सब करते हुए 'इप्टा' और पीडब्लूए में शामिल हो चुका था। तब 'इप्टा' और पीडब्लूए के साथी सज्जाद जहीर के यहाँ जुटते थे। 'इप्टा' में हम बलराज साहनी, दीना पाठक, मोहन सहगल के निर्देशन में नाटक करते थे। बाद में मैं 'इप्टा' का सचिव, नाटककार और निर्देशक अभिनेता भी बना। 1948 से 1950 तक मैंने बच्चों को संगठित किया जो एक महत्त्वपूर्ण पड़ाव था।

दूसरा पड़ाव था—'आगरा बाजार'। दरअसल 'इप्टा' के क्षीण होने के बाद मैंने मुंबई छोड़ दिया। फिल्मों में अभिनय के मोह से छुटकारा पाने के बाद मैं मुंबई से दिल्ली आ गया। दिल्ली का वातावरण नाटक के संदर्भ में रास आया। 'आगरा बाजार' का प्रोडक्शन 1954 में किया। उसमें मैंने अपनी एक शैली विकसित कर ली। वह नाटक लोक कवि नजीर अकबराबादी की नज्मों पर आधारित है। मैंने नजीर की कुछ श्रेष्ठ कविताएँ चुनीं और संक्षिप्त वर्णन के साथ उन्हें नाटक का रूप दिया।

उसके अनुरूप मैंने एक बाजार का निर्माण किया। एक तरफ पतंग बेचने वालों की दुकानें तो दूसरी तरफ किताबों की दुकानें। किताब की दुकानों पर कवि, आलोचक, इतिहासकार जुटते हैं और साहित्यिक भाषा में बात करते हैं। पतंग की दुकान पर बोलचाल की भाषा में बतकही होती है। दुकानदार जब नामी कवियों की कविताएँ गाते हैं तो बिक्री नहीं होती लेकिन जब वे लोक कवि नजीर की कविताएँ गाते हैं तो जल्दी बिक्री हो जाती है। यानी नाटक में दिखाने की यह कोशिश हुई कि लोक की भाषा में लोगों से सहज ही संवाद कायम हो जाता है। 'आगरा बाजार' में दिल्ली के दुकानदारों की आवाजों का समावेश है। मैंने गौर किया था कि पुरानी दिल्ली की ध्वनियों, दुकानदारों की आवाजों, जीरा-पानी बेचने वालों की आवाजों में संगीत की लय है। कौन कैसे पुकारता है, कौन कैसे बोलता है, यह नाटक में समायोजित किया।

महान साहित्य का स्रोत बोलियाँ ही रही हैं। तुलसी, मीरा, कबीर ने अपनी ताकत लोक भाषा से ही हासिल की। मैं मानता हूँ कि भाषा का निर्माण निरंतर वे करते हैं जो उसे बरतते हैं या जिन्हें उसकी जरूरत पड़ती है। मुंबई में एयर कंडीशंड कंपार्टमेंट के लिए वहाँ के कुली ठंडी गाड़ी का इस्तेमाल करते हैं। यदि आप लोहार के पास जाएँ तो वह अपने यहाँ बनने वाली चीजों के नाम झट बता देगा। हमारे यहाँ भाषा के विद्वान शब्द निर्माण के लिए लोगों के पास जाने और सीखने की बजाय ग्रंथों-शब्दकोषों का सहारा लेते हैं। यह कृत्रिम प्रक्रिया है। इस कृत्रिमता से मुक्त होकर ही मैं बोलियों की तरफ आकृष्ट हुआ था और यही सब मेरे थियेटर का आधार बना।

तीसरा पड़ाव 'मिट्टी की गाड़ी' है। यूरोप में तीन साल रहने के बाद स्वदेश आने पर मैंने उसे मंचित किया था। जब रायपुर गया तो वहाँ 'नाचा' हो रहा था। मैं 'नाचा' देखकर मुग्ध हो गया। मैं छत्तीसगढ़ के उन कलाकारों के पास गया। पूछा कि क्या वे मेरे साथ दिल्ली जाएँगे? उनके हाँ कहने पर मैंने भुलवा, बाबू दास, ठाकुर राम, मदनलाल, जगमोहन और बाद में लालूराम को अपनी मंडली में शामिल किया। उन्हें 'मिट्टी की गाड़ी' में शामिल किया और वह प्रस्तुति सफल रही।

चौथा पड़ाव 'चरनदास चोर' है जो 1974 से खेला जा रहा है। 'गाँव का नाम ससुराल—मोर नाम दामाद', 'कामदेव का अपना, वसंत ऋतु का सपना' भी उसी रास्ते की कड़ियाँ हैं जहाँ दर्शक रस का आस्वाद करता है। कहानी फिल्म की रील की तरह चलती रहती है। कहीं संगीत तो कहीं ध्वनि से अपनी बात संप्रेषित की जाती है। 'आगरा बाजार' में मैंने पहली बार गीत और नाटक को एक साथ जोड़ा। 'गाँव का नाम ससुराल—मोर नाम दामाद' लगभग संगीतमय है।

हमारे यहाँ जितने लोक नाट्य रूप हैं, उनके साथ संगीत का अनिवार्य संबंध है। क्या कोई नाटक रंगमंच पर संभव है जो संगीत और लयविहीन हो?

सवाल यह है कि संगीत का इस्तेमाल आप किस रूप में करते है। गीत-संगीत ब्रेख्ट के नाटकों में भी उसी तरह इस्तेमाल हुए हैं जैसे हमारे यहाँ होते हैं। अंतर यह है कि ब्रेख्ट के नाटकों में गीत-संगीत गहनों की तरह नहीं शामिल होते, बल्कि वे नाटकों को आगे बढ़ाने और उनमें एक द्वंद्व की रचना करने में सहायक होते हैं। जो बातें संवाद में संप्रेषित नहीं हो पातीं, उन्हें गीत-संगीत के जरिये अभिव्यक्त किया जाता है। ब्रेख्ट का कहना है कि जो बात उसके दिल में थी, जबान पर नहीं आ सकी, उसे उसने गीत-संगीत के जरिये अभिव्यक्त किया। टैगोर भी गहनों के बतौर संगीत का इस्तेमाल नहीं करते, बल्कि मनोरंजन के लिए करते हैं। रतन थियम भी कलात्मक ढंग से उसका इस्तेमाल करते हैं। संगीत हो या न हो, सवाल है आपको वह झिंझोड़कर रख देता है या नहीं? थियेटर में संगीत यदि गहने की तरह हो तो बेकार है। गीत-नृत्य-संगीत यदि भीतरी परत को उजागर करे तभी सहायक सिद्ध होगा।

हिंदी रंगमंच की सबसे सक्षम परंपराएँ उसके लोक नाट्य रूपों में ही छिपी हैं। क्या इसीलिए आप उस ओर आकृष्ट हुए?

मुंबई में 'इप्टा' में काम करते हुए हम लोग महसूस करने लगे थे कि लोक शैलियों और कलाकारों को शहर के रंगमंच में लाया जाना चाहिए, तभी परिवर्तन की राह खुलेगी। गाँव के किसान और शहर के मजदूर संस्कृति के स्तर पर एक ही थे क्योंकि गाँव के किसान ही शहरों में आकर मजदूर बन गये थे। 'इप्टा' ने दोनों को अपने में समेटा था। 'इप्टा' (मुंबई) में हिंदी, मराठी, गुजराती और कोंकणी के अलग-अलग समूह थे। मराठी समूह में गोवलकर, अन्ना भाऊ साढे और अमर शेख थे तो गुजराती समूह में दीना गाँधी, यशवंत ठक्कर, प्रताप ओझा। ये सभी समूह गाँव के लोक नाट्य रूपों में ताकत ग्रहण करने के हिमायती थे। मैं भी था। यूरोप से जब मैं लौटा तो मनन किया कि यदि रंगमंच को ताकतवर बनाना है तो पश्चिम की तरफ ताकने से काम नहीं चलेगा। अपने यहाँ ही देखना होगा कि भंडार में क्या-क्या है। ब्रेख्ट ने भी परंपरा से बहुत सारी चीजें ग्रहण कर उन्हें समकालीन संदर्भ से जोड़ा था। इसीलिए मैं गाँव के कलाकारों को लेकर शहर गया। मैंने गौर किया कि अपने यहाँ थियेटर में जो शहरी परंपराएँ हैं, उनमें 'अंतराल' है जबकि गाँव की शैलियों में निरंतरता है।

नाट्य शास्त्र की बुनियादी चीजें ही हमारी लोक शैलियों में बरती गयी हैं। उसकी बुनियादी चीजों काल, स्थान और क्रिया का संगम लोक शैलियों में भी है। इस तथ्य ने मेरे भीतर एक नयी अवधारणा को जन्म दिया। मैंने पाया कि संस्कृत नाटकों की परंपराएँ और लोक शैलियों की परंपराएँ उतनी भिन्न नहीं हैं जितनी समझी जाती हैं। गाँवों में लोक शैलियों का अध्ययन, उसमें खपना और ग्रामीण कलाकारों को लेकर

काम करना जोखिम का काम है। इसकी सफलता इस बात पर निर्भर करती है कि उनके प्रति आपके अंदर कितनी श्रद्धा है। उनसे आप कितना ले रहे हैं, कितना दे रहे हैं। यह लेन-देन बराबरी पर होनी चाहिए। लोकप्रथा की हमारे यहाँ सदियों पुरानी जड़ें हैं और उसकी शास्त्रीय परंपरा भी है। लोक और शास्त्र में आपस में करीब का रिश्ता है। लोक और शास्त्रीय संस्कृतियों के बीच उस करीब और निरंतर के रिश्ते को अपने नाटकों में चरितार्थ करने की मैंने कोशिश की।

शहरी आम तौर पर देहात के कलाकारों को सिखाने जाते हैं पर मैं कई बार गाँव वालों की संगीत, अभिनय, नाटक संबंधी राय सुनकर हैरान रहा हूँ। 1958 से 1970 के बीच छत्तीसगढ़ी लोक कलाकारों के अभिनय और गायन को देखने के बाद मुझे लगा कि यूरोप में जो चीजें मैंने सीखी थीं, वे यहाँ किसी काम की नहीं हैं। मुझे यह भी अनुभव हो गया कि उन कलाकारों से उनकी भाषा छत्तीसगढ़ी में ही काम कराना होगा क्योंकि हिंदी में उन्हें लाने पर उनका आत्मविश्वास डोलने लगता। मैंने अनुभव किया कि रंगमंच पर मातृभाषा बहुत महत्त्व की है। फिर तो मैं देहात के कलाकारों को उन्हीं की भाषा में उन्हीं की चीज को कुछ सुधार कर प्रस्तुत करने लगा। इसीलिए हम लोक कलाकारों के साथ शास्त्रीय नाटक भी कर सके और लोक कथाओं पर आधारित लोक प्रधान नाटक भी। अमूमन शहरी लोग मानते हैं कि गाँव वाले मूर्ख-गँवार हैं और उनके पास देने को कुछ नहीं पर मैंने पाया कि उनके पास देने को बहुत कुछ है। उनसे काफी कुछ ग्रहण करने के बाद ही बतौर निर्देशक मैं उन अनपढ़ गँवई कलाकारों के शिल्प को विकसित कर पाया हूँ।

नाटक निर्देशक का होता है, अभिनेता का या नाटककार का?

आखिरी कसौटी दर्शक हैं। अभिनेता या अभिनेत्री हजार अभिनय करें, निर्देशक पूरा जोर लगा दे और दर्शक यदि उसे नापसंद कर दे या ठुकरा दे तब? इसी तरह सतही लोकप्रियता के लिए यदि नाटक हो तब? दर्शक की स्वीकृति तभी अर्थपूर्ण है जब उसे नाटक उकसाये, एक उद्वेलन पैदा करे और उसमें कलात्मकता भी हो। एक मूर्तिकार पत्थर को तराशकर खूबसूरत मूर्ति बनाता है तो कहा जा सकता है कि मूर्ति तो पत्थर में ही थी लेकिन दूसरा उत्तर यह है कि वह मूर्तिकार की कल्पना में थी जिसे पत्थर को तराशकर उसने साकार रूप दिया। इसी तरह निर्देशक एक कहानी या नाटक को तराशकर मंच पर खड़ा करता है। पुरानेपन को भी नये ढंग से मंच पर प्रस्तुत करता है। निर्देशक अपने तरीके से किसी पात्र को खड़ा करता है क्योंकि वह पात्र निभाने वाला अभिनेता बदल भी सकता है और अभिनेता बदल जाने पर वही बात प्रस्तुत करने के लिए निर्देशक को दूसरे तरह के व्यक्तित्त्व से जूझना पड़ता है। जैसे मूर्तिकार हर पत्थर से मूर्ति नहीं बनाता, उसी तरह अभिनय भी उसका यादगार

होता है जिसमें योग्यता होती है। मदनलाल और ठाकुर दोनों महान अभिनेता थे। ठाकुर राम 'चरणदास चोर' में गुरु बनते थे और मदनलाल चोर। दोनों अनपढ़ होने के बावजूद बौद्धिक थे। चाय की दुकानों पर बहस चलती थी कि किसका अभिनय कितना उम्दा है। चांडाल, पुलिस और कोतवाल की छोटी भूमिका निभाते हुए भी वे मंच पर आकर दृश्य लूट लेते थे।

आज के उत्तरोत्तर आधुनिक प्रश्नों को उठाने में लोकनाट्य रूप किस हद तक सफल है?

मेरा थियेटर हो या रतन थियम का, आप देख सकते हैं कि लोक कथाओं के जरिए आधुनिकता और उत्तरोत्तर आधुनिकता को, उनके संदर्भों को अभिव्यक्त किया गया है। हमारे यहाँ अनेक नाटक हैं जो तीखे ढंग से दर्शक के दिमाग में प्रश्न उठाते हैं, उत्तर भले न दें। आधुनिकता सिर्फ फ्रांस, इंग्लैंड या यूरोप की चीज नहीं है जो विकसित देश हैं। विकास ने उन देशों में कितना कुछ खो दिया है। उनके आगे अंधी खाई है जहाँ मानवता के सामने खुदकुशी का ही विकल्प है। हम पश्चिम की चमक-दमक और आधुनिकता की नकल क्यों करें? हम उसी रास्ते पर जाएँगे तो वैसी ही अंधी खाई हमारे सामने भी खड़ी होगी। भारत में तो आधुनिकता हमारी जमीन की चीज है। यहाँ हम आसपास के जीवन को देखें-परखें तो उसी में से आधुनिकता निकल आती है। लोकनाट्य रूप जो विकृतियों पर चोट करे, वही आधुनिकता है और यह काम लोकनाट्य रूप निरंतर कर रहे हैं।

साठ वर्षों के रंग जीवन के बाद आप अचानक रवींद्रनाथ की ओर क्यों मुड़े?

मुद्दत से इच्छा थी कि रवींद्रनाथ ठाकुर की रचना मंचित करूँ। 1887 में उन्होंने उपन्यास 'राजर्षि' लिखा और 1890 में उसी को विसर्जन नाम से नाटक का रूप दिया। दोनों को पढ़ा तो मुझे लगा, इसे खेला जाना चाहिए। मुझे शिल्प व विषय वस्तु दोनों जँचे। इस रचना में रवींद्रनाथ मुझे गाँधी जैसे लगते हैं। गाँधी की तरह रवींद्रनाथ इस रचना में हिंसा के विरुद्ध निनाद करते हैं। आज के संदर्भ में भी यह रचना प्रासंगिक है। इस नाटक में धर्मांधता और कुप्रथाओं की जड़ता के विरुद्ध आवाज उठाई गई है। 'राजर्षि' या 'विसर्जन' देवी को प्रसन्न करने के लिए दी जाने वाली बलि और प्रकारांतर से पुरोहितवाद के विरुद्ध हैं। आज भी हम देख रहे हैं कि हमारे चारों ओर धर्म के नाम पर जो खून-खराबा हो रहा है, ऐसे में 'विसर्जन' बहुत ही प्रासंगिक हो जाता है।

('सहारा समय' : दिल्ली, 28 जनवरी 2006)

नाटक में अभिव्यक्ति तीव्र ही होती है

श्यामानंद जालान से बातचीत

विख्यात नाट्य निर्देशक, अभिनेता, श्यामानंद जालान की रंगयात्रा के पचास वर्ष पूरे हो चुके हैं। उनके अभिनय–निर्देशन को रंगजगत में राष्ट्रीय स्वीकृति चालीस साल पहले 1959 में ही 'नया हाथ' नाटक के लिए संगीत नाटक अकादेमी का श्रेष्ठ नायक पुरस्कार प्राप्त होने के साथ ही मिल गई थी। बाद में अकादेमी का श्रेष्ठ निर्देशन पुरस्कार भी उन्हें मिला। फिल्म 'चोख' में उत्कृष्ट अभिनय के लिए उन्हें बी.एफ.जे.ए. का श्रेष्ठ सह अभिनेता पुरस्कार भी मिला था। उनके नाटकों 'आषाढ़ का एक दिन', 'शुतुरमुर्ग', 'एवम् इंद्रजित', 'सखाराम बाइंडर', और 'रामकथा रामकहानी' को अपूर्व लोकप्रियता हासिल हुई। श्री जालान को हाल में राष्ट्रीय संगीत नाटक अकादेमी का उपाध्यक्ष चुना गया।

नाटक, लेखक का होता है या निर्देशक का?

नाटक मूलतः नाटककार का होता है। उसके बगैर निर्देशक क्या करेगा? रंगमंच में इतनी समृद्धि नहीं है कि निर्देशक, नाटककार के साथ काम करते हुए उससे नाटक लिखवा सके या लेखक नाटक लिखकर ही अपना भरण-पोषण कर सके। इसीलिए निर्देशक 'शैली' की ओर बहकता है।

लेखक और रंगकर्मियों के बीच कैसा रिश्ता होना चाहिए?

नाटककार यदि रंगमंच से गहरा जुड़ा हुआ न हो तो मात्र लेखक होगा जैसा कि प्रसाद थे। उनके साहित्य में नाटकीय तत्त्व हैं। भारती जी के 'अंधा युग' में भी नाटकीय तत्त्व हैं लेकिन वे रंगमंच के लिए उपयोगी नाटक नहीं हैं। 'ध्रुवस्वामिनी' प्रसाद का एकमात्र नाटक है जो रंगमंच पर खेला जा सकता है। लेकिन वह एक महान नाटक नहीं है। मेरी राय में यह महान साहित्यिक कृति भी नहीं है। साहित्य और मंचन उपयोगिता, ये दोनों जब मिलते हैं तब महान नाटक का जन्म होता है जैसे शेक्सपीयर व चेखव के नाटक हैं। गुरुदेव रवींद्रनाथ ठाकुर के नाटक भी खेले जाते

हैं पर इसी के चलते वे मंचोपयोगी नाटक नहीं कहे जा सकते। कोई नाटक महान कृति हो सकता है पर जरूरी नहीं कि मंच की दृष्टि से उपयोगी भी हो।

हिंदी रंगमंच की सृजनात्मक विकास यात्रा को आप किस रूप में देखते हैं?

पिछले तीस वर्षों से हिंदी में अच्छे नाटक नहीं आ रहे हैं। इसलिए हिंदी रंगमंच दूसरी भाषाओं के नाटकों पर बहुत ज्यादा निर्भर करता है। आज हिंदी रंगमंच की स्थिति बहुत अच्छी मुझे नहीं लग रही। इसका एक कारण यह है कि हिंग्लिश रंगमंच बहुत आगे आया और उसकी वजह से हिंदी दर्शकों की रंचमंग की भूख नहीं के बराबर रह गई है।

प्रगतिशील रंगमंच की सकारात्मक परंपरा क्यों अवरुद्ध हो गई है?

प्रगतिशील रंगमंच की सकारात्मक परंपरा अच्छे नाटकों और विचारोत्तेजक सामग्री के अभाव में अवरुद्ध हो गई है। ऐसी स्थिति में केवल शैलीबद्धता ही रंगमंच को समृद्ध कर सकती है, पर, वही उसकी सीमा होती है। वह बहुत दूर आगे नहीं जा पाती।

रंगमंच और लोक विधाओं के पारस्परिक रिश्ते पर आप क्या कहेंगे? नाटक हमारे यहाँ लोकगीतों की तरह सहज संप्रेषणीय और स्वीकृत क्यों नहीं होते?

मैं यह नहीं मानता कि लोकगीतों में ज्यादा संप्रेषणीयता है। संप्रेषणीयता इस पर निर्भर करती है कि लोकगीत या नाटक किस तरह का है। मैं यह मानता हूँ कि नाटक के अलावा तीव्र अभिव्यक्ति का और कोई दूसरा माध्यम नहीं है।

क्या आप मानते हैं कि संगीत और नृत्य का मंच के नाटक के साथ बहुत अनिवार्य और जरूरी संपर्क है?

मैं मानता हूँ कि संपर्क जरूरी है। खास तौर पर भारतीय परिप्रेक्ष्य में। इसी संपर्क की खोज मैंने 'रामकथा रामकहानी' में की थी और उसी को 'टोटल थियेटर' (संपूर्ण रंगमंच) की संज्ञा दी थी।

हमारे जितने भी लोकनाट्य रूप हैं, उनके साथ संगीत का अनिवार्य रिश्ता है। क्या कोई ऐसा नाटक रंगमंच पर संभव हो सकता है जो संगीत और लयविहीन हो?

रंगमंच पर संभव कुछ भी हो सकता है पर इसी के कारण वह अच्छे रंगमंच या अच्छे नाटक की परिधि में नहीं आ पाता। नाटक संगीतविहीन तो हो सकता है पर लय तो चाहिए ही। लय-इंटरनल रिदम के बगैर नाटक नहीं हो सकता। कोई भी कला कर्म नहीं हो सकता।

हिंदी रंगमंच की सबसे शक्तिशाली और सक्षम परंपराएँ उसके लोक नाट्य रूपों में ही छिपी हैं पर आधुनिक रंगमंच उसका कितना लाभ उठा पाया? आप स्वयं उसका कितना लाभ उठा पाए?

मैंने 'रामकथा रामकहानी' में पहली बार लोक नाट्य रूपों का प्रयोग किया। उसके पहले नहीं किया था। लोक नाट्य रूपों का प्रयोग बहुत प्यारा लगा था। कहने के तरीके में जो नाटकीय लोक शैली थी, उसने दर्शकों को चमत्कृत किया था।

आचार्य भरत ने अपने नाट्यशास्त्र में जिस 'सामाजिक' का उल्लेख किया है, वह दर्शक ही है। और उन्होंने 'सामाजिक' की कसौटी पर ही किसी नाटक की सफलता और असफलता को देखा है ऐसी स्थिति में नाट्य प्रयोगों की भूमिका क्या हो सकती है?

'सामाजिक' तो तभी मिलेगा, जब प्रयोग होंगे। प्रयोग दो सौ दर्शकों के सामने होगा तो संभव है पच्चीस-तीस को ही वह अच्छा लगे। बाकी लोग छँटते जाएँगे और पच्चीस-तीस जिस तबके के हैं, वे जुड़ते जाएँगे। उस नए प्रयोग के लिए 'सामाजिक' तैयार हो जाएगा। निर्देशक जो भी प्रयोग करेगा, उसे कुछ तो दर्शक मिलेंगे ही बशर्ते निर्देशक पागल न हो। 'सामाजिक' की उपेक्षा किए बगैर नया प्रयोग संभव है और नए आविष्कार के साथ दर्शकों तक बिल्कुल पहुँचा जा सकता है। रंगमंच सामाजिक विधा है—अकेले में करने की विधा नहीं है। वह 'सोशल आर्ट फार्म' है। इसलिए नया प्रयोग या आविष्कार (सामाजिक) के लिए नहीं, निर्देशक अपनी रुझान के अनुसार अपने को अभिव्यक्त करने के लिए करता है, फिर उसके लिए 'सामाजिक' आते हैं। 'सामाजिक' के लिए जो रंगमंच होता है, वह 'कामन' रंगमंच होता है।

क्या नाटक एक ऐसी सामाजिक विधा नहीं है जो एक ऐसी साधारणीकृत प्रणाली विकसित करे जिससे मंच के नीचे बैठे सभी दर्शक रागात्मक रूप से उससे जुड़ सकें?

आज के जीवन से पद्य खत्म हो गया है। रस नहीं रहा। हर चीज़ 'मैटरिलिस्टिक' हो गई है। सारी दृष्टि लाभ, उपयोग और उपभोग पर चली गई है। इसका मूल कारण 'बेसिक इनसेक्यूरिटी' है। विज्ञान इतनी तेज़ी से आगे बढ़ रहा है कि भविष्य के बारे में हम बहुत आशावान नहीं रह गए हैं। जीवन की जटिलताएँ बढ़ गई हैं। जटिलताओं के बढ़ते जाने से लगने लगा है कि ये धरती और ये आदमी बहुत दिन नहीं रहेंगे। इसीलिए आदमी ने सपना देखना छोड़ दिया है। कविता में जीवन की कोमलता के लिए जगह नहीं रह गई है। इसीलिए आज की अधिकतर कविताएँ नहीं पढ़ी जा रही हैं। दो सौ वर्ष बाद दुनिया की तस्वीर क्या होगी, यह आज आप कल्पना नहीं कर सकते। ऐसे में दर्शकों को रागात्मक रूप से जोड़ने के लिए साधारणीकरण की बात कही जाती है। साधारणीकरण के लिए केवल मनोरंजन ही मंचन का उद्देश्य होगा तो वह हो सकता है। क्योंकि दर्शक एक नहीं है। वह कोई एक समुदाय या एक समाज नहीं है, वह एक भीड़ है। जब दर्शक के भीतर ही साधारणीकरण नहीं है, तब रंगमंच का साधारणीकरण कैसे होगा। जब सहृदय दर्शक हों तभी साधारणीकरण हो सकता

है। सस्ता मनोरंजन साधारणीकरण कर सकता है, अच्छा नाटक साधारणीकरण नहीं करेगा, उसके लिए सहृदय दर्शक की जरूरत पड़ेगी।

टीवी की चुनौती को आप किस रूप में देखते हैं?

देखिए रंगमंच का सुख इलेक्ट्रॉनिक मीडिया नहीं दे सकता। एक गायक आपके सामने गा रहा है या नर्तक नाच रहा है और उसका रिकार्ड सुन रहे हैं या कैसेट देख रहे हैं—इन दोनों में बहुत फर्क है। फिल्मीकरण या इलेक्ट्रॉनिक मीडिया में अभिव्यक्ति तीव्र और नियंत्रित हो सकती है। बशर्ते उसे अच्छी तरह प्रस्तुत किया जाए। रंगमंच में अभिव्यक्ति तीव्र होती ही है। इलेक्ट्रॉनिक मीडिया और रंगमंच दोनों की संप्रेषणीयता अलग-अलग है। दोनों ही सशक्त हैं। उपग्रही चैनलों के इस दौर में हम उन तत्त्वों पर उम्मीद कर सकते हैं—यानी हमें अपने नाटकों में वे तत्त्व लाने होंगे जो मशीनी उपकरणों से नहीं आ सकते। जैसे 'टोटल थियेटर' या 'स्पेक्टेकल'। नाटकीय 'स्पेक्टेकल'। आप एक स्थान में बैठकर नाटक खेल रहे हैं। नाच-गाना हो रहा है तो उसी तरह की उत्सव की भावना होती है जैसे दिवाली की फुलझड़ी से खेल रहे हैं—होली खेल रहे हैं। रंगमंच में यह जो 'सेलेब्रेशन' या 'फेस्टीविटी' है वह फिल्म या टीवी पर नहीं आ सकती। टीवी की चीजों से आप समरस नहीं होते।

क्या आप मानते हैं कि रंगकर्म और रंग निर्देशन वैसा ही एक काम है जिसमें खुद की गई भूलों के अनुभव से अगला विकास हासिल किया जा सकता है?

गलतियों के अनुभव से बिल्कुल अगला विकास हासिल किया जा सकता है। बहुत-सी गलतियाँ हम करते चलते हैं और सुधारते रहते हैं। एक शो से दूसरे शो में और एक नाटक से दूसरे नाटक में। कुछ तकनीकी गलतियाँ होती हैं, कुछ प्रयोग की गलतियाँ होती हैं। इस तरह की उन गलतियों में अभी ऐसा कुछ मुझे नहीं याद आ रहा, जहाँ मैंने सोचा हो कि अभी तक यह गलत था और अब यह रास्ता सही है। रंगमंच में मेरा काम हमेशा परिवर्तनशील रहा है। खोजता रहा हूँ, उसे जो मुझे भी अच्छा लगे और जिसकी टिकटें भी बिक सकें जो आम जनता को भी टिकट खरीदकर देखने को बाध्य करें। मेरे कई नाटक हैं जिन्हें लोगों ने बहुत सराहा। आम लोग भी वाह-वाह करते बाहर निकले लेकिन तब भी टिकट नहीं खरीदते, यह ट्रेजडी रही है।

रंगमंच के समक्ष आज प्रमुख चुनौतियाँ क्या हैं?

सबसे बड़ी चुनौती तो यह है कि अच्छे नाटकों के दर्शक नहीं हैं। दर्शक हो भी नहीं सकते जब तक अच्छे नाटक बार-बार न किए जाएँ। इन्हें बार-बार करने के लिए अनुदानों की आवश्यकता है जो नहीं के बराबर है। जो है भी तो उन्हें सरकार हटा देना चाहती है।

दूसरी चुनौती ये है कि हिंदी नाट्य दलों के पास न तो अपने थियेटर हैं और न

अपनी जगहें। कोई गैराजों में रिहर्सल करते हैं तो कोई गोदामों में। अच्छे हॉल इतने कम हैं कि लंबी कतारें लगानी पड़ती हैं उनके लिए, और फिर उनका भाड़ा भी इतना ज्यादा है कि उसे देना इन दलों के लिए बहुत मुश्किल है। इसलिए आर्थिक अनुदान और छोटे-छोटे रंगमंचों की बहुत जरूरत है।

पचास वर्षों की अपनी लंबी रंग यात्रा में आप किन नाट्य निर्देशकों से गहरे प्रभावित हुए हैं और क्यों?

शंभु मित्र ने शुरू में बहुत प्रभावित किया। अपनी पैनी दृष्टि, रंगमंच के प्रति अपने समर्पण और निष्ठा से। उसके बाद कई रंग निर्देशक हैं जो अच्छे तो लगे पर गहरे प्रभावित न कर सके। भारतीय और विदेशी कई रंग निर्देशक हैं जिनका कुछ न कुछ काम अच्छा लगा, पर, उन्होंने मुझे बहुत प्रभावित नहीं किया। किसी एक ने भी प्रभावित नहीं किया। हम हमेशा बदलते रहे। यह बदलाव किसी प्रभाव के कारण नहीं आया। अपने आप ही आता गया।

('रंग प्रसंग' : जनवरी-जून 2000)

साहित्य अभिनय को माँजता है

अभिनेता सौमित्र चटर्जी से बातचीत

सौमित्र चटर्जी बांग्ला फिल्मों के शीर्ष अभिनेताओं में हैं। बांग्ला में यह दिलचस्प बहस रही है कि सौमित्र बड़े अभिनेता हैं या उत्तम कुमार। सत्यजित राय की चौदह फिल्मों में सौमित्र प्रमुख भूमिकाओं में रहे। वे समान रूप से राय, मृणाल सेन और तपन सिन्हा जैसे निर्देशकों के प्रिय कलाकार रहे हैं। बीते तीन दशकों में उन्होंने डेढ़-सौ से ज्यादा बांग्ला फिल्मों में अभिनय किया है। एक समर्थ कवि के रूप में वे अलग से जाने जाते हैं। बांग्ला में उनके छह कविता संकलन छप चुके हैं। वे अत्यंत लोकप्रिय काव्य आवृतिकार और 'अड्डाबाज' हैं। बांग्ला साहित्यिक पत्रिका 'एखन' का संपादन भी उन्होंने किया। इसके अलावा सौमित्र नाटक लिखते हैं, उनमें अभिनय करते हैं और उनका निर्देशन भी करते हैं। बांग्ला थिएटर में उनके समग्र अवदान के लिए उन्हें 1998 का संगीत नाटक अकादेमी अवार्ड दिया गया है।

आपको देर से ही सही, संगीत नाटक अकादेमी अवार्ड दिए जाने की घोषणा हुई है, आपकी प्रतिक्रिया?

देश में ऐसे ढेर सारे अवार्ड हैं, जिनकी विश्वसनीयता नहीं है। फिल्म के लिए जो नेशनल अवार्ड मिलते हैं, उनकी विश्वसनीयता भी संदिग्ध होती है, क्योंकि उन पुरस्कारों में जोड़-तोड़ चलती है। पर इस वातावरण में भी संगीत नाटक अकादेमी का अवार्ड अपनी विश्वसनीयता कायम रखे हुए है। अब भी वह सम्मानित अवार्ड माना जाता है। अभी तक जिनको यह अवार्ड दिया गया है, वे सभी विशिष्ट और योग्य शख्स रहे हैं। देर से मुझे यह अवार्ड दिया जा रहा है—इसका मुझे कोई क्षोभ नहीं है। मेरे संगीसाथियों ने भी कहा कि मुझे बहुत पहले यह अवार्ड मिल जाना चाहिए था पर इसका मुझे अफसोस नहीं, क्योंकि अवार्ड की उम्मीद में मैं कला-कर्म नहीं करता। इसलिए यह अवार्ड पाने की घोषणा जब हुई तो मेरे मन में खुशी ही हुई।

बांग्ला थिएटर का दो सौ वर्षों का इतिहास है। उसकी एक समृद्ध परंपरा है। आज बांग्ला थिएटर अखिल भारतीय स्तर पर कहाँ खड़ा है?

बांग्ला थिएटर की स्थिति आज अच्छी नहीं है। कुछ ग्रुप थिएटर वाले हैं। बड़े थिएटर बंद हो चुके हैं। आज हॉल और प्रायोजक पाने में ही नाकों चने चबाने पड़ते हैं। पहले यह स्थिति नहीं थी। श्याम बाजार में पब्लिक मंच हुआ करता था। अब नहीं है। जिस थिएटर के पास दो सौ साल का समृद्ध इतिहास हो, उसकी मौजूदा विपन्न परिणति मुझे दुख पहुँचाती है।

बांग्ला थिएटर की अभी जो विपन्न स्थिति है, उसके मूल में क्या कलकत्ता और बांग्ला थिएटर के प्रतिरोध वाले चरित्र का लुप्त प्राय हो जाना है?

प्रतिरोध वाला चरित्र यानी प्रतिवादी चरित्र एकदम से लुप्त हो गया, यह कहना ठीक नहीं पर बांग्ला थिएटर का यह चरित्र कम जरूर हुआ है। बांग्ला में अच्छे नाटक कम खेले जा रहे हैं। यह संकट बांग्ला फिल्मों में भी है। अच्छे नाटक करने वाले, अच्छी फिल्में बनाने वाले कम जरूर हो गए हैं पर मुझे विश्वास है कि भविष्य में बंगाल की संस्कृति में नया मोड़ आएगा। जरूरत है, दर्शकों की माँगों को पूरा करते हुए ऐसा माहौल बनाने की कि आलतू-फालतू चीजें ठुकरा दी जाएँ, अच्छा सिनेमा बने, अच्छा थिएटर खेला जाए।

बांग्ला फिल्मों की अधोगति के और दूसरे गंभीर कारण भी हैं?

कभी ऋत्त्विक घटक अच्छी मूवी बनाते थे। तपन सिन्हा लगातार गंभीर फिल्में बनाते रहे हैं। नई पीढ़ी में भी एक नाम है ऋतुपर्ण घोष का, उन्होंने 'दहन' बनाई है। लेकिन कुल मिलाकर बांग्ला फिल्मों की स्थिति बहुत ही दयनीय है। बांग्ला फिल्मों का ट्रेंड गलत दिशा में मुड़ चुका है। बहुत मुश्किल से बांग्ला में कोई अच्छी फिल्म दिखती है। बांग्ला में भी थोक में मुंबई टाइप की फिल्में बन रही हैं। मुंबई जैसी तड़क-भड़क नहीं है, पैसा नहीं है, बाकी तो आम मुंबइया मूवी जैसी फार्मूला फिल्म बनाने का अंधानुकरण ही यहाँ ज्यादा हुआ, इसीलिए बांग्ला फिल्में अधोगति की शिकार हैं।

आज की नई बाजार व्यवस्था में समानांतर सिनेमा की उपयोगिता कितनी है?

समानांतर सिनेमा की उपयोगिता और सार्थकता व्यापक है क्योंकि वह हर चालू फिल्म के विरुद्ध एक प्रतिरोध की भाँति है। समानांतर सिनेमा को लोकप्रिय बनाने की राह तलाशनी पड़ेगी और यह उसके अस्तित्व को बचाए रखने के लिए भी आवश्यक है। 'मास अपील' की क्षमता होनी चाहिए। भारी राशि खर्च कर एक फिल्म बनती है, इसलिए यह सुनिश्चित किया जाना चाहिए कि वह व्यापक दर्शक वर्ग तक पहुँचे ताकि लागत वापस आए। लागत वापस आने पर निर्माता भी गंभीर व सार्थक फिल्में बनाने की सोचेंगे।

एक तरफ आप सार्थक फिल्मों की वकालत करते हैं, दूसरी तरफ स्वयं बांग्ला की फार्मूला फिल्मों में अभिनय करते हैं–यह विरोधाभास क्यों है?

जीविका का दूसरा कोई साधन तो है नहीं, इसलिए आर्थिक कारणों से हर तरह की फिल्म में मुझे काम करना पड़ता है। अन्यथा बचेंगे कैसे? इसके बावजूद मैंने भरसक कोशिश की कि जितना संभव हो चुनचुन कर रोल करूँ, कुछ भिन्न रोल करूँ। यह मैं शुरू से ही कोशिश करता रहा हूँ। ऑफ बीट फिल्मों के अलावा आप देख लें, साल में चार से ज्यादा फिल्में मैं नहीं करता। मैंने सिद्धांतों से कभी समझौता नहीं किया। फिल्म जगत में आने के पहले रेडियो का स्टाफ आर्टिस्ट था, वह नौकरी इसलिए छोड़ी क्योंकि सत्यजित राय ने मुझे 'अपूर संसार' में अपू की मुख्य भूमिका के लिए चुना। मैं जानता था, संघर्ष करना पड़ेगा। जिसे आप विरोधाभास कह रहे हैं, मैं अपने काम से असंतुष्ट नहीं हूँ। हाँ, बहुत संतुष्ट भी नहीं हूँ। मुझे कोई खेद नहीं है। मैंने हमेशा कुछ नया करने की कोशिश की। सार्थक फिल्मों के प्रति मेरी निष्ठा अटूट है।

आपने हिंदी फिल्मों में अभिनय करने से परहेज क्यों किया?

मैंने फिल्म जगत में जब प्रवेश किया, तब से लेकर आज तक कामर्शियल मूवी में मेरी कोई खास रुचि नहीं रही। हिंदी की कामर्शियल मूवी में काम करने के लिए कलकत्ता के जो अभिनेता-अभिनेत्रियाँ मुंबई गए, उनका कुल मकसद ज्यादा से ज्यादा पैसा और नाम कमाना था। यह मकसद मेरा कभी नहीं रहा। चालू हिंदी फिल्मों में काम करने में मेरी कभी दिलचस्पी नहीं रही। मुंबई में अच्छी फिल्में भी बनी हैं पर ज्यादातर फार्मूला फिल्में ही बनी हैं। हिंदी फिल्मों में काम नहीं करने का कारण हिंदी रेजिस्टेंस नहीं रहा है। सच तो यह है कि मुझे यथोचित प्रस्ताव ही नहीं मिला। श्याम बेनेगल ने 'कलयुग' में काम करने के लिए प्रस्ताव जरूर किया था पर उस रोल से मैं संतुष्ट नहीं था। मैं चाहता था कि पहली हिंदी फिल्म में मेरा रोल बहुत अच्छा और अलग हटकर हो। अब भी मेरी इच्छा है कि किसी हिंदी फिल्म में मैं कोई यादगार भूमिका निभाऊँ, पर प्रस्ताव मिले तब ना। हिंदी फिल्मों में भले मैं काम नहीं कर सका पर हिंदी की चार-पाँच टेलीफिल्मों में काम किया, कुछ का तो निर्देशन भी किया। हिंदी की टेलीफिल्मों–'गोकुल', 'निरुपमा', 'दादाजी', 'स्त्री का पत्र', 'ज्योतिषी' में मेरा काम करना क्या यह साबित नहीं करता कि हिंदी फिल्मों से परहेज करने की मेरी कोई इच्छा नहीं रही है। हिंदी फिल्म में काम नहीं करने का यह अर्थ नहीं कि मैं हिंदी से प्यार नहीं करता या हिंदी के विरुद्ध हूँ। मैं सिर्फ हिंदी की फार्मूला फिल्मों के विरुद्ध हूँ।

आप अपनी अभिनय यात्रा में किन कलाकारों-फिल्मकारों और रंगकर्मियों की सर्जनात्मकता से गहरे प्रभावित हुए हैं?

शुरू में शिशिर कुमार भादुड़ी का प्रत्यक्ष प्रभाव पड़ा था। उनके संस्पर्श को मैं बहुत मूल्यवान मानता हूँ। पर सबसे ज्यादा प्रभाव सत्यजित राय का पड़ा। सिर्फ सिनेमा में ही नहीं, मेरे थिएटर के काम पर भी सत्यजित राय का प्रभाव है। सत्यजित राय ने इसलिए प्रभावित किया क्योंकि पश्चिम से आई कला (सिनेमा) में भी भारत की अलग पहचान अक्षुण्ण रखने की उनमें आकुलता थी। 'पथेर पांचाली' इसलिए टिपिकल भारतीय फिल्म है क्योंकि यहीं के एक गरीब परिवार की वह कथा है कि वे कैसे रहते हैं। सिनेमा जैसी विधा में भी राय भारत की आवाज भर देते थे। सिनेमा के मुख्यतः टेक्नोलाजिक परफार्मेंस होने के बावजूद सत्यजित राय की फिल्मों में भारत के इतिहास, यहाँ की संस्कृति और राष्ट्रीय चरित्र की झलक हम पा सकते हैं। यही बात ऋत्त्विक घटक और मृणाल सेन के लिए भी सही है।

कई फिल्म समालोचक कहते हैं कि आपके अभिनय की श्रेष्ठता की एक वजह आपका लेखक होना है, आप इससे कहाँ तक सहमत हैं?

साहित्य में थोड़ा-बहुत मेरा दखल है और सही है कि इसी कारण मेरे अभिनय की क्वालिटी अन्य तरह की है। डायलाग बोलने, वाक्य संरचना की समझ का लाभ तो उठाया ही जा सकता है। साहित्य का संस्कार अभिनय को माँजता है। लेकिन इसका दूसरा पहलू भी है। दूसरी कला विधाओं में व्यस्त रहने के कारण कविता या नाटक या और कुछ लिखने में मैं पर्याप्त समय नहीं दे पाता। लेकिन जब भी लिखता हूँ तो मन से, ईमानदारी से, परिश्रम से लिखता हूँ या लिखने की कोशिश करता हूँ।

आपकी महत्त्वाकांक्षा और स्वप्न क्या हैं?

मेरा स्वप्न है कि साहित्य-कला-संस्कृति में समग्र परिवर्तन हो। ऐसा दिन आए कि भूख, गरीबी, दरिद्रता, अंधविश्वास, अशिक्षा से मनुष्य को मुक्ति मिले। समाज को बदलने की शुरुआत हो। हर तरह का शोषण बंद हो। राष्ट्रीय पहचान अक्षुण्ण रहे और थिएटर-सिनेमा नई बाजार व्यवस्था के दबाव में न आए। पेटेंट और गैट के दुष्प्रभाव बहुत भयंकर होंगे। यदि भारत अब भी नहीं चेतता और अंतर्राष्ट्रीय कंपनियों के लिए अपने दरवाजे खुले रखता है तो आर्थिक गुलामी का घाव और गहरा होगा। सन् सैंतालीस में राजनैतिक आजादी तो हमने पा ली, पर आर्थिक स्वतंत्रता नहीं पाई और लगता है कि अब भी उसकी आकुलता नहीं है। आर्थिक गुलामी खत्म करने के बजाय हम आर्थिक रूप से गुलाम बने रहने की स्थिति ही बनाते जा रहे हैं, भारत वैश्वीकरण के दबाव से उबरे, यह मेरा सपना है।

हिंदी की राष्ट्रीय महत्ता को सबसे पहले बंगाल के मनीषियों ने पहचाना और

स्वीकार किया था। बाद के दिनों में बंगाल में सुनाई देने वाले हिंदी विरोधी स्वर की आपको क्या वजह लगती है?

भारत एक बहुभाषी देश है। आजादी के इतने वर्षों बाद जिस तरह स्थानीय लोगों की आकांक्षाओं की पूर्ति नहीं हुई, लोगों की शिकायतें दूर नहीं हुईं, उसी तरह स्थानीय भाषाओं की भी नोटिस नहीं ली गई। सरकारी भाषा के रूप में सिर्फ हिंदी पर अंधाधुंध खर्च किया गया, बाकी भारतीय भाषाओं पर नहीं। इसका दुष्परिणाम यह हुआ कि अन्य भाषाओं में हिंदी के प्रति ईर्ष्या के भाव जगे। राष्ट्रीय स्तर पर संपर्क भाषा के रूप में हिंदी अपने से आए। सभी भाषाओं को समान अवसर मिलना चाहिए था, तभी सभी भारतीय भाषाओं में परस्पर समन्वय का अनुकूल वातावरण बनता। लेकिन स्थानीय भाषाओं की उपेक्षा की गई, स्थानीय भावनाओं की उपेक्षा की गई और इसीलिए कई जगह अलग राज्य की माँग उठती रही है।

भारतीय भाषाओं के किन लेखकों को आपने पढ़ा है और उनमें किनकी कृतियाँ आपको अपनी संवेदना के करीब लगी हैं?

मैं हिंदी पढ़ लेता हूँ और बोल भी लेता हूँ, लेकिन मैंने हिंदी में छपी पुस्तकें न पढ़कर हिंदी के लेखकों के बांग्ला अनुवाद पढ़े। प्रेमचंद, कृश्नचंदर, रेणु की कृतियाँ मुझे अपनी संवेदना के करीब लगीं। ओड़िया लेखक गोपी कृष्ण मोहंती को भी मैंने पढ़ा है। इधर व्यस्तता बढ़ने से पढ़ने का काम कम होता है; जब देश, समाज, मनुष्य की अवस्था कहाँ है यह चिंता पीछा करती है तो लिखने बैठ जाता हूँ।

('जनसत्ता' : दिल्ली, 19 दिसंबर 1999)

शब्द-विमर्श

कविता हृदय की भाषा है

बांग्ला कवि अरुण मित्र से बातचीत

अरुण मित्र आधुनिक बांग्ला कविता के एक स्तंभ हैं। उनके पंद्रह कविता संकलन प्रकाशित-चर्चित हुए हैं। कवि के अलावा वे समर्थ गद्यकार भी हैं। गद्य में उनके छह निबंध संग्रह, एक उपन्यास और आलोचना की चार पुस्तकें प्रकाशित हैं। बांग्लाभाषियों में फ्रेंच साहित्य को लोकप्रिय बनाने में उनके अवदान को अलग से रेखांकित किया जाता है। फ्रेंच की अनेक पुस्तकों का उन्होंने बांग्ला में अनुवाद किया है। दो नवंबर 1909 को जेसोर (अब बांग्लादेश में) में जन्मे अरुण मित्र की फ्रेंच साहित्य में दिलचस्पी छात्र जीवन से ही थी। यह दिलचस्पी तब भी बनी रही, जब कलकत्ता विश्वविद्यालय से स्नातक करने के बाद 1932 में वे आनंद बाजार पत्रिका में उप संपादक हुए। उस दौरान भी वे प्राइवेट छात्र के रूप में फ्रेंच साहित्य का अध्ययन करते रहे। आनंद बाजार पत्रिका में वे ग्यारह वर्ष रहे। फ्रांस सरकार की विशेष छात्रवृत्ति के साथ फ्रेंच साहित्य में पी-एच.डी के लिए 1948 में वे पेरिस गए। वहाँ से लौटने के बाद 1952 में इलाहाबाद विश्वविद्यालय के फ्रेंच विभाग में व्याख्याता के बतौर उनकी नियुक्ति हुई। वहाँ से 1972 में उन्होंने अवकाश ग्रहण किया। तब से कलकत्ता में रहकर स्वतंत्र लेखन कर रहे हैं। इधर हर साल उनकी नई कविता पुस्तक आ रही है। 91 वर्ष की उम्र में भी उनकी सक्रियता एक प्रेरक तथ्य है। साहित्य में उल्लेखनीय योगदान के लिए अरुण मित्र को साहित्य अकादेमी पुरस्कार, फ्रांस का पाल्म अकादेमी पुरस्कार, रवींद्र पुरस्कार, उल्टारथ पुरस्कार समेत अनेक सम्मानों से विभूषित किया गया है।

आप बांग्ला के अत्यंत लोकप्रिय कवि हैं। क्या यह लोकप्रियता रचनात्मक संतुष्टि भी देती है?

यदि संतुष्ट होता तो लिखना बंद कर चुका होता। इसलिए संतुष्ट नहीं, प्रसन्न

हूँ थोड़ा। भीतर संतुष्टि नहीं है इसीलिए इस उम्र में भी कुछ दूसरी तरह, कुछ नया लिखना और देखना चाहता हूँ। नई राह खोजता हूँ। मैं हमेशा लिखने में नयापन लाने की कोशिश करता हूँ। तीन महीने पहले की रचना से आज लिखी गई रचना में भी अंतर मिल सकता है आपको। कुछ अन्य तरह की कविता में दूसरी तरह के शब्द प्रयोग, नई अभिव्यक्ति, नई कल्पना हो, यह मेरी कोशिश रहती है। साथ ही समय और उसके दबाव पर भी नजर रखता हूँ।

इन दिनों क्या लिख रहे हैं?

इन दिनों मुख्यतः कविताएँ लिख रहा हूँ। अभी-अभी एक कविता लिखी है। इस कविता की एक पंक्ति है—काउके आमि दुख दिते पारी ना/आमार कष्ट होय (किसी को मैं दुख नहीं दे सकता, मुझे कष्ट होता है)। इसी कविता में मैंने एक जगह जो कहा है उसे हिंदी में बताता हूँ—मैं स्वर्ग चाहता हूँ पर किसी को नरक हो, यह नहीं चाहता।

महान कविता की क्या विशेषताएँ होनी चाहिए?

जो हृदय को स्पर्श मात्र न करे, भीतर उथल-पुथल भी मचा दे। मन को मुक्त कर दे। कुछ ऊपर उठा दे। जो मनुष्य को मुक्ति का मार्ग दिखाए। कविता हमेशा हर तरह के मनुष्य की पीड़ा, उसके दुख का खात्मा चाहती है। जो मनुष्य के अस्तित्व व यथार्थ की उपेक्षा करता है, वह बड़ा कवि नहीं हो सकता। दूसरी कलाओं की तरह कविता का भी महत्त्व बहुत कम होता है, जब वह मनुष्य, उसके जीवन, उसके दुख-सुख और उसकी मनःस्थितियों से नहीं जुड़ी होती। सिर्फ जादुई भाषा और शिल्प से कविता महान नहीं होती। मेरी मान्यता है कि कविता हृदय से जन्म लेती है, मस्तिष्क से नहीं। कविता हृदय की भाषा है। मस्तिष्क की एक भूमिका है, पर बाद में। जो शब्द कविता में आते हैं, अनुभूतियाँ स्वयं उनका चयन करती हैं और काव्य तत्त्व निर्मित करती हैं।

देश-विदेश के किन कवि-लेखकों ने आपको अधिक प्रभावित किया?

फ्रेंच और अंग्रेजी के कई कवि-लेखक मुझे प्रिय हैं और उन पर मैंने काफी कुछ लिखा है। फ्रेंच के अनेक कवि-लेखक मुझे इसलिए प्रिय रहे हैं कि फ्रेंच साहित्य, चाहे कविता हो, नाटक हो या निबंध, वह आम लोगों के बहुत करीब है। अंग्रेजी में यह गुण उतना नहीं है। अपनी भाषा के कवि-लेखकों में चंडीदास से लेकर रवींद्रनाथ तक प्रिय हैं। रवींद्रनाथ हमेशा मुझे आकर्षित करते। वे महानतम जीनियस लेखक थे पर वे हमेशा अपील नहीं करते। उनके शब्द और उनके यथार्थ से आज के शब्द, यथार्थ और समय में भिन्नता मैं महसूस करता हूँ। हिंदी में निराला, पंत, धर्मवीर भारती, बच्चन को मैंने पढ़ा है। बच्चन की 'मधुशाला' में जो म्यूजिक है, उससे मुग्ध हुआ हूँ।

बांग्ला के नए लेखकों के बारे में आपकी क्या धारणा है?

नई पीढ़ी के बांग्ला साहित्यिकों पर मेरा एक अभियोग है। नई पीढ़ी की रचनाओं में ज्यादातर में नई राह पर चलने, नए ढंग से अपनी बात कहने की चेष्टा कम, शब्द चातुरी ज्यादा है। यह मुझे नापसंद है। सेरेब्रल पोएट्री मुझे अच्छी नहीं लगती। आत्मप्रचार के बहुत उपाय हैं, उनके जरिए अग्रसर होना ठीक नहीं। इस तरह 'फाल्स इमेज' तैयार की जाती है। नई पीढ़ी में कुछ लोग वास्तव में अच्छा लिख रहे हैं, उनमें एक उदाहरण मैं दे सकता हूँ संतोष सिंह का। वे कलकत्ता से बहुत दूर कूचबिहार में रहते हैं। उनकी कविताएँ पढ़कर मैं अवाक् हुआ हूँ। उनकी कविताओं में प्रकृति, परिवेश, समय, पशु पक्षी सब एकात्म हो गए हैं। अद्भुत अभिव्यक्ति है। वे असाधारण कवि हैं। पर कलकत्ता के बाहर हैं इसलिए चर्चा में नहीं हैं।

राष्ट्रभाषा के रूप में हिंदी की महत्ता को सबसे पहले बंगाल के मनीषियों ने पहचाना था, और उसे उसकी जगह देने का आग्रह किया था। परवर्ती काल में उसी बंगाल से हिंदी विरोधी आवाज क्यों उठने लगी?

हिंदी कई प्रदेशों में बोली जाती है, इसलिए संपर्क भाषा तो वह हो सकती है, लेकिन जब उसे राजभाषा कहा जाता है तो अन्य भाषाभाषी उसमें साम्राज्यवाद की गंध पाते हैं; इसीलिए बंगाल में भी उसके विरुद्ध आवाज उठ जाती है जब-तब। भारत अनेक भाषाओं, संस्कृतियों और परंपराओं से समन्वित एक देश है, इसलिए एक भाषा को विशेष अधिकार दिए जाने पर दूसरी भाषाएँ आहत होती हैं। और ऐसी ही स्थिति में विरोध होता है। किसी अंचल की कोई भाषा कमजोर नहीं है तो उसकी उपेक्षा कर किसी एक भाषा को महत्त्व दिया जाना उचित है क्या?

हिंदी का विरोध और अंग्रेजी के प्रति मोह–इसे आप किस तरह देखते हैं?

देखिए मातृभाषाओं का ज्यादा व्यवहार हो तो भारतीयता बची रहती है। हिंदी से बांग्ला की काफी नजदीकी है। यह नजदीकी हम अनुभव भी करते हैं। मैं हिंदी जानता हूँ। धड़ल्ले से पढ़ता हूँ। बोलने में लिंग की गलतियाँ जरूर होती हैं, पर भारत की दूसरी भाषाएँ तेलुगु, तमिल, कन्नड़, मलयालम आदि नहीं जानता। भारतीय भाषाओं से ज्यादा फ्रेंच, अंग्रेजी जानता हूँ। यह स्थिति मुझे खुद खराब लगती है, लेकिन इस उम्र में तो अपने को करेक्ट नहीं कर सकता। लेकिन एक दूसरा पक्ष भी है। अंग्रेजी जानने से व्यावहारिक सुविधा होती है। और इसीलिए वह संपर्क भाषा है। विधि कानून से लेकर हर राज्य में अंग्रेजी का वर्चस्व है। इस सच्चाई को तो मानना ही पड़ेगा।

इलाहाबाद में आपका लंबे समय तक रहना हुआ, वहाँ से जुड़ी स्मृतियों के बारे में कुछ बताएँ?

इलाहाबाद में रहते हुए वहाँ के लोगों का जो प्यार मिला, वह मेरे लिए अमूल्य

है। मैं भी वहाँ के प्रवासी बंगालियों के साथ ही घुलने-मिलने को एक मात्र काम नहीं समझता था और इलाहाबादियों के निकट संपर्क में रहता था। पंत जी, जोशी जी से मेरा निजी संबंध था। बच्चन के घर से पारिवारिक रिश्ता था। तेजी बच्चन तो मेरी छात्रा ही थीं। अमृत राय, बच्चन अक्सर आते थे। बराबर साइकिल चलाता था—मेरे स्वस्थ होने का वही राज था। साइक्लिंग से रक्त संचालन दुरुस्त रहता था। जो मेरे छात्र थे, उनसे मेरा मैत्री संबंध होता था। कई शोध छात्र मुझे हॉस्टल ले जाते थे, खिलाते-पिलाते थे, पर क्लास में मैं बेहद सख्त था। कोई गड़बड़ी होने पर छात्र को क्लास से निकाल देता था। मेरे क्लास में प्रवेश करते ही छात्र घड़ी मिलाते थे—इतना मैं समय का पाबंद था; पर क्लास से बाहर निकलते ही मेरे मन को कविता खोजने लगती थी। 1972 में जब बीस साल के अध्यापन के बाद मैं रिटायर हुआ तो विदाई समारोह में मुझसे मेरे सहकर्मी अध्यापकों ने मेरी कई कविताएँ सुनीं। 'और पढ़ें और पढ़ें' की फरमाइश होती रही। मेरा असली परिचय वही था। इसके कारण मुझे अतिरिक्त सम्मान भी मिलता था। जूनियर टीचर मेरे सम्मान में उठ जाते थे। इलाहाबाद के उन दिनों के क्या कहने!

इलाहाबाद की स्मृतियों का उपयोग आपने अपने लेखन में भी किया?

इलाहाबाद में हमारी एक नौकरानी थी मालती। उसे हम प्यारिया कहकर बुलाते थे। उसका पति रिक्शा चलाता था। उसे हम जो खाना देते, वह अपने बच्चों-पति को दे देती। इस तरह वह कमजोर होने लगी और अंततः बीमार पड़ गई। वह दस वर्ष हमारे यहाँ रही। बीमार पड़ने पर मैं उसे देखने गया और उस पर कविता लिखी—'तुम तो छुट्टी चाहती हो/सारी जिंदगी काम किया/कुछ और इंतजार करो/तुम्हें छुट्टी मिलेगी/तुम्हारी अस्थि राख आकाश में उड़ेगी/तुम परी हो जाओगी।'... स्मृतियाँ तत्काल मेरे लेखन में नहीं आतीं। दस साल पहले की स्मृति पर आज लिख सकता हूँ या फिर दिन में जो देखा, रात को लिखा।

इलाहाबाद और कलकत्ता में तुलना करने पर दोनों में क्या अंतर लगता है?

इलाहाबाद से तुलना नहीं की जा सकती। वहाँ की प्रकृति खुली है। साफ-सुथरी हवा है। लेकिन इलाहाबाद में रहते हुए भी कलकत्ता से मेरा संपर्क टूटा नहीं। गर्मी की छुट्टियों में यहाँ आ जाता था। नक्सल आंदोलन जब उफान पर था तो इलाहाबाद के मित्रों ने कहा, मत जाओ, कलकत्ता में मार-काट मची है। मैंने उन्हें जवाब दिया था—मेरे कलकत्ता में यह सब नहीं होता। और मैं यहाँ आया था। और अब तो यहाँ की हवा और माटी में ही जी रहा हूँ। इस शहर से प्रेम स्वाभाविक है।

('जनसत्ता' : दिल्ली, 18 जून 2000)

मृत्यु नहीं, बुढ़ापा डराता है

बांग्ला लेखक अन्नदाशंकर राय से बातचीत

अन्नदाशंकर राय बांग्ला के वरिष्ठतम कवि, कथाकार व निबंधकार हैं। 15 मार्च 1904 को ढेंकानल (ओडीशा) के एक प्रवासी बंगाली परिवार में जन्मे अन्नदाशंकर आरंभ से ही मेधावी छात्र रहे। उच्च शिक्षा के दौरान ही साहित्य के प्रति उनका विशेष लगाव हो गया। 1927 में आईसीएस की परीक्षा पास कर वे अविभक्त बंगाल के कई जिलों में जिला मजिस्ट्रेट रहे। फिर अचानक सरकारी सेवा से इस्तीफा देकर अन्नदा बाबू ने शांतिनिकेतन में अध्यापन शुरू कर दिया। वहाँ से अवकाश ग्रहण करने के बाद लंबे समय से कलकत्ता में रहकर वे स्वतंत्र लेखन कर रहे हैं। उनके साहित्यिक खाते में 20 कविता संग्रह, 11 कहानी संग्रह, 22 उपन्यास, 53 निबंध संग्रह और यात्रा वृत्तांत की पाँच पुस्तकें दर्ज हैं। उनकी पुस्तकें 'पथे प्रवासे' (यात्रा वृत्तांत), 'सत्यासत्य' (उपन्यास—छह खंडों में) और 'क्रांतिदर्शी' (उपन्यास—चार खंडों में) समकालीन बांग्ला की मानक कृतियाँ मानी जाती हैं। बांग्ला में अन्नदाशंकर राय रचनावली (14 खंडों में) और निबंध संग्रह (8 खंडों में) भी पर्याप्त समादृत हैं। उनकी कृतियों का अनेक भाषाओं में अनुवाद हुआ है। पश्चिम बंगाल ही नहीं, बांग्लादेश में भी राय के सृजन पर कई शोध प्रबंध प्रकाशित-चर्चित हुए हैं। साहित्य अकादेमी पुरस्कार, आनंद पुरस्कार, विद्यासागर पुरस्कार; पद्मभूषण (1987), समेत कई सम्मान पा चुके श्री राय को दो साल पहले 1998 में साहित्य अकादेमी ने अपने सर्वोच्च सम्मान 'फेलोशिप' (विशिष्ट सदस्य पद) से सम्मानित किया। बांग्लादेश के जन कल्याण ट्रस्ट का एक लाख टका का पुरस्कार पाने वाले वे पहले भारतीय लेखक हैं। अभी हाल में 96 वर्षीय श्री राय को पश्चिम बंग सरकार ने रवींद्र पुरस्कार से सम्मानित किया।

आपको रवींद्र पुरस्कार काफी देर से दिया गया, बुरा नहीं लगा?

मैं तो भूल गया था कि मुझे रवींद्र पुरस्कार दिया जाएगा। तीस साल पहले ही मुझे यह पुरस्कार दिए जाने की बात उठी थी पर तब मुझे इस पुरस्कार की चयन समिति का अध्यक्ष बना दिया गया। मैंने बहुत लेखकों को यह पुरस्कार दिया। मैं अस्सी वर्षों से निरंतर लिख रहा हूँ। मुझसे जिन्होंने अपेक्षाकृत कम काम किया है, उन्हें भी यह पुरस्कार पहले ही दिया जा चुका है। पर पुरस्कारों को लेकर मेरे मन में कोई क्षोभ नहीं है। बहुत पुरस्कार पाए। एक ही अनुरोध करूँगा सरकारों और निजी संस्थाओं से कि मुझे अब और कोई पुरस्कार न दें—मुझे पुस्तकें लिखने का समय दें। मेरे जैसे लेखक पुरस्कारों की उम्मीद में नहीं लिखते। हमारे लिए साहित्य कर्म एक मिशन है। हमारे कमिटमेंट हैं। इस उम्र में रवींद्र पुरस्कार इसलिए स्वीकार भी किया कि पुरस्कार की राशि को किसी काम में लगाया जा सके। मैंने पूरी राशि पश्चिम बंग बांग्ला अकादेमी को दान कर दी। अकादेमी इस राशि से मेरी दिवंगत पत्नी लीला राय की स्मृति में प्रति वर्ष किसी लेखिका को पुरस्कार देगी। लीला राय की स्मृति में व्याख्यानमाला का भी आयोजन करेगी। मेरे मन में लीला राय की कृतियाँ छपवाने की भी साध है। हाँ, पुरस्कारों के बारे में मैं एक बात जरूर कहना चाहूँगा—पुरस्कारों ने आर्थिक संकट के दिनों में काफी मदद पहुँचाई है।

इतने वृद्ध हो गए हैं आप, मृत्यु की बात सोचते हैं?

कई बार सोचा है। पहले सोचा था कि 35 वर्ष से ज्यादा नहीं पहुँचूँगा। 35 वर्ष की उम्र में माँ मरी थीं, सोचा था, उतनी ही उम्र में मैं भी शायद चल बसूँ। फिर सोचा कि शायद पिता की तरह 61 वर्ष की उम्र में मैं चल बसूँ पर उसके बाद भी बचा। फिर सोचा शायद 75 वर्ष तक, पर उसके बाद भी जीवन बचा रहा। फिर सोचा रवींद्रनाथ की तरह अस्सी की उम्र में जीवन लीला खत्म हो पर नहीं हुई। अब 96 वर्ष पार करने के बाद लगता है कि ईश्वर मेरे साथ है।

मृत्यु से भय नहीं लगता?

निश्चित ही लगता है। मृत्यु तो आएगी ही। पर मन में विश्वास है कि मरने के बाद भी साहित्य में मैं जिंदा रहूँगा। अस्सी वर्ष मैंने साहित्य साधना की है। मैंने एक बार घोषणा की थी कि मैं बूढ़ा नहीं होऊँगा। वृद्धावस्था से मुझे भय लगता है। मैं चाहता था कि यौवन के साथ चले जीवन, पर यौवन तो कब का पार हो गया।

अकेलेपन का भय लगता है?

कभी अकेला नहीं रहा। पश्चिम बंग बांग्ला अकादेमी का अध्यक्ष हूँ। कई दूसरी संस्थाओं से भी जुड़ा हूँ। संस्थादालों और बंधु-बांधवों से हमेशा घिरा रहता हूँ। निस्संगता मेरे जीवन में कभी नहीं रही। पूरा यूरोप घूमा हूँ। देश-विदेश में पर्याप्त

भ्रमण किया। जहाँ भी गया, लोगों का प्यार मिला—यात्रा में भी अकेला नहीं रहा।

खालीपन का अहसास कभी-कभार होता है?

मैं हर समय ही कुछ न कुछ लिख रहा हूँ। इसलिए किसी तरह के खालीपन या शून्य का अहसास नहीं है। मित्रों से यदि न घिरा रहूँ या सभा-सम्मेलनों में न जाना रहे तो अमूमन लिखता रहता हूँ।

इन दिनों क्या लिख रहे हैं?

'पुनर्नवा पुनर्नवा' नाम से किताब लिख रहा हूँ—निबंधों की। इसमें भारतीय सभ्यता के नए दौर से संबंधित निबंध होंगे। चालीस वर्षों से इस विषय पर सोचता रहा हूँ।

'पुनर्नवा' नाम से ही आचार्य हजारीप्रसाद द्विवेदी का प्रसिद्ध उपन्यास है।

अच्छा! हजारीप्रसाद जी तो हिंदी के बड़े लेखक थे। पर वह उपन्यास मैंने पढ़ा नहीं है। पुनर्नवा नाम की एक नदी है उत्तर बंगाल में। वहीं से मैंने नाम लिया। भारतीय सभ्यता के यौवन पर मेरा जोर है पुस्तक में। अभी मैं उपन्यास नहीं लिख पा रहा हूँ। आगे भी अब कोई उपन्यास नहीं लिखूँगा। 'पुनर्नवा पुनर्नवा' के बाद एक और निबंध संग्रह लिखने की इच्छा है कि इस पूरे जीवन में मैंने क्या कुछ सीखा, क्या पाया, जीवन दर्शन क्या है—पूरे जीवन में अर्जित अनुभवों पर लिखूँगा उसमें। कविताएँ भी बीच-बीच में बन जाती हैं।

आपने विपुल संख्या में किताबें लिखी हैं। किस पुस्तक को लिखकर सर्वाधिक संतोष मिला?

यह कहना कठिन है कि संतोष मिला भी या नहीं। मैं पहले अपने को कवि ही मानता हूँ। गद्य भी लिखा है, पर जो चाहता था। वह कहाँ लिख पाया। कोई भी लेखक अपनी कृतियों में अपनी अनुभूतियों, उपलब्धियों और अनुभवों को अभिव्यक्त करता है। कोई लेखक यह नहीं मान सकता कि वह अपने लेखन से संतुष्ट है। अभी भी बहुत कुछ लिखने की इच्छा है पर उतनी शक्ति नहीं। कविताओं में हाथ आजमाता हूँ पर मेरी जो काव्य भाषा है, वह पुरानी है। मेरा लेखन काफी कुछ संपादकों के आग्रहों पर निर्भर रहा है। 'देश' के संपादक मुझसे कहानी देने का आग्रह करते थे पर और कोई संपादक मुझसे कहानी का आग्रह नहीं करता। इसलिए ज्यादातर निबंध ही लिखा। 'सत्यासत्य' उपन्यास लिखने में मुझे बारह वर्ष लगे। छह खंडों में वह छपा। उसके प्रकाशक बंधु ने मुझसे निवेदन किया कि उपन्यास का सातवाँ खंड भी लिखूँ पर मैं नहीं लिख पाया। हाँ, पूरा तो नहीं पर हर कृति को लिखने के बाद कुछ न कुछ आनंद का अनुभव हुआ। 'पथे प्रवासे' (भ्रमण कथा) छपते ही रातोंरात मैं प्रसिद्ध हो

गया। यूरोप में जो कुछ देखा, वही लिखा था। रवींद्रनाथ ठाकुर ने कहा था कि इस पुस्तक का अंग्रेजी में अनुवाद होना चाहिए। वह कृति जब छपी थी तो मेरी उम्र कम थी और आनंद भी हुआ था काफी।

एक लेखक के बतौर आपके संघर्ष किस किस्म के रहे?

जिलाधीश रहते हुए लिखने का मन करता था और समय नहीं मिलता था तो एक संघर्ष की प्रक्रिया मेरे भीतर चलती थी। स्वैच्छिक अवकाश लिया तो लिखने के लिए हाथ में काफी समय आया और उसका उपयोग भी मैंने खूब किया। कई तरह के कष्ट उठाने पड़े, बाधाएँ आईं पर ईश्वर का आशीर्वाद मेरे साथ रहा।

आप तो आस्तिक हैं। धर्म के बारे में आपकी क्या धारणा है?

धर्म तो हर देश में हर काल में रहा है। लेकिन धर्म का मतलब कर्मकांड नहीं है। मैं आस्तिक हूँ पर सेकुलरवाद में मेरी उतनी ही आस्था है। जो पूजा-पाठ करते हैं, स्वतः स्फूर्त करते हैं—उसके लिए उन्हें कोई बाध्य नहीं करता, इसीलिए धर्म कभी खत्म नहीं होगा। लेकिन भारत में धर्म का जिस तरह राजनैतिक इस्तेमाल हो रहा है, वह भारत की परंपरा के विरुद्ध है और उससे धर्म का ही नुकसान होगा। आस्तिक या सच्चा धार्मिक हर धर्म के बारे में उदारमना और सहिष्णु होता है और हर धर्म का वह आदर करता है।

देश-विदेश के कौन-कौन लेखक आपको अधिक प्रभावित करते हैं और क्यों?

टालस्टाय, रवींद्रनाथ, रोम्या रोलां और प्रमथ चौधरी मेरे प्रिय लेखक हैं। प्रिय इसलिए हैं कि उनकी रचनाएँ जीवन दृष्टि देती हैं। गाँधी जी के विचार भी मुझे समान रूप से अपनी ओर बार-बार खींचते हैं।

हिंदी के किन लेखकों की कृतियाँ आपने पढ़ी हैं और किन्होंने आपको प्रभावित किया है?

मैं अरसे तक हिंदी की कई पत्रिकाएँ, जैसे 'हंस', 'सरस्वती' और 'माधुरी' नियमित रूप से पढ़ता था। तुलसीदास, प्रेमचंद, सुमित्रानंदन की कृतियाँ मैंने पढ़ी हैं। प्रेमचंद की रचनाओं ने मुझे काफी प्रभावित किया है। मेरी राय में बांग्ला के लोग यदि हिंदी सीखते और हिंदी के लेखकों को पढ़ते तो समृद्ध ही होते पर अमूमन वे हिंदी के बजाय अंग्रेजी सीखना पसंद करते हैं। यह एक बड़ी विडंबना है।

हिंदी सच्चे अर्थों में देश की संपर्क भाषा बने, इसके लिए क्या कुछ किया जाना चाहिए?

हिंदी की जगह यदि हिंदुस्तानी कहें तो उसका स्थान अंग्रेजों के समय भी था। ब्रिटिश काल में अंग्रेजों को भी हिंदुस्तानी सीखनी पड़ती थी। हिंदुस्तानी की परीक्षा देनी पड़ती थी। मुझे लगता है कि संपर्क भाषा के रूप में हिंदुस्तानी हर जगह स्वीकार्य

होती, हिंदी नहीं। भारत की संपर्क भाषा हिंदी हो, यह तो बिल्कुल आदर्श स्थिति है पर भारत में गैर हिंदीभाषी राज्यों में लोग अस्तित्व के लिए अंग्रेजी पर निर्भर करते हैं। अंग्रेजी पूरे विश्व में संपर्क की भाषा है। भारत में अंग्रेजों के शासनकाल से ही अंग्रेजी चली हुई है। सभी सीख रहे हैं, अंग्रेजी स्वतंत्र भारत में लादी नहीं जानी चाहिए। मेरी राय में हिंदी की जगह हिंदुस्तानी को पूरे देश में फैलाने के समन्वित प्रयास होने चाहिए।

('जनसत्ता' : दिल्ली, 28 मई 2000)

पूर्वोत्तर में दलित चेतना का नया रूप

बांग्ला कवि अनिल सरकार से बातचीत

बांग्ला के विख्यात कवि अनिल सरकार राजनीतिज्ञ भी हैं और उससे भी बढ़कर दलित आंदोलन के सजग योद्धा। बांग्ला के बहुचर्चित कविता संग्रहों—'स्वजनेर मुख', 'शेष पलटन', 'ब्रात् जनेर कविता', 'प्रिजन वैन', 'बाताशेर पाए शब्द', 'अश्वमेधेर घोड़ा', 'हीरा सिंह हरिजन', 'स्वनिर्वाचित कविता', 'शत पुष्प', और 'कविता समग्र', छंदबद्ध कविताओं की पाँच पुस्तकों—'आय रंग देखे जा', 'सर्कस', 'टक भीषन टक', 'हावड़ा एक्सप्रेस' और 'कोलकातार काल साँप', अंग्रेजी की दो कविता किताबों—'क्लाउड्स फ्राम द ईस्ट' और 'वी आर मर्जिंग' के एकांत स्रष्टा अनिल सरकार त्रिपुरा के शिक्षा, सूचना व संस्कृति और पर्यटन मंत्री हैं। त्रिपुरा राज्य का अनुसूचित जाति और अन्य पिछड़ा वर्ग विभाग भी उनके पास है। कवि व मंत्री अनिल सरकार 'पूर्वोत्तर के मार्क्सवादी अंबेडकर' माने जाते हैं।

दलित आंदोलन पूर्वोत्तर में कैसे शुरू हुआ?

दलित साहित्य आंदोलन महाराष्ट्र से शुरू हुआ। परवर्ती काल में यह आंदोलन गुजरात, कर्नाटक, दिल्ली, उत्तर प्रदेश, बिहार और देश के अन्य हिस्सों में फैला। यानी महाराष्ट्र का आंदोलन ही पूरे भारतवर्ष में फैला। पूर्वोत्तर भी अछूता नहीं रहा। पूर्वोत्तर में यह आंदोलन तब शुरू हुआ, जब अंबेडकर की जन्मशतवार्षिकी मनाई जा रही थी। बंगाल और त्रिपुरा के दलित बुद्धिजीवी-लेखक अंबेडकर जन्मशतो में इकट्ठे हुए और नए सिरे से दलित आंदोलन के स्वरूप पर उन्होंने मंथन किया। बंगाल के लोगों ने प्रेरक शक्ति की भूमिका निभाई। खासकर नीतिश विश्वास, जो कोलकाता विश्वविद्यालय में डिप्टी रजिस्ट्रार हैं और जाने माने सामाजिक कार्यकर्ता हैं और दूसरे दलित कवि कपिल कृष्ण ठाकुर ने।

दलित साहित्य अकादेमी की भूमिका भी हमारे दिमाग में थी। जगजीवन राम ने दिल्ली में राष्ट्रीय दलित साहित्य अकादेमी की स्थापना की थी। अकादेमी मूलतः

गाँधीवादी बल्कि कांग्रेसी दलित विंग के रूप में काम करती है। कांग्रेस में जो योग्य दलित बुद्धिजीवी रहे हैं, वे अकादेमी के बैनर तले हर साल दिल्ली के तालकटोरा स्टेडियम में देश के कोने-कोने से हजारों दलितों को इकट्ठा करते रहे हैं। राष्ट्रीय-अंतर्राष्ट्रीय पुरस्कार भी देते रहे हैं और जाहिर है, इन सबका काफी प्रभाव पड़ा है।

बंगाल से पूर्वोत्तर का आंदोलन कैसे जुड़ा?

दलितों में जागरण लाने के अंबेडकर के सपने को जिस तरह रूपायित किया गया, अंबेडकर और बौद्ध धर्म में जिस तरह एक संबंध कायम हुआ था, कोलकाता-अगरतला में भी हमने एक संबंध कायम किया। बुद्धिजीवी-सामाजिक कार्यकर्ता नीतिश विश्वास के साथ लंबे विमर्श के बाद हमने संकल्प किया कि बंगाल और पूर्वोत्तर के प्रदेशों में दलित साहित्य, कला, संस्कृति को अक्षुण्ण रखने, दलितों के विकास में आड़े आ रही बाधाएँ दूर करने के लिए काम करेंगे और दस साल से हम लगातार काम कर रहे हैं।

दलितों के लिए दो शब्दों में आप क्या संबोधन देना चाहेंगे?

दलितों के लिए पूर्वोत्तर ही नहीं, पूरे भारतवर्ष में मेरी राय में दो शब्द हैं—शोषण और अपमान। मार्क्सवाद जिस शोषण की बात करता है, भारत का दलित उसी प्रकृत अर्थ में प्रताड़ित है जिसे अंबेडकर 'डिप्रेज्ड' क्लास कहते हैं। भारत के दलित पूँजीपतियों द्वारा शोषित हैं और सवर्णों बल्कि ब्राह्मणों द्वारा विभाजित व शासित हैं। यह शोषण व शासन वर्णगत है। वर्ण के भीतर दो भाग होते हैं। एक जाति और दूसरा—क्लास (श्रेणी)। क्लास और कास्ट मिलकर वर्ण बनाते हैं। ब्राह्मण कास्ट है किंतु पुरोहित क्लास। कास्ट एक सामाजिक पहलू है जबकि क्लास आर्थिक पहलू है। भारतवर्ष में पहले की तरह आज भी दलितों का शोषण जारी है। भारत के दलित आज सामाजिक अन्याय के सबसे बड़े भुक्तभोगी हैं। वे श्रेणी द्वारा अनवरत शोषित हैं। चिरकाल से ही यह शोषण जारी है। जाति के कारण वे अपमानित होते हैं। वे दरिद्रता व गरीबी के शिकार हैं। मार्क्स ने जिन्हें सर्वहारा कहा है, वे ही भारत में दलित हैं। अपमान दंश झेलते दलितों की यंत्रणा भारत के सवर्ण राजनीतिज्ञ, बुद्धिजीवी, तथाकथित हिंदू समाजविज्ञानी, समाज सुधारक व सामाजिक कार्यकर्ता नहीं समझ सकते। क्योंकि वे हिंदू हिरारकी के अंग हैं। असल में वे भारत में सही संदर्भ में जाति के मामले की व्याख्या करने में अक्षम हैं। ऐतिहासिक पृष्ठभूमि में इस मामले पर गौर करने की योग्यता उनमें नही है। वे बुर्जुआ हैं। वे अपनी जाति और अपने क्लास का हित देखने वाले हैं और इसीलिए मामले से आँख चुराते हैं या सही तथ्यों को दबाते हैं। उनके सांस्कृतिक क्रियाकलाप तक इसीलिए आधे-अधूरे होते हैं।

भारत में दलितों की पहचान किस रूप में होनी चाहिए?

भारत में दलितों की शिनाख्त कई रूपों में हो सकती है। एक, जिसमें दलित लोग दलन के प्रतिवाद में विद्रोहरत, संग्रामरत हैं—कहीं-कहीं विजय भी उन्हें मिल रही है और दूसरे, अनार्य भूमिपुत्र जो दलित के रूप में चिन्हित हैं। इसके अलावा प्राचीन इतिहास में जिन्हें आदिवासी कृष्णांग कहा गया है—आर्य शासकों ने जिन्हें बाहर का यानी बहिष्कृत भारतीय कहा है—वे भी आज के भारत के दलित हैं। प्राचीन भारत में जो श्रम विभाजन किया गया था—उसमें ब्राह्मण, क्षत्रिय और वैश्य मस्तिष्क से श्रम करते थे और जो उत्पादन करते थे, उन्हें अस्पृश्य माना जाता था, वे शूद्र ही खेती करते थे। मछली की खेती, घर की साज-सज्जा करते थे।

दलितों का कानूनगत विभाजन सबसे पहले ब्रिटिश शासनकाल में हुआ—ट्राइबल (आदिवासी), सेडुल्ड कास्ट (अनुसूचित जाति), अदर बैकवर्ड क्लास (अन्य पिछड़ा वर्ग), सेडुल्ड ट्राइब (अनुसूचित जनजाति), और रिलिजियस माइनारिटी (धार्मिक अल्पसंख्यक) के खानों में। इन्हें विद्यासागर के समय तक अछूत माना जाता था।

क्या आपकी राय में स्त्री भी दलित है?

भारतीय समाज में मनुवादियों की दृष्टि में स्त्री भी घर की दासी है। यानी वह भी दलित है। परवर्ती काल में महाराष्ट्र में जब पैंथर आंदोलन शुरू हुआ तो दलित आंदोलन पर मार्क्सवादियों और बौद्ध धर्म के समर्थकों की निगाह गई। उत्तर आधुनिक दलित आंदोलन ने दलितों में जागृति लाने और शोषण से उनकी मुक्ति के लिए अनथक प्रयास किए। वह आंदोलन दलितों का, दलितों द्वारा दलितों के लिए चला। जो दलित शोषित-उत्पीड़ित हैं—वे ही बहुसंख्यक हैं। अनुसूचित जाति-जनजाति की आबादी 16 फीसदी है, आदिवासियों की आठ, अन्य पिछड़ा वर्ग की 52 और अल्पसंख्यकों की 10 फीसदी है। यदि दलितों की श्रेणी में स्त्री को भी रखें तो यह प्रतिशत बहुत ज्यादा बढ़ जाएगा क्योंकि हर घर में उनकी जनसंख्या पचास फीसदी है। इस तरह दलितों की संख्या काफी हो जाती है। इसे ध्यान में रखते हुए ही हम पूर्वोत्तर में दलित आंदोलन चला रहे हैं और हम पाते हैं कि आज भी भारत का दलित शोषित व अपमानित है। पूर्वोत्तर में इस आंदोलन को हमने मार्क्सवाद से जोड़कर नया संदर्भ दिया है। दलितों के पुरोधा अंबेडकर यदि धरती हैं तो मार्क्स आकाश हैं। यदि ज़मीन नहीं हो तो आकाश का क्या होगा? इसीलिए पिछले दस वर्षों में अंबेडकर व मार्क्स के विचारों में समन्वय स्थापित कर हमने दलित आंदोलन को बढ़ाया है—पूर्वोत्तर में। अंबेडकर व मार्क्स मिलकर दलित आंदोलन को और दलित साहित्य को भी नई ऊर्जा से भर देते हैं, प्रेरणा का स्रोत बनते हैं। ध्यान दें, दलित साहित्य अंबेडकर व मार्क्स से प्रेरणा ग्रहण करता है जबकि तथाकथित सनातन साहित्य कथित भगवान से। इसलिए आज का दलित साहित्य समाज सुधार, समाज परिवर्तन और सामाजिक

क्रांति का निमित्त बन रहा है, इसी सामाजिक क्रांति से दलितों का उद्धार संभव होगा।

पूर्वोत्तर में दलित आंदोलन की अब तक की यात्रा का आकलन आप कैसे करेंगे?

त्रिपुरा बल्कि पूरे पूर्वोत्तर में दलित आंदोलन को प्रायः दस वर्ष हो रहे हैं। मैं चूंकि त्रिपुरा सरकार में मंत्री था और संयोग से अनुसूचित जाति कल्याण, अन्य पिछड़ा वर्ग व धार्मिक अल्पसंख्यक विभाग मेरे पास था तो मैंने दलित छात्रों के लिए अंबेडकर अवार्ड और मेरिट अवार्ड शुरू कराया। त्रिपुरा में अनुसूचित जाति, अल्पसंख्यक, पिछड़े वर्ग के प्रथम श्रेणी में उत्तीर्ण मैट्रिक के छात्रों को अंबेडकर अवार्ड और बारहवीं के होनहार छात्रों को अंबेडकर मेरिट अवार्ड दिया जाता है। पुरस्कारस्वरूप पाँच से पंद्रह सौ रुपए, अंबेडकर साहित्य, अंबेडकर की जीवनी, अन्य दलित साहित्य—अद्वैतमल बर्मन से लेकर रवींद्र, नजरुल साहित्य भेंट किए जाते हैं। अंबेडकर एक्सेलेंसी अवार्ड भी त्रिपुरा में प्रदान किया जाता है। समाज सेवा के लिए पंद्रह हजार रुपए का अंबेडकर अवार्ड अलग से दिया जाता है। अद्वैतमल बर्मन की स्मृति में दो पुरस्कार देने का भी प्रावधान है। पहला पूर्वोत्तर हेतु तथा दूसरा पूर्वोत्तर के बाहरी व्यक्ति के लिए। त्रिपुरा में हम 14 अप्रैल से अंबेडकर जयंती पखवाड़ा पंद्रह दिन का मनाते हैं। संगोष्ठियाँ की जाती हैं। व्याख्यान दिये जाते हैं। सांस्कृतिक कार्यक्रम होते हैं। क्विज प्रतियोगिताएँ, अंबेडकर फुटबाल व कबड्डी प्रतियोगिताओं का भी आयोजन होता है। पूरे त्रिपुरा को हम पखवाड़ेभर के लिए अंबेडकरमय बना देते हैं। आज राज्य का बच्चा-बच्चा अंबेडकर को जान गया है। त्रिपुरा सरकार के कार्यों के कारण दलितों में आत्म-सम्मान का बोध बढ़ा है। अगरतला की सबसे बड़ी मछली मंडी के निकट रवींद्रनाथ के साथ अंबेडकर की तस्वीर भी आप देख सकते हैं। रवींद्रनाथ को हमने इसलिए शामिल किया क्योंकि भारत के इस महान कवि के पूर्वज मुस्लिम थे। ननिहाल के लोग अनुसूचित जाति के थे। त्रिपुरा की 32 लाख आबादी है। अनुसूचित जाति की संख्या पाँच लाख और आदिवासी दस लाख हैं। इसलिए त्रिपुरा के दलित बड़े फैक्टर हैं। त्रिपुरा में हमने दलित समिति बनाई है। उसके डेढ़ लाख सदस्य हैं। दलित साहित्य अकादेमी भी है जिसके अध्यक्ष गोपाल मणि दास हैं। सांस्कृतिक विंग है जो दलितों के लोक साहित्य से लेकर आधुनिक दलित साहित्य-संस्कृति-कला के संरक्षण में जुटी है। हम पूर्वोत्तर में वर्गहीन और जातिहीन समाज बनाना चाहते हैं।

('वसुधा' : अंक-58)

लिखने के लिए दुनिया पर भरोसे की बहुत जरूरत होती है

कथाकार अलका सरावगी से बातचीत

अलका सरावगी हिंदी की सुपरिचित कथाकार हैं। उनकी औपन्यासिक कृति 'कलिकथा : वाया बाइपास' पर 2001 में साहित्य अकादेमी पुरस्कार मिला था। उनका उपन्यास 'शेष कादंबरी' भी चर्चित रहा। कहानी संग्रहों—'कहानीं की तलाश में' और 'दूसरी कहानी' भी प्रशंसित हुई हैं। डॉ. अलका सरावगी की रचनाओं का देश-विदेश की कई भाषाओं में भी अनुवाद हुआ है।

साहित्य अकादेमी पुरस्कार के बाद आपके भविष्य के लेखन पर क्या असर पड़ेगा?

एक तो मुझे लगता है कि यह बहुत सारे राग-द्वेषों से मुक्त कर सकती है और दूसरी, कहीं दबी हुई कोई गहरी अभीप्सा रही हो, ऐसा कुछ पाने की, तो उससे भी मुक्त होकर सिर्फ लिखने के लिए लिखा जा सकता है। लेकिन (हँस कर) इसका अर्थ यह न लगाया जाए कि अभी तक ऐसा नहीं था।

'कलिकथा : वाया बाइपास' या 'शेष कादंबरी' मारवाड़ी हुए बगैर लिखना क्या संभव था?

कोई गैर मारवाड़ी भी इसे क्यों नहीं लिख सकता था। क्या मैं बंगाली समाज पर नहीं लिख सकती? हाँ, यह सच है कि 'कलिकथा : वाया बाइपास' और 'शेष कादम्बरी' लिखना मेरे लिए खुद अपनी जड़ों को जानने की यात्रा करना था। अपनी जाति के इतिहास से स्वयं अपरिचित थी। दादी से सुना इतिहास स्मृतियों में जरूर था पर रोज जीवन के स्तर पर एहसास नहीं था।

इतिहास और उपन्यास के संबंध के बारे में आप क्या सोचती हैं?

मेरी कहानियों में इतिहास नहीं है। अतीत भी है तो मेरे जीवन का। मेरी सभी

कहानियाँ वर्तमान की कहानियाँ हैं। मेरे उपन्यासों में जो इतिहास है, उसकी शाखाएँ मेरे जीवन को छू लेती हैं। यह शायद उपन्यास विधा की ही शक्ति है कि वह इतिहास को अपना जरूरी हिस्सा बना लेता है और वह इतिहास वर्तमान को समझने के लिए भी अनिवार्य हो उठता है। 'कलिकथा : वाया बाइपास' में किशोर बाबू की लड़की पढ़ना चाहती है। पर वे कहते हैं कि यदि ला कालेज में गई तो घर मत लौटना। यह सिर्फ किशोर बाबू की बात नहीं है, उनके मुँह से पूरी जाति का इतिहास बोल रहा है। सामाजिक अंतःसंबंध और जीवन को समझने के लिए इतिहास खुद-ब-खुद रचना में दाखिल हो जाता है। वैसे आप देखें तो 'कलिकथा : वाया बाइपास' 1997 से शुरू होती है। यानी वर्तमान से। 'शेष कादंबरी' भी वर्तमान से शुरू होती है। मेरे उपन्यासों में इतिहास वर्तमान से निरंतर जुड़ा हुआ है, उसको उसकी शक्ल देता हुआ।

आप अपने शिल्प को लेकर बहुत गंभीर और संघर्षशील हैं। यह शिल्प आपने कैसे साधा?

मेरे लिए शिल्प चेष्टासाध्य वस्तु नहीं है। 'कलिकथा : वाया बाइपास' जब लिख रही थी, तो उसकी रचना-प्रक्रिया में खुद-ब-खुद शिल्प बनता चला गया। पहले से कोई बनी-बनाई प्रणाली या पूर्वग्रह नहीं था। वह मेरे लिए उतनी ही खोज की प्रक्रिया थी, जितनी शायद पाठक के लिए रही होगी।

आपकी रचना की ताकत क्या है?

लिखने के लिए दुनिया पर भरोसे की बहुत जरूरत होती है। मुझे यह भरोसा अपने संयुक्त परिवार के सहज, सरल, सच्चे संबंधों से लगातार मिलता है। मुझे रचना के लिए सबसे अधिक ताकत इसी भरोसे से मिलती है।

आपकी असफलताएँ क्या हैं?

कुछ और ज्यादा जाना जा सकता था। कुछ और अंतर्दृष्टियाँ हो सकती थीं। हर रचना के लिए नई जमीन तैयार करनी पड़ती है। पिछला किया हुआ काम, काम नहीं आता। बाद में बहुत सी ऐसी बातें दिमाग में आती हैं तो लगता है कि वे भी रचना का अंश बन सकती थीं और उसे नया आयाम दे सकती थीं, पर जीवन शायद ऐसा ही है। यानी उसमें शायद हमेशा कुछ शेष रह जाता है। यानी एक अपूर्णता का एहसास तो रहता ही है। रचना स्वयं में एक निर्मिति है इसलिए मुझे जब जब उसकी स्वतःस्फूर्तता पर संदेह होता है तब तब मुझे गहरी अपूर्णता का एहसास होता है। वैसे देखें तो अपूर्णता आगे की यात्रा के लिए प्रेरित करती है। मेरे दोनों उपन्यास पहला ड्राफ्ट हैं। क्या मालूम कि यदि कुछ और ड्राफ्ट बनते तो रचना कुछ और बेहतर बनती।

एक स्त्री होने के नाते या एक लेखिका होने के नाते आपको क्या संघर्ष करने पड़े?

परिवार में, बचपन में शिकायतें जरूर थीं कि ये पढ़ाई-लिखाई क्या काम आएगी? अपनी दोनों बड़ी बहनों को देखती तो लगता—जीवन का ढर्रा तो तय है। शादी के बाद शुरू के साढ़े चार वर्ष तक उस ढर्रे को बदलने का कोई रास्ता नजर नहीं आया। उसके बाद जब पहले दिन बाल कोश में काम किया तो लगा कि मेरी जगह यही है। यूनिवर्सिटी में जब पहली बार कक्षा में गई तो लगा कि यहाँ पहले क्यों नहीं थी?

एक लेखिका के तौर पर शिकायत की गुंजाइश नहीं रही। पहली कहानी के छपने से लेकर साहित्य अकादेमी मिलने तक सब कुछ अपने आप होता गया। इसलिए नहीं कह सकती कि लेखिका होने के नाते संघर्ष करना पड़ा।

अपनी पीढ़ी के युवा लेखन की प्रवृत्ति और सामर्थ्य के बारे में आपकी क्या राय है?

संभावनाएँ हमेशा रही हैं। दिक्कत ये है कि हमने जो समाज बनाया है, उसमें हिंदी की ही प्रतिष्ठा कम है। साहित्य की प्रतिष्ठा कम है। लेकिन इसके बावजूद युवा लेखन में संभावनाएँ काफी हैं।

वह दृष्टि जो एक छोटी-सी जीवन-घटना या स्थिति में खास चीज ढूँढ़ लेती है, फिर उसे कहानी का रूप देती है, वह रचना-दृष्टि आज की कहानी में दुर्लभ नहीं हो गई है?

यदि दुर्लभ हो गई है तो यह रचना दृष्टि का विकास ही है। कहानी घटना का बयान भर नहीं है। जीवन जो स्वयं एक घटना है, उसमें रोजमर्रे की कहानियाँ रोज बनती-मिटती रहती हैं। यदि कहानी में घटना की माँग करें तो एक तरह से कहानी को सनसनीखेज होने, रोमांचक, हिंसा, नफरत यानी एक तरह से किसी आवेग से परिचालित करने की माँग कर रहे हैं। इन सबके बिना कहानी लिखना शायद सबसे मुश्किल कहानी लिखना है।

हिंदी उपन्यास ने अपनी शती यात्रा पूरी की है। क्या पिछली शताब्दी को हिंदी साहित्य के संदर्भ में उपन्यासों की शती कहा जा सकता है?

प्रेमचंद से लेकर, बल्कि उनके पहले से लेकर आज तक की हिंदी उपन्यास की यात्रा को समग्रता से देखें तो पाएँगे कि भारतीय यथार्थ का काफी प्रामाणिक, गहरा और व्यापक चित्रण किया गया है। उसमें पूरे समय की कहानी है। पिछली एक शताब्दी में, हिंदी में उपन्यास मेरी राय में केंद्रीय विधा तो जरूर रहा है।

बाजार की संस्कृति कथा साहित्य के कथ्य और शिल्प को किस प्रकार प्रभावित कर रही है? क्या कहानी की भाषा उससे जूझने में सक्षम है?

भाषा कोई अलग-थलग चीज नहीं है कि आप उसे अलग किसी खांचे में रखकर बात कर सकें। बाजार की संस्कृति भाषा को प्रभावित न करे, यह संभव नहीं है। पर साहित्य में वह सामर्थ्य है कि वह एक नई भाषा का इस्तेमाल एक बदली हुई संस्कृति का चित्रण करने के लिए करता है पर साथ ही अपनी क्षमता से वह बाजार द्वारा इस्तेमाल होने से खुद को बचा लेता है। मैंने गाब्रिएल गार्सिया मार्केज का एक इंटरव्यू पढ़ा था जिसमें उन्होंने बताया था कि उनकी पत्नी फैशन आदि पत्रिकाएँ मँगाती हैं, उन्हें भी वे पढ़ डालते हैं। यानी जीवन जैसा है, उसे समग्र रूप में साहित्य देखता है।

यदि बीस साल पहले मैं पैदा होती तो मेरी भाषा वैसी नहीं होती, जैसी आज है यानी समय के साथ भाषा बदलती है। मेरे ख्याल से सन् साठ के आस-पास पैदा हुई हमारी पीढ़ी की भाषा में अंग्रेजी का प्रभाव भी है। बहुत बार ऐसा होता है कि अंग्रेजी में वाक्य लिखना मुझे हिंदी से ज्यादा सरल लगता है। हिंदी में लिखने पर वह बात कभी गलदाश्रु लगने लगती, कभी कोई बात बचकानी लगने लगती है। लेकिन मेरे लिए यह एक चुनौती है कि मैं ऐसी हिंदी लिख सकूँ जो अंग्रेजी से ज्यादा सामर्थ्यवान हो।

('जनसत्ता सबरंग' : कोलकाता, 13 जनवरी 2002)

संवाद-2

क्या आपको नहीं लगता कि जिस कृति 'कलिकथा : वाया बाइपास' पर अकादेमी पुरस्कार मिला है, वह हमेशा आपकी हर औपन्यासिक कृति के सामने चुनौती बनकर खड़ी रहेगी?

इसका जवाब मैंने कलिकथा के बाद 'शेष कादंबरी' लिखकर दे दिया। मैं जानती थी कि 'शेष कादंबरी' पर तीन ही प्रतिक्रियाएँ होंगी। एक—यह कलिकथा : वाया बाइपास के आस-पास नहीं ठहरती। दूसरी—यह कलिकथा से कम नहीं है। तीसरी—यह कलिकथा के आगे की चीज है। तीनों ही प्रतिक्रियाएँ 'शेष कादंबरी' पर हुईं। डॉ. नामवर सिंह तो 'शेष कादंबरी' को कलिकथा के आगे की चीज मानते हैं। कलिकथा के लिए जो शिकायत थी कि एक लेखिका की कृति होने के बावजूद उसमें स्त्री नहीं है। यह शिकायत शेष कादंबरी से दूर हुई। शेष कादंबरी में देवी दत्त की कथा है—रूबी की साधारण कथा है, दोनों के द्वंद्व हैं।

इन दिनों क्या लिख रही हैं?

तीसरा उपन्यास लिख रही हूँ। उसका नाम अभी नहीं तय किया है पर उसका एक अंश 'अकथ कहानी पुनर्वाचन' शीर्षक से 'इंडिया टुडे' के विशेषांक में छपनेवाला है।

इस उपन्यास की थीम क्या है?

मेरे लिए हर कथा, उपकथा एक खोज होती है। जब तक पूरा न लिख लूँ—थीम कैसे बताऊँ? संभव है जिस आयाम तक उसे उतारना चाहती हूँ, उससे भिन्न बन जाए कथा। कथा का शिल्प स्वयंभू होता है, अंतर्वस्तु भी एक हद तक स्वयंभू होती है।

'कलिकथा : वाया बाइपास' के बाद आपने कोई कहानी क्यों नहीं लिखी?

एक कहानी लिखी थी पर बस वही एक। जो मैं कथा कहना चाहती हूँ, उसके लिए कहानी विधा कम पड़ती है। जिस फैलाव-व्यापकता की जरूरत पड़ती है, वह उपन्यास में मिलता है इसलिए कहानी लिखना मेरे लिए प्रायः बंद है।

इस समय आप किन कथाकारों का स्मरण करना चाहेंगी?

मेरे प्रिय कथाकार बहुत सारे हैं—प्रेमचंद से लेकर कृष्णा सोबती, निर्मल वर्मा, विनोद कुमार शुक्ल और उदय प्रकाश तक।

एक कथाशिल्पी के रूप में आपकी महत्त्वाकांक्षा क्या है?

जीवन जगत को, उसके रहस्य को, विभिन्न जटिल आयामों को कहानी के मार्फत अधिक से अधिक समझना—यही महत्त्वाकांक्षा है।

('जनसत्ता' : कोलकाता, 23 दिसंबर 2001)

साहित्य जड़ है, प्रिंट मीडिया तना है और इलेक्ट्रानिक मीडिया पत्ते और फल हैं

कथाकार कमलेश्वर से बातचीत

सुप्रसिद्ध साहित्यकार कमलेश्वर के खाते में दर्ज हैं—11 कहानी संग्रह, 10 उपन्यास और अन्य 20 पुस्तकें—आलोचना, यात्रावृत्त, आत्मकथात्मक संस्मरण आदि पर। 6 जनवरी, 1932 को मैनपुरी (उत्तर प्रदेश) में जन्मे कमलेश्वर इलाहाबाद विश्वविद्यालय से हिंदी में एम.ए. हैं। वे समान गति से साहित्य रच रहे हैं तो प्रिंट मीडिया, इलेक्ट्रॉनिक मीडिया और फिल्मी पटकथा लेखन में भी उतने ही सक्रिय हैं। उन्होंने नई कहानियाँ, सारिका, गंगा, कथा यात्रा, श्रीवर्षा, दैनिक जागरण और दैनिक भास्कर का संपादन किया। उन्हें भारतीय दूरदर्शन के प्रथम स्क्रिप्ट राइटर होने का गौरव मिला। वे 1980-82 में भारतीय दूरदर्शन के एडिशनल डाइरेक्टर जनरल भी रहे। उनका वाचिक कार्यक्रम परिक्रमा 7 वर्ष हर हफ्ते जारी रहा। अमानुष, सारा आकाश, फिर भी, मिस्टर नटवरलाल, दि बर्निंग ट्रेन, आँधी, पति-पत्नी और वह जैसी 99 फिल्मों के पटकथा लेखक कमलेश्वर दर्पण, आकाश गंगा, रेत पर लिखे नाम, बिखरे पन्ने, विराट, बेताल पचीसी, युग, चंद्रकांता जैसे सफलतम सीरियलों के भी लेखक हैं।

आपने पत्रकारिता और साहित्य दोनों विधाओं को कैसे साधा?

ये दोनों एक समान शब्द की शुचिता की विधाएँ हैं। दोनों में ही शब्दों की जरूरत है और दोनों में शब्दों के अर्थों की जरूरत है। यह बात दीगर है कि एक में तात्कालिक समाचार की भाषा है और दूसरी में रचनात्मक। जो तात्कालिक है, वह साहित्य भी है। इसलिए दोनों विधाओं में समान रूप से काम करने में मुझे कोई मुश्किल पेश नहीं आई। साहित्य में जो मैं नहीं लिख पाता वो मैं पत्रकारिता के माध्यम से व्यक्त कर साधारण सवालों से खुद को जोड़ लेता हूँ।

साहित्यिक पत्रकारिता के मौजूदा स्वरूप पर आपकी टिप्पणी?

'वसुधा' के संपादक कमला प्रसाद पांडेय, 'दस्तावेज' के संपादक विश्वनाथ प्रसाद तिवारी और अभी 'कथादेश' के संपादक हरिनारायण ने प्रश्नों को पुनर्जीवित किया है। उसी पर मेरी उम्मीद टिकी है। साहित्यिक पत्रकारिता में प्रभाकर श्रोत्रिय ने वागर्थ व नया ज्ञानोदय के जरिए अपने समय को पहचानने की सार्थक कोशिश की है। उन्होंने एक बड़े चेतना संपन्न साहित्यिक अभियान की शुरुआत की है। कमल गुप्त की कहानीकार की निरंतरता आज भी मौजूद है हमारे सामने। पंकज बिष्ट ने सरकारी पत्रिका आजकल को अलग पहचान दी। देश निर्मोही की पल-प्रतिपल भी है। अब के जरिए शंकर और अभय ने एक सार्थक काम किया है। विनोद दास भी अंतर्दृष्टि के जरिए बहुत अच्छा काम कर रहे हैं पर साहित्यिक पत्रकारिता की सीमाएँ भी हैं।

हंस का आपने नाम नहीं लिया?

आप इस बात का पता लगा लें—हंसराज कालेज की मासिक पत्रिका थी 'हंस' जिसके अधिकार मेरे अप्रतिम मित्र राजेंद्र यादव ने ले लिए। फिर अमृत राय से कहा कि हंस के अधिकार दे दीजिए। इस दौर में जो सार्थक और रचनात्मक लेखकों का कारवां है, वह प्रेमचंद का शुक्रगुजार है, मोहताज नहीं। राजेंद्र यादव संपादित हंस की साहित्यिक पत्रकारिता से त्वरा गायब इसलिए है क्योंकि लोग बिक गए हैं—पुरस्कारों से और संपादक की मानसिकता की पूर्ति करने के बाजार में।

लेकिन आप त्रिमूर्ति (आप, राजेंद्र यादव और मोहन राकेश) तो एक-दूसरे को ग्लैमराइज करते रहे हैं?

ग्लैमराइज करने की जरूरत थी क्या? वैसे कोई विधवा पतिता हो जाए तो मैं क्या करूँ? त्रिमूर्ति में एक राजेंद्र यादव साहित्य की विधवा हैं। बड़े प्यार से कह रहा हूँ। मेरे मन में कोई गुरेज नहीं है।

जयपुर में आपने धुआँधार तरीके से दैनिक भास्कर निकाला, यह कैसे संभव हुआ?

यह तभी संभव हो पाया, क्योंकि मैं पूरक पत्रकारिता में विश्वास करता हूँ। मेरा स्पष्ट मानना है कि क्षेत्रीय पत्रकारिता का वर्चस्व बढ़ता जाएगा, क्योंकि तथाकथित राष्ट्रीय अखबार वे दायित्व नहीं निभा रहे हैं, जो निभाने चाहिए। क्षेत्रीय अखबार जन-जन से जुड़े हैं। जयपुर में मैंने एक ऐसा नेटवर्क बनाया कि लोगों तक अखबार पहुँचे या लोग अखबार तक आएँ। यह तभी संभव हुआ क्योंकि हम जन-जन से जुड़े। हमने प्रसार पर सर्वाधिक ध्यान दिया। इसके लिए पढ़े-लिखे एजेंटों को ही हमने संवाददाता (स्ट्रिंगर) बनाया। इससे फायदा यह हुआ कि संवाददाता ही घर-घर जा रहा है। हमें खबरें भी मिल रही हैं और प्रसार भी बढ़ रहा है।

आजादी के आंदोलन में जिस तरह पत्रकारिता मिशन थी, आज क्यों नहीं है?

जब आजादी के बाद राजनीति ही मिशन नहीं रह गई तो पत्रकारिता पर उसका असर पड़ना स्वाभाविक था। मिशन में आदर्श की परिकल्पना होती है। भाषाई पत्रकारिता ने ये जिम्मेदारी उन नेताओं को सौंप दी जिन्होंने आजादी की लड़ाई में भाग लिया था। देश निर्माण की जिम्मेदारी राजनीति को पत्रकारिता ने खुद सौंपी। पर जब राजनीति पतन की ओर चली तो पत्रकारिता फिर खड़ी हुई। आज पत्रकारिता और न्यायपालिका में ही तो हलचल है। वैसे मिशन न रहने का एक कारण यह भी है कि औद्योगिक घरानों से अखबारों की नाभि जुड़ गई। इससे गड़बड़ हुई पर 'जनसत्ता', 'नई दुनिया' के वे पत्रकार भी रहे हैं, जिन्होंने कभी कोई समझौता नहीं किया।

मिशन नहीं रहने पर भी क्या पत्रकारिता जनहित और स्थापित मूल्यों की रक्षा में कोई भूमिका निभा सकती है?

पूरा अखबार तो ऐसा नहीं होता, जिनकी जनहित में भूमिका हो पर हर अखबार में कुछ अंश या संदर्भ जरूर होते हैं जो जनहित की तरफ ध्यान उन्मुख करते हैं।

मूल्यों की राजनीति के बजाय मूल्यों की पत्रकारिता के लिए क्या कुछ किया जा सकता है? आपके पास कोई सपना है?

मूल्यों की राजनीति के बजाय पत्रकारों को चाहिए कि अपनी सुविधाओं के लिए मुखापेक्षी नहीं हों। क्योंकि पत्रकार सत्ता प्रतिष्ठान से जब-जब सुविधाएँ अर्जित करेंगे, उनके शब्द मूर्च्छित हो जाएँगे। पर जब पाठकों की भागीदारी से अपने शब्दों की गरिमा को बनाए रखेंगे तब नया सहयोगी पाठक वर्ग तैयार होता जाएगा और वह पाठक वर्ग आपको मूल्यों की पत्रकारिता के लिए लगातार प्रेरित करता रहेगा और पत्रकार अपने को उसके प्रति प्रतिबद्ध मानेंगे।

विविध भाषा-संस्कृतियों वाले अपने देश में आजादी के बाद साहित्य व संस्कृति का विकास तो हुआ पर उससे आजादी के बाद जन्मे लोगों का जुड़ाव क्यों नहीं है?

जुड़ाव इसलिए नहीं है कि तब तक जीवन मूल्य बदलने लगे थे। महास्वप्न जो देखा था वो खंडित होने लगा था। सन् 64 में नेहरू जी के मरने के बाद तो सब बिखर गया। नेहरू की सोच और नीतियों पर प्रश्नचिह्न लगने लगे और यहीं से धर्मांध शक्तियाँ पनपने लगीं। उन्हें मौका मिला। सन् 75 में आपात्काल के बाद धर्मांधतावादी शक्ति राष्ट्रीय शक्ति के रूप में उभरने लगी।

टीवी पर अभी आपका लिखा 'बेताल पचीसी' आ रहा है। क्या छोटे परदे पर साहित्य की इसी तरह की सतही इमेज जानी चाहिए?

इसे साहित्य से जोड़ते क्यों हैं? हर चीज को साहित्य और संस्कृति से क्यों जोड़ते

हैं? कोई लोक संस्कृति है कि नहीं? सपने की संस्कृति है कि नहीं? सपने की सर्जना करते हैं तो तकलीफ क्यों? टीवी फिल्मों की अपनी भाषा है। वह अलग विधा है। वैसे टीवी फिल्में मैं इसलिए लिखता हूँ कि स्वाभिमान से जीवित रह सकूँ। सरकारी पैसा बटोरता नहीं। पुरस्कार लेता नहीं। कुत्ते की तरह मरना नहीं चाहता। कम से कम अपने जीवन की कुछ तो सुरक्षा कर लूँ। बाकी साहित्य बाकी लोग देख रहे हैं।

फिल्में लिखने के 12 वर्ष बाद साहित्य में लौटा था तो हंगामा खड़ा हो गया कि क्यों आ गए साहित्य में। साहित्य के दरवाजे तो बंद नहीं होते। जिन 12 वर्षों में मैं साहित्य में नहीं था तो अन्य लोगों ने उस दौरान क्या लिखा?

आप यथार्थवाद और काल्पनिक यथार्थवाद का जो घालमेल करते हैं, उसे कैसे वाजिब ठहराएँगे?

ये घालमेल नहीं। जिस समय ठोस यथार्थवाद रचनाओं को जड़ बनाने लगे तो यथार्थ को भी तोड़ना पड़ता है। नियो रियलिज्म और फैंटेसी मिल के बात क्या कहती है? सवाल तो कथ्य का है। पैंट के ऊपर कुर्ता क्यों पहन लिया? लेखकों को इतनी स्वाधीनता तो दीजिए कि वह अपने प्रयोगों के साथ जीवित रह सकें।

प्रिंट मीडिया, इलेक्ट्रॉनिक मीडिया और साहित्य में कोई सामंजस्य बैठ सकता है?

देखिए साहित्य जड़ है। प्रिंट मीडिया उस वृक्ष का तना है और इलेक्ट्रॉनिक मीडिया उसके पत्ते और फल हैं। ये संबंध तो निरंतर है। इस संबंध को तोड़ा नहीं जा सकता। साहित्य की जड़ों के बगैर और पत्रकारिता के तनों के बगैर कोई पत्ता जीवित नहीं रह सकता। यह एक अंतःसंबंध है, क्योंकि हम सब शब्दों की दुनिया के शिल्पी हैं। अभी भी हैं। संबंध अगर नहीं है तो इलेक्ट्रॉनिक मीडिया जीवित नहीं रह पाएगी। बहुत कम अंतःसंबंध है। कारण है कि भारत जैसे विराट देश में जो लोक संस्कृतियाँ, क्षेत्रीय संस्कृतियाँ हैं, उनके साथ पत्रकारिता ने तो संबंध स्थापित किया पर इलेक्ट्रॉनिक मीडिया इतना नहीं कर पाया। यदि नहीं करेगा तो उसे हानि होगी।

आज पत्रकारिता में कितना साहित्य रह गया है?

साहित्य की पूरी शब्दावली, अर्थ का इस्तेमाल पत्रकारिता ने किया। फिर पत्रकारिता ने अपनी सार्थक भाषा का अन्वेषण किया। संबंध तो लगातार है, लेकिन जो बदलता हुआ परिदृश्य है, उसमें दिक्कत ये है कि पत्रकारिता औद्योगिक संस्थानों में चली गई। इसीलिए हुआ ये है कि वो संस्थाबद्ध औद्योगिक संस्थान अपनी आर्थिक लड़ाइयों की भूमिका तैयार करने के लिए पत्रकारिता का इस्तेमाल कर रहे हैं। जैसे आपको एक घटिया उदाहरण दे सकता हूँ। गाजियाबाद का एक साप्ताहिक पत्र 5 वर्षों से निकल रहा है। नाम है 'नई सदी प्वाइंट'। वह इसीलिए निकलता है क्योंकि उसके मालिक ठेकेदार हैं। गाजियाबाद प्राधिकरण की इमारतें वे बनाते हैं। पेमेंट

समय पर हो, इसलिए अखबार निकालते हैं छह पन्ने का। तो पत्रकारिता का इस्तेमाल व्यावसायिक हितों के लिए होना एक खतरनाक स्थिति है।

तिस पर भी आपने कहा कि भविष्य क्षेत्रीय अखबारों का है?

छोटे क्षेत्रीय पत्र अगर पाँच-दस-बीस हैं और आपस में मिल जाएँ—स्रोतों को जोड़ लें तो 2-3 सार्थक पत्र निकल सकते हैं। पत्रकारिता की सहकारिता से वही दौर लौट के आएगा जो मिशन का दौर था। सहकारिता से पीली पत्रकारिता को भी रोका जा सकेगा।

पत्रकारिता में वर्तनी की अराजकता पर क्या कहेंगे?

एक समान वर्तनी में देर लगेगी। खबरों के लिए हम कम से कम हजारों पत्रकारों पर निर्भर रहते हैं। समाचार संपादन और सम्प्रेषण योग्य बनने के लिए काफी वक्त नहीं होता। भास्कर में एक तरीका लागू किया कि डेस्क पर वर्तनी के जानकार लोग अलग-अलग समय रोटेशन पर ड्यूटी पर आते रहेंगे। हर डिस्पैच को अंतिम रूप वे ही दें। यह व्यवस्था इसलिए ताकि हिंदी पत्रकारिता में स्तरीयता का एक प्रतिमान स्थापित हो।

और उपहार संस्कृति की समस्या?

जिस रोज मुलायम सिंह यादव द्वारा पत्रकारों को बाँटी गई खैरात की खबर आई, गर्मी का महीना था। पसीने से तरबतर था मैं। मुलायम ने लाखों-लाख रुपए लेखकों-पत्रकारों को दिए। ये खबर पढ़ी तो पत्नी गायत्री से मैंने कहा था—मैंने तो अपने पसीने से नहा लिया बाकी लोग पैसे में नहा रहे हैं। इस संस्कृति से एक चाटुकारिता की संस्कृति जन्म लेती है। मुलायम की हो या किसी और की।

जनवादी कथा आंदोलन के समांतर आपने समानांतर कथा आंदोलन की अगुवाई की थी। यदि उसकी अलग आइडेंटिटी थी तो वह कहाँ गई?

वह आइडेंटिटी है। समानांतर कथा आंदोलन में आम आदमी साहित्य में लौटकर आया। उस समय रिरियाये कुत्ते, पूँछ दबाए कुत्ते, काकरोच उल्टे पड़े थे। नीले अँधेरों में बैठकर आत्म कुंठा की अनर्गल बातें की जा रही थीं। ये जो सैलाब आया था—उस दौर में समानांतर कथा आंदोलन ने आम आदमी को साहित्य में स्थापित किया। वह केवल हिंदी का आंदोलन नहीं था। उसमें असगर अली इंजीनियर समेत महाराष्ट्र के पूरे लेखक शामिल थे। मराठी के तमाम दलित लेखक थे। समानांतर कथा आंदोलन में अंबेडकर की सम्यक क्रांति की परिकल्पना थी। जेपी की संपूर्ण क्रांति की नहीं। जेपी ने तो जनसंघ-सांप्रदायिक शक्तियों को वर्चस्व सौंप दिया। समानांतर कथा आंदोलन ने जब सैयेदना के खिलाफ सुधारवादी बोहराओं का आंदोलन शुरू किया था, तब उस समय दो बोलने वाले, तीन सुनने वाले और 25 पुलिस वाले होते थे जो

निगरानी रखते थे। दलित साहित्य को किसने मंजूर किया था? कुलीन मराठी साहित्य सम्मेलन वाले उसे मंजूर नहीं करते थे। दलित लेखकों को हॉल में घुसने नहीं देते थे। हमारा आंदोलन निरंतर धार्मिक मुक्ति का संग्राम था। औरंगाबाद में दलित साहित्य सम्मेलन की मैंने अध्यक्षता की थी। सन् पचहत्तर की बात है ये। शिव सेना ने मुझे मार डालने की धमकी दी थी। और तो और, सीपीआई नेता डांगे ने तब कहा था कि मराठी दलित साहित्य सम्मेलन का अध्यक्ष एक हिंदी लेखक कैसे हो सकता है? नागपुर में समानांतर साहित्य सम्मेलन में 50 हजार लोग आए थे। लेखकों के भाषण सुनने। अंबेडकर की सम्यक क्रांति ही समानांतर थी जो सांस्कृतिक-सामाजिक क्षेत्र में सम्यक परिवर्तन लाना चाहती थी। उसने अपना ध्येय काफी कुछ हासिल किया। इसलिए उसकी वही पहचान याद कीजिए। इतिहास विचार पर नहीं, घटनाओं पर निर्भर है। जो घटित हो रहा है, वह इतिहास का हिस्सा है। जैसे छायावाद घटित हुआ, जैसे नई कहानी, प्रयोगवाद, नई कविता घटित हुई थी। उसमें विचार की चिन्गारी मौजूद थी। इसलिए वे जीवित हैं।

आप यह क्यों कहते हैं कि आप प्रतिबद्ध नहीं?

मैं सौ प्रतिशत वामपंथी हूँ। प्रतिबद्ध वे हैं जो वामपंथी होते हुए भी वामपंथी नहीं हैं। मैं संबद्ध हूँ और ये प्रतिबद्ध होने से आगे की बात है। सारे प्रतिबद्ध लेखक, आलोचक दिशाहीन हैं। क्योंकि इनका कोई संबंध आम आदमी से नहीं रहा। अभी मानवीय न्याय का प्रश्न तय नहीं हुआ। अभी हांगकांग किसको दिया जाए? उत्पादन की खुशहाली किसे दी जाए? सहमति-असहमति हो सकती है पर यह तो है कि इन सवालों से साम्राज्यवाद पर प्रश्न चिह्न लगते हैं। तो अभी आपने दुनिया को शोषित कर लेने के बाद इन सवालों को रद्द कर दिया और बाजारवादी संस्कृति दे दी। यह मुझे मंजूर नहीं।

हाल में आपने कहा था कि हिंदी की आधुनिक कहानियाँ पतनशील महिलाओं को केंद्रीय चरित्र मानकर लिखी जा रही हैं, इसका खुलासा करेंगे?

हमारे यहाँ भी एक भेड़चाल है। महिलाओं पर कहानियाँ लिखने की आकुलता बढ़ गई है। अमहिला लेखक हैं, उन्हें भी लगता है कि इसी रास्ते चलो तो ठीक रहेगा। व्यक्तिगत सोच का लेखन यश अर्जित करने का लेखन है, सोच का नहीं। हर आदमी अपने को साहित्य में दर्ज करने के लिए आकुल-व्याकुल है। इसलिए पतनशील महिलाओं को केंद्रीय चरित्र बनाकर लगातार लिखा जा रहा है।

नए लोग जो रच रहे हैं, उन पर आपकी क्या प्रतिक्रिया है?

नए लोगों को देखता हूँ तो लगता है कि वे मेरा ही एक्सटेंशन हैं। आने वाली पीढ़ी मेरी पूरक है। जो मैं नहीं कह सका हूँ, उसको नई पीढ़ी कहेगी, क्योंकि मैंने

अपनी सदी में प्रश्नों को जीवित रखा है जो आज भी उत्तर माँग रहे हैं। इसलिए नई और आने वाली पीढ़ी उन सवालों से विरक्त कैसे हो सकती है। उसके सामने भयावह यथार्थ वही है, जिसके बीच से मैं गुजर कर बीसवीं सदी के अंत तक आया हूँ। पंकज बिष्ट, पीसी जोशी, उदय प्रकाश, स्वयं प्रकाश, सुभाष पंत, जितेन ठाकुर, परदेशी राम वर्मा और अन्य कथाकारों ने जो यथार्थवादी सच्चाइयाँ कहानियों के सामने रखी हैं, वे मेरी पूरक हैं।

वे कौन तत्त्व हैं जिन्होंने आपको साहित्य-पत्रकारिता की ओर उन्मुख किया था?

इस मामले में सबसे बड़ा श्रेय देना चाहूँगा अपनी माँ को। माँ ने मुझे अपने कठिन दिनों में योगेश चटर्जी नामक क्रांतिकारी को सौंप दिया था। आजादी से पहले मैं क्रांतिकारियों के पत्र पहुँचाता था। आंवला, कच्चे आम खाता था। विंध्याचल के पर्वतों पर रहता था। योगेश चटर्जी, केशव प्रसाद शर्मा मैनपुरी से मुझे इलाहाबाद ले गए थे। क्रांतिकारी पार्टी को मुझे माँ ने दान में दिया, क्योंकि मेरा परिवार क्रांतिकारियों का समर्थक परिवार था। मैनपुरी में महाराज चेतसिंह का राज था। जो बाद में बनारस में कैद किए गए। हमारे परदादा के पिता 1857 में युद्ध में शामिल हुए थे। मैनपुरी बाद में जिला बना। बिस्मिल, आजाद मैनपुरी आते थे। आजादी की लड़ाई के लिए एक माहौल था। मैनपुरी षड्यंत्र केस की मुझे याद है। यह क्रांतिकारी दीक्षित जी का इलाका था। मैं क्या कर रहा हूँ, तब पता नहीं था। माँ को पता था। माँ ने कहा था ये लोग जो बोलें--करो। योगेश चटर्जी-शर्मा जंगलों में छोड़ गए। मैं उनके पत्र पहुँचाता था। द्वितीय विश्वयुद्ध का दौर था, रुई का पैजामा होता था। नंगे पैर जाना होता था। रास्ते पता न थे।

फौजी पुलिस वाले गश्त लगाते थे। पकड़ लिए जाते तो हम पत्र खा जाते थे। मैसेज पढ़ते नहीं थे। उसी समय क्रांतिकारियों का पत्र 'क्रांतियुग' निकालते थे कामरेड केशव प्रसाद शर्मा। उसी अखबार में मैंने कामागातामारू पर पहली रचना लिखी थी। फिर तो लिखता ही रहा। हर नई रचना के साथ आपको लिखना सीखना होता है। पुरानी आपकी सारी रचनाएँ असंपृक्त हो जाती हैं। आपका साथ नहीं देतीं।

क्रांतियुग में जब लिखना शुरू किया तब किशोर था। बीच में मैनपुरी आकर हाईस्कूल किया। फिर इलाहाबाद गया। पढ़ाई के लिए बहुत कठिन परिश्रम करना पड़ा। बचपन में ही पिता मर गए। इसलिए आर्थिक परेशानियाँ ज्यादा थीं। घर शुरू से ही क्रांतिकारियों के साथ था। तेरह साल का था तो योगेश चटर्जी और केशव प्रसाद शर्मा मुझे इलाहाबाद ले गए थे। दो साल बाद घर आया था। हाईस्कूल का इम्तहान उसी समय दिया। पढ़ाई के लिए पैसे नहीं हो पाते थे। उधर अंग्रेजों के जमाने में घर पर बहुत अत्याचार हुआ। स्कालरशिप पर ही जोर देता था। कभी-कभी

मिट्टी के तेल के लिए भी परेशानी हो जाती थी। तब नगरपालिका वाले लालटेन जलाकर जाते तो मैं उसे बुझाकर तेल निकाल लेता था। इलाहाबाद में भी आर्थिक परेशानी बनी रही। इलाहाबाद के राजा साइन आर्ट्स में साइन बोर्ड लिखा करता था। ड्राइंट पेंटिंग करता था। उससे 30-50 रुपए मिल जाते थे। कड़े आर्थिक संघर्षों के बीच इंटर किया। बी.ए. में जब था तो रात में ब्रुकबंड चाय के गोदाम में चौकीदारी करता था। एम.ए. में आया तो कहानियाँ लिखनी शुरू कीं। मेरी 'राजा निरबंसिया' और अमरकांत की 'डिप्टी कलक्टरी' हंस में छपी और पुरस्कृत हुई। 500 रुपए मिले थे। खूब मजा किया था। बीयर भी पी थी। पैसे कम पड़े तो जोसैप सेमिनरी में फाइर्स और ब्रदर्स को हिंदी पढ़ाता था। लिखने का काम बराबर चलता रहा। टीवी शुरू हुआ 59 में तो उसमें चला गया। इलाहाबाद छूटा। फिर नई कहानियाँ, सारिका का संपादन किया। फिल्मों के लिए भी समान रूप से लिखा। निनानबे फिल्मों की पटकथाएँ और कई की कहानियाँ अब तक लिख चुका हूँ।

शतक में एक कम है?

हाँ वह भी हो जाएगा।

वे कौन फिल्में थीं जिनकी पटकथा लिखकर आपको अच्छा लगा?

'बरसात की एक रात', 'आनंद आश्रम', 'द बर्निंग ट्रेन', 'आँधी', 'मौसम', 'पति-पत्नी और वह', 'मिस्टर नटवरलाल', 'राम बलराम', 'साजन बिना सुहागन', 'सौतन', 'हम तेरे आशिक हैं', 'ये इश्क नहीं आसान' वगैरह हैं।

दूरदर्शन में अतिरिक्त महानिदेशक पद से इस्तीफा देने के बावजूद आप लगातार उससे जुड़े हुए हैं। कमेंटरी भी कर रहे हैं।

'काली आँधी' जिस पर आँधी फिल्म बनी और व्यंग्य कहानी 'जार्ज पंचम की नाक' पर सरकार ने आपत्ति की तो टीवी की नौकरी छोड़ी। पर यह तो प्रोफेशन का मामला है। सो टीवी वाले कमेंटरी के लिए बुलाते हैं तो जाता हूँ। 64 में नेहरू के निधन के बाद उनकी आखिरी शवयात्रा, 65 में शास्त्री के निधन के बाद उनकी आखिरी शवयात्रा, फिर 84 में इंदिरा गाँधी की अंतिम यात्रा और उसके बाद राजीव गाँधी की अंतिम यात्रा और फिर मदर टेरेसा के निधन के बाद उनकी आखिरी शवयात्रा की कमेंटरी टीवी के लिए की।

('जनसत्ता सबरंग' : कोलकाता, 5 अक्तूबर 1997)

मार्क्सवाद के आने से साहित्य की दिशा बदल गई है

आलोचक कमला प्रसाद से बातचीत

रामविलास शर्मा और नामवर सिंह के बाद जिन्होंने हिंदी आलोचना को आगे बढ़ाया, उनमें प्रो. कमला प्रसाद भी शामिल है। 'साहित्य शास्त्र', 'छायावादोत्तर काव्य की सामाजिक और सांस्कृतिक पृष्ठभूमि', 'छायावाद : प्रकृति और प्रयोग', 'दरअसल', 'रचना और आलोचना की द्वंद्वात्मकता', 'आधुनिक हिंदी कविता और आलोचना की द्वंद्वात्मकता' और 'गिरा अनयन' जैसी श्रेष्ठ कृतियाँ उन्होंने हिंदी को दी हैं। उन्होंने कई पुस्तकों का संपादन भी किया है। एक समय वे 'पहल' के संपादन से जुड़े थे, फिलवक्त 'वसुधा' के प्रधान संपादक हैं। 14 फरवरी 1938 को सतना (मध्यप्रदेश) के धौरहरा गाँव में जन्मे कमला प्रसाद मध्य प्रदेश शासकीय महाविद्यालयीन सेवा में लंबे समय तक रहे। बाद में वे अवधेश प्रताप सिंह विश्वविद्यालय रीवा में हिंदी भाषा साहित्य के प्रोफेसर रहे। वे मध्य प्रदेश कला परिषद के सचिव भी रहे। कमला प्रसाद केंद्रीय हिंदी संस्थान, आगरा के उपाध्यक्ष भी रहे। संप्रति वे प्रगतिशील लेखक संघ के राष्ट्रीय महासचिव हैं।

आपका बचपन कठिन संघर्षों और अभावों में बीता, उसका आपके परवर्ती जीवन पर क्या प्रभाव पड़ा? क्या लेखक होने के नाते भी जीवन में संघर्ष करना पड़ा?

आदमी के व्यक्तित्व के निर्माण में उसके बचपन की भूमिका महत्त्वपूर्ण होती है। बचपन का अर्थ केवल एक आदमी का बचपन नहीं होता। उसमें उसका परिवार, परिवार का इतिहास और देश काल शामिल है। ये सब बातें उसके मानस का निर्माण करती हैं। देखना यह होता है कि इस समय निर्मित मानस के अनेक तत्त्वों में से वह किनका विकास कर पाता है। मुझे लगता है कि मैंने बचपन के संघर्षों और अभावों से दीनता को नहीं अपनाया। मुझे ऐसे मित्र, गुरु और मार्गदर्शक मिले कि मैंने 'मेहनत

की खाओ और स्वाभिमान से जिओ' के मंत्र को जाना। परिवार से समाज के सूत्रों को एक-दूसरे से जोड़ने का प्रयास किया। संघर्ष और अभाव को भुनाया नहीं। यह अकेले की समस्या नहीं है। व्यक्ति-व्यक्ति में समाज के लक्षण अपनी प्रकृति को प्रकट करते हैं। आपने पूछा कि क्या लेखन के प्रति भी संघर्ष करना पड़ा? मैं मानता हूँ कि लेखक का नाता नागरिक के नाते से अलग नहीं है। मैं जो कुछ लिखता हूँ, उसे प्रकाशित कराने और उसकी अहंकार छाया में जीने का आदी नहीं हूँ। मुझे सैकड़ों लेखकों की तुलना में अन्य क्षेत्रों के लोग ज्यादा प्यारे लगते हैं। मेरे ज़माने में अनेक लेखक सामाजिकता का रस चखे बिना लेखक होने का दंभ पालते हैं। उनसे मान्यता मिलने न मिलने की कोई चिंता मुझे नहीं होती।

एक आलोचक के रूप में आपका संघर्ष दो स्तरों पर चलता रहा है। एक प्रतिक्रियावाद के विरुद्ध और दूसरा स्वयं उग्र वामपंथ के विरुद्ध। इस दोहरे संघर्ष के बारे में कुछ कहना चाहेंगे?

मुझे वामपंथी बनाने में हरिशंकर परसाई का योगदान है। वे मेरे वैचारिक रूपांतरण के गुरु हैं। वामपंथियों का संघर्ष दो तरह का ही होता है, एक—प्रतिक्रिया के विरुद्ध संघर्ष करना, दूसरे—प्रगतिशील समाज के निर्माण में अपनी सक्रिय भूमिका जारी रखना। इसमें उग्र वामपंथ से लड़ाई शामिल है।

इसके अलावा समाज को ध्रुवीकृत करना, मनुष्य की स्वतःस्फूर्त अच्छाई को उभारना और उसमें छाये धुएँ को साफ करना भी संघर्ष का हिस्सा है। कर्मठ विद्यार्थी और शिक्षक बने रहना, सीखना और सिखाना, आत्म संघर्ष और जनसंघर्ष को एक साथ झेलना भी हमारा संघर्ष है। उग्र वामपंथ बचकाना मर्ज ही सिद्ध होता है। मैंने अनेक समाजवादियों-लोहियावादियों और मार्क्सवादियों की उग्रता की परिणति देखी है। उग्रता वश कैसे असंगठित रहकर निषेधवादी हो जाते हैं। जितने प्रकट होते हैं, उससे ज्यादा रहस्यमय। प्रतिक्रियावादियों में शामिल भी हो जाते हैं या नहीं भी होते तो वे प्रतिक्रियावाद के विरुद्ध लड़ाई को तोड़ते हैं। प्रभाव में वे प्रतिक्रियावाद के विरुद्ध संघर्ष में शामिल नहीं होते। वामपंथी आदमी समाज के संघर्ष में यदि अपने को माँजता है, तो उसका संघर्ष केवल निषेधमय नहीं होता, वह विधेयात्मक भी होता है। उसके काम का परिणाम दृश्यमान होता है। इसी विश्वास को मैंने जीवन में पाला है।

क्या भारत में मार्क्सवादी चिंतन के सर्वांगीण विकास के अभाव में मार्क्सवादी आलोचना या मार्क्सवादी सौंदर्यशास्त्र का विकास संभव है?

मार्क्सवादी चिंतन का विकास इस देश में हुआ है। आज़ादी के पहले तो बहुत ज्यादा। इसकी सीमा यह रही है कि इसका अखाड़ा अकादमिक रहा है। यहाँ इतिहास,

समाज विज्ञान, विज्ञान और कलाओं के क्षेत्र में पर्याप्त काम हुआ है। सामाजिक परिवर्तन और अवाम की लड़ाई में देश-काल के अनुरूप देशज पद्धति के भीतर से मार्क्सवाद के विकास की कोशिशों में बार-बार चूकें हुई हैं। अकादमिक मार्क्सवाद और सामाजिक संघर्ष मूलक मार्क्सवाद का रिश्ता द्वंद्वात्मक नहीं रहा। कम्युनिस्ट पार्टियों ने अपने भीतर से विचारधारा का विकास नहीं किया। अकादमिक जगत ने जन संघर्षों से अपने ज्ञान को मूर्त रूप प्रदान नहीं किया। आप देख रहे होंगे कि आजकल अधिकांश लेखक बुद्धिजीवी अपने लेखकीय कर्म को संगठित कर्म से नहीं जोड़ते। अनुभव के विस्तार के लिए उनकी कोई कोशिश नहीं होती। इसके कारण उनके स्वभाव में वैयक्तिक कमजोरियों की भरमार रहती है। काइयाँपन और लेखकीय कर्म साथ-साथ चलते हैं। जिसे आप मार्क्सवाद का सर्वांगीण विकास कहते हैं, उसकी प्रकृति इस चरित्र से नहीं बनती। मार्क्सवाद व्यक्ति, परिवार, समाज और विश्व के आंतरिक संबंधों में शामिल रहकर विकसित होता है। हमारे देश में अभी विचलन है। कठोरता से इसकी समीक्षा करने की जरूरत है। मार्क्सवाद का सौंदर्यशास्त्र निरंतर विकासमान होगा। उसके स्थिर लक्षण नहीं हो सकते।

मार्क्सवादी आलोचना ने आलोचना की जिन पद्धतियों को विकसित किया है, वे कविता के मूल्यांकन के लिए क्या काफी हैं?

हिंदुस्तान में मार्क्सवाद के आने से साहित्य की दिशा बदल गई है। बीसवीं शताब्दी के नवजागरण की शुरुआत से लेकर शताब्दी के अवसान तक की साहित्य-धारा को देखें तो स्पष्ट दिखेगा कि साहित्य निरंतर जनोन्मुख हुआ है। सामंती मनोवृत्ति से होता रहा साहित्य युद्ध एक साथ पूँजीवादी-उपभोक्तावादी मूल्यों और सामंती मूल्यों से बाहर आया है। प्रतिवादी रुख हुआ है। शोषितों-पीड़ितों की जीवन परिस्थितियाँ साहित्य में व्यक्त हुई हैं। दलितों-महिलाओं की यथार्थ तस्वीरें प्रकाशित हुई हैं। इस प्रक्रिया में रचना और आलोचना की द्वंद्वात्मकता देखी जा सकती है। मार्क्सवादी आलोचना की पद्धति वस्तुपरक और वैज्ञानिक होती है। वह रचना के बहाने रचनाकार और रचनाकार के बहाने रचना के आंतरिक तत्त्वों को खोज निकालती है। वह रचनाकार के संस्कार और विचारधारा के द्वैत को पकड़ लेती है और एक तरह से मैत्री दर्शन बनकर उभरती है। भारतीय भाषाओं में मार्क्सवादियों द्वारा लिखी गई साहित्य समीक्षा विशेषकर–काव्य-समीक्षा अन्य धाराओं की तुलना में समृद्ध है। उसने रीतिवादी समीक्षा सिद्धांतों का विकल्प प्रस्तुत किया है। समीक्षा की शब्दावली बदल गई है। यह शब्दावली स्थिर नहीं है। आप देखें कि रामविलास शर्मा, नामवर सिंह, विश्वनाथ त्रिपाठी और इधर के आलोचकों की शब्दावली एक नहीं है। रचना

की शब्दावली बदलेगी तो आलोचना की भी। मार्क्सवादियों के लिए सोने का चिंता रहित समय नहीं आता। उनके तनाव निरंतर खोजमय और सृजनमय होते हैं। इसलिए मैं यह नहीं सोचता कि आलोचना की कोई पद्धति मूल्यांकन के प्रतिमान बनकर स्थिर हो सकती है। उसकी भूमि गतिमानता की ही है।

आपने जिन औजारों से कविता की आलोचना की है–छायावाद से लेकर आधुनिक हिंदी कविता की, क्या वे सारे औजार मार्क्सवादी हैं?

बचपन में मैं रामचरित मानस बाँचता था और मेरे निरक्षर पिता अर्थाते थे। घर के सभी लोग घेरकर बैठ जाते। जैसे-जैसे भावस्थल आते, वैसे ही भाव सबके मानस में उभरते। राम वनवास, सीताहरण जैसे प्रसंगों में हम लोग रो पड़ते। अब ऐसी भावुकता नहीं रही। कविता के सामने रोते देखना दुर्लभ है। आप पूछते हैं कि मैंने कविता की आलोचना किन औजारों से की? मुझे लगता है कि औजारों से या तो कुछ कटता है या सुधारा जाता है। कविता की आलोचना के लिए इस अर्थ में औजार शब्द उपयुक्त नहीं है। मार्क्सवाद कहता है कि धरती में जो सुख-दुख की चेतना है, वह इसी धरती से आई है। ईश्वर ने न धरती पैदा की और न चेतना। कविता के बारे में भी यही सही है। वह आदमी की कृति है। जो स्रोत कविता के हैं, वे ही आलोचना के हैं। कविता पढ़ना उसके भावबोध से साक्षात्कार करना, उसके मनस्तत्त्वों को पकड़ना, उनके कारकों को खोजना और अपनी दृष्टि से उसमें निहित मूल्यों को जाँचना आलोचना का कर्म है। आलोचना में दृष्टि का महत्त्व है। किन मूल्यों से कविता रची गई है, यह देखना होता है। दृष्टि का महत्त्व जीवन में है और कविता में भी। कविता में मूल्यों के अनुसार ही उसका रूप पक्ष होता है। भाषा उसी को ढालती है। अनुभव के रसायन को भाषा भली-भाँति व्यक्त करती है। कविता की आलोचना उसी कविता के देश-काल में से होती है। इस तरह का विश्वास ही कविता के मूल्यांकन का औजार है। आलोचना का कर्म विशेष दक्षता की माँग करता है। अब अनुभव, भाषा, कल्पना के विविध रंग जानें, सृजन की परंपरा जानें, उसका व्यापक फलक जानें और जो जानें वह विकासमान हो। आप रचनाकार की निजता देख सकें और उसमें शामिल सार्वजनीन मूल्यों को आँक सकें। सतत अध्ययन, मनन, अभ्यास से यह कौशल विकसित होता है। मैंने जो भी लिखा है, मेरा अपना अभ्यास ही कुछ कर सका होगा। मैंने अध्यापक के नाते साहित्यशास्त्र से लेकर आधुनिक साहित्य का विवेचन करने की कोशिश की है। मार्क्सवाद ने मुझे साहित्य और कविता को पढ़ने-समझने के अलावा जन शक्ति के सामाजिक स्रोतों को समझने की अकल दी है। यहीं मूल्यांकन की उत्प्रेरणा छिपी है।

जिस तरह रचना में परंपरा खोजी जाती है, क्या आलोचना में भी परंपरा की ज़रूरत शिद्दत से महसूस होनी चाहिए? यदि हाँ, तो क्या हमारे यहाँ आलोचना की परंपरा उतनी ही सक्रिय रही है?

परंपरा का महत्त्व रचना और आलोचना दोनों के लिए है। परंपरा की अनेक अंतर्धाराओं में से देखना होता है कि कौन-सी अंतर्धारा आपके संस्कारों में है, रचना के संस्कारों में है। प्रत्येक कवि और आलोचक में अपनी-अपनी तरह का परंपरा बोध होता है। ज़रूरत होती है कि उसका विवेचन विवेक सम्मत ग्रहण-त्याग की धारणा के बोध से हो। लोग यात्रा में होते हैं तो साथ में वही ले जाते हैं, जो प्रासंगिक है। इसी तरह रचनाकार या आलोचक परंपरा का बोझ नहीं लादता। वह अपनी समकालीन जरूरतों-मनोदशाओं से जुड़ी परंपरा-परतों से जुड़ा रहता है। यह जानना हो तो वाल्मीकि, कालिदास, तुलसीदास, निराला, मुक्तिबोध के काव्य में निहित परंपरा बोध देखें, फिर आनंदवर्द्धन, रामचंद्र शुक्ल, रामविलास शर्मा, विद्यानिवास मिश्र, राममूर्ति त्रिपाठी और नामवर सिंह का परंपरा बोध देखें। इन सबके परंपरा बोध की तासीर पहचानने से बात स्पष्ट होगी। सबकी दिशा एक नहीं होगी।

वे कौन आलोचक और रचनाकार रहे हैं जिन्होंने आपको प्रभावित किया? और क्यों प्रभावित किया?

पाठक हो या आलोचक, उस पर प्रभाव निरंतर पड़ते हैं। एक प्रभाव असर डालता है फिर वह खारिज़ हो जाता है। खारिज़ होने की स्थिति में भी रचना विवेक और समृद्ध होता है। मुझे संस्कृत के आलोचकों में भरत, भट्टनायक, कुंतक और आनंदवर्द्धन अच्छे लगते हैं, हिंदी में रामचंद्र शुक्ल, रामविलास शर्मा और नामवर सिंह से सीखता हूँ। अपने समकालीनों में विश्वनाथ त्रिपाठी और मैनेजर पांडेय में ऐसा कुछ होता है, जो मुझे अपील करता है। जहाँ तक रुचिकर कृतियों की सूची बनाने का सवाल है, वह तो लंबी है। मोटे तौर पर मुझे महाभारत, रामायण, मध्ययुगीन संतों-भक्तों की कृतियाँ अच्छी लगती हैं। कबीर-तुलसी मेरे लिए बहुत प्रिय हैं। मैं रामचरित मानस को विश्व हिंदू परिषद् वालों का ग्रंथ नहीं मानता। वह जन कविता है।

निराला और उसके बाद नागार्जुन, त्रिलोचन, केदार, रघुवीर सहाय, मुक्तिबोध, हरिशंकर परसाई जैसे सैकड़ों मेरे प्रिय हैं। जीवन और साहित्य में किसी एक आदमी का प्रभाव यदि मैं अपने भीतर जीवित रखना चाहता हूँ, तो वे हैं हरिशंकर परसाई। काश, मैं उनकी जैसी ताकत, जिंदगी और प्रतिभा का उत्तराधिकारी हो पाता, मैं महाश्वेता देवी का शिष्य हो पाता।

वैसे अपने ऊपर पड़े प्रभावों को फिर से मैं पहचानना चाहूँ तो प्रत्यक्ष करना कठिन होगा। प्रभाव भावबोध में घुलते रहते होंगे, पर इन सबकी सत्ता मेरे आलोचना

विवेक में नष्ट हो जाती है। मुझे ध्वंसक आलोचना अच्छी नहीं लगती। ऐसी आलोचना, जिसमें अधिकांश रूप में जो नहीं हैं, उसकी चर्चा होती है, वह मुझे नहीं रुचती। आलोचना को सकारात्मक होना चाहिए। वह विनाशकारी के स्थान पर निर्माणकारी हो। उसकी पक्षधरता ईर्ष्या-द्वेष जन्य नहीं हो। आलोचक की व्यक्तिगत गुटबंदी नहीं हो। आलोचक समूची रचनाशीलता का विवेकवान प्रवक्ता होता है।

आपने ललित निबंध भी काफी लिखे हैं। यह विधा आज हाशिए पर क्यों है?

हिंदी आलोचना का अधिकांश निबंधात्मक है। रचनात्मक आलोचना में ललित भाव भी होता है। इसलिए मैं सोचता हूँ कि यदि आलोचक जीवन जगत के बारे में लिखे तो उसका वह ललित भाव व्यक्त होगा। हरिशंकर परसाई और शरद जोशी ने ललित निबंध लिखे हैं। ललित भाव का अर्थ गलदाश्रु भावुकता नहीं है। प्रकृति के प्रति, मानवीय रिश्तों के प्रति जो आवेग उमड़ता है, वह रचनाकार के विवेक और भावबोध का तरल द्रव होता है। हजारी प्रसाद द्विवेदी के ललित निबंध उनके ज्ञानयोग, भावयोग के उदाहरण हैं। मैंने ऐसे निबंध लिखे हैं पर संख्या ज्यादा नहीं है। दो संकलन छपे हैं—'गिरा अनयन' और 'शब्द मुखरित रूप'। कुछ सामग्री अप्रकाशित है। यह विधा हाशिए पर है, उसका कारण यह कि लोग नहीं लिखते। पत्रों-डायरियों, संस्मरणों के रचनारूपों में यह विधा प्रकट हो रही है। आपाधापी में इस विधा की मनोदशा नहीं उतरती। थोड़ी राहत, धैर्य, आत्म निरीक्षण का अवसर हो, तल्लीनता के क्षण हों और अपने को मुक्त छोड़ने का अभ्यास हो तो यह विधा निरंतरता पाए। मेरे लिए रामचंद्र शुक्ल, हजारी प्रसाद द्विवेदी, और हरिशंकर परसाई, काशीनाथ सिंह के संस्मरण श्रेष्ठ ललित निबंध हैं।

आज कौन-सी रचनाएँ (गद्य-पद्य सभी विधाओं में) हैं जो आलोचना को चुनौती दे सकें?

पिछले दिनों रचनाकारों में महाकाव्यात्मक औदात्य की कमी आई है। महाकाव्यात्मक औदात्य केवल महाकाव्य में नहीं होता। कितने घटिया महाकाव्य, खंड काव्य आज भी यहाँ-वहाँ प्रकट हो जाते हैं, पर वे बीती-रूढ़ मानसिकता से लबालब भरे होते हैं। निराला की और मुक्तिबोध की छोटी-छोटी रचनाओं में महाकाव्यात्मक विवेक और रचनादृष्टि मौज़ूद है। क्षणिक फ्लैश से रचना बनने का अभ्यास हो तो ऐसा रचना-समूह एक ही लेखक की विभिन्न मनोदशाओं को काटता है। वहाँ सातत्य का अभाव होता है। इसका अर्थ यह नहीं है कि आज की रचनाशीलता आलोचना को चुनौती नहीं देती। मुझे लगता है कि आज महिला लेखन, दलित लेखन विशेषकर कथा साहित्य, आलोचना को चुनौती देता है। कविता में अपेक्षाकृत चुनौती कम है। अनेक कवियों की सृजनशीलता मिलकर जो संसार और संसार का जो रूप पेश करती है, वह

कथा साहित्य के मुकाबले शिथिल है। उसमें श्रम का अभाव है। आज़ादी के बाद जो मनुष्य उभरा है, जो चरित्र ढले हैं—वह अपेक्षाकृत कथा संसार में अधिक ब्यौरों से आ रहा है। आख्यान और ब्यौरों से मुक्त होने की आदत ने कविता में अपनी क्षति की है। अच्छी बात है कि कविता इसे पहचानने में लगी है। अतः भविष्य में इसकी पूर्ति संभव है।

'वसुधा' के संपादक के नाते आज की साहित्यिक पत्रकारिता, लघु पत्रिका आंदोलन के पूरे परिदृश्य पर आपकी क्या राय है?

लघु पत्रिकाओं ने क्रांतिकारी काम किया है। 'कविवचनसुधा', 'सरस्वती', 'हंस', 'रूपाभ', 'प्रतीक', हरिशंकर परसाई द्वारा संपादित 'वसुधा', 'पहल' ने इतिहास बनाया। आज भी प्रस्थानक कदम लघु पत्रिकाएँ उठाती हैं। तथापि ऐसी पत्रिकाएँ निरंतर कम हो रही हैं। एक ज़माने में इनके सामने युगीन चुनौतियाँ होती थीं और आज व्यक्तिगत आकांक्षाएँ हावी हैं। बड़ी-बड़ी घोषणाएँ होंगी, वर्ष दो वर्ष में अंक आयेंगे, मित्रों का उपकार होगा, व्यापक फलक नहीं दिखेगा, विज्ञापनों की भागदौड़ और निरंतरता नदारद। फर्ज़ अदायगी। महान लेखक और छोटा लेखक घोषित करने के पीछे परखदृष्टि नहीं। इसीलिए ये पत्रिकाएँ प्रतिनिधि लेखक सामने नहीं लातीं। बुनियादी जरूरत को सामने नहीं लातीं। विकलांग सा चरित्र। यद्यपि लघु पत्रिकाओं का आंदोलन भी है पर सम्मेलन और घोषणाओं का पुलिंदा बनकर रह जाते हैं आंदोलन। आंदोलन और संगठन की प्रकृति के बिना वे नहीं चलते। आज तो कठिनाई यह है कि आंदोलन को बाँधने-सहेजने और गतिमान बनाने के लिए जिस मानवीय प्रकृति के पारखी मित्रों की दरकार है, वे हमारे मध्यवर्गीय साथियों में नहीं पाए जाते। मैंने ऐसे बहुतों को कुटिल होते देखा है। कुटिल आदमियों से आंदोलन नहीं होते। इन सबके कारण स्थिति यह है कि और भी आंदोलनों की भाँति लघु पत्रिकाएँ जितनी मात्रा में हैं, उतना ही बड़ा उनका फर्ज नहीं बन पा रहा है।

आपने लंबे समय तक अध्यापन किया, देश में शैक्षणिक परिसर की आबोहवा आज जिस तरह प्रदूषित हुई है, उससे कैसे निजात पाया जा सकता है? आपके पास इस बाबत कोई सपना है?

शैक्षणिक क्षेत्र में जो प्रदूषण है, उसके बारे में शिक्षा विभाग और सरकार की जो समझ है, उसके बारे में बुनियादी संदेह हैं। अध्यापक उसका एक उपकरण है। राजनीति के पास न तो प्रयोग की दिशा और न उसे ठीक से लागू करने का साहस है। इसी रंग में अध्यापक रंगे हैं। बहुत कम शिक्षक हैं जिनमें पढ़ने-लिखने और छात्रों को पढ़ाने में दिलचस्पी है। राजनीति शिक्षकों का अन्य उपयोग करती है। सब रामभरोसे चलता है। शिक्षा-परिसर राजनीति के अड्डे हैं। साहित्य में तो स्थिति यह है

कि बेहतर लेखन और साहित्य की समझ साहित्य के विभागों से बाहर है। रामचंद्र शुक्ल, हजारी प्रसाद द्विवेदी, नामवर सिंह के उत्तराधिकारी कोई काशी हिंदू विश्वविद्यालय में भला खोजे! इधर कुछ वर्षों से अध्यापकों की नियुक्तियों में तो शाखा का प्रमाण-पत्र देखा जाता है। इस प्रसंग में कहने को अनंत बातें हैं। मुझे इस माहौल में एक छोटी-सी भूमिका अच्छे शिक्षकों की यह भी लगती है कि जहाँ-जहाँ वे चाहते हैं, उनके पास योग्य, प्रतिभाशाली विद्यार्थियों का समूह तैयार होता है। योग्य शिक्षक से योग्य विद्यार्थी और फिर योग्य शिक्षक—इस शृंखला का अपना प्रभाव क्षेत्र बनता है। योग्य व्यक्तियों में शिक्षा के क्षेत्र में रुचि से आने की आदत बनती है।

कला परिषद् के अधिकारी के रूप में उसकी गतिविधियों में आपने नया क्या जोड़ा?

मध्य प्रदेश कला परिषद् में काम करते हुए मुझे सबसे पहले अपने सहयोगियों की रुचि, स्वभाव, कार्य क्षमता को समझना था। उनका समर्पण भाव देखना था। उनमें से कितनी रुचि संस्था के प्रति है और कितनों के प्रति विभागीय दिशाओं में भटकी है। इसकी समझ धीरे से बनी। मैंने उन सबको काम में लगाने की कोशिश की। सहयोग के क्षेत्र खोजे। संयुक्त तत्त्वावधान की नीति तैयार की। गतिविधियों के विकेंद्रीकरण का रास्ता चुना। मुझे लगा कि कला परिषद् के क्षेत्र में जो कलाएँ आती हैं, उनके प्रशिक्षण की व्यवस्था हो। चार-पाँच वर्षों में मध्य प्रदेश का कोई हिस्सा नहीं है, जहाँ मध्य प्रदेश कला परिषद् की गतिविधि न हुई हो। हमने बच्चों की गतिविधि पर जोर दिया है। तीन वर्षों से बच्चों की श्रेष्ठ फिल्में मध्य प्रदेश के सभी जिलों-तहसीलों में दिखाई जा रही हैं। लगभग 8-10 लाख बच्चे देखते हैं। 'बच्चों का रंगमंच' इकाई परिषद् में शुरू किया गया है। इससे निरंतर बच्चों पर काम होगा।

हमने चित्रकला, मूर्तिकला, कार्टून की बड़ी-छोटी पचासों कार्यशालाएँ की हैं, अनुसूचित जाति एवं अनुसूचित जनजाति के युवा प्रतिभाशाली कलाकारों के बीच कार्य किया है। कम खर्चे में अधिक गतिविधियाँ। प्रदेश की स्वयं सेवी संस्थाओं-संगठनों से जुड़कर काम हुआ है। मुझे लगता है कि सरकारी-गैरसरकारी संस्थाओं का समन्वय बड़ी बात है। उत्सव करना ही संस्था का उद्देश्य नहीं होना चाहिए। कला शिक्षा की दिशा में संस्था आगे बढ़ी है। इसके परिणाम आने लगे हैं। शिक्षा-संस्कृति में संबंध भाव बन रहा है।

आप प्रलेस (प्रगतिशील लेखक संघ) के पदाधिकारी हैं, क्या प्रलेस, जलेस (जनवादी लेखक संघ), जसम (जन संस्कृति मंच) की विचारधारा में कोई बुनियादी अंतर है? यदि नहीं, तो तीनों में एका कायम करने में क्या बाधाएँ हैं?

प्रलेस, जलेस और जसम में वैचारिक अंतर नहीं है। देश के चरित्र की समझ, संघर्ष की दिशा, रणनीति और संगठन का कार्यभार आदि को लेकर मतभेद हैं। मतभेदों में जड़ता आ गई है। उनमें से अधिकांश नेतृत्व की जकड़बंदी से संचालित हैं। यथार्थविमुख हैं। निर्मल इच्छा शक्ति से चालित नहीं हैं। मध्यवर्गीय घोंसलों में फैले धुएँ के कारण आँखों को पारदर्शी बनाने में बाधक हैं। कहते मार्क्सवादी हैं, पर उनका चरित्र और व्यवहार इस सिद्धांत के आलोक में नहीं दिखता। ऐसा लगता है कि मार्क्सवादी—सतत प्रतिवादी, नाराज, असंतुष्ट, निंदक, अविश्वासी होता है। उसमें मानवीय प्रेम की निश्छलता नहीं होती। कथनी-करनी में द्वैत उनके लिए सहज है। अपने काम से संतुष्ट हैं—भावी योजनाओं के लिहाज से संकीर्ण। अपने काम के प्रभावों की चिंता नहीं। बहुत से संगठन प्रमुखों ने अपने वादे, संकल्प और परिणाम का आकलन ही नहीं किया। वर्ष के वर्ष बीत जाते हैं, उनमें कोई फर्क नहीं पड़ता। रात की महफिलों में क्रांतियाँ दिखती हैं। मैदान से दूर। जो किया—वह रस्म अदायगी सिद्ध हुआ। नया कर्मकांड बना। गहन समीक्षा से गुजरे बिना ये संगठन तीन के तेरह होंगे, तय है। विघटन की प्रक्रिया इन्हें स्वतः दृश्य से बाहर कर देगी तरंगों से फेंकी गई मणियों की तरह।

आज बाजार और फासीवाद ने जो चुनौती खड़ी की है, उससे निपटने के लिए साहित्य को किस तरह सामने आना चाहिए?

बाजार और फासीवाद से लड़ना आसान कार्य नहीं है। हवा में तलवार भाँजने से क्या होगा? लघु पत्रिकाओं में लेख छाप दें, बंद कमरे में गोष्ठी कर लें, 10-5 पोस्टर निकाल लें, यह उसी तरह है, जैसे कथा बाँचने वाला पंडित कहता है कि सत्य नारायण की कथा पढ़ने से पाप दूर होते हैं, पुण्य होता है। यह व्यापक लड़ाई है। यह लेखकों का अकेला कार्य नहीं है फिर हमारे परिदृश्य के लेखकों के भरोसे तो और भी नहीं। फासीवाद-बाजारवाद पर कब्जा पश्चिमी देशों का है। एक सिक्के के अनेक पहलू हैं। बाजारवाद प्रत्यक्ष कर्म है और फासीवाद उनका छिपा एजेंडा। धर्म को बाजार में बदलना और जनतंत्र की नींव तोड़ना उनका लक्ष्य है। यह रास्ता मनुष्य की सहज प्रकृति के विरुद्ध है। वामपंथी जनतांत्रिक शक्तियों को इनसे लड़ने के लिए एक व्यापक योजना बनानी होगी। मैदान में कूदना होगा। वैकल्पिक सामाजिक संरचना के काम को देश-काल से जोड़ना होगा। देश-दुनिया के मनोविज्ञान को समझना-जानना होगा। दृश्य बोध से सिद्धांत विवेचन होगा। पहले से तय और निर्धारित फार्मूले नहीं चलेंगे। आत्म संघर्ष की जरूरत है। आत्मरति के बजाय आत्म-भर्त्सना करनी होगी। रास्ता जटिल किंतु जरूरी है। लेखक कलाकर्मी को इस प्रक्रिया में व्यापक सहयोगी बनना होगा। वैकल्पिक प्रचार-प्रसार तंत्र तैयार करना होगा। हम सब समानांतर मार्ग

के सहभागी होंगे। 'हम होंगे कामयाब' का गीत गाने से नहीं होगा लोकयुद्ध। सत्य की विजय का नारा लगाने से क्या होगा?

'राम राज्य आएगा' इस देश में कितनी बार और कितने युगों से नहीं कहा जा रहा है? क्या हुआ? राम के स्थान पर रावण आया। राम का मंदिर बनाने के लिए रावणों की फेहरिस्त तैयार है। भगवानों-अवतारों के झुंड हैं और उनके भक्तों की कतारें हैं। बहुराष्ट्रीय कंपनियों के एक हाथ में बाजार है, उपभोक्ता संस्कृति है और दूसरे हाथ में धर्म के बाने में धर्म की ध्वजा। इस पूरे विरोधाभास के बीच फँसे हैं–हम। सोचिए भला, हमारी भूमिका के निर्वाह के लिए जगह कहाँ है, स्पेस कहाँ है और है तो उसमें घुसने की तैयारी कहाँ है? निराला ने अपने लिए संकल्प लिया था–

प्राण संघात के सिंधु के तीर मैं
गिनता न रहूँगा कितनी तरंग हैं
धीर मैं समीरण ज्यों करूँगा संतरण

ये पंक्तियाँ मंत्र की तरह लगती हैं। इनमें हमारे लिए संकल्प दिखता है।

('प्रभात खबर' : (सभी संस्करण) : 28 फरवरी 1998)

कहानी जीवन की जबान है, सिर्फ भाषा नहीं

कथाकार काशीनाथ सिंह से बातचीत

मुख्यतः कथाकार के रूप में विख्यात काशीनाथ सिंह ने पिछले चालीस साल के अपने लेखकीय जीवन में हिंदी को कई विधाओं में कई उत्कृष्ट कृतियाँ दी हैं। यह एक लंबी सूची है जिसमें 'लोग बिस्तरों पर', 'सुबह का डर', 'आदमीनामा', 'नई तारीख', 'सदी का सबसे बड़ा आदमी', 'कल की फटेहाल कहानियाँ' (सभी कहानी संग्रह); 'अपना मोर्चा' (उपन्यास); 'धोआस' (नाटक); 'याद हो कि न याद हो' (संस्मरण); 'आलोचना भी रचना है' (आलोचना); 'हिंदी में संयुक्त क्रियाएँ' (शोध प्रबंध) जैसी कृतियाँ शामिल हैं। 'अपना मोर्चा' कोरियाई और जापानी में भी अनूदित है। उनकी कई अन्य रचनाएँ भी उर्दू, बांग्ला, मराठी समेत कई भारतीय भाषाओं और जापानी, अंग्रेजी, पोलिश में भी अनूदित-चर्चित हुई हैं। उनकी कहानियों पर नाटक भी हुए हैं और फिल्म भी बनी है। 1936 में बनारस के जीयनपुर गाँव में जन्मे और अध्यापन के पेशे से जुड़े रहे काशीनाथ सिंह विचारों से वामपंथी और बात-व्यवहार में खाँटी गँवई हैं।

आपका बचपन किस परिवेश में बीता और उसने आपके शिल्पी के निर्माण में कहाँ तक मदद पहुँचाई?

बचपन गाँव में बीता। पढ़ाई-लिखाई में मन नहीं लगता था। पाठशाला छोड़कर प्रायः या तो भैंस लेकर सिवान में निकल जाता था या ज्वार बाजरा का खेत अगोरता था। कभी-कभी मास्टर की मार के डर से अरहर या गन्ने के खेतों में समय बिताता था। गणित बिल्कुल नहीं आती थी। यदि हाई स्कूल में गणित की परीक्षा में नकल न कराई गई होती तो न आगे काशी हिंदू विश्वविद्यालय में अध्यापक हुआ होता न लेखक होता। यदि फेल हो गया होता तो पिताजी ट्रेनिंग वगैरह दिलाकर किसी प्राइमरी स्कूल में मास्टर बनवा देते। हाई स्कूल तक गाँव में रहने के दौरान खेतीबारी

के काम में मेरा उपयोग किया जाता था। एम.ए. करने के बाद रिसर्च के समय तक खेतों से मेरा जीवंत संपर्क था। खेतों में बुवाई करवाना, पूले बँधवाना, खलिहानी देखना मैं विश्वविद्यालय में अध्यापक होने तक करता रहा। जब मैं हाई स्कूल में था तो मेरा झुकाव दो कलारूपों की तरफ हुआ—बिरहा गाने वालों की तरफ और भांड मंडली की तरफ। मेरे गाँव के पास के एक बिरहिया थे मदन लाल। उनसे मैं बिरहा लिखना सीखता था। और भांडों का नाच देखने के लिए सात-आठ कोस दूर तक चला जाता था। गाँव की जिंदगी ने कहीं न कहीं मेरे कथाकार के अनुभव को काफी समृद्ध किया और जाने अनजाने मेरी कहानियों या संस्मरणों में यह व्यक्त होता चला गया।

वे कौन-सी चीजें थीं, जिन्होंने आपको लेखक होने के लिए उकसाया?

जिन दिनों मैं बी.ए. का विद्यार्थी था, उन्हीं दिनों भैया (नामवर सिंह) ने इलाहाबाद से प्रकाशित होने वाली 'कहानी' पत्रिका में नई कहानी पर लेख लिखना शुरू किया था। उनकी रचना प्रक्रिया का हिस्सा था, उन लेखों में चर्चित कहानियों पर बातें करना। कभी-कभी ये बातें मेरी समझ में नहीं भी आती थीं लेकिन वे चाहते थे कि श्रोता के रूप में कोई उनके विचारों को शेयर करे। वे देश-विदेश के कथाकारों की कहानियों को पढ़ते थे और उनकी बारीकियों पर बातें करते थे। उन दिनों वे इस कदर कहानियों में रम गए थे कि घर ही नहीं, बल्कि नगर (वाराणसी) का माहौल भी लगभग कथामय हो गया था। उन दिनों जहाँ कहीं से कहानी की पत्रिका निकलती थी, घर आती थी। इस माहौल ने धीरे-धीरे मेरी मानसिकता तैयार की। मुझमें कहानी की समझ विकसित हुई। यह एक वजह है। दूसरी वजह है मेरी माँ। मेरे वयस्क होने के बावजूद वे अंत तक मुझे बच्चा ही समझती रहीं और गीतों भरी कहानियाँ मेरे नहीं तो अपने संतोष के लिए कहती रहीं। उनके कहानी सुनाने का अंदाज अद्भुत था। जातक या पंचतंत्र अथवा प्रेमचंद से कहानी कहना तो मैंने बाद में सीखा लेकिन कहानी को नैरेट करना मैंने अपनी माँ से सीखा।

आपकी कहानी बनती कैसे है?

जाने क्यों लिखने की शुरुआत से ही मेरे दिमाग में यह बात बैठ गई थी कि कोई भी आदमी परिचित और जानी-पहचानी चीजों के बारे में नहीं जानना चाहता। वह, वह देखना चाहता है जिसे न देखा हो। वह सुनना चाहता है जिसे उसने न सुना हो। वह असामान्य या असाधारण भी हो सकता है और ऐसा सामान्य या साधारण भी जो अदृश्य या अनसुना रह गया हो। यथार्थ का चुनाव करते समय ये बातें बराबर मेरे दिमाग में रहती हैं। कभी-कभी ये फ्लैश के रूप में आती हैं और कभी बड़ी मशक्कत के बाद। इस संदर्भ में दूसरी बात मैं यह कहना चाहता हूँ कि छात्र जीवन में मेरी दिचलस्पी का विषय रहा है—भाषा, उसका व्याकरण। गुरु आचार्य हजारीप्रसाद द्विवेदी

ने एम.ए. में मुझे विषय दिया 'नाम धातु' और पी-एच.डी. के लिए विषय दिया था 'हिंदी में संयुक्त क्रियाएँ'। क्रियाओं पर काम करते हुए और व्याकरण पढ़ते हुए मुझे लगने लगा कि संज्ञा, सर्वनाम, विशेषण, क्रियाएँ किसी सचेतन प्राणी की तरह जीवित इकाइयाँ हैं। इनका निरर्थक अथवा अनावश्यक इस्तेमाल इनके साथ नाइंसाफी या इन पर जुर्म है। यानी समूची भाषा यदि सप्राण या जीवंत नहीं है तो उसका प्रयोग करना या लिखना व्यर्थ है। जैसे हिंदी में एक शब्द के अनेक पर्याय होते हैं, उनमें से सही अर्थ देने वाले शब्दों का चुनाव थोड़ा मुश्किल काम है। लेकिन ऐसे शब्द यदि मिल जाते हैं जिनकी तलाश हमें होती है तो लगता है कि श्रम भी सार्थक हुआ और उनका प्रयोग भी। और लिखने के दौरान मैंने अनुभव किया कि भाषा लेखक की पहचान हुआ करती है। मेरी पहचान की वजहों में से एक वजह यह भाषा भी है।

अपनी भाषा के लिए मिजाज का चुनाव आपने कैसे किया?

मेरे लेखक का सबसे बड़ा दुश्मन मेरा अध्यापक रहा है। जब मैंने लिखना शुरू किया, उन्हीं दिनों मैंने गोर्की की आत्मकथा पढ़ी थी। 'मेरा बचपन', 'मेरे विश्वविद्यालय' और 'जनता के बीच'—तीन भागों में। इसे पढ़ने के बाद मैंने निष्कर्ष निकाला कि मेरे लेखक का विश्वविद्यालय वह नहीं है जहाँ मेरा अध्यापक पढ़ाता है। मेरे लेखक का विश्वविद्यालय मेरा गाँव है, सड़कें हैं, बाजार हैं और वह प्रकृति है जिसे मैं देखता हूँ। किताबी भाषा से मुझे चिढ़ थी। मैंने भाषा, लहजा चारदीवारी के बाहर की सड़कों और बाजारों से सीखे।

शिल्प पर ज्यादा ध्यान देना क्या अनैतिक है? कला और नैतिकता का आपस में क्या संबंध है?

जो कुछ इस धरती पर है, मनुष्य हो या प्रकृति, कला की वस्तु है। और कला अच्छी या बुरी हो सकती है, अनैतिक नहीं। रही शिल्प की बात तो शिल्प वहाँ नजर आता है, जहाँ कंटेंट न हो। जहाँ कंटेंट में गुँथा हुआ शिल्प होता है, वहाँ वह कंटेंट को धारदार, पैना और पुख्ता बनाता है। शिल्प पर ज्यादा ध्यान वे देते हैं जिनकी आँखें संसार की ओर से बंद रहती हैं या जिनके लिए धरती सिर्फ सुंदर और खुशबूदार है।

लिखने के लिए मुख्यतः आपने कथा विधा को चुना, ऐसा क्यों?

मैंने चुना नहीं, जो लिखा वह कहानी हुई। बाद में लगने लगा कि मैं कहानी ही लिख सकता था। फिर तो कहानी लिखने के पीछे तर्क भी ढूँढ़ लिए कि यह संघर्षों की विधा है, कार्य-कारण की व्याख्या की विधा है, यही विधा है जिसमें समूचा आदमी अंट सकता है, लेकिन ये सारी बाद की बातें हैं, शुरू की नहीं। सच्चाई सिर्फ यह है कि मैं अपने बड़े भाई को किताबों के जंगल में रात-दिन बौंड़ियाते हुए-भटकते हुए

देखा करता था और देखते-देखते ऊब चुका था। इतनी मशक्कत मेरे बस की नहीं थी। मैंने निश्चय किया कि मैं किताबें नहीं, आदमी पढ़ूँगा। यह आसान काम है। लेकिन जब शुरू किया तो लगा, यह उससे कम मुश्किल काम नहीं है। आज हालत यह है कि मैं आलोचना भी लिखता हूँ तो कहानी हो जाती है, संस्मरण की तो बात ही छोड़ो। असल में कहानी मेरे लिए सिर्फ भाषा नहीं, जीवन की जबान है। कहने की जरूरत नहीं कि जिन्हें संस्मरण कहा जाता है, उनमें कुछ ही संस्मरण हैं। शेष को मैं संस्मरण नहीं मानता। वे कहानी के बदले हुए रूप हैं। चाहे उन्हें जो कहा जाए। फर्क इतना ही है कि कहानी में मैं यथार्थ से कल्पना की ओर जाता था और इन रचनाओं में कल्पना की आँखों यथार्थ को देखता हूँ। उनमें से कुछ को राजेंद्र यादव ने कथा रिपोर्ताज मान लिया है, बाकी को उन्होंने क्या नाम दिया है, नहीं जानता।

मार्क्सवाद से अपने जुड़ाव के बारे में बताएँ?

मैंने मार्क्स को विधिवत पढ़ा नहीं है। मार्क्सवाद की मेरी जो भी जानकारी है, वह गाँव की जिंदगी और समाज के वर्गों को देखकर है। शोषण के अनुभव और दर्शन ने मार्क्सवाद की ओर मुझे आकृष्ट किया था। मार्क्सवाद का कोई विकल्प नहीं है आज भी। पर मैं चाहता यह रहा हूँ कि किसी भी रचना में मार्क्सवाद या मार्क्सवादी विचारधारा पानी में तैरते हुए तेल की तरह नजर न आए। पानी ही नजर आए, मार्क्सवाद अदृश्य रहे।

इन दिनों क्या लिख रहे हैं?

इन दिनों मैं अपने इकलौते दोस्त भाषाविद् डा. रामाधार सिंह की जीवन लीला लिख रहा हूँ जो बहुत कुछ बचपन के संग साथ, उनके विषय में जानकारी और समय-समय पर लिखी जाने वाली चिट्ठियों पर आधारित है।

सृजन के पूर्व, सृजन के समय और सृजन के बाद आपकी मनःस्थिति क्या होती है?

मैंने देखा है कि लिखने के पहले बड़ा अकेलापन और खोयापन सा रहता है। काम कुछ करते हैं, दिमाग कहीं और होता है। और का मतलब कुछ ढूँढ़ता हुआ-सा, खोजता हुआ-सा। औ.र सहसा किसी दिन वह सूत्र मिल जाता है, जो मुझे कागज कलम के साथ बिठा देता है—तनावरहित और बड़े ही उल्लासमय क्षण होते हैं वे, जिस दिन मैं लिखता हूँ। इस मनःस्थिति में जो लिखा जाता है उससे संतोष होता है मुझे। उदाहरण के लिए 'कविता की नई तारीख' इसी मस्ती में मैंने लिखी थी जिसमें मेरे भीतर तनाव का नामोनिशान नहीं था। इसी तरह 'संतो घर में झगड़ा भारी' का ज्यादातर हिस्सा गोवा में लिखा गया था, जब मैं घर-परिवार की चिंताओं से दूर था। ज्यादातर संस्मरण लगभग इसी उल्लास और तनावमुक्त माहौल में लिखे गए।

स्थानिकता आपकी कहानियों में आसानी से ढूँढ़ी जा सकती है। बनारस और आसपास के जनजीवन में इधर आए परिवर्तनों को किस रूप में देखते हैं? एक लेखक के रूप में अपने ऊपर किस तरह का दबाव महसूस करते हैं?

बनारस के साहित्यिक इतिहास को देखा जाए तो दो तरह के रचनाकार हुए हैं। एक तो वे हैं जिन्होंने बनारस के वर्तमान से निरंतर मुठभेड़ की। दूसरे वे जिन्होंने बनारस के इतिहास या उसकी जीवन पद्धति के आगे समर्पण किया। वर्तमान से मुठभेड़ करने वालों में कबीर, भारतेंदु, प्रेमचंद और आचार्य हजारीप्रसाद द्विवेदी को देखता हूँ। बनारस के इतिहास और जीवन पद्धति के आगे समर्पण करने वालों में चाहें तो तुलसीदास, जयशंकर प्रसाद और शिवप्रसाद सिंह को भी ले सकते हैं आप। प्रसाद और शिवप्रसाद जी ने इतिहास के गड़े मुर्दे उखाड़े हैं। कहीं न कहीं बनारस का दबाव ही रहा है जिसके चलते तुलसीदास को वर्ण व्यवस्था स्वीकार करनी पड़ी। आचार्य द्विवेदी के निबंधों की बात छोड़ दीजिए तो उनके ऐतिहासिक से लगने वाले उपन्यासों में भी बनारस का वर्तमान ही है। मेरी नजर बराबर इस नगर के वर्तमान पर रही है। मेरी कहानियों में आने वाले ज्यादातर पात्र ऐसे हैं जिनकी पृष्ठभूमि ही गाँव की नहीं है, बल्कि जो शहर में भी गाँव की ही जिंदगी जी रहे हैं। और जब मुझे लगा कि बात नहीं बन रही है तो मैंने सीधे-सीधे 'देख तमाशा लकड़ी का' और 'संतो घर में झगड़ा भारी' जैसे कथा रिपोर्ताज लिखे।

('जनसत्ता' : दिल्ली, 23 अप्रैल 2000)

कविता का आसन गद्य से ऊँचा

कथाकार कृष्णा सोबती से बातचीत

आधुनिक हिंदी गद्य को जिन लेखकों की कलम से नई सामर्थ्य और नई ऊँचाई हासिल हुई है, उनमें कथाशिल्पी कृष्णा सोबती का नाम प्रमुख है। उनकी भाषा में शब्द गोया साँस लेते हैं और कहानियों-उपन्यासों में भाषा भी एक पात्र भर चरित्र की तरह उपस्थित होती है। 18 फरवरी 1925 को पंजाब (पाकिस्तान) में जन्मी कृष्णा सोबती की शिक्षा-दीक्षा दिल्ली, शिमला और लाहौर में हुई। उनके लेखन की शुरुआत कविता से हुई पर बाद में गद्य की ओर मुड़ गईं। 'डार से बिछुड़ी', 'मित्रो मरजानी', 'यारों के यार–तिन पहाड़', 'ऐ लड़की', 'सूरजमुखी अँधेरे के', 'जिंदगीनामा', 'दिलो दानिश' और 'जिंदा रुख' उनके बहुचर्चित उपन्यास हैं तो 'बादलों के घेरे' (कहानी संग्रह), 'हम हशमत' (संस्मरण) और 'सोबती एक सोहबत' भी पर्याप्त समादृत कृतियाँ रही हैं। छह दशकों से कृष्णा सोबती के सृजन में निरंतरता है। उनकी कृतियों में पंजाबी लहजा से उपजी एक खास त्वरा और खुलापन है। लोक जीवन और नारी जीवन के अंतरंग के रेशे-रेशे को खोलने में उन्हें महारत हासिल है।

आप अपने लिए स्त्री संज्ञा की उपेक्षा क्यों करती हैं?

कतई नहीं। खुली आँखों से जाँचिए। मैं स्त्री की अस्मिता और पहचान के लिए सदा सावधान और सतर्क रहती हूँ। उपेक्षा की तो बात ही कहाँ उठती है! मैं अपने लेखकीय व्यक्तित्व में अपने को पुरुष लेखक मित्रों के बराबर का देखती हूँ। उत्पीड़न, दर्द, संताप, त्रास और मेहनत से सटा हुआ एकालाप मेरे व्यक्तित्व के मुखर रचनात्मक कोने नहीं है। स्त्री होने के बावजूद अपने बाहर की एक बड़ी दुनिया को देखा, जाना है। लेखक की नजरों से स्थितियों के आर-पार देखा है। जैसा कि किसी भी लेखक को करनी होती है। विरोधी दिशाओं से उसकी टटोल और टकराहट की आहटों को अपने पाठ में गूँथ दिया है। मुझे विश्वास है, जिस जीवन के कच्चे

माल को ठोक बजाकर रूपायित किया है, वह मेरे पाठकों को निराश नहीं करता। गृहस्थी की छोटी-सीमित चौखट से एक बड़ी दुनिया का साक्षात्कार जरूर कठिन और असंभव होगा, ऐसा मैं मानती हूँ। लेखक के निकट शार्ट कट कारगर नहीं होता।

आपने सदी के लंबे परिदृश्य को जिया है। पुराने समय की स्मृतियाँ मन में किस रूप में अंकित हैं?

शताब्दी की पहली चौथ में जन्मी मेरी पीढ़ी ने समय के लंबे कालखंड की विविध स्थितियों और परिवर्तनों को जिया है। दशकों राष्ट्र के बदलते परिदृश्य को देखा है। उन घटनाओं को घटित होते भी जिनसे उभरे ऐतिहासिक निर्णय कुछ ऐसे हुए कि धरती के दो टुकड़े हुए और बँटवारे की हकीकत में बदल गए। देश की आजादी और विभाजन दोनों एक-दूसरे से ऐसे जुड़े ज्यों देश का भूगोल और इतिहास अवाक् होकर एक-दूसरे को अविश्वास से घूरते हों। विभाजन रेखा खिंची, धरती बँटी, दरिया और नदियाँ बँटे और देश की जनता बँट गई। लूटमार, हिंसा, नफरत, हत्या, आगजनी, अल्लाह ओ अकबर-हर हर महादेव के ऊँचे शोर में इन्कलाब जिंदाबाद की गूँज खो गई। लाहौर के गोलबाग में आयोजित एक सभा को याद कर रही हूँ। आजाद हिंद के तूफानी दिन थे। गोलबाग भीड़ से भरा था। लाहौर का कोई कालेज ऐसा नहीं था जो वहाँ मौजूद न हो। एकाएक इन्कलाब जिंदाबाद के नारे आसमान को छूने लगे। दिलों की धड़कनों को तेज करने लगे। मंच पर हलचल हुई। शहीदों के खून से भीगी कमीज लहराई गई और एकबार फिर आसमान थर्रा गया—आजादी हमारा पैदाइशी हक है। उस शाम किसी होस्टल में खाना न पका। बड़ी धनराशि इकट्ठी की गई थी। लाहौर बंगाल के क्रांतिकारियों से जुड़ा था। उस पीढ़ी के नायक हुआ करते थे—जान की बाजी लगा देने वाले शहीद। हँसते-हँसते फाँसी पर चढ़ जाने वाले देश के इन्कलाबी बहादुर। हवा में गूँजते रहते उनके गाने, उनके गीत।

शिमला-दिल्ली का सामाजिक वातावरण खास तरह की सफाई, सुरुचि और अनुशासन में बँधा। आतंकित करती अंग्रेजों की उपस्थिति आपस में मिलेजुले भाव जगाती। विदेशी सरकार के लिए काम करने वालों के बच्चे यह अच्छी तरह जानते थे कि हुकूमत उनकी थी और देश हमारा था।

गिरजा मैदान पर हम हाई लैंडर्स बैंड सुनते—उनके और अपने बीच की दूरी देखते। अपनी कोठी से दिखता ब्लैसिंग्टन स्टेटिंग रिंक जाने हममें कैसे-कैसे भाव जगाता—झुँझलाहट, गुस्सा, विद्रोह। उन दिनों वहाँ हिंदुस्तानियों को जाने की इजाजत नहीं थी। कभी क्रोध में बर्फ पड़ने पर, बर्फ की गेंद बनाते और खिड़कियों से नीचे फेंकते। सरकारी अमले का हिस्सा होकर भी हम बच्चे अपने देश की पराधीनता की

बात समझते थे। दिल्ली-शिमला का सरकारी समाज सुविधाओं का अभ्यस्त था। सोच और संस्कार में उदार था। बेहद संयमित और अनुशासित।

बेटे-बेटी के दरम्यान हमारे परिवार में कोई फर्क नहीं था। माता-पिता की ओर से बराबरी को बरकरार रखा जाता बिना किसी अतिरिक्त सावधानी के। यह बात हमलोगों के लिए कितनी मूल्यवान सिद्ध हुई—यह हमारे दृष्टिकोण और सोच से जाहिर है। रहन-सहन में सादगी और संयम। कायदे करीने में सबसे बड़ा आग्रह सुविधाजनक होने का। रूढ़ि, परंपरा को लेकर एक ऐसा लचीलापन कि जो अर्थहीन लगे, उसे बदल दो। जरूर आर्य समाज का भी प्रभाव रहा होगा।

बचपन में देखा गाँधी जी को शिमला के वकील मोहनलाल सूद की कोठी में। रोमांचक लगा था उन्हें प्रार्थना सभा में देखना।

शिमला आर्य समाज के जलसों में हम अपनी मनपसंद किताबें खरीदते। विवेकानंद, सुदर्शन, आनंदमठ, फूल वालों की सैर, राजा राममोहन, ईश्वरचंद्र विद्यासागर, रामकृष्ण परमहंस, दयानंद सरस्वती, राजस्थान की वीरांगनाएँ—शेख सादी। सेंट्रल सेक्रेटेरिएट लाइब्रेरी से लगातार किताबें लाते। पत्र-पत्रिकाएँ आतीं और पढ़ने के बाद सफाई से लौटा दी जातीं। 'सुधा', 'विशाल भारत', 'माडर्न रिव्यू', 'माया' इत्यादि। खाने की मेज पर पत्र-पत्रिकाएँ देखने-पढ़ने की मनाही थी। क्योंकि लाइब्रेरी की पत्रिकाओं पर कोई दाग लग सकता था। मैं आज भी खाने की मेज पर अखबार या किताब लेकर बैठने से कतराती हूँ।

जिंदगी के लंबे सफर में मेरी जीवन शैली में कोई खास परिवर्तन नहीं हुए। सुविधाएँ कम हों या ज्यादा, बुनियादी रूप से ऐसे बदलावों को मैंने दूर ही रखा जो एक साधारण मध्य वर्ग की चौखट से दूर पड़ते हों। व्यक्ति की अस्मिता और स्वतंत्रता में आस्था और सही को सही और गलत को गलत कहने की दो टूक छूट। मैं अपने अधिकार के प्रति उतनी ही सजग हूँ जितनी दूसरों के। मैं न अपने को कम गंभीरता से लेती हूँ न दूसरों को।

दिल्ली में रहकर मैंने देखे हैं अपने देश के चार बड़े जुलूस। नेहरू जी की अंतिम यात्रा और तीन राजनीतिक हत्याओं के जुलूस। दुखद-दिल दहलाने वाली थी बापू की हत्या। जिस बापू ने हमें आजादी दिलवाई, उसे ही हमने गोली से खत्म कर दिया।

क्या सृजन के मूल में जन्मजात प्रवृत्ति रहती है? आपको साहित्य सृजन के लिए किन चीजों ने उकसाया?

लेखन का रचनात्मक अनुशासन इतने सहज ढंग से मुझ तक पहुँच जाएगा, यह सचमुच विस्मयकारी रहा। अहसास तब न हुआ और इस अनुशासन में मैंने प्रवेश पा लिया। घर में पढ़ने-लिखने का माहौल था। किताबों की कमी न थी। हम सभी

भाई-बहन अपनी-अपनी डायरी में कुछ न कुछ दर्ज करते। कभी-कभी इतवार को अम्मी और पिताजी को पढ़कर सुनाते।

बीमार पड़ने पर भी कहा जाता कि लिखकर लाओ–क्या तकलीफ है। मैं बताऊँ, सन् छत्तीस या सैंतीस में हिंदी साहित्य सम्मेलन का शिमला अधिवेशन हुआ। उस सम्मेलन का अनुभव मेरे लिए निर्णायक साबित हुआ। शिमला अधिवेशन में अध्यक्ष बनकर 'आज' के संपादक पंडित बाबू राव विष्णु पराड़कर आए थे। सम्मेलन में निराला, भगवती चरण वर्मा, सुमन, विद्यावती कोकिला भी आई थीं। हमें पता चला कि माल रोड पर इन लेखकों का जुलूस निकलेगा तो हम फूल लेकर सड़क किनारे खड़े हो गए। अनोखा जुलूस था। सरदारों ने हाथों में नंगी तलवारें ले रखी थीं। निराला जी लंबे थे, उन्होंने हम बच्चों को नहीं देखा। हमने भगवती चरण वर्मा, सुमन, कोकिला को फूल भेंट किए। बाद में सम्मेलन में निराला ने जब कविता पढ़ी तो सारा हॉल उत्तेजित हो गया। निराला की कविता ने श्रोताओं को अजीब तरह से उत्साहित कर दिया था। हम बच्चों ने स्टेज पर जाकर बड़े लेखकों के आटोग्राफ लिए थे। मैंने भगवती चरण वर्मा का आटोग्राफ लिया था। वहीं उन्होंने बताया कि वे कलकत्ता से 'विचार' निकालने जा रहे हैं। मैंने 'विचार' का पता लिया और उसी में मेरी पहली रचना 'उसकी रोटी' शायद सन् उनतालीस में छपी थी। बाद में अज्ञेय जी ने 'प्रतीक' में मेरे उपन्यास का अंश 'चन्ना' और कहानी 'सिक्का बदल गया' छापा। लिखने की शुरुआत हुई तो क्रम चलता रहा। वैसे लेखन के क्षेत्र में मैं कंजूस रही हूँ। कम लिखा है।

साहित्य सृजन के मूल में जन्मजात प्रवृत्ति रहती है या नहीं, यह पेचीदा प्रश्न है। यह पूरे व्यक्तित्व को जानने से संबंधित है। भाषा बाद की चीज है। अहम प्रश्न ये है कि किस भाषा से आप जिंदगी को पढ़ते हैं, लिखते हैं और दूसरों के प्रति जागरूक हैं? मैं गहरे तक समझती हूँ कि अगर स्थितियों को ऊपर-ऊपर वृत्तांत तक बाँध लिया जाय और वह अर्थ न दे, तो लिखने की क्या जरूरत है? रचना और रचनाकार में संबंधों की गहरी गूँथ किसी भी छोटे बड़े लेखक के निकट मूल्यवान होती है। रचना और रचनाकार के संबंध कभी सरसरी नहीं होते। वह रागात्मक संबंधों की हद तक गहरे और दूर तक फैले होते हैं और जटिल भी।

कोई भी रचना सिर्फ ऊपर का खोल नहीं जिसे शिल्प और शैली से बुन लिया जाता है। महत्त्वपूर्ण है उसमें निहित विचार, विचार की शक्ति और कथ्य। रचना मात्र भाषा की कौशलपूर्ण अभिव्यक्ति नहीं। शब्द और विचार के संयोजन से गूँथी हुई वह वैचारिक कलात्मक प्रस्तुति है जो अपने होने में स्वयं अपनी सत्ता है। रचना की प्रतीति रचनाकार की उस क्रियाहीन एकांत में होती है जहाँ बेमेल टुकड़ों की फंतासी अपने रहस्य को विस्मयकारी ढंग से उद्घाटित कर जाती है। हर लेखक के निकट उसकी

सृजनात्मक प्रक्रिया नितांत उसकी अपनी होती है। मेरी भी है। कोई भी लेखक अपने से अलग और अपने ही भीतर एक अदिखते गर्भगृह को समादृत करता है। कहीं गहरे से संकेत देती उसकी आंतरिक समग्रता को आत्मचेतन से समेटता है और अपने को सहज कर लेता है। उसके तनाव और दबाव के आतंक से दूर हो जाता है। बस फिर यहीं से वह यात्रा शुरू होती है जिसे लिखना कहा जाता है।

शिल्प से कथ्य ज्यादा महत्त्वपूर्ण है?

यह तो रचना की जो जमीन है और जमीन में से उभरता कथ्य, अगर शिल्प के स्तर पर कुछ कमतर भी हो तो शायद रचना की गंभीरता में फर्क नहीं आएगा। लेकिन शिल्प यदि कथ्य पर हावी हो, तो रचना अपने होने में आधी रह जाती है। स्थितियों और पात्रों पर तो नहीं, किंतु रचना के स्वभाव, संस्कार और विचार पर पकड़ रखते हुए—रचना के तनाव और दबाव से जूझते हुए कथ्य की बराबरी में अगर शिल्प भी उसकी माँग पूरी करता है, तो रचना अद्वितीय बनती है। मुझे लगता है कि कोई भी लेखक इतना सजग होकर या यत्नपूर्वक इसे नहीं करता। लेखक होना सहज नहीं है। वह अपने भीतर समूची दुनिया को समेटे रहता है। एक अच्छी कृति उसे नया जीवन देती है। शिल्प-कथ्य में सामंजस्य अनुभव के बल पर रचना में घटित होता है। कहानी वो विधा है, जहाँ कथाकार के कथ्य और शिल्प का सीधा-सादा प्रभाव उस चौखट में स्थित हो जाता है, जिसे आप कथा या कहानी कहते हैं। कहानी अपने में एक छोटी-सी आरंभ से अंत तक पहुँचने वाली विधा है। इसी के बल पर कथाकार की साहित्यिक यात्रा उसके लेखक को रचनात्मक स्तर पर कथाकार का रुतबा नहीं देती, कहानी, कथाकार से आगे निकल जाती है। अगर पूरे परिदृश्य को देखें, पिछले दशकों की कहानियों, कथाकारों के नाम लें तो पाएँगे कि कहानियाँ अपनी ही नहीं, कथाकार की रचनात्मकता को भी प्रमाणित करती हैं। यही बात उपन्यास के बारे में सिद्ध नहीं की जा सकती।

आप कह रही हैं कि कहानियाँ अपनी ही नहीं, कथाकार की रचनात्मकता को भी प्रमाणित करती हैं लेकिन इस समय तो उल्टा ही कहा जा रहा है कि आज कथाकार हैं, कहानियाँ नहीं?

ये दिलचस्प है, हमारी जो नई कहानी है, उसने पुराने चौखट को तोड़ा है। और उसके लिए हम नए लेखकों का आभार मानते हैं। इसलिए कहानी के नहीं होने की बात सही नहीं है। एक क्रिकेट के खेल की तरह कहानी की विधा अब धीरे-धीरे या तेज भी घटनाचक्र में से निकलकर शिल्प और कथ्य के मिलेजुले रूप में परिवर्तित हो चुकी है। सटीक रूप में पुराने कहानीकार और नए कहानीकारों के बीच में एक फर्क अंकित हो चुका है। कहानी विधा अब मात्र कलात्मक रूप से प्रस्तुत किया जा रहा

घटनाचक्र या सामाजिक संवेदन अथवा व्यक्ति के क्रियाकलापों का ही प्रस्तुतीकरण नहीं है। कहानी विधा के रूप में हमारी युवा पीढ़ी ने उसे तराश दिया है। क्रिकेट के खेल की तरह ही अब आप इसे एक पिच में खेल रहे हैं। जरूरी ये भी है कि जो लिखा जा रहा है, उसके दौरान आप चौकसी से और तीव्रता से उस गेंद का सामना करें, जो आपके सामने से आपकी ओर फेंकी जा रही है। जरूरी नहीं कि आप अपनी कहानी में चौके या छक्के मारें। जरूरी ये भी है कि आप कहानी के परिदृश्य पर बने रहें। यदि ऐसा नहीं होगा तो आप पैविलियन में बैठे नजर आएँगे। ऐसी कहानी के लिए वे लेखक जिम्मेवार हैं जिन्होंने अपनी आँख से, अपने संवेदन से एक ऐसी जिंदगी को जिया है, जहाँ पुरानापन अब पिछवाड़े में है। और एक त्वरित गति वाला खेल उनके हाथों से जा रहा है। तमाम सामाजिक परिवर्तनों के फलस्वरूप सुविधाएँ और संपन्नता ने एक अच्छा-खासा सफर तय किया है जिसने हमारी नई पीढ़ी को एक नया मुहावरा दिया है। इसलिए राजनीतिक पक्ष में यह बात बहुत शिद्दत से उभर कर आती है कि लोकतांत्रिक मूल्यों ने समूचे बुद्धिजीवी वर्ग की सोच को प्रभावित किया है।

नई पीढ़ी की कथा कृतियों में आपको और क्या विशेषताएँ दिखती हैं?

इस वक्त दो धाराएँ साफ तौर पर एक-दूसरे का जायजा ले रही हैं। सामाजिक वर्गों में जो लोग शिक्षित हैं और व्यवस्था के तंत्र की अंदरूनी चौखट को चाँद बरसाते हैं, उनका संवेदन एक प्रबुद्ध पाठक को संबोधित करता है। और दूसरे वो लोग जो कम शिक्षित हैं और एक खास तरह की देसी स्थितियों में से उबरने की कोशिश में हैं, उनकी रचनाएँ कहीं ज्यादा अनुभव की ऊर्जा से भरपूर हैं। उनके पास कहने की तालीम न भी हो पर स्थितियों का लेखा-जोखा प्रस्तुत करने की उत्सुकता और उत्साह है जहाँ भारतीय देशज जीवन अपने लोकतांत्रिक ढाँचे के नजदीक से और दूर से जिन पास आती हुई स्थितियों को देख रहा है, वह पहली श्रेणी से काफी भिन्न है। हम लोग एक खास तरह के शोर से अभिभूत नहीं हैं, तो भी मनोरंजन के रूप में उसे स्वीकार कर रहे हैं। देशज स्तर पर वो लोग अपने शोर को सुनते हुए भी ग्रामीण समाज के नए कोलाहल को अपनी कहानी में प्रस्तुत कर रहे हैं। उनके पास कहीं पहुँचने की सिर्फ जिज्ञासा नहीं, उनके अनुभव में उनका संघर्ष है, जो उन्हें एक ऐसी भाषा प्रदान कर रहा है जो हमारे आरामतलब वर्ग के पास नहीं है।

विचारधारा का दबाव नहीं है?

विचारधाराओं ने और कुछ भले नहीं किया हो पर कहानी को गहराई से प्रभावित किया है और गैरजरूरी को छान दिया है। एक जो साहित्यिक दबाव एक वर्ग की कहानी में देखा जाता था, अब आप देखें, उसमें आज अनावश्यक विस्तार नहीं है।

उसे संक्षिप्त कर दिया गया है। टेक्नोलोजी के प्रभाव ने भी कहानी के इस तेवर को तय किया है।

हिंदी कथा आलोचना की सांप्रतिक स्थिति से आप संतुष्ट हैं?

कथा आलोचना की स्थिति मेरे ख्याल से सभी भाषाओं में एक सी है। हिंदी में और भी ज्यादा स्पष्टता से देखें कि बहुत बड़े हिंदी प्रदेश होने के नाते लेखकों की संख्या भी कम नहीं है। साहित्य का श्रेष्ठ चुनने का काम आलोचकों और पाठकों का जरूर है लेकिन हम ये भी मान के चलते हैं कि आलोचक और पाठक को इस बात का अधिकार है कि वह अगर रचना को पढ़ता है और खामोश रहता है, उसके बारे में कुछ कहना नहीं चाहता या भाषा के एक बड़े क्षेत्र में वो किसी साहित्य कोटि में कथा संग्रह को न रखना चाहे, तो हम उसे जवाबतलब नहीं कर सकते। हम लोग लगातार ये कहते हैं कि हमारे यहाँ आलोचना का वर्चस्व ऐसा है कि वो कृतियों की जाँच-पड़ताल नहीं करता। मैं खुद ऐसा सोचती हूँ कि पिछले पाँच दशकों में आलोचकों को लेकर हमारी शिकायतें कम नहीं हुईं। बाकायदा दर्ज की गईं। फिर भी अगर कुछ अच्छा लिखा गया है तो उसे आलोचकों के मौन के बावजूद पाठकों ने कबूल किया और वो साहित्य की गंभीर उपलब्धि ही बना है। मैं अभी पाठक के नाते कुछ उपन्यासों का नाम लूँ, जो जब लिखे-पढ़े गए और महत्त्वपूर्ण के शब्द से जाने भी गए—वो अपनी यात्रा में सचमुच महत्त्वपूर्ण सिद्ध हुए— 'शेखर एक जीवनी', 'राग दरबारी', 'आधा गाँव', 'तमस', 'भूले बिसरे चित्र', 'उसका बचपन', 'वरुण के बेटे', 'गिरती दीवारें', 'डूब', 'मुझे चाँद चाहिए', 'सूरज का सातवाँ घोड़ा', 'पंचनामा', 'बूढ़ा बरगद', 'दास्ताने लापता', 'नदी को कुछ याद नहीं', 'रात का रिपोर्टर' जैसे उपन्यास खूब पसंद किए गए। हाँ, ये है कि आलोचकों के चाहने पर भी साहित्य में हर चीज सबसे ऊँचे निशान पर नहीं पहुँच सकती।

आपने कविता का आसन गद्य से ऊँचा बताया है, आपकी इस स्थापना का आधार क्या है?

कविता घटित होती है कुछ आपके चाहने से। लेकिन कुछ आपके अनजाने में भी उस रहस्य में से जिसका तर्क आपको स्थूल रूप से नहीं दिखता; यह आप पर उतरती है। यह लेखक के न चाहने के बावजूद ऐसा होता है। जो आपके अवचेतन में आपके चैतन्य से अंतरंग से छत के रूप में उभरती है कविता और पन्ने पर फैल जाती है। कविता की बात करते हैं—कविता कम होती है—अभ्यास ज्यादा होती है। कविता का संबंध अपने समूचे अंतरंग से होता है और बाहर के आलोक से उसे हम अंदर पाते हैं। दोनों के अँधेरे और उजाले से कविता का जन्म होता है। पर कहानी के लिए यह बात नहीं। उसमें जो आँखों से बाहर देखते हैं, उस अनुभव को लिखते

हैं। इसलिए कहा जाता है कि कवि लौकिक नहीं, अलौकिक शक्ति से ऊर्जा पाता है। उदात्त प्रकृति से सिमटा हुआ नहीं, वह दूर तक जीता है। इसलिए कविता का स्थान गद्य से ऊपर है। गद्य वालों को मान लेना चाहिए कि वे नंबर दो पर हैं नंबर एक पर कवि हैं।

क्या कभी आपको यह महसूस हुआ है कि जो आप लिखना चाहती हैं, नहीं लिख पातीं?

मुझे लगता है, बहुत बार बहुत से लेखकों के साथ ऐसा होता है। क्योंकि जिसे आप लिखना चाहते हैं, उसे आप लिखने से पहले अपनी संभावनाओं-सीमाओं से उसे तौलते-परखते हैं। किसी भी गलतफहमी में किया गया लेखन यदि उन मानदंडों पर खरा नहीं उतरता तो लेखक को बाध्य होकर उसे यह कहकर टालना पड़ता है कि मैं उसे वैसे नहीं लिख सका, जो लिखना चाहता था। ऐसी स्थितियाँ कई बार आती हैं।

आदर्शों-मूल्यों में अवमूल्यन की वजह क्या है? लोग अपनी समृद्ध विरासत और परंपरा से क्यों कटते चले गए?

अवमूल्यन पूरे विश्व में हुआ है। हमारी नई पीढ़ी ने नई चीजों के साथ तालमेल बिठाने के लिए कुछ ऐसी स्थितियाँ उभारी हैं, जिन्होंने पुरानी परंपरा को बदला है। परंपरागत मूल्यों और आदर्शों के अवमूल्यन से खतरा यह है कि ऐसी कार्यकारी लेखकीय संस्कृति का रूप निर्धारण सरल नहीं होगा, जहाँ साहित्यकार का संस्कार और स्वाधीन गरिमा सुरक्षित रहे। अंतर्राष्ट्रीय बाजार संस्कृति ने हमारी संस्कृति के उदात्त मूल्यों को गहरे तक झिंझोड़ कर रख दिया है। इससे जुड़ी हमारी चिंताएँ गहरी हैं।

जीवन के हर क्षेत्र में उपभोक्तावाद जिस तरह अपनी जड़ें जमा रहा है, क्या साहित्य उससे बच पाएगा?

उपभोक्तावाद का जो प्रभाव है, उसके साथ ही साहित्य नए अनुशासन से घिरा है। वो अनुशासन जिसका संबंध टेक्नालॉजी और विज्ञान से है। अंतरिक्ष में मीडिया का होना साहित्य के पूरे प्रकरण पर प्रश्नचिह्न ही नहीं लगाता, उन खतरों से भी आगाह करता है जिनमें कई दूसरे देश गुजर रहे हैं। और उनकी स्थितियों से सचेत नहीं हो रहे। पुस्तक पर भी खतरा है, इंटरनेट से। इस स्थिति में बदलाव की एकमात्र संभावना यह है कि जब हम लोग थक जाएँगे तो हम वापस किताब की तरफ पहुँचेंगे। क्योंकि एक व्यक्ति के रूप में आपको यह लगेगा कि आप अपने अंतरंग में उन अर्थों को खोजें जो किसी लेखक ने शब्दबद्ध किए हैं। इसके साथ ही उन खामोशियों को भी पढ़ें, जो शब्दों के पिछवाड़े से एक कृति ही प्रस्तुत कर सकती है।

('जनसत्ता सबरंग', कोलकाता व मुंबई : 7 मार्च 1999)

मातृभाषा शरीर की त्वचा है

राजस्थानी कवि चंद्रप्रकाश देवल से बातचीत

महज तीस वर्ष की उम्र में पहले ही कविता संग्रह पर साहित्य अकादेमी पुरस्कार पाने वाले चंद्रप्रकाश देवल का आज भारतीय भाषाओं के समकालीन कवियों में महत्त्वपूर्ण स्थान है। राजस्थान के उदयपुर जिले के गोटीपा गाँव में 14 अगस्त 1949 को जन्मे देवल की स्नातक तक पढ़ाई उदयपुर में हुई। जोधपुर विश्वविद्यालय से रसायन विज्ञान में स्नातकोत्तर करने के बाद उन्होंने अध्यापन को पेशे के रूप में अपनाया। जीव-रसायन में पी-एच.डी. की। 1970 में उन्होंने हिंदी व राजस्थानी में कविताएँ लिखनी शुरू कीं। अब तक राजस्थानी में उनके पाँच कविता संग्रह—'पागी', 'कावड़', 'मारग', 'तोपनामा' और 'राग-विजोग' और हिंदी में चार कविता संग्रह—'आर्तनाद', 'बोलो माधवी', 'स्मृतिगंधा' और 'अवसान' प्रकाशित हैं। देवल के सर्जनात्मक व्यक्तित्व की खूबी यह है कि भारतीय भाषाओं—हिंदी, ओड़िया, पंजाबी, गुजराती, बांग्ला व संस्कृत से अपनी राजस्थानी भाषा में अनुवाद भी उन्होंने उतनी ही सृजनात्मकता से किया है। इन भाषाओं की दस चर्चित पुस्तकों का देवल द्वारा किया अनुवाद छप चुका है। फ्योदोर दॉस्तॉयेव्स्की और सैम्युअल बेकेट की पुस्तकों का भी उन्होंने राजस्थानी में अनुवाद किया है। इसके साथ ही राजस्थानी मध्यकालीन साहित्य की महत्त्वपूर्ण पुस्तकों का संपादन भी देवल ने किया है। साहित्य में उल्लेखनीय योगदान के लिए उन्हें साहित्य अकादेमी पुरस्कार, साहित्य अकादेमी का अनुवाद पुरस्कार, भारतीय भाषा परिषद पुरस्कार, मीरा पुरस्कार व घनश्यामदास सर्राफ पुरस्कार समेत कई सम्मानों से विभूषित किया गया है।

राजस्थानी में गद्य की विधाओं का वैसा विकास क्यों नहीं हुआ, जैसा कविता का हुआ?

यह सही है कि राजस्थानी में प्रमुख विधा कविता है। राजस्थानी कविता ने लंबी विकास यात्रा तय की है। जबकि राजस्थानी में कहानी, उपन्यास, ललित निबंध, यात्रा वृत्तांत और गद्य की अन्य विधाएँ हाशिए पर हैं। राजस्थानी में कविता का सैकड़ों साल का इतिहास है। उस इतिहास को डिंगल (पुरानी राजस्थानी) की वाचिक परंपरा ने जिंदा रखा। जिसमें तुक होगा, छंद होगा, लय होगी, वह विधा आसानी से याद हो जाती है और एक जबान से दूसरी जबान पर स्थानांतरित हो जाती है। शायद इसीलिए राजस्थानी में जीवनी और इतिहास भी काव्य में लिखे गए हैं। गद्य का विकास इसलिए भी नहीं हुआ, कि उसे राज्याश्रय नहीं मिला। जो राजनैतिक या सामंती व्यवस्था थी, वह कविता सुनना पसंद करती थी, गद्य नहीं। गद्य में सिर्फ लोककथाएँ वाचिक परंपरा के कारण बची रहीं।

राजस्थानी में आलोचना की भी स्थिति तो लचर है?

आलोचना की स्थिति लचर इसलिए है कि आलोचना के जो मापदंड हैं, उनके मुताबिक समीक्षा दृष्टि का वांछित विकास नहीं हुआ। शास्त्रीय आलोचना हमारे यहाँ वैसे भी बहुत नहीं पाई जाती। पश्चिम का प्रभाव अलग से पड़ा। मुझे यह स्वीकार करने में कोई संकोच नहीं कि आज भी राजस्थानी भाषा में अच्छी आलोचना अनुपस्थित है और इस अनुपस्थिति के कारण ही मैं स्वयं अपनी रचनाओं का आलोचक बना और अपने बने-बनाए रचनात्मक ताने-बाने को निरंतर तोड़ता-सँवारता रहा। इधर राजस्थानी में आलोचना की उम्मीद अर्जुन देव चारण, किरण नाहटा और नंद भारद्वाज जरूर जगाते हैं। राजस्थानी के ये गंभीर आलोचक हैं।

राष्ट्रीय परिदृश्य में राजस्थानी साहित्य आज कहाँ खड़ा है?

मध्यकाल में राजस्थानी साहित्य दूसरी भारतीय भाषाओं के साहित्य से अग्रणी रहा। मध्यकाल में मीराबाई, पृथ्वीराज राठौर राजस्थानी साहित्य में उसके नयन की मणि के रूप में आए। आज राजस्थानी साहित्य की स्थिति उतनी संतोषजनक नहीं है।

इसकी वजह?

आजादी के बाद तिरपन वर्षों में तीसरी पीढ़ी आई है राजस्थानी में। मैं उनके कृतित्व से आशान्वित हूँ, पर वे राष्ट्रीय परिदृश्य पर बराबरी नहीं कर सकते। इन पचास-तिरपन वर्षों में राजस्थानी भाषा-साहित्य का जितना विकास होना चाहिए था, नहीं हुआ। स्वयं राजस्थान में राजस्थानी को लेकर जो जागरूकता होनी चाहिए, वह नहीं है। जीवन के हर क्षेत्र में खेती में, अस्पताल में हिंदी से ही काम चल जाता है। राजस्थान में शिक्षा का प्रतिशत भी कम है। यदि मातृभाषा में शिक्षा के अवसर उपलब्ध होते तो साक्षरता शत-प्रतिशत होती। भाषा वही पुष्पित-पल्लवित होगी जो

रोजी-रोटी कमा सके। गुजराती में सात सौ समाचार पत्र निकलते हैं। राजस्थान की पूरी पत्रकारिता हिंदी के माध्यम से हो रही है।

क्या हिंदी राजस्थानी के विकास में बाधक है?

मैं यह नहीं कह रहा हूँ। हिंदी से राजस्थानी की लड़ाई नहीं है। पर मैं जानता हूँ कि हिंदी आज इस स्थिति में पहुँच गई है कि उसे अपनी उप-भाषाओं को अपनी स्वतंत्र रक्षा का अवसर देना चाहिए। हिंदी को आदिकाल चाहिए था, मध्यकाल चाहिए था, तो उपभाषाएँ उसके साथ थीं। लोकतांत्रिक व्यवस्था का सबसे बड़ा कर्त्तव्य यह है कि सौ व्यक्तियों का समूह भी यदि कोई भाषा बोलता है तो उनकी भाषा, उनकी जीवन-शैली की वह रक्षा करे, वरना लोकतंत्र और सामंती व्यवस्था में अंतर क्या रह जाएगा? छोटे से छोटे समूह की जीवन-शैली की रक्षा कीजिए। इंद्रधनुष के रंगों को खंडित मत कीजिए। भारत माता के गले में पड़ने वाली माला में एक भी फूल खंडित हो तो वह पूजा योग्य नहीं रह जाएगा। इतनी भाषाओं को आठवीं अनुसूची में शामिल किए जाने पर जब हिंदी का अहित नहीं हुआ तो राजस्थानी को शामिल किए जाने पर क्यों होगा? राजस्थानी को संविधान की आठवीं अनुसूची में शामिल किया जाना चाहिए।

आपकी दृष्टि में राजस्थानी को संवैधानिक मान्यता नहीं मिलने की वजह क्या रही है?

राजस्थान का जो राजनैतिक नेतृत्व रहा है, उसे अपनी भाषा और संस्कृति से कोई मतलब नहीं रहा। आजादी के बाद राजस्थान ऐसा नेतृत्व नहीं दे पाया जो राजस्थानी को उसका वाजिब हक दिला सके। राजनैतिक इच्छाशक्ति की कमी रही है। इसीलिए राजस्थान की संस्कृति के क्षरण को रोकने, विलुप्त होते लोक वाङ्मय को बचाने, नष्ट होती ऐतिहासिक धरोहर की रक्षा की अकुलाहट तक नहीं है। अकेले जोधपुर के प्राच्य विद्या प्रतिष्ठान में 85 हजार पांडुलिपियाँ पड़ी हुई हैं। इनमें एक-तिहाई राजस्थानी की हैं। इनकी रक्षा सुनिश्चित करने की आकुलता कहीं नहीं दिख रही। भाषा का मर्म वे जानते हैं, जिनका सांस्कृतिक आधार छिन रहा है। गंगानगर, हनुमानगढ़, बीकानेर के ऊपरी इलाकों में पंजाबी का प्रभाव है। वहाँ पंजाबी मिश्रित राजस्थानी बोली जाती है, इसीलिए वहाँ के लोग अपनी राजस्थानी भाषा से कटने के डर से सबसे ज्यादा चिंतित हैं। माउंट आबू को 59 में वापस करने का आधार भाषा था। बेलगाँव जिले में मराठी-कन्नड़ में संघर्ष का कारण भाषा है। प्रवासियों में अपनी भाषा और संस्कृति के लिए तड़प है, विरह है, आंतरिक लगाव है क्योंकि वे दूसरे क्षेत्र में हैं। अपनी जड़ों की बात उन्हें मथती है। अपनी अस्मिता के

लिए अपनी जड़ की ओर लौटने को वे मजबूर हैं। मातृभाषा के लिए तड़प और उसके लिए लड़ाई स्वाभिमान का प्रतीक है।

आपके व्यक्तित्व के निर्माण में राजस्थान का योगदान कितना है?

बहुत ज्यादा। राजस्थान के जिस परिवेश में मैं पला-बढ़ा, उसमें साहित्य की ओर झुकाव स्वाभाविक था। मेरे दादाजी भैरव सिंह दधवाड़िया डिंगल में दोहे सुनाते थे। उन्हें असंख्य कविताएँ कंठस्थ थीं। आरंभिक दौर में दादाजी ने ही काव्य संस्कार दिए। वे डिंगल की वाचिक परंपरा में विशेषज्ञ थे। दादाजी कविताओं की ओर खींचते तो दादीजी कहानियों की ओर। वे परियों की कहानियाँ सुनातीं। मेरी आँखें अब भी उन परियों की तलाश में हैं। पर मेरी सर्जना की विधा कविता ही बनी। एक तो दादाजी के सान्निध्य में मिली शिक्षा-दीक्षा का प्रभाव था, दूसरे मेरे चारों ओर भिन्न रूपों में कविताएँ ही मौजूद थीं। कह सकता हूँ कि गवरी नृत्य में गाए जाने वाले गीत या चलती चाकियों के साथ गाए जाने वाले 'हरजस' या तीज-त्योहारों में गाए जाने वाले स्त्रियों के गीत या 'रतजगों' के गीत जब सुनता तो कविता के इतने रूपों से साक्षात्कार कर लोक और शास्त्रीय दोनों रूपों में प्रचलित इन कविताओं से कभी चकित होता, कभी मुग्ध। और उसका मेरे चित्त पर प्रभाव यह पड़ा कि कविता ने मुझे भी अपना लिया। विद्यार्थी काल में छिटपुट लेखन हिंदी में किया पर विधिवत कविताएँ लिखनी मैंने मातृभाषा राजस्थानी में सातवें दशक में शुरू कीं। परवर्ती काल में हिंदी और राजस्थानी दोनों में समान रूप से लिखा। राजस्थानी में लिखी पुस्तकों के लिए आज भी प्रकाशक नहीं मिलते पर मैं मानता हूँ कि मातृभाषा का माध्यम ही अभिव्यक्ति को असली ताकत देता है। मातृभाषा के बगैर जीवनभर नंगा रहना पड़ता है। मातृभाषा शरीर की त्वचा है, शरीर को ढँके रहती है। हमारे लिए तो राजस्थानी में लिखने के लिए पगडंडी तैयार मिली जो हमारी अग्रज पीढ़ी ने बनाई। राजस्थानी में पहले डिंगल में कविताएँ लिखी जाती थीं। विजयदान देथा और उनके समकालीनों ने बोलचाल की राजस्थानी में लिखकर पगडंडी बनाई।

वे कौन सर्जक हैं, जिनसे आपके लेखन को गति या दिशा मिली?

राजस्थानी में मीरा से लेकर गणेशीलाल व्यास 'उस्ताद' और विजयदान देथा से प्रेरणा पाई है। देथाजी ने पत्र लिखकर मुझे सलाह दी कि रोज सुबह मैं स्वयं से पूछूँ कि कविता से मेरा संबंध क्या है और मेरे कविता लिखने का हेतु क्या है? देथा जी की इस सलाह ने मुझे नई दिशा दी। प्रतिकूल आलोचनाओं से भी मैंने प्रेरणा ली। बुजुर्ग कवि कन्हैयालाल सेठिया ने 'पागी' की कविताओं को कच्ची कोंपलें कहा था।

उसके बाद परंपरा से प्राप्त राजस्थानी भाषा को अपने समय की संवेदना के अनुरूप ढालने की चुनौती मैंने ग्रहण की। बांग्ला में रवींद्रनाथ से लेकर सुभाष

मुखोपाध्याय की कविताओं ने मुझे प्रभावित किया। राजस्थानी में विश्व साहित्य के अनुवाद अपेक्षाकृत कम हैं। बहुत कम। साहित्य अकादेमी के सचिव इंद्रनाथ चौधुरी ने पूछा कि विभिन्न भाषाओं से राजस्थानी में अनुवाद करने वाले कहाँ हैं? वास्तव में यह अभाव है। इंद्रनाथ चौधुरी के कहने पर भारतीय भाषाओं की दस पुस्तकों का अनुवाद करने का दायित्व मैंने ग्रहण किया। सुभाष मुखोपाध्याय के कविता संग्रह 'जोतो दुरे जाई', सीताकांत महापात्र के ओड़िया कविता संग्रह 'शब्देर आकाश', रमाकांत रथ के कविता संग्रह 'श्री राधा', हरभजन सिंह के पंजाबी कविता संग्रह 'ना धुप्पै ना छावैं', शीतांशु यशश्चंद्र के गुजराती कविता संग्रह 'जटायु', केदारनाथ सिंह के कविता संग्रह 'अकाल में सारस', अशोक वाजपेयी के कविता संग्रह 'कहीं नहीं वहीं' का राजस्थानी में अनुवाद किया। इसके अलावा सात उपनिषदों का काव्यानुवाद किया, फ्योदोर दॉस्तॉयेव्स्की के विश्वप्रसिद्ध उपन्यास 'क्राइम एंड पनिशमेंट' और सैम्युअल बेकेट के प्रसिद्ध नाटक 'वेटिंग फार द गोडो' को राजस्थानी में ले आया। इन लेखकों को करीब से जानने और बहुत कुछ सीखने का अवसर अनुवाद ने ही दिया। अब तो राजस्थानी में भी कई लोग अच्छे अनुवाद कर रहे हैं। यह संतोष की बात है।

('जनसत्ता' : दिल्ली, 10 सितंबर 2000)

शब्द मेरे लिए जलवायु की तरह हैं

बांग्ला कवि जय गोस्वामी से बातचीत

बांग्ला कवि जय गोस्वामी को बीस फरवरी 2001 को साहित्य अकादेमी पुरस्कार दिया जा रहा है। बांग्ला साहित्य में उल्लेखनीय अवदान के लिए उन्हें इसके पहले आनंद पुरस्कार (दो बार), बांग्ला अकादेमी पुरस्कार, वीरेंद्र चट्टोपाध्याय स्मृति पुरस्कार जैसे प्रतिष्ठित सम्मानों से नवाजा गया है। जय गोस्वामी की अब तक 'आलोया ह्रद', 'भुतुम भगवान', 'घुमिएछे झाऊपाता', 'आज जदि आमाय जिज्ञेस कोरो', 'गोल्ला', 'पागली तोमार सोंगे', 'वज्रविद्युत भर्तीखाता', 'ओह स्वप्न', 'पातार पोशाक', 'विषाद', 'माँ निषाद', 'तोमाके आश्चर्यमयी', 'सूर्यपोड़ा छाई', 'जगतबाड़ी' समेत सत्रह कविता पुस्तकें प्रकाशित हैं। उन्होंने एक काव्य उपन्यास 'जारा वृष्टि ते भीजे छिलो' और 'सेई सब छेलेरा', 'सुरंग व प्रतिरक्षा', 'सब अंधकार फूल गाछ', 'ब्रह्मराक्षस', 'दादा भाईदेर पाड़ा' समेत सात उपन्यास भी लिखे हैं। इसके अलावा भी उनकी गद्य की कई किताबें प्रकाशित हैं। दस नवंबर 1954 को कलकत्ता में जन्मे जय गोस्वामी ग्यारहवीं कक्षा तक ही पढ़ाई कर सके। 1991 से वे 'देश' पत्रिका के संपादकीय विभाग में काम कर रहे हैं। वे इस पत्रिका के कविता खंड के संपादक हैं। प्रस्तुत हैं उनसे बातचीत के मुख्य अंश :

साहित्य अकादेमी पुरस्कार पाने पर आपकी अपनी प्रतिक्रिया क्या है?

अवाक् हुआ और आंतरिक खुशी हुई! सबसे अधिक याद आए कार्तिक मोदक, जिन्होंने सबसे पहले 1973 में अपनी पत्रिका 'सीमांत साहित्य' में मेरी कविता छापी थी और शायद उसी पत्रिका ने मेरी कवि नियति निर्दिष्ट कर दी थी। उसके बाद ही चलते-चलते यहाँ तक पहुँचा हूँ। 'सीमांत साहित्य' पत्रिका के अलावा वे कवि बंधु भी बेतरह याद आए जिनके साथ मैं लिखता था। याद आए थे मृदुल दास गुप्त, अमिताभ गुप्त, श्यामल कांति दास, रणजीत दास, तुषार चौधरी, आनंद राय, पार्थप्रतिम

कांजीलाल, सुबोध सरकार जिनके साथ मैंने लिखना शुरू किया था। वे अच्छा लिखते थे। आज इन सबसे संपर्क नहीं है पर अकादेमी पुरस्कार की सूचना पाते ही ये बहुत याद आए थे।

साहित्य आपके जीवन में कैसे आया?

शारीरिक रूप से मैं रुग्ण रहा हूँ। बचपन में हमउम्र बच्चों के साथ मैं घुल-मिल नहीं पाता था। शारीरिक रुग्णता के चलते हमउम्र बच्चे मुझे परेशान करते थे। कोई बंधु नहीं था मेरा। स्कूल में मेरा नाम 'पगला', 'हेडुर छेले' (हेड का लड़का) था। यही कह कर मुझे चिढ़ाया जाता था। बहुत यंत्रणा भोगता था। बंधुहीनता के कारण अपने भीतर ही सिमटता जा रहा था। मेरे पिता शिक्षक थे। मैं जब आठ साल का था तो उनका निधन हो गया। माँ भी शिक्षिका थीं। पिता की मृत्यु के बाद उन्होंने ही मुझे और मेरे भाई को पाला-पोसा-बड़ा किया। पाठ्य पुस्तकों में मेरा दम घुटता था। स्कूल जाने का मन नहीं करता था। स्कूल से भागे हुए, मित्रों से खदेड़े हुए एक रुग्ण युवक को उसी समय अमोघ आश्रय दिया कविता ने। छुटपन में पिता कविताएँ पढ़ाते थे। कविता को ठीक-ठीक नहीं पहचानता था, फिर भी वह मेरा अवलंबन बन गई। अकेले बचे रहने का अवलंबन। तब मुझे चंद लोग ही जानते थे। तब हालत यह थी कि यदि किसी लड़की को प्यार करता था तो उससे यह कहने की भी हिम्मत नहीं होती थी कि उसे मैं पसंद करता हूँ। आज कवि के रूप में सभी जानते हैं पर शुरुआत हुई थी अपने को बचाए रखने, अपने अंतर्जगत को बचाए रखने के लिए। कुछ पंक्तियाँ दिमाग में आती थीं और उनके साथ कुछ पंक्तियाँ जुड़ती चली जाती थीं। जब कविता लिखना शुरू करता था तब यह नहीं पता होता था कि वह किस रूप में बनेगी। एक महाशून्य में मैं अपनी पंक्तियाँ फेंक देता था और उससे निकल आती थी कविता। बाद में संपादकों का यह कहना कि इस विषय पर कविता लिखो, एक चुनौती की तरह लगता था। चुनौती दूसरों के साथ नहीं, अपने साथ। मेरे सामने बांग्ला कविता की लंबी परंपरा, काव्य तत्त्व, काव्य भाषा, छंद होते और मुझे एक निर्दिष्ट विषय को कविता का रूप देना होता। इस प्रक्रिया में काफी कुछ सीखने को भी मिला।

यानी फरमाइशी लेखन आपके लिए मददगार रहा?

इसलिए मददगार हुआ कि वह मेरे लिए चुनौती थी। संपादक की फरमाइश या उसका एसाइनमेंट पूरा करने की प्रक्रिया में काफी कुछ सीखने को मिलता, मैं और समृद्ध होता। मैं एसाइनमेंट पर कुंभ मेला गया। कुंभ में, इलाहाबाद जाकर, पूरे भारत वर्ष को एक ही जगह देखना मेरे लिए यादगार अनुभव बना। वहाँ माइक से घोषणा हो रही थी कि लक्ष्मणपुर बाथे के फलाँ मेले में खो गए हैं, जहाँ भी हों फलाँ जगह पहुँच जाएँ। बाउल पर जो कविता मैंने लिखी वह कुंभ जाने का ही फल था। इसी

तरह पोखरण वाली कविता बनी। एसाइनमेंट और दबाव में लिखना मेरे लिए फलदायक रहा है, वरना अमूमन होता यह है कि छह-छह महीने तक कविता लिखना होता ही नहीं। पिछली कविता छह महीने पहले लिखी थी। प्रेत जिस तरह से पुनर्जन्म के लिए अंधकार में घूमते रहते हैं, उसी तरह से लिखी जाने वाली कविताएँ मेरे भीतर घूमती रहती हैं। उन कविताओं को पकड़ने की प्राणपण से चेष्टा कर रहा हूँ। नहीं पता कि कब यह कविता मेरा खालीपन दूर करेगी। जहाँ तक उपन्यासों की बात है तो सागरमय घोष लगातार उपन्यास लिख कर देने के लिए तकादे पर तकादे कर रहे थे और मैं भागा-भागा फिर रहा था। 1988 में पूजा विशेषांक के लिए लिखना शुरू किया पर अपने स्वभाव के अनुकूल काफी देरी की। बाद में विशेष अंक में उसे छापा गया। ...पर अभी भी नहीं लगता कि पलायन-स्वभाव से मुक्त हो सकूँगा। उपन्यास में घटना से भागता हूँ, चरित्रों से भागता हूँ। मेरी कविता में घटना, चरित्र, संवाद आते हैं, उपन्यासों में इनका उपयोग नहीं कर पाया हूँ। दूसरी ओर अपने पिछले कविता संकलन 'जगतबाड़ी' में उपन्यास संबंधी अनुभव का काफी इस्तेमाल किया।

समकालीन बांग्ला कविता और कथा-साहित्य की विषय-सीमा या विषय वैविध्य के बारे में आपकी क्या राय है?

समकालीन बांग्ला कविता और कथा-साहित्य में बहुत अच्छा लिखा जा रहा है। जीवन-जगत में जो कुछ भी है—क्रोध, राग, द्वेष, प्रतिवाद, धिक्कार, खुशी, व्यंग्य, विद्रूप, आंतरिकता, सौंदर्य, जीवन की कोमलता—वह सब बांग्ला साहित्य में आ रहा है। हर विषय पर लिखा जा रहा है और अच्छा लिखा जा रहा है। बांग्ला की कविताओं में आपको प्रकृति, जल, अरण्य, मरुभूमि सब मिलेंगे। बांग्ला की हर विधा में लगभग हर विषय पर नए से नए विषय पर रचनाएँ पढ़ने को मिल जाती हैं—हाँ, यह जरूर है कि उनमें श्रेष्ठ रचनाएँ खोजनी पड़ती हैं। मेरे बाद के जो कवि हैं उनमें जयदेव बसु, संयुक्ता बंद्योपाध्याय, सुतापा सेनगुप्त, मल्लिका सेनगुप्त और एकदम ताजा पीढ़ी की पिनाकी ठाकुर और मंदाक्रांता सेन की कविताएँ देखें तो पाएँगे कि इनमें विषय वैविध्य भी है और नई काव्य-भाषा भी। मेरे बाद के कवियों ने कविता में बहुत जल्द अपनी भाषा गढ़ ली। मुझे दुख है कि मैं अपनी भाषा नहीं बना सका हूँ।

आसान कविता और जटिल भावबोध की कविता की रचना-प्रक्रिया में क्या अंतर है?

मैं जिस तरह पत्नी या बेटी से बात करता हूँ, उसी अंदाज में प्रेमिका से बात नहीं करूँगा। उस भाषा में बात करूँगा, उन संकेतों में बात करूँगा जो सिर्फ प्रेमिका समझे। वे संकेत, वह भाषा प्रेमिका के लिए सहज होगी, जबकि बाकी के लिए कठिन। इसी तरह कई बातें अचेतन में आती हैं। जैसे जब हम सपना देखते हैं तो

स्वप्न का कोई दूसरा दर्शक नहीं होता। स्वप्न की चीजें या कल्पना की चीजें जब कविता में ढलती हैं तो कई बार उनका यथार्थ से मेल नहीं होता और वे सरल नहीं लगतीं। इसलिए कविता का सरल या जटिल होना कवि की मनःस्थितियों और अभिव्यक्ति के तरीके पर निर्भर करता है।

पूर्ववर्ती आधुनिक कविता से आज की बांग्ला कविता किन बिंदुओं पर आगे है?

आज की बांग्ला कविता पूर्ववर्ती बांग्ला कविता से ही क्यों, अन्य भारतीय भाषाओं की कविता से भी दुर्बल नहीं है। मंदाक्रांता सेन की उम्र के किसी उस जैसे कवि का नाम आप किसी भारतीय भाषा में ले सकते हैं? बांग्ला की यह युवा कवयित्री तीस वर्ष से कम उम्र की है। अत्यंत प्रतिष्ठित आनंद पुरस्कार पा चुकी है। उसकी कविता पुस्तकें हाथों हाथ ली गई हैं।

वे कवि-लेखक कौन हैं, जिनसे आपके लेखन को गति या दिशा मिली?

सागरमय घोष, शंख घोष, सुनील गंगोपाध्याय ने मेरे लेखन को गति देने के लिए लगातार प्रेरित प्रोत्साहित किया। नीरेंद्रनाथ चक्रवर्ती, शंख घोष और सुनील गंगोपाध्याय पर मैंने लिखा भी है। अपने से कम उम्र के लेखकों पर भी लिखा है जो प्रिय लगे हैं। रवींद्रनाथ से लेकर नए से नए तरुण कवियों से भी मैं प्रेरणा ग्रहण करता हूँ, सीखता हूँ। नए कवियों की कविताएँ पढ़ते हुए जब देखता हूँ कि क्या कमियाँ हैं तो वह देख कर भी सीखा जा सकता है कि क्या नहीं हुआ। पर यह मुझे नहीं लगता कि मेरे लिखने से समाज का बहुत उपकार होगा। मैं इसलिए लिखता हूँ कि उसके अलावा और क्या करूँगा। शब्द मेरे लिए जलवायु की तरह हैं। हाँ, यह भी है कि लेखक के रूप में मान्यता और यश मिला है पर बाकी हर क्षेत्र में विफल रहा हूँ। एक बेटे के रूप में, पति के रूप में, पिता के रूप में और मेरे जीवन में जो लड़कियाँ आईं—हर जगह 'फेल्योर' रहा हूँ। किसी से संबंध टिका कर नहीं रख पाया। संबंधों में फांक आ जाती है और फांक को मैं शब्दों से भर देता हूँ। लेकिन मैं फिर कहूँ कि मुझे कोई मुगालता नहीं कि जो मैंने लिखा, उससे समाज बदल जाएगा या क्रांति हो जाएगी। जो गान आप-हम गुनगुनाते-सुनते हैं, जैसे 'आए ना बालम' या 'जमुना के तीरे' तो उससे कौन-सा परिवर्तन समाज में हो जाता है? साहित्य मेरी राय में मानव सभ्यता को दूर से बचाता है। मैं भी अपनी बांसुरी बजाऊँ, यही यथेष्ट है।

हिंदी के किन लेखकों-कवियों की रचनाएँ आपने पढ़ी हैं?

अज्ञेय, निराला, नागार्जुन, केदारनाथ सिंह, प्रयाग शुक्ल और मंगलेश डबराल की कविताएँ मैंने पढ़ी हैं और इन्हें पढ़ कर मैं समृद्ध हुआ हूँ।

विभिन्न भारतीय भाषाओं के बीच सांस्कृतिक आदान-प्रदान के माध्यम और संपर्क भाषा के रूप में हिंदी की भूमिका के बारे में आपकी क्या राय है?

भारतीय भाषाओं की ज्यादातर अनूदित रचनाएँ मैंने अंग्रेजी में पढ़ी हैं। पर साहित्य के जो गंभीर पाठक हैं और अंग्रेजी के जानकार हैं, वे ही ये अनुवाद पढ़ सकते हैं। अंग्रेजी सभी तो नहीं समझते; दूसरी तरफ हिंदी प्रदेशों का व्यापक पाठक वर्ग है। इसलिए मेरी राय में भारतीय भाषाओं में सेतु का काम हिंदी भी कर सकती है और व्यवहार में देखें तो यह काम अंग्रेजी भी करती है। भाषा-सेतु के लिए किसी एक भाषा का आग्रह या हठ एक तरह से कट्टरता है और यह कट्टरता प्रकृति के विरुद्ध है। कोई कहे कि अमुक भाषा ही सेतु का काम करे या कि उसने जो लिख दिया, वही अंतिम सत्य है, तो यह प्रकृति-विरुद्ध आचरण है। पृथ्वी हर जगह समतल नहीं है। कहीं समुद्र है, कहीं पहाड़, कहीं अरण्य। उस पर सबका अधिकार है। अपनी-अपनी तरह से इस पर रचनाकारों ने अलग-अलग अभिव्यक्ति भी की है।

हिंदी में बांग्ला साहित्य जितना अनूदित हुआ है, उस अनुपात में बांग्ला में हिंदी साहित्य क्यों अनूदित नहीं हुआ?

इसका ठीक-ठीक जवाब तो बांग्ला के प्रकाशक ही दे सकेंगे।

('जनसत्ता' : दिल्ली, 18 फरवरी 2001)

मैं कोलकाता में रहना चाहती हूँ

बहुचर्चित लेखिका तसलीमा नसरीन से बातचीत

नारी मुक्ति से लेकर धर्मनिरपेक्षता तक अपने स्वतंत्र और एक हद तक मौलिक विचारों के कारण चर्चित युवा लेखिका तसलीमा नसरीन एक अंतर्राष्ट्रीय ख्याति की शख्सियत हैं। जेड सुरक्षा श्रेणी में रहने वाली। पर उनसे फुरसत में मुलाकात के वक्त लगता है कि जैसे पड़ोस की किसी लड़की से बात कर रहे हों। अत्यंत सरल और मृदुभाषी। 2000 में फरवरी के पहले हफ्ते तसलीमा निजी यात्रा पर कलकत्ता आईं (चार महीने के भीतर यह उनकी दूसरी भारत यात्रा है) तो उन्होंने साक्षात्कार का समय दिया। यह बातचीत कलकत्ता के एक होटल में पंद्रह फरवरी 2000 की सुबह हुई। बातचीत के पहले तसलीमा ने सबके लिए खुद चाय बनाई। वे उस वक्त काले रंग की पैंट कमीज में थीं और बातचीत के दौरान लगातार सिगरेट पीती रहीं। बातचीत दो घंटे से ज्यादा चली इसलिए सुबह का नाश्ता वे दोपहर में कर पाईं।

'वॉटर' फिल्म की शूटिंग रोके जाने के संदर्भ में आपकी टिप्पणी से नाराज बंगाल भाजपा ने आपकी गिरफ्तारी की माँग की है। आपकी टिप्पणी की निंदा की है। आपकी प्रतिक्रिया?

संसार के सबसे बड़े लोकतंत्र में अभिव्यक्ति की स्वाधीनता का यह क्या हाल है? अभिव्यक्ति की स्वाधीनता में धर्मवादियों का दखल नया नहीं है। लेखक की कलम छीनी गई है, चित्रकार की तूलिका छीनी गई है, फिल्मकार का कैमरा छीना गया है। शिल्पियों को जेल भेजा गया है, देश से निर्वासित किया गया है, हत्या तक की गई है। दीपा मेहता को फिल्म क्यों नहीं बनाने दी जाएगी? हाँ, ऐसे लोग भी हर युग में रहे हैं, जो सत्य के लिए लड़ते रहे हैं। धर्मवादियों और धर्म की बर्बरता के विरुद्ध लड़ाई के अलावा चारा ही क्या है? मेरी जो निंदा करते हैं, वे धर्मांध लोग हैं। जो धर्म के हथियार से ही स्त्री के मानवीय अधिकारों का हनन करने के पक्षधर हैं, वे मेरी आलोचना करेंगे ही।

भारत में स्थायी रूप से रहने की बात कहाँ तक आगे बढ़ी है?

अपने देश (बांग्लादेश) तो जा नहीं सकती। लिखने के लिए ही मैं बार-बार कलकत्ता आना और संभव हो तो यहाँ रहना चाहती हूँ। मेरी किताबें कई विदेशी भाषाओं में छपीं और समादृत हुई हैं। पर मैं मूलतः बांग्ला भाषा की लेखिका हूँ, अपने भाषा भाषी समाज में रहकर लिखना ही सुविधाजनक होता है। इधर लगातार विदेश में रहने से बांग्ला में सोच भी नहीं पाती हूँ। अंग्रेजी में सोचती हूँ। बांग्ला सुनने के लिए, बांग्ला में बात करने के लिए मुझे पैसे खर्च कर अपने देश या कलकत्ता में फोन करना पड़ता है। अभी तो मेरा कोई देश नहीं है। पूरे यूरोप में कभी यहाँ कभी वहाँ रहती हूँ। लिखना बाधित होता है। यूरोप में तो मुझे एक तरह का प्रतीक ही मान लिया गया है। एक धारणा बन गई है कि संसार की सभी समस्याओं का समाधान मैं जानती हूँ। एक बार मुझसे पूछा गया, अल्जीरिया की समस्या का समाधान कैसे किया जा सकता है? पेरिस के तत्कालीन मेयर जाक शिराक ने मुझसे एक बार पूछा कि फ्रांस में इस्लामी कट्टरतावाद की जो समस्या है, उसे कैसे हल किया जाए? ऐसे सवालों से मैं मुश्किल में पड़ जाती हूँ। भारत अपना ही देश लगता है। यहाँ के लोग अपने लगते हैं। बांग्ला में बोलने-बतियाने और सोचने की यहाँ सहूलियत है।

यहाँ स्थायी रूप से शरण लेने के लिए आवेदन करने का विचार है?

शरण तो वहाँ ली जाती है जो पराया हो। मैंने कहा न, भारत मुझे अपना ही देश लगता है, फिर आश्रय लेने का प्रश्न ही कहाँ पैदा होता है? हाँ, सरकारी नियम कानून और कार्यवाही में वह सब करना पड़ता है। मैं यहाँ जल्दी-जल्दी आती रहूँगी।

विदेश में रहने के कारण बांग्ला में लिखने में क्या असुविधाएँ होती हैं?

पहले चूंकि बांग्ला परिवेश में रहती थी तो बगैर काट कूट किए लिखती थी। दस मिनट में दो पेज लिख लेती थी। अब बांग्ला का एक पेज लिखने में भी समय लगता है। बार-बार काटना, फिर लिखना पड़ता है। विदेश में मुझे हमेशा सुरक्षाकर्मी घेरे रहते हैं। आम आदमी की तरह मेरा रहना, लोगों के बीच जाना दूभर हो गया है। वहाँ सबसे विदेशी भाषा में बात करनी पड़ती है। अब क्योंकि अभ्यास में तो वहीं की भाषा है, सो विचार भी पहले उसी में आते हैं।

क्या आपको लगता है कि अभी भी आपकी जान को खतरा है?

सार्वजनिक अनुष्ठानों में जाती हूँ तो कड़ी सुरक्षा व्यवस्था रहती है। हालाँकि मैंने फ्रांस की सरकार से कहा कि सुरक्षा की जरूरत नहीं, पर वे नहीं मानते। यूरोप में सुरक्षा को कोई खतरा महसूस नहीं होता पर कहीं-कहीं सावधान रहना पड़ता है। इमिग्रेट एरिया में नहीं जाती हूँ। मुझसे कह दिया गया है कि बांग्लादेशियों के मोहल्ले में न जाऊँ।

क्या ऐसा होता है कि लिखते समय किसी विषय को आप बीच में रद्द कर दें, यह सोचकर कि उसकी विषयवस्तु ठीक नहीं?

मूलभूत विषय तो कभी रद्द नहीं किया। मेरे आदर्शों और विचारों में कभी कोई बदलाव नहीं आया। जो मेरे मन में विचार आते हैं, वही लिखती हूँ। कभी यह नहीं सोचा कि यह लिखने पर कट्टरपंथी मेरा सिर माँगेंगे या सरकार नाराज हो जाएगी। लिखते समय तो माँ-पिता क्या सोचेंगे, यह परवाह भी मैं नहीं करती।

निजी जीवन में जो आपके पुरुष परिचित हैं, उनके प्रति व्यवहार में आपकी स्त्रीवादी दृष्टि कितनी आड़े आती हैं?

मेरा विरोध पुरुष प्रभुत्व से है। हमारा समाज-संस्कृति-सभ्यता सभी तो पुरुष के पक्ष में है। मैं इसी के विरुद्ध लिखकर अपना प्रतिवाद दर्ज करती हूँ। मैं हर क्षेत्र में स्त्री की बराबरी चाहती हूँ। इसका मतलब यह नहीं कि मैं पुरुष विरोधी हूँ। पुरुष विरोधी रहती तो मैं बार-बार प्रेम में कैसे पड़ती? प्रेम कविताएँ कैसे लिखती? मैं सिर्फ यह चाहती हूँ कि जितनी स्वाधीनता पुरुष को है, उतनी ही स्त्री को हो। स्त्री की किसी स्वाधीनता में पुरुष दखल नहीं दे।

आप बार-बार जो प्रेम में पड़ती हैं, उसके बारे में बताएँगी?

पंद्रह-बीस साल की उम्र में जिससे प्यार हुआ उसी के साथ जीवन कटेगा, ऐसा मेरे साथ नहीं हुआ। मैं प्रेम को बंधन नहीं मानती। किसी का गान सुनकर उससे मेरा प्रेम हो सकता है वहीं किसी की बात से मुग्ध होकर उससे भी मेरा प्रेम हो सकता है। एक ही समय में एक से ज्यादा प्रेमी हों तो भी मैं उसमें नैतिक रूप से कोई बाधा नहीं महसूस करती। मैं छोटी ही थी जब रुद्र से मेरी शादी हुई। रुद्र की जब मृत्यु हुई तो मैं 24 साल की थी। रुद्र दूसरी स्त्री से प्रेम करने लगा था। फिर भी आज भी मेरे हृदय में उसके लिए बहुत प्रेम है। उसके बाद विमल, परेश मेरे जीवन में आए। उनसे मैंने शादी नहीं की। हालाँकि ढाका में एक साथ रहने के लिए यह प्रदर्शित करना पड़ता था कि हम शादीशुदा हैं। कई पुरुषों के साथ जीवनयापन करते हुए कभी-कभी तो मुझे यह महसूस हुआ कि मैं भोग की वस्तु हो गई हूँ। ढाका में जो प्रगतिशील माने जाते हैं, उनसे घुलमिलकर देखा कि वे एकदम प्रगतिशील नहीं हैं भीतर से। विवाह के पहले पूरी तरह नहीं जानने पर बहुत-सी समस्याएँ आती हैं। यूरोप में तो पहले स्त्री पुरुष देख लेते हैं कि एक-दूसरे से वे तृप्त हो रहे हैं कि नहीं, तब विवाह करते हैं।

पेशे से आप चिकित्सक हैं, पर उस पेशे के साथ न्याय क्यों नहीं कर पाईं?

हाँ, डाक्टरी पास की थी। कुछ दिन नौकरी भी की थी। अब उस पेशे से संपर्क नहीं रहा। मुख्य काम हो गया लिखना, इसलिए प्रैक्टिस छोड़ कविता, कहानी, उपन्यास, जीवनी लिखने लगी।

क्या लिखकर समाज में परिवर्तन लाया जा सकता है?

मेरे लेखन का मकसद कम से कम यही है।

लिखने की आगामी योजनाएँ?

'आमार मेयेबेला' के बाद की कड़ी लिखी जानी है। प्राच्य और पाश्चात्य के संपर्क पर किताब लिखने की योजना है। उपन्यास जैसी होगी वह किताब। किस तरह 'कल्चर कनफ्लिक्ट' देखा जाता है—एक साथ रहने पर क्या चीजें नहीं मिलतीं, उस पर। इधर लगातार विदेश में रहने से मेरा अनुभव जगत् समृद्ध हुआ। जब जहाँ रही, वहाँ के समाज को नजदीक से देखने को उत्सुक रही। जो देखती हूँ, उसे आब्जर्व करती हूँ। क्या हो रहा है, नहीं हो रहा है।

एक्टिविस्ट, नारीवादी, मानवतावादी के रूप में आपकी जो ख्याति है, वह तो अलग है; पर एक लेखक के रूप में आपका जो प्राप्य है, क्या वह मिला आपको?

मेरी स्थिति कट्टरपंथियों द्वारा आक्रांत एक असहाय नारी जैसी बनाई गई है। लेखन के लिए प्राप्य की जहाँ तक बात है, मैंने उतना नहीं लिखा है कि प्राप्य की सोचूँ। यदि आपका आशय बड़े पुरस्कारों से है तो क्या जिन्हें ये पुरस्कार नहीं मिले, उनके लेखन का महत्त्व कम हो गया? दुनिया में बहुत सारे लेखक हैं जिन्हें पुरस्कार नहीं मिले पर इससे उनका साहित्यिक अवदान कम तो नहीं हुआ।

'आमार मेयेबेला' (मेरे बचपन के दिन) में आपने सात साल की उम्र में ही मामा-काका द्वारा अपने यौन उत्पीड़न की बात लिखी है। क्या इस पुस्तक में सब कुछ यथार्थ है?

मैंने सब कुछ यथार्थ ही लिखा है। कल्पना का सहारा लेकर क्यों लिखती?

स्वजनों को यह पढ़कर बहुत बुरा लगा होगा?

पता नहीं उन्होंने पढ़ी भी या नहीं?

आप स्वयं जिन्हें मनोयोग से पढ़ती हैं, जो आपके प्रिय लेखक हैं, ऐसे पाँच जीवित बांग्ला लेखकों के नाम बताने को आपसे कहा जाए तो?

तो सबसे पहले अन्नदाशंकर राय का नाम लूँगी। उसके बाद मेरे प्रिय लेखक हैं शिव नारायण राय, फिर श्री पांत, सुनील गंगोपाध्याय और जय गोस्वामी।

('जनसत्ता' : दिल्ली, 5 मार्च 2000)

कहानी महज वृत्तांत नहीं है

कथाकार दूधनाथ सिंह से बातचीत

हिंदी के सुपरिचित रचनाकार दूधनाथ सिंह ने साहित्य की हर विधा में महत्त्वपूर्ण रचनाएँ दी हैं। उनके बहुप्रशंसित कहानी संग्रह हैं—'सपाट चेहरे वाला आदमी', 'सुखांत', 'प्रेम कथा का अंत न कोई', 'माई का शोक गीत', और 'पहला कदम'। उनका नया उपन्यास 'आखिरी कलाम' इन दिनों चर्चा में है। उनके तीन काव्य संग्रह—'अपनी शताब्दी के नाम', 'सुरंग से लौटते हुए' और 'एक और भी आदमी है' भी चर्चित रहे। दूधनाथ ने नाटक, संस्मरण और आलोचनात्मक निबंध भी काफी लिखे हैं। वे अरसे तक इलाहाबाद विश्वविद्यालय में हिंदी भाषा-साहित्य के अध्यापक रहे।

गाँव की वे कौन चीजें हैं जो आपको अपने से शिद्दत से जोड़ती हैं और गाँव बार-बार आपको बुलाती हैं?

अपने गाँव जाना मेरा कभी बंद नहीं हुआ। मैं लगभग हर महीने, दूसरे-तीसरे महीने घर जाता ही हूँ। अपनी पुरुबिया संस्कृति, अपनी 'भाखा', अपने लोग, उनकी विदग्धता, उनके स्वप्न मुझे मथते हैं। उनके दुख, उनका भोलापन, उनका लगातार क्षत-विक्षत होना बहुत तकलीफ देता है। लेकिन फिर भी मैं उनमें बने रहना चाहता हूँ। मुझे अपनी नदी गंगा और मंगई बहुत प्रिय हैं। परिवार, समाज और गाँव, उनकी समस्याएँ आज भी मैं जाकर सुलझाता हूँ क्योंकि मैं अब बड़ा-बूढ़ा हो गया हूँ। मैंने अपनी कहानी 'काशी नरेश से पूछो' का पाठ पहली बार अपने गाँव में लगभग दो हजार लोगों के सामने किया। और, लोगों ने मुझे एक नए रूप में देखा। फिर भी उनके और मेरे जीवन के बीच एक अंतररेखा है। शायद पढ़ा-लिखा होना उनके लिए अभी भी थोड़ा आतंककारी लगता है। लेकिन निपट किसानियत मुझे बहुत रास आती है। मैं शहर में खपता नहीं और उसकी निर्दयता-निर्जनता से डरता हूँ। इसीलिए बार-बार अपने घर भागता हूँ। चूँकि गाँव में मेरा जन्म हुआ। हर छुट्टी में भागकर गाँव जाता था। मुझे वहाँ ऐसा लगता कि अपनों के बीच मुझे सुकून-शांति मिलती है। मैं

अनेक समस्याओं से घिरा होने के बावजूद गाँव में सुरक्षित महसूस करता हूँ। वहाँ लोग मुझे प्यार करते हैं, औपचारिकता नहीं निबाहते।

भोपाल में रहने के बाद भी गाँव से वैसा ही रिश्ता बना हुआ है?

बिल्कुल। वैसे इलाहाबाद से बलिया की दूरी कम थी। इसलिए यात्रा अपेक्षाकृत आसान थी। लेकिन यहाँ से भी दिक्कत नहीं है। गाँव तो जाता ही रहता हूँ।

भोपाल में निराला सृजन पीठ का निदेशक बनने के बाद स्थितियाँ इलाहाबाद की तुलना में तो काफी मनोनुकूल होंगी?

सो तो है।

कहते हैं कि इलाहाबाद में तो शुरू से लेकर आखिर तक पी.एच.डी. न होने की आड़ में प्रताड़ित ही होते रहे आप। नहीं क्या?

देखिए, मेरे गुरु धीरेंद्र वर्मा के जमाने में इलाहाबाद विश्वविद्यालय हिंदी विभाग की यह पालिसी थी जो उन्होंने ही बनाई थी कि वे 'अध्यापकों' की नियुक्ति के साथ-साथ कवियों, लेखकों और कथाकारों यानी साहित्यकारों की भी नियुक्ति करेंगे ताकि हिंदी विभाग के माध्यम से साहित्य के विमर्श और साहित्य की रचना दोनों एक साथ संभव हो। अपनी इसी नीति के तहत उन्होंने धर्मवीर भारती या जगदीश गुप्त की नियुक्ति की थी। लेकिन उनकी सेवा निवृत्ति के बाद हिंदी विभाग में इस नीति को तिलांजलि दे दी गई। मेरी नियुक्ति सुमित्रानंदन पंत ने कराई थी। और वह हिंदी विभाग के अध्यापकों के लिए एक दुःस्वप्न की तरह था। मेरा होना वहाँ लोगों को कभी रास नहीं आया। मुझे लगातार अनएकेडेमिक, राजनीतिक दुष्प्रचार में लिप्त, अराजक और पढ़ाने में अक्षम घोषित किया जाता रहा जबकि सबसे अधिक लोकप्रिय अध्यापक भारती के बाद मैं ही था। मेरी कहानियों का वे लोग मजाक उड़ाते थे। मुझे एक विवादित स्वर की तरह कहीं भी संयोजित करना उन्हें संभव नहीं लगता था इसलिए अनेक तरह के विवाद, अनेक तरह के कुप्रचार, प्रोपेगंडा, चरित्र-हनन से मुझे लगातार त्रस्त और प्रताड़ित किया जाता रहा। अंतिम दिनों में तो यह कहा गया कि इलाहाबाद विश्वविद्यालय को कम्युनिस्टों की जरूरत नहीं है।

कविता आपके लिए आरंभिक अभ्यास की तरह थी। शुरू के अभ्यासकाल के बाद आपने रचनात्मक गद्य को ही अपनी अभिव्यक्ति का माध्यम बनाया। गद्य को आपने कैसे साधा? और कविता क्यों नहीं सध सकी?

हाँ, कविता तो मेरे लिए प्रारंभिक अभ्यास की तरह ही थी। उसमें इतिवृत्त का विकास और जीवन की अमित संभावनाओं से भरा जः हमारा यथार्थ है, उसके चित्रण की क्षमता नहीं है। कविता मुख्यतः बिंबों में बात करती है। वह मेरे स्वभाव के अनुकूल कभी नहीं रही। इसलिए वह मुझसे उस तरह सध नहीं सकी। गद्य या वृत्तांत

मेरे स्वभाव के अनुकूल होने के साथ ही साथ जीवन की अमित संभावनाओं को चित्रित करने और विडंबनाओं का प्रतिरोध करने का माध्यम बना। कहा भी गया है कि 'गद्यम् कविनाम निकषम् वदंति'। गद्य ही शब्द की रचनात्मक धार और उसकी शक्ति संपन्नता की कसौटी है। कथा साहित्य में एक शब्द जो विवरण के घटाटोप में अपने एकांत वैभव के साथ प्रकट होता है, उसकी क्षमता मुझे ज्यादा प्रीतिकर लगती रही। और आज भी लगती है। इसीलिए कहानी, नाटक और थोड़े-बहुत आस्वादपरक विमर्श के माध्यम से मैंने उसे साधने की छोटी-मोटी कोशिश की और अभी भी कर रहा हूँ। फिर गद्य में डगमगपन, विराटता और यथार्थ का उन्मादपूर्ण अथवा संयत, कठोर और कमनीय चित्रण बहुत हद तक संभव और महत्त्वपूर्ण है।

आपको अपनी पीढ़ी की कहानियों और आज के युवा कहानीकारों की कहानियों में वस्तु और शिल्प के स्तर पर क्या अंतर दिखता है?

आज की कहानी अपने वस्तु तत्त्व और अपने भाषिक विन्यास में पहले की कहानियों से अधिक समृद्ध, उन्नत और अनेकमुखी है। उसमें शहरों के मरते हुए जीवन से लेकर कस्बों, गाँवों-गलियों, मुहल्लों और मध्य वर्ग के अलावा साहित्य में छूटे हुए तबकों, लोगों और उनके दुखों का चित्रण अधिक घने और प्रतिरोधी रूप में हुआ है और हो रहा है। चाहे वे संजीव की कहानियाँ हों, सृंजय, शिवमूर्ति, उदयप्रकाश, देवेंद्र या और ढेर सारे नए युवा कहानीकारों की कहानियाँ—सब मिलकर हिंदी कहानी का एक बहुरंगा स्वरूप तैयार करती हुई दिखाई देती हैं। इन कहानीकारों की कहानियों ने हिंदी कहानी को विश्वस्तर के रंगमंच पर ला खड़ा किया है। गद्य का जो तीव्र अग्रगामी, संक्षिप्त, लचीला और मनमोहक स्वरूप रेणु के बाद ज्ञानरंजन, काशीनाथ सिंह या रवींद्र कालिया अथवा अमरकांत की कहानियों ने तैयार किया था, उस पीठिका पर नए कथावृत्तों के वृत्तांत के सघन और छविमय रूप की रचना इन नए कहानीकारों ने अपनी कहानियों के माध्यम से प्रस्तुत किया है। एक क्लासिकी ट्रेंड और जीवन के अँधेरे पक्षों को उतारने का एक प्रतिरोधी प्रतिबिंबन आज की कहानी में हो रहा है। लेकिन एक दूसरा पक्ष भी है। नैरेशन के पुराने ढाँचे ने बहुत सारे कहानीकारों को स्थितियों के अनुकरण और प्रतिबिंबवाद तक सीमित रखा। भाषा की एक रूढ़ि और कर्मकांड के भी बहुत सारे कहानीकार शिकार हैं। कहानियों के मूल ढाँचे में एक रीतिवादी पतनशीलता भी बहुत सारे कहानीकारों में दिखाई देती है। लेकिन ये कहानियाँ हिंदी कहानी के विकासमान स्वरूप का प्रतिनिधित्व नहीं करतीं। उनमें जीवन की छवियों का यथार्थाभास मात्र है। यथार्थ नहीं।

इस रीतिवादी पतनशीलता की वजह?

रीतिवादी पतनशीलता की वजह पुराने कहानीकारों की तरह लिखने का प्रयत्न

या अनुकरण है। प्रेमचंद की परंपरा में लिखने का अर्थ प्रेमचंद की तरह लिखना नहीं है। प्रेमचंद का गद्य एक डिसेप्टिव गद्य है। ऊपर से सरलता का धोखा खड़ा करते हुए भी वह वस्तु तत्त्व की भीतरी समृद्धि के कारण अत्यंत सजग और छविमय है। लेकिन जब प्रेमचंद या अमरकांत या निर्मल वर्मा, ज्ञान या काशीनाथ सिंह की तरह लिखा जाएगा और उनकी डिसेप्टिव सरलता ओझल हो जाएगी तो भाषा और कहानी के वृत्तांत में एक रीतिवाद विकसित होगा ही। बहुत सारे नए कहानीकारों में पनपता हुआ और दिखाई देने वाला यह रीतिवादी कर्मकांड इसी कारण आया हुआ है।

अभी आपने ज्ञानरंजन, काशीनाथ की चर्चा की। आप तीनों और रवींद्र कालिया की कहानियाँ जितनी वांछित थीं, उस अनुपात में आप सबकी कहानियाँ नहीं आईं। बहुत बड़ा गैप रहा। आप लोग चुकते क्यों चले गए?

चुकने का सवाल ही नहीं उठता। कहानी लिखना हमारी पीढ़ी के लिए तो क्या, किसी भी संजीदा कहानीकार के लिए लगातार और रोज-ब-रोज दैनंदिन कर्म की तरह संभव नहीं है। यह बात आज के बड़े कहानीकारों पर भी लागू होती है। जिनका नाम मैंने ऊपर गिनाया है। सृंजय 'कामरेड का कोट' के बाद लगातार चुप हैं। शिवमूर्ति का भी एक ही संग्रह अभी तक आया है। चाहे मैं ही हूँ या काशीनाथ, रवींद्र कालिया या ज्ञानरंजन, हम सबके लिए एक कहानी की रचना महज वृत्तांत-कथन नहीं है। उसके एक-एक शब्द और उसकी एक सांकेतिक करवट हमारे लिए एक अत्यंत यातनादायी कर्म का रूप लेता है। इसीलिए अंतराल जरूरी है। पाठकों को इस अंतराल को समझना चाहिए कि जब ज्ञानरंजन, मैं या काशी नहीं लिख रहे होते हैं तब भी वे इस यातनादायी कर्म-संकट से गुजरते होते हैं। ज्ञानरंजन के सामने अपना क्लासिक गद्य ही सबसे बड़ी मुश्किलें खड़ा करता रहा है लेकिन आज भी वे अपने उपन्यास और अभिलेखों को लेकर लगातार रचनारत हैं। यही बात काशीनाथ या मेरे लिए भी सच है।

लेकिन ज्ञानरंजन का सारा समय 'पहल' खा गई। 'पहल' का काम ऐतिहासिक है पर उनके कथाकार की कीमत पर ही वह संभव हुआ। उधर काशीनाथ संस्मरणों की ओर मुड़ गए।

निश्चय ही 'पहल' ने ज्ञानरंजन का काफी समय लिया लेकिन वह एक बहुत बड़ा काम है जो मैं या काशी या रवींद्र कालिया संभव नहीं कर सकते। ज्ञानरंजन ने 'पहल' के द्वारा एक समूची नई पीढ़ी का सृजन किया है। उस नई पीढ़ी को एक प्रगतिगामी रचनाशीलता से लैस किया है। वे हिंदी के अकेले कहानीकार हैं और अकेले ग्रासरूटर हैं जिनकी हिंदी साहित्य क्षेत्र में इतनी फालोविंग है और जिनके लिए हर लेखक के मन में एक सच्चा और गहरा आदर और प्रेम है। ज्ञानरंजन जैसे लोग बार-बार संभव

नहीं होते। जहाँ तक काशीनाथ सिंह का सवाल है, वे जब भी चुप रहते हैं किसी बड़ी रचना में संलग्न होने का खतरनाक संकेत देते हैं। उनके पास विशाल अनुभव संपदा और विचित्र किस्म की ठेठ इंसानियत की दृष्टि है। उनका संस्मरण लेखन भी कहानी लेखन से कम ऊर्जावान, महत्त्वपूर्ण और समृद्ध नहीं है। हममें से सभी गद्य की दो-तीन वृत्तांतपरक विधाओं में काम करने के आदी हैं। एक साथ कहानी, संस्मरण या उपन्यास सभी नहीं हो सकते जैसा कि प्रेमचंद के लिए संभव था। फिर गद्य में कोई भी रचना हमारे लिए हलका-फुलका और तुरंतवादी काम भी नहीं है।

हिंदी कहानी के विकास में कहानी आंदोलनों की कितनी भूमिका रही है?

हिंदी कहानी में, कहानी के विकास में कहानी आंदोलनों की बहुत बड़ी भूमिका है। लेकिन साथ ही यह जानना चाहिए कि हिंदी का कहानी आंदोलन ऊपर से थोपा गया नहीं है। वे कहानी में रचनात्मक विवाद की परिणतियाँ हैं। नई कहानी में एक आदर्शवादी रुझान है जो नई कहानी आंदोलन के दौरान लिखनेवाले सारे कहानीकारों की कहानियों में परिलक्षित होती है। उसके पीछे तुरत-फुरत मिली हुई आजादी के प्रति उन कहानीकारों के आदर्शवादी और आजादी के स्वीकारधर्म होने के कारण हैं। प्रेमचंद ने 1932 में जो कहा था कि यदि गोरे साहबों की जगह काले साहब इस देश का शासन करने लगें तो हम आजादी से उतनी ही दूर रहेंगे, जितनी दूर आज (1932) हैं। अथवा जिस आजादी को फैज अहमद फैज ने दाग दाग उजाला कहा था, उसकी तरफ आजादी के बाद इन कहानीकारों का ध्यान नहीं गया। आजादी की अवधारणा को लेकर सारे नए कहानीकार लगभग मध्यस्थ दिखाई देते हैं। वे इसे परिवर्तन और विकास की एक अग्रगामी गति की तरह लेते हैं। वे 'काले साहबों' द्वारा शुरू की गई इस नई लूट-खसोट को, जो नेहरू शासन के उत्तरार्ध में धीरे-धीरे प्रकट होने लगी, उसे नहीं समझते। प्रेम, परिवार, समाज, राजनैतिक तंत्र, प्रजातंत्र, राजनैतिक संस्थान इन सबके प्रति वे बहुत आशावान दिखते हैं। टूटन और मोहभंग की स्थिति वहाँ नहीं है। फिर भी नई कहानी आंदोलन ने मध्यवर्गीय रुझान से संपन्न प्रजातंत्र की विकलांगता से रहित संवेदना की अनेक उत्कृष्ट रचनाएँ हमें दीं। यही उसकी उपलब्धि है। हिंदी कहानी के इतिहास में इसके बाद का हमारा दौर सामाजिक, राजनैतिक, पारिवारिक और प्रजातांत्रिक प्रणाली के प्रति एक वितृष्णा और मोहभंग का दौर है। जो हमारी कहानियों में निपट नंगई के साथ प्रकट हुआ है। आजादी के छल को तोड़ने में हम कामयाब हुए। इसीलिए सातवें दशक की कविता एक अराजक प्रजातांत्रिक दौर में थी। जिसमें निर्देशक विचार तत्त्वों का अभाव था। प्रगतिशील आंदोलन लगभग प्राणहीन हो चुका था। विचारों का द्वंद्व और वैचारिक शीतशुद्ध और विवाद लगभग गायब थे। नेहरू जी का हैंगओवर परदादारी कर रहा था। उस युग में हमने इन विकट

स्थितियों को विस्फोटक ढंग से अपनी कहानियों में उतारा। ज्ञानरंजन का घंटा या बहिर्गमन उस दौर की उत्कृष्टतम परिणतियाँ हैं जो उस काल का एक अनूठा इतिहास प्रस्तुत करती हैं। इसलिए इस विस्फोटक, अराजक, दिशाहीन, विकलांग प्रजातंत्र के प्रति मोहभंग का चित्रण करने के कारण, हमारे दौर की कहानी नई कहानी आंदोलन से दो कदम आगे बढ़ गई और उसके बिना आज कहानी का सच्चा इतिहास लिखना संभव नहीं है। जो लोग नई कहानी से आज की कहानी पर छलाँग लगाने की कोशिश करते हैं, वे हास्यास्पद या बड़बोले हैं और उनको हतिहास की अगम अंतरधाराओं की समझ नहीं है।

आठवें दशक में हिंदी कहानी में चलाए गए आंदोलन पर आपकी राय? उसके नतीजे को देखते हुए क्या आप आज किसी साहित्यांदोलन की जरूरत महसूस करते हैं?

आठवें दशक के आंदोलन हिंदी कहानी के विकास में कोई योगदान नहीं देते लेकिन आज कहानी के सुविचारित आंदोलन की कोई जरूरत भी नहीं है। स्थितियों पर से परदा उठ चुका है। वामपंथी और यथार्थवादी रुझान के निर्देशक तत्त्व विद्यमान हैं। कहानी को, कहानीकारों को शब्द के मेटाफिजिक्स में अब भरमाया नहीं जा सकता। वह विचारहीन निर्जनता में नहीं खड़ी है। चारों ओर प्रतिदिन जनता और हिंदी क्षेत्र के ऊबड़-खाबड़ भूगोल के भीतर जो उठता हुआ बवंडर है, उसके बीच कहानी खड़ी है। और उसे साधने और रचनात्मक धरातल पर उतारने की जी-तोड़ कोशिश कर रही है। इसलिए कहानी में आंदोलन गैरजरूरी है।

उत्तर-आधुनिकता की इधर खूब चर्चा है। उसके बारे में आपका क्या सोचना है?

उत्तर-आधुनिकता तक कहानी को पहुँचने की कोई जरूरत नहीं है। वह पश्चिम की एक तलछट है। थूक है। जिसे तीसरी दुनिया पर बार-बार थूका जा रहा है। वह भी षड्यंत्र के तहत। कुछ लोग उस थूक को पंचामृत समझकर उसका आचमन कर रहे हैं। हिंदी गद्य की और वृत्तांत की रचनाधर्मिता को एक खास तरह के आदतन आध्यात्मिककरण-विखंडन और निरर्थकवाद तक ले जाने की कोशिश दो-चार लेखक कर रहे हैं। लेकिन हिंदी कहानी के गौरवमय इतिहास में उनका कोई योगदान या उनके द्वारा कोई दखलंदाजी संभव नहीं है। वे कहानी में एक गलत इंदराज चाहते हैं। पश्चिम की साम्राज्यवादी धौंस को वे यहाँ भी चलाना चाहते हैं। हमारे गद्य के जनोन्मुखी धर्म को बिगाड़कर उसे तत्त्ववाद की ओर उन्मुख करना चाहते हैं। भाषा का तत्समीकरण और निरर्थकवादी उक्तियों से गद्य फैलाकर एक शरारत का जायजा

ले रहे हैं। लेकिन उनकी कोई अहम भूमिका परिवर्तनकामी, विकासशील साहित्यिक वृत्तांत में संभव नहीं है।

आज पूरे विश्व में विचार शून्यता का संकट क्यों दिख रहा है?

ऐसा नहीं है कि पूरा विश्व विचार शून्य है। सवाल अपनी जड़ों और अपने मौलिक, जमीनी पारंपरिक विचारों की छानबीन करने का है। पश्चिम उसे अपने ढंग से कर रहा है। समृद्ध पश्चिमी दुनिया की समस्या बाकी संसार को अपने कब्जे और धौंस में लेना है। जबकि तीसरी दुनिया और भारत के लोग एक प्रतिरोध के विचार की संरचना में लगे हुए हैं। घुसपैठ जरूर जारी है और उसमें विचार के भीतरी शत्रु भी काम कर रहे हैं। वे अपनी परंपरा में अमूर्तन मौन अध्यात्म और ईश्वर की निरीहता ढूँढ़ते हुए पश्चिमी साम्राज्यवादी पहल को धीरे-धीरे हमारे रंगों में उतारने की कोशिश कर रहे हैं। कौन कामयाब होगा यह तो मैं नहीं कह सकता। लेकिन हमारी प्रतिरोधक शक्तियाँ निश्चय ही ज्यादा महत्त्वपूर्ण हैं। और वे तलछट की तरह ही छानकर फेंक देंगी। संवाद और वैचारिक जनतंत्र की कल्पना तभी संभव है जब बराबरी का दर्जा दिया जाए। अन्यथा वैचारिक उपनिवेशवाद अपनी जड़ें जमाने में कामयाब हो सकता है। कुछ लोग उसका स्वागत कर सकते हैं। लेकिन हमारी जनता मूकदर्शक नहीं है। उसकी अपार क्षमताओं में विश्वास करना बड़बोलापन लग सकता है लेकिन वह दीवार से पीठ सटाकर प्रत्याक्रमण में माहिर है जो इसमें विश्वास नहीं रखते वे धूर्त और हिपोक्रेट्स हैं।

पर्यावरण का संदर्भ आज बहुत महत्त्वपूर्ण हो उठा है। पर्यावरण के लिए यह समय इतना खूँखार क्यों दिख रहा है?

दूषित सांस्कृतिक वातावरण भी मुक्त विश्व बाजार और साम्राज्यवादी सांस्कृतिक अप्रत्यक्ष और प्रत्यक्ष आक्रमण की ही देन है। वही प्रदूषण के लिए जिम्मेदार भीतरी शत्रुओं को भी पैदा करता है और बाहर से भी आक्रमण करता है। इस दुहरे आक्रमण में साहित्यकार या संस्कृतिकर्मियों की भूमिका लोगों की आँखों के सामने से परदा हटाने की तरह है। इस विराट खतरनाक पूँजी आधारित पहल के खिलाफ अपनी जनता को एक प्रतिरोध के लिए तैयार करना ही उनका कर्तव्य है। यह प्रतिरोध कहानियों, उपन्यासों, कविताओं या किसी भी संस्कृति कर्म में विडंबनापूर्ण और नैराश्य की लकीर लिए भी हो सकता है। वह यातनादायी और त्रासद भी हो सकता है। वह सृजन प्रतिरोध के हवाले से हो सकता है। बाजुओं की ताकत का हल्ला शब्दों के माध्यम से उतना जरूरी नहीं है जितना हाहाकार को वाणी देना, मौन को वाणी देना, विवशता को वाणी देना, उदासीनता और खिन्नता और लुकने-छिपने को वाणी देना। अँधेरी सच्चाइयों को वाणी देना ज्यादा महत्त्वपूर्ण है। ऐसे में बनिस्बत युद्ध का

डंका पीटने के विस्फोटक गर्जनाएँ अक्सर वे लोग करते हैं जो लड़ना नहीं जानते। साहित्यकार को अपना काम चुपचाप पंक्तियों के भीतर शब्द की ऊर्जस्विता और शक्ति के माध्यम से करना चाहिए।

क्या आपको नहीं लगता कि लिखने के अलावा लेखक को फील्ड में भी काम करना चाहिए?

अगर स्थितियाँ इस हद तक आ जाएँ कि लिखने से काम न चले तो लिखने के साथ या उसे छोड़कर और भी कुछ किया जा सकता है जिससे प्रतिरोध और सघन बलशाली हो सके।

('जनसत्ता' : वार्षिक अंक 1997)

प्रेमचंद दुनिया के सर्वश्रेष्ठ लेखक हैं

बांग्ला साहित्यकार देवेश राय से बातचीत

'तिस्तापारेर वृतांत' जैसी श्रेष्ठ औपन्यासिक कृति के रचयिता देवेश राय बांग्ला के प्रतिष्ठित उपन्यासकार हैं। उन्होंने अब तक चालीस पुस्तकें लिखी हैं जिनमें 'समाज ओ समकाल', 'रवींद्रनाथ ओ तार आदि गद्य', 'उपनिबेशेर समय ओ बांग्ला' अत्यंत उल्लेखनीय हैं। इसके अलावा जीवनानंद समग्र (12 खंडों में) और रूपसी बांग्ला (जीवनानंद दास) के पांडुलिपि संस्करण का उन्होंने संपादन किया है। अरसे तक उन्होंने 'उत्तर बंग पत्रिका', 'नेपाली अकादेमी जनरल', 'परिचय' और 'प्वाइंट काउंटर प्वाइंट' जैसी पत्रिकाओं का संपादन किया। 1936 में बांग्लादेश के पाबना जिले के बागमारा ग्राम में जन्मे देवेश राय ने कोलकाता विश्वविद्यालय से बांग्ला साहित्य में एम.ए. किया। वे लंबे समय तक जलपाईगुड़ी के आनंद चंद्र कालेज में व्याख्याता रहे। 1975 में उन्हें समाजविज्ञान अध्ययन की फेलोशिप दी गई। देवेश राय साहित्य अकादेमी की कार्य परिषद, नार्थ बंगाल यूनिवर्सिटी की कार्य परिषद के सदस्य रह चुके हैं। साहित्य में उल्लेखनीय अवदान के लिए उन्हें साहित्य अकादेमी, भारतीय भाषा परिषद पुरस्कार, तपती मुखोपाध्याय पुरस्कार आदि सम्मानों से नवाजा गया है।

साहित्य आपके जीवन में कैसे आया?

घर में साहित्य का परिवेश था। मेरे बड़े भाई लेखक थे पर सिर्फ इसी परिवेश से किसी का लेखक होना नियत नहीं हो जाता। इसके पीछे कहीं न कहीं कोई स्थिर प्रतिज्ञा होती है। हालाँकि उसकी प्रक्रिया हमेशा सहज नहीं होती। लेकिन वह प्रतिज्ञा ही हर नई कृति के साथ नई होकर निर्मित होती है। मेरे लिए लेखन के पीछे कोई घटना विशेष या प्रेरणा विशेष रही—ऐसा नहीं है। जलपाईगुड़ी के आनंद चंद्र कालेज में जब थर्ड ईयर में पढ़ता था तो मेरे भीतर एक घटना की हलचल थी जो कहानी के

रूप में अभिव्यक्त हुई। वही मेरी पहली कहानी थी—'हाड़काटा' जो 1955 में 'देश' में छपी थी।

आपके विचारों पर किसका सर्वाधिक प्रभाव पड़ा? क्या मार्क्स का?

निश्चित ही।

तब तो आप मार्क्सवादी हुए ना?

हाँ हुआ, किंतु मार्क्स का प्रभाव पड़ने के कारण ही मैं लेखक नहीं हुआ। मेरे चिंतन पर मार्क्सवाद का जरूर असर पड़ा लेकिन मुझे नहीं लगता कि मार्क्सवादी साहित्य जैसी कोई चीज होती है। जब मैं लिखने लगा तो कम्युनिस्ट पार्टी का छात्र संगठन करता था किंतु मैंने अपनी कहानियाँ पार्टी की पत्रिका में नहीं छपवाईं। पहली कहानी ही नहीं, अधिकतर कहानियाँ 'देश' में ही छपवाईं। साहित्य में मार्क्सवाद, गैर-मार्क्सवाद—इस तरह का विभाजन लेखन के क्षेत्र में गलत और क्षतिकर है।

तो क्या साहित्य पर विचारधारा के प्रभाव को आप गलत मानते हैं?

समाज परिवर्तन के लिए या जनता के हित के लिए आंदोलनों में जो विचारधारा सक्रिय है, उसके प्रति साहित्यकार आस्था या अनास्था रख सकता है। मेरी राय में किसी विचारधारा के प्रति प्रतिबद्ध हुए बगैर भी कोई बड़ा लेखक हो सकता है और बड़ी कृति दे सकता है। भारत में विचारधारा के प्रति अत्यधिक सजगता देखी जाती है और यह अत्यधिक सचेतनता वास्तविक सचेतनता को भुला देती है।

रामकृष्ण परमहंस को ध्यान में रखते हुए आप बताइए कि धर्म के बारे में आपकी क्या धारणा है?

सामूहिक यानी संगठित धर्म मनुष्य के चिंतन को गलत तरीके से प्रभावित कर सकता है किंतु व्यक्तिगत धर्म लोगों के बीच विशेषकर गरीबों के बीच गंभीर मूल्यबोध तैयार कर सकता है। धर्म में व्यक्तिगत आस्था अलग बात है पर संगठित कर्मकांड उसके उलट है। व्यक्तिगत धर्म लोगों में उसी तरह मूल्य बोध जगा सकता है जिस तरह सूफी फकीरों ने तैयार किया था। जिस तरह कबीर, नानक, मीराबाई सूरदास, तुलसीदास, चैतन्य ने तैयार किया था। इनमें भी जिनके धर्म बाद में संगठन में बदल गए, उनके ही धर्माचरण में मूल्यबोध लुप्त हो गए।

बांग्लादेश में आपका जन्म हुआ और बंगाल कर्मभूमि है। अविभाजित बंगाल की समाज व्यवस्था और आज की विभाजित बंगाल की समाज व्यवस्था में आप क्या परिवर्तन देखते हैं—विशेषकर जमीन और उत्पादन, पूँजी और श्रम विभाजन के क्षेत्र में?

उस पार (बांग्लादेश) को स्वाधीनता के लिए जिस तरह का आंदोलन करना पड़ा, वैसा कुछ इस पार नहीं करना पड़ा। पश्चिम बंगाल की समाज व्यवस्था, यहाँ की पूँजी और श्रम विभाजन का प्रश्न बल्कि समग्र विकास का प्रश्न बृहत्तर भारतीयता के साथ

अपने को मिलाने की ओर गया है। उधर, मुक्ति संग्राम के बाद स्वाधीन बांग्लादेश का विकास नए सिरे से गति पकड़ रहा है। बांग्लादेश की समाजव्यवस्था पर धार्मिक प्रभाव कट्टरता की हद तक पड़ा है जबकि पश्चिम बंगाल उस क्षेत्र में काफी हद तक धर्मनिरपेक्ष है। लेकिन उस पार की एक विशिष्ट उपलब्धि यह है कि बांग्ला उस देश की भाषा हुई और उस पार की बदौलत ही इक्कीस फरवरी दुनियाभर में अंतर्राष्ट्रीय मातृ दिवस के रूप में मनाई जाती है। बांग्लादेश ने बांग्ला भाषा को अंतर्राष्ट्रीय पहचान दी है।

एक तरफ बांग्लादेश की यह उपलब्धि है, दूसरी तरफ वहाँ के साहित्य के प्रति इस पार गहरी उदासीनता और उपेक्षा देखी जाती है। इसकी वजह?

बांग्लादेश में बांग्ला में ही लिखे जा रहे साहित्य के प्रति कोलकाता की जो उपेक्षा है, वह भारत की ही अन्य भाषाओं में लिखे जा रहे साहित्य की उपेक्षा के साथ तुलनीय है। कोलकाता एक बहुत बड़ा सांस्कृतिक केंद्र है और कोलकाता की स्वीकृति पर इतना कुछ निर्भर करता है कि कोलकाता का लेखक हुगली उस पार देख ही नहीं पाता। एक संकीर्ण सांस्कृतिक दृष्टि उस पार देखने से उन्हें रोक लेती है। अन्य भाषाओं के लेखकों की कोलकाता की स्वीकृति पर निर्भरशीलता इस संकीर्णता को ही प्रश्रय देती है। मेरी राय में सिर्फ बांग्ला (बांग्लादेश के संदर्भ में) ही नहीं, भारत की भी अन्य भाषाओं के बीच अनुवाद के जरिए परस्पर संबंध बनाकर ही एक बृहत्तर सांस्कृतिक परिवेश बन सकता है। बांग्ला में जो कट्टरता व संकीर्णता है, उसे देख मुझे बहुत दुख होता है। यदि दूसरी भाषाओं का क्लासिक साहित्य बांग्ला में आए तो बांग्ला साहित्य का अकल्पनीय उपकार होगा।

आप बांग्लादेश में धार्मिक कट्टरता की बात कह रहे थे। भारत की भी तो बड़ी समस्या सांप्रदायिकता है। फासीवाद से भारतीय समाज के सामने कैसी चुनौतियाँ आई हैं? इससे निपटने के लिए साहित्य को किस तरह समाज के सामने आना चाहिए?

साहित्य में फासीवादी विरोधी चेतना होनी ही चाहिए। मानवतावादी चेतना भी होनी चाहिए। लेकिन लेखक तो सिर्फ लिख सकते हैं। और क्या सिर्फ लिख कर साहित्यकार फासीवाद को रोक सकते हैं? और वह भी भारत जैसे देश में जहाँ शिक्षा का अनुपात कमतर है और साहित्य के पाठकों की संख्या नगण्य सी है।

बाजार की जो नई सभ्यता पनप रही है, उसमें साहित्य की क्या जगह बनती है?

यह एक बड़ा प्रश्न है। बाजार के साथ ही भिन्न चीजें आ रही हैं, और संस्कृति भी आ रही है। नई बाजार व्यवस्था और वैश्वीकरण ने दुनिया को छोटा कर दिया है। इसलिए एक कैप्शूल के भीतर नहीं रहा जा सकेगा। बाजार के साथ जो संस्कृति आ

रही है, उससे जीवन और समाज ही अछूता नहीं रहेगा तो साहित्य कैसे रहेगा? बाजार ने इतनी प्रतिस्पर्धा बढ़ाई है कि मीडिया तक में उसकी झलक मिलती है। बिहार में हत्याकांड होता है तो अखबारों में आने के पहले ही इंटरनेट पर वह खबर आ जाती है। विदेशों की तमाम ताजा खबरें हर समय हाजिर हैं। इन स्थितियों में और बाजार के दबाव में भी चेतना कैसे जाग्रत रखी जाए—मैं आत्मरक्षा की चेष्टा कर रहा हूँ।

आप अरसे तक लघु पत्रिका आंदोलन से जुड़े रहे। इस आंदोलन के वर्तमान परिदृश्य पर आपकी क्या टिप्पणी है?

लघु पत्रिकाएँ समान महत्त्व और मर्यादा के साथ अब भी निकल रही हैं। लघु पत्रिकाओं में आज भी वैसी श्रेष्ठ रचनाएँ हम पाते हैं जो प्रतिष्ठित और बहुप्रसारित-व्यावसायिक पत्रिकाओं में नहीं पाते। वस्तुतः व्यावसायिक पत्रिकाएँ और लघु पत्रिकाएँ दो स्वतंत्र क्षेत्र हैं। इसलिए इनके चरित्र में ही बुनियादी फर्क होता है। यदि लघु पत्रिका व्यावसायिक पत्रिका की तरह होनी चाहे या व्यावसायिक पत्रिका लघु पत्रिका की तरह होनी चाहे तो अनहोनी की आशंका पैदा होगी। ऐसी आशंका कभी-कभार जन्म नहीं ले रही है, ऐसा नहीं है।

आपके उपन्यास 'तिस्तापारेर वृतांत' का नाट्य मंचन चर्चा में है। उसके मंचन पर आपकी प्रतिक्रिया?

नाटक दूसरों की तरह मुझे भी बहुत अच्छा लगा। नाटक में अत्यंत सटीक ढंग से उपन्यास को मंचित किया गया है। नाट्य निर्देशक सुमन मुखोपाध्याय की मौलिक परिकल्पना और निर्देशकीय दक्षता से मैं मुग्ध हुआ हूँ।

वे कौन लेखक हैं, जिन्होंने आपको प्रभावित किया?

प्रभावित करने वाले लेखकों की सूची लंबी है। मेरे प्रिय लेखकों की सूची का कोई अंत नहीं। दोस्तोव्स्की, कालिदास, विभूतिभूषण, ताराशंकर बंद्योपाध्याय से लेकर आधुनिक व समकालीन लेखकों में मलयालम के मुहम्मद बशीर, उर्दू में कुर्रतुल एन हैदर, राजस्थानी में विजयदान देथा, असमिया में सौरभ चालिहा, ओड़िया में मनोज दास मुझे प्रिय हैं।

और हिंदी में?

हिंदी अपनी ही भाषा लगती है। पढ़ लेता हूँ। समझ लेता हूँ। बोल नहीं पाता। हिंदी प्रेमचंद की भाषा है। मेरी राय में प्रेमचंद संसार के हर काल के सर्वश्रेष्ठ लेखक हैं।

('जनसत्ता सबरंग' : कोलकाता, 7 अक्तूबर 2001)

भाषा रक्त से नहीं परिवेश से आती है

असमिया कवि नवकांत बरुआ से बातचीत

असमिया के सर्वाधिक लोकप्रिय कवि नवकांत बरुआ जीवन के पचहत्तरवें वर्ष में चल रहे हैं। पर इस उम्र में भी उनकी सक्रियता निरंतर बनी हुई है। गद्य-पद्य दोनों में। अब तक उनकी कविताओं के दस संकलन—'हे अरण्य हे महानगर', 'एटी दूटि एगारोटी तोड़ा', 'याति अरु कितामन स्केच', 'सम्राट', 'रावण', 'मोर अरु पृथिवीर', 'रत्नाकर', 'एखुन स्वच्छ मुखरे', 'सूर्यमुखीर अग्निकार' और 'नवकांत बरुआ कवितावली' प्रकाशित हुए हैं। उन्होंने बच्चों के लिए आठ पुस्तकें लिखी हैं। इसके अलावा गद्य की विभिन्न विधाओं में उन्होंने दर्जनभर पुस्तकें लिखी हैं। 1926 में गुवाहाटी में जन्मे नवकांत बरुआ ने शांतिनिकेतन से अंग्रेजी में आनर्स के साथ बी.ए. और अलीगढ़ मुसलिम यूनिवर्सिटी से अंग्रेजी में एम.ए. किया। 1954 से 1984, तीस वर्षों तक उन्होंने गुवाहाटी के काटन कालेज में अध्यापन किया। बरुआ ने लेखक के रूप में दुनिया के अनेक देशों की यात्रा की। साहित्य में उल्लेखनीय अवदान के लिए उन्हें साहित्य अकादेमी अवार्ड, सोवियत लैंड नेहरू पुरस्कार, पद्मभूषण, कबीर सम्मान, कमल कुमारी संस्कृति पुरस्कार समेत कई सम्मानों से विभूषित किया गया है।

असम में भाषा समस्या खतरनाक मोड़ पर पहुँच गई है। वहाँ से हिंदी भाषियों को मारा-भगाया जा रहा है। इस समस्या के कारण और निवारण क्या हैं?

यह समस्या उपेक्षा से पैदा हुई है। मेरी राय में भाषा को माँ नहीं कहना चाहिए। भाषा रक्त के जरिए नहीं आती। परिवेश से आती है। इसलिए भाषा के नाम पर मनुष्य मनुष्य को बाँटना अनुचित है। असम में इन दिनों जिस तरह हिंदीभाषी मारे जा रहे हैं, उससे मैं परेशानी महसूस करता हूँ। भाषा के नाम पर जो हो रहा है, वह कट्टरता है। भाषांधता कट्टरता का ही एक रूप है। असम में इसी रूप के तहत गैर

असमियों को मार भगाने की मुहिम चलती है। कभी बंगालियों को खदेड़ेंगे, कभी बिहारियों को, तो इसे मैं यही कहूँगा कि भाषा में भी अपराधी आ गए हैं। हम ऐसे समय में जी रहे हैं जहाँ सही सोच रखनेवालों की कम सुनी जाती है और गलत लोग महत्त्वपूर्ण फैसलों को प्रभावित करने की सामर्थ्य रखते हैं। असम में जिन गैर-असमियों पर कहर बरपाया जा रहा है, उनकी भी भाषा असमिया ही है। पीढ़ियों से वे वहाँ रह रहे हैं, बंगाल या बिहार गए ही नहीं। मैं तो उन्हें हिंदीभाषी या बंगाली नहीं मानता, असमी ही मानता हूँ, क्योंकि वे वहाँ लंबे समय से हैं। असमिया बोलते हैं। अगर आप यूपी के हैं पर अपने बच्चे को छोटी उम्र में ही विलायत भेज दें, वह वहीं की भाषा बड़ा होकर सीखेगा और वही भाषा उसकी भाषा हो जाएगी, यूपी की भाषा उसकी भाषा नहीं रह जाएगी।

अखिल भारतीय स्तर पर असमिया साहित्य आज कहाँ खड़ा है?

अखिल भारतीय स्तर पर असमिया साहित्य असम में ही खड़ा है। असमिया में काफी कुछ श्रेष्ठ साहित्य लिखा गया है। दूसरी भाषाओं में उसका अनुवाद भी हुआ है। अनुवाद से एक दूसरे को जानने का मौका मिलता है पर राष्ट्रीय परिदृश्य पर असमिया सिर्फ असम में ही सीमित दिखता है।

असमिया कविता भारत की दूसरी भाषाओं की कविताओं से किस रूप में अलग है?

असमिया ही नहीं, दूसरी भाषाओं में भी गद्यात्मक कविता लिखना एक पैटर्न बन गया है। यों गद्यात्मक कविता में भी छंद रहता है, सर्जनात्मक स्पंदन और 'नेचुरल रिदम' रहता है। पर अच्छी कविता वही है जो हृदय को स्पर्श करे। मेरी राय में कविता में छंद होना ही चाहिए, भले गद्यात्मक ही हो। तभी उसमें प्रभाव आएगा। घाट का अलग छंद है, तबले का अलग, बातचीत का अलग, जीवन का अलग, एक नर्तकी की विभिन्न नृत्य भंगिमाओं का अलग। इसी तरह कई स्तर हैं छंद के। छंदमुक्त और छंदयुक्त दोनों में असमिया कविता में नए-नए प्रयोग हो रहे हैं।

इधर जीवन में जिस तरह जटिलता बढ़ती जा रही है, कवि के रूप में आप स्वयं किस तरह का दबाव अनुभव करते हैं?

दबाव नहीं, जीवन में आए परिवर्तनों को चुनौती के रूप में देखता हूँ। ये चुनौतियाँ कविता का 'आइडिया' बनती हैं। यदि दबाव नहीं रहेगा, जटिलता नहीं रहेगी तो कविता नहीं बनेगी। चुनौती में ही विकास होता है। नया रास्ता मिलता है। जीवन की चुनौतियों में ही मनुष्य ने कृषि करना सीखा। मनुष्य की जिजीविषा ही उसे आधुनिकता तक ले आई।

फासीवाद और बाजारवाद ने जो चुनौती खड़ी की है, उसका प्रतिरोध करने के लिए साहित्य को समाज के सामने किस तरह आना चाहिए?

फासीवाद को मैं आधिपत्यवाद कहना चाहूँगा। आधिपत्यवाद में होता यह है कि उसका प्रणेता कहता है कि जो कुछ हूँ मैं हूँ, दूसरे की वह नहीं सुनता। फासीवाद में भी यही होता है। फासीवाद और बाजारवाद के बारे में एक साथ प्रश्न कर आपने अच्छा किया, क्योंकि दोनों एक-दूसरे से जुड़ते हैं और जुड़कर जटिल समस्या पैदा करते हैं। बाजारवाद से कोई अंतर्राष्ट्रीय भाईचारा नहीं होने वाला। पश्चिमी देशों में जो होगा, उसे खद्दर पहनाकर भारतीय बना लेने का दावा वाजपेयी कर रहे हैं—यह ओरिएंटल मेकअप है। हमारे बाजार पर पश्चिम का कब्जा हो जाएगा। उपभोक्तावाद की रुग्णता बढ़ेगी। ध्यान दीजिए फासीवादी ताकतें ही बाजारवाद की वकालत कर रही हैं। यह एक मानसिक रोग है। अच्छी दवाएँ अमेरिका में तो एक डालर में ही बिकेंगी पर मुक्त बाजार के फलस्वरूप भारत में एक गोली के लिए चालीस रुपए देने पड़ेंगे जो एक डॉलर के बराबर का होगा। यदि दिन में तीन गोलियाँ खानी हैं तो 120 रुपए लगेंगे। भारत जैसे गरीब देश में रोगियों का क्या होगा? उदारीकरण से आर्थिक-सामाजिक विषमता बढ़ेगी। साहित्य फासीवाद व बाजारवाद के स्वतःस्फूर्त विरोध में है, लेकिन मैं नहीं मानता कि सिर्फ लिखकर दुनिया बदल दी जाएगी या लोक सुधार हो जाएगा। हाँ इतना विश्वास मुझे है कि फासीवाद-बाजारवाद के इस दौर में भी साहित्य बचा रहेगा, कविता खो नहीं जाएगी, वह रहेगी।

वे कौन रचनाकार हैं जिन्होंने अपने जीवन-साहित्य से आपके कवि व्यक्तित्व को विराटता दी?

मेरे घर का परिवेश साहित्यिक था। मेरे बड़े भाई देवकांत बरुआ बड़े लेखक और राजनैतिक कार्यकर्ता थे। उनकी नकल कर मैं भी लिखने लगा। उनकी कोई लाइन ली, दूसरी खुद लिख दी। ऐसे ही कर पहली रचना बनाई जो छप भी गई। रघुनाथ चौधरी की कविता का अनुकरण कर लिखा, वह भी छप गई। पर मेरे भीतर यह बेचैनी थी कि छपी रचना मेरी और सिर्फ मेरी मौलिक रचना कहाँ है? सन् बयालीस में रवींद्रनाथ ठाकुर के आश्रम शांतिनिकेतन पढ़ने गया तो नजरुल, सत्येन दत्त, टैगोर की रचनाएँ पढ़ीं। फिर अपने विचार अपने शब्दों में लिखे और तब से वही कर रहा हूँ, क्योंकि जब नकल छोड़ी तो आंतरिक संतुष्टि मिली—हाँ ये मेरी पंक्तियाँ हैं। मैं जो सोचता-महसूस करता हूँ, वही लिखता हूँ। अपने भीतर, अपने बाहर और अपने आसपास को मैं कविताओं में व्यक्त करता हूँ। मैं 'क्रास रोड्स' का कवि हूँ। एक समय एक क्रास रोड पर दूसरे समय दूसरे क्रास रोड पर चक्कर लगाता हूँ। 'क्रास रोड' और 'ब्रिज' मेरी प्रिय छवियाँ हैं कविता की। भाषाओं, व्यक्तियों और अवस्थाओं के बीच 'पुल' मेरा प्रिय थीम है। जहाँ तक उन रचनाकारों की बात है, जिन्होंने मुझे

प्रभावित किया तो ये पूछिए कि किससे प्रभावित नहीं हुआ? अपने से कनिष्ठ लेखकों से भी मैं प्रभावित होता हूँ। अग्रज पीढ़ी में रवींद्रनाथ से सबसे ज्यादा प्रभावित हुआ। संकट में वे मुझे आश्रय देते हैं। शंकर देव ने कविता को और इसीलिए जीवन को समझने की दृष्टि दी। कोई चित्र देखता हूँ तो नंदलाल बोस की आँखों से। अवनींद्रनाथ ठाकुर की आखों से। मैंने गाँधी, हजारीप्रसाद द्विवेदी से लेकर मदर टेरेसा तक से प्रेरणा पाई है। इनसे लड़ा भी हूँ। जिनसे आप प्यार करते हैं, उनसे ही लड़ते हैं। टैगोर से भी लड़ा हूँ। अपने से भी लड़ा हूँ। सत्य जितना भी आदमी जाने, भले उस पर संदेह हो, उसे व्यक्त करना चाहिए। इसीलिए अभी-अभी मदर टेरेसा से मेरी मन ही मन लड़ाई हुई, जब मैं उनके 'मृत्युआलय' आश्रम पर कविता लिख रहा था।

आपने तीन दशकों तक अध्यापन किया। आपकी दृष्टि में शिक्षण संस्थानों की मौजूदा अवनति से उबरने का क्या रास्ता है?

शिक्षा में प्रदूषण तब भी था, जब गुरु-शिष्य परंपरा थी। तब भी शिक्षा भ्रष्टाचार से मुक्त नहीं थी। गुरु पत्नी से छात्र का प्रेम, गुरु पत्नी के लिए लड़ाई—यह सब तब होता था। तब एक पहलू था, आज हमारे सामने दूसरा पहलू है। गौरव के चश्मे से हमें चीजें नहीं देखनी चाहिए। एक समय आदर्श स्थिति यह थी कि एक गुरु एक छात्र को ही पढ़ाते थे। यदि धनुष विद्या सिखानी है तो समूह में कैसे सिखाएँगे? आज की शिक्षा पूरी तरह 'इकोनामिक आरिएंटेड' है। जब सारी चिंताएँ लाभ की होंगी तो मूल्य कहाँ बचेंगे? हाँ यह भी प्रश्न है कि शिक्षकों को यदि पर्याप्त तनख्वाह नहीं मिलेगी तो प्राइवेट ट्यूशन के अलावा उनके सामने क्या चारा रहेगा?

आप अपने छात्र जीवन और बचपन की स्मृतियों के बारे में बताएँगे?

बचपन की स्मृतियाँ दुखद ही ज्यादा हैं। बचपन में जीवन सिर्फ हँसी-खुशी नहीं था। इसके कारण थे। पाँच साल के पहले का मुझे कुछ याद नहीं। मैं सात साल का था तो अपनी छोटी बहन को खोया। उसे डिप्थीरिया हो गया था। पिताजी कलकत्ता में शिक्षक थे। हम नौगाँव में पढ़ते थे। इस रोग में रोगी के कमरे में किसी को जाने की अनुमति नहीं होती। तब घर में किसी को मरने की भी अनुमति नहीं थी। असम में परंपरा है कि मरने के बाद मुँह में पानी दिया जाता है। मैंने दिया। उसका चेहरा मुझे याद है। उसके बाद कालाजार के कारण मेरी बड़ी बहन चल बसी पंद्रह साल की उम्र में। तब मैं तीसरी कक्षा में पढ़ता था। वह भी घर के भीतर ही मरी। शांतिनिकेतन में मेरे साथ रहने वाला दोस्त भी मरा। इन तीन घटनाओं का दुःस्मरण है। मैं नाटे कद का था, इसलिए मुझसे जो बड़े थे, वे मेरे साथ नहीं खेलते थे और जो छोटे थे, वे भी नहीं खेलते थे क्योंकि मैं बड़ी कक्षा में पढ़ता था। इसका भी मन पर असर पड़ता था। उन्हीं दिनों ध्रुव के जीवन पर लिखी किताब पढ़ी। नौगाँव में मिशन स्कूल में पढ़ा। फिर शांतिनिकेतन गया। वहाँ जापान, चीन, इंडोनेशिया के सहपाठी मिले। उनके देश

की भाषाएँ सीखीं। वहीं हिंदी भवन में हजारीप्रसाद द्विवेदी थे। उनका हमें बहुत प्यार मिला।

फुरसत में किस तरह समय बिताना पसंद करते हैं?

घर में बच्चों की दुनिया में रहना, खिलौने एकत्र करना, पौधे-फूल लगाना, एक्वेरियम में मछलियों को खिलाना पसंद करता हूँ। तीन पौत्र-पौत्रियों का दादा हूँ। उनसे असमिया में बात करता हूँ। मेरे पास हर किसी के लिए हमेशा समय और जगह है। भारत में अच्छी बात है कि दादा-पोते साथ रहते हैं। दादा-दादी ही पौत्र-पौत्रियों का मानसिक और सांस्कृतिक खयाल रखते हैं। दादी कहानी सुनाती है। दादा पौत्र का समकालीन हो जाता है। पर वे कुछ ही दिन 'शेयर' कर पाते हैं।

('जनसत्ता' : दिल्ली, 31 दिसंबर 2000)

कविता बाहर से सरल हो भीतर से नहीं

बांग्ला लेखिका नवनीता देवसेन से बातचीत

नवनीता देवसेन का बांग्ला के समकालीन लेखकों में विशेष स्थान है। वे बांग्ला साहित्य की सभी विधाओं को साधिकार छूती रही हैं और यही बहुमुखी लेखन साहित्य में उनकी जगह बनाता है। कवि दंपति नरेंद्र देव और राधारानी देवी की एकमात्र संतान के रूप में 1938 में जन्मी नवनीता का नामकरण स्वयं कविगुरु रवींद्रनाथ ठाकुर ने किया था। नवनीता ने बचपन से ही लिखना शुरू किया। उच्च शिक्षा के बाद अमर्त्य सेन से विवाह किया। दो कन्याओं की माँ बनीं। उनका काफी समय विदेश में बीता। चौदह वर्ष बाद विवाह-विच्छेद हो गया। नवनीता अरसे से यादवपुर विश्वविद्यालय (कलकत्ता) में भाषा साहित्य की प्राध्यापिका हैं। बांग्ला कविता, कहानी, उपन्यास, निबंध, एकांकी, व्यंग्य, बाल साहित्य, यात्रा-संस्मरण आदि विधाओं में पैंतालीस पुस्तकों की रचयिता नवनीता को बाईस फरवरी 2000 को साहित्य अकादेमी पुरस्कार 'नवनीता निर्वाचित रचना संकलन' पर दिया गया। 2000 में ही गणतंत्र दिवस पर उन्हें 'पद्मश्री' से अलंकृत किया गया।

एक के बाद एक, दो-दो पुरस्कार पाने पर कैसा लग रहा है?

पद्मश्री मिलने की तार द्वारा सूचना पाकर अवाक् रह गई क्योंकि इस तरह की प्रातिष्ठानिक स्वीकृति के बारे में मैंने कभी सोचा ही नहीं था। न ही उसकी मुझे उम्मीद थी। हाँ, साहित्य अकादेमी पुरस्कार की जब घोषणा हुई, तब कोई आश्चर्य मुझे नहीं हुआ था। यह एक राष्ट्रीय स्वीकृति है। अकादेमी पुरस्कार और पद्मश्री पाने पर मुझे प्रसन्नता हुई है, किंतु मैं बताऊँ, पुरस्कार पाने पर ही कोई लेखक अच्छा नहीं हो जाता या पुरस्कार न पाने पर कोई कम अच्छा नहीं हो जाता। लेखक को किसी पुरस्कार से नहीं आँका जा सकता। भारतीय भाषाओं के अनेक लेखक हैं जिनका जो प्राप्य था, नहीं मिला। अनुवाद के अभाव में उनकी पहचान सीमित रही—इसे हमें चुनौती के रूप में ग्रहण करना चाहिए।

आपके लिखने की शुरुआत कैसे हुई?

एक कवयित्री के गर्भ से मेरा जन्म हुआ। पिता भी कवि थे। घर के परिवेश में जब अक्षर जगत् की ही प्रधानता थी तो मैं क्यों न लेखक बनती? जिस तरह मेरा पेड़ पर चढ़ना, बारिश में भींगना, कागज की नाव बनाना होता था, उसी तरह कविता लिखना होता था। घर की अकेली बच्ची मैं थी और कविता मेरा स्वभावसंगी। कविता के दर्पण में ही सबसे पहले मैंने अपना चेहरा देखा। कविता से ही मैंने लेखन की शुरुआत की। वह मेरा प्रथम प्रत्यय है। कविता मेरे रक्त में समाई है। कविता मेरा अभिमान है, मेरी प्रार्थना है, मेरी निःसंगता है, मेरी पूर्णता है, मेरी अतृप्ति है। लोग विश्वास नहीं करेंगे, मेरी दोनों आँखें दो तरह की हैं। दाईं आँख हँसती रहती है। शोक के क्षणों में भी निर्लज्ज होकर हँसती रहती है। बाईं आँख हमेशा शोक में डूबी रहती है। कभी नहीं हँसती। बाईं आँख सिर्फ भीतर, मन के भीतर देखती रहती है और तब कविता बनती है। दोनों आँखें भीतर बाहर बराबर देखती हैं, तो कहानी, उपन्यास, निबंध यानी गद्य बनता है। गद्य लिखना तो बाद में शुरू किया। मुझे याद है, गोखले स्कूल की मैगजीन 'साधना' में पहली बार मेरी दो कविताएँ और एक निबंध रचना छपी थी। तब मैं सात साल की थी। माँ से काव्यभाषा सीखी। माँ की प्रेरणा से ही मेरी पहली कविता पुस्तक 'प्रथम प्रत्यय' 1959 में और उसके बाद 1971 में 'स्वागत देवदूत' निकली। जिस तरह मेरा जीवन टूटते-बिखरते आगे बढ़ता गया, कविता उसी तरह बनती गई, बढ़ती रही। कविता में इतिहास, दर्शन, समाज, धर्म और मनुष्य के जीवन सत्य को पकड़ने के लिए अलग से कोशिश नहीं करनी पड़ती। जीवन ने मेरे पैर के नीचे से जितनी बार धरती खिसका दी है और अंधकार के गर्त में मुझे धकेल दिया है, कविता ने उतनी बार आगे आकर मेरा हाथ थामा है और मजबूत धरती पर मुझे खड़ा कर दिया है। प्रकाश दिया है, उष्णता दी है।

साहित्यिक विधाओं में कविता को आप किस जगह रखती हैं?

जब हम मुँह से बोलकर समझा नहीं पाते हैं, वाक्य व्यर्थ होते हैं, तब हाथ के इशारों या आँख की भाषा में समझाते हैं। कविता हाथ पकड़कर आँख में आँख डालकर वही काम करती है।

कविता को अपनी बुनावट में कितना सरल या जटिल होना चाहिए?

कविता निश्चित रूप से कठिन या जटिल नहीं होनी चाहिए। किंतु क्या एकदम उसका सरल होना भी उचित है? कविता भाषण की तरह नहीं हो सकती। न ही उसे बिल्कुल खुला होना चाहिए। एक आवरण या रहस्य होना चाहिए। नववधू को देखने के लिए घूँघट हटाना पड़ता है, उसी तरह कविता को समझने के लिए कुछ श्रम तो करना ही चाहिए। यदि कविता अपने निहितार्थ खुद कह दे तो ठीक नहीं। पाठक को

भी इसे जानने के लिए कुछ परिश्रम करना चाहिए। घूँघट हटाने जितना श्रम ही पाठक के लिए काम्य है। कविता बाहर से सरल होनी चाहिए, अंदर से नहीं। कविता की भाषा चित्रकला की भाषा जैसी होती है। कविता नारा नहीं है। नारा कहना होगा तो मैं जुलूस में कहूँगी, कविता में नहीं।

हमारा समाज पिछले दो दशकों में काफी तेजी से बदला है। बांग्ला कविता के स्वभाव में इस बीच क्या कुछ तब्दीलियाँ आई हैं?

इधर के बीस वर्षों में जीवन का प्रतिबिंब कविता में ज्यादा ही तरीके से प्रकट हुआ है। हाँ, पचास या सत्तर के दशक में जो जीवन आदर्श थे, वे इधर के वर्षों में नहीं रहे। कविता का चरित्र इधर के बीस वर्षों में बदल गया। इस दौरान राजनैतिक चेतना की कविताएँ कम हुईं। विद्रोही स्वर भी कम सुनाई दिए किंतु जटिलता में कमी नहीं आई। बाहरी द्वंद्व भले कम हुआ, अंतर्द्वंद्व कम नहीं हुआ है।

बांग्ला कविता की मुख्यधारा लोकजीवन से क्यों कटी हुई है?

जिस देश में साक्षरता इतनी कम है, उस देश में कविता मुख्यधारा में है, यह मानना ही कठिन है। साक्षर लोगों में बहुत कम लोग साहित्य के पाठक होते हैं और जो साहित्य पढ़ते हैं, उनमें भी अधिकांश गद्य के पाठक होते हैं। कविता के पाठक ही कितने हैं? कविता की मुख्यधारा किसी भाषा में लोकजीवन से जुड़ी है क्या? हम जानते हैं कि बांग्लादेश में संकटकाल में कविता ने लोक के बीच प्रेरणा जगाने का बड़ा काम किया था पर वहाँ भी क्या बृहत्तर लोकजीवन के साथ बांग्ला कविता जुड़ी हुई है? दक्षिण एशिया के गरीब और कम साक्षर देशों की बात छोड़िए, यूरोप या अमेरिका में भी क्या कविता की मुख्यधारा लोकजीवन से युक्त है? लेकिन यह जो लोकजीवन है, वह बहिर्जीवन ही है क्योंकि अंतर्जीवन से कटकर कविता नहीं होती।

आज का बांग्ला गद्य साहित्य पहले के गद्य से कितना अलग और आगे है?

पहले बांग्ला का गद्य साहित्य कलकत्ता केंद्रित था। अब गद्य के शक्तिशाली लेखक कलकत्ता के बाहर से आ रहे हैं, सुदूर अंचलों से आ रहे हैं। वे गाँवों-कस्बों के रहने वाले हैं। वे गाँव-गिराँव के जीवन को लेकर लिखते हैं, ग्रामीण जीवन पर कहानियाँ, उपन्यास लिखते हैं। इससे साहित्य का स्वर बदला है, वह समृद्ध हुआ है। पहले के लेखकों के नाम देखें तो वे उच्च वर्ग के, ऊँची जातियों के होते थे। वह संकीर्ण प्राचीर ढह गई है। नीची जातियों के लोग नए अनुभव लेकर साहित्य में आए हैं। आज की लेखिकाओं में भी पहले की तुलना में मुक्तिचेतना ज्यादा मुखर है। इन दृष्टियों से आज का गद्य साहित्य पहले की तुलना में काफी अलग और आगे है।

इन दिनों आप क्या लिख रही हैं?

इन दिनों रामायण पर काम कर रही हूँ। देश के विभिन्न अंचलों में स्त्रियों द्वारा

जो रामायण गाने की मौखिक परंपरा है, उस पर काम कर रही हूँ। अभी-अभी खत्म हुए कलकत्ता पुस्तक मेले में मेरी तीन किताबें आईं। एक कविता संग्रह अप्रैल में छपकर आएगा। 'माया रोये गेलो' नाम से उपन्यास इसी साल प्रकाशित होगा। इसके अलावा आक्सफोर्ड की राधाकृष्ण मेमोरियल व्याख्यानमाला में दिए गए व्याख्यानों की पांडुलिपि भी तैयार कर रही हूँ।

आपने पद्य के अलावा गद्य की इतनी विधाओं को कैसे साधा?

शैशव काल से ही मैं गद्य-गद्य दोनों लिख रही हूँ। गद्य लिखना कविता से ही सीखा। बार-बार काटती हूँ, करेक्शन करती हूँ, जब तक प्रेस में नहीं जाता, काटती रहती हूँ—फिर नया लिखती हूँ, बदलती रहती हूँ। हाँ छापने के लिए भेज दिया तो निस्पृह वैराग धारण कर लेती हूँ। मुझे लगता है कि गद्य में जो कहा जा सकता है, वह अच्छी तरह से गद्य में ही कहा जा सकता है लेकिन जो गद्य में नहीं कहा जा सकता, वह कविता में कहा जा सकता है। कविता, कहानी, उपन्यास, आलोचना आदि विधाएं अलग-अलग प्रयोजनों को पूरा करती हैं। गद्य-पद्य दोनों में पाठकों ने मुझे स्वीकार किया इसलिए दोनों विधाओं में लिखती रही। हर विधा का अलग-अलग अनुभव रहा। लेकिन सर्वाधिक खुशी मुझे बच्चों के लिए रचनाएँ लिख कर होती है, इसीलिए बाल साहित्य मैंने काफी लिखा है।

आपने हास्य-व्यंग्य भी काफी लिखा है?

मेरे हास्य-व्यंग्य लिखने का ठोस कारण है। जब विवाह विच्छेद के बाद कलकत्ता आई विदेश से, तो पाया कि पाठकों में मेरे व्यक्तिगत जीवन के बारे में बहुत कौतूहल था। वह कौतूहल मुझे अच्छा नहीं लगा। सहानुभूति भी अच्छी नहीं लगी। वे दिन मेरे संघर्ष के दिन थे। दोनों बेटियों को लेकर नया जीवन शुरू किया था। अंतर्जीवन और बहिर्जीवन दोनों में संघर्ष करना पड़ रहा था। पाठकों के कौतूहल के जवाब में मैंने हास्य-व्यंग्य लिखना शुरू किया, जो रचनाएँ पाठकों में वेदना नहीं, हँसी-खुशी पैदा करें। मैंने अपनी व्यंग्य-हास्य रचनाओं से पाठकों को यह बताना चाहा कि विच्छिन्न जीवन में भी अपने बच्चों के साथ एक माँ खुश रह सकती है। उन दिनों कहानियों में भी मैंने दुख की नहीं, आनंद की कहानी लिखी। पराजय की नहीं, विजय की रचनाएँ लिखीं। मैंने तब जताया कि क्रोध और दुख में नहीं आनंद में नारी की मुक्ति सशक्त ढंग से संभव है।

बांग्ला साहित्य में आलोचना का वैसा विकास क्यों नहीं हुआ, जैसा दूसरी गद्य विधाओं का हुआ?

दुख का विषय है कि बांग्ला साहित्य में आलोचना विधा का वांछित विकास नहीं हुआ। दरअसल समकालीन बांग्ला साहित्य—कविता, कहानी, उपन्यास, निबंध आदि

के साथ कदम मिलाकर बांग्ला समालोचना अग्रसर ही नहीं हो पाई। जो कुछ आलोचक हैं, उनमें अधिकांश कालेज पाठ्यपुस्तक जैसी आलोचना लिखते हैं। पत्र-पत्रिकाओं की आपसी खेमेबाजी और राजनैतिक दलों की अपनी-अपनी लेखक सूची आलोचना को बहुत प्रभावित करती है। यह सब आलोचना को संकीर्ण और तुच्छ बनाती हैं। बांग्ला आलोचना में निरपेक्ष दृष्टि और दूरदृष्टि का अभाव है। बांग्ला आलोचना में अभी यथार्थ विश्लेषण दृष्टि की आवश्यकता है।

आप लंबे समय से अध्यापन कर रही हैं। अपने निजी अनुभव के आधार पर बताइए कि विद्यापीठों के दिनोंदिन गिरते स्तर के कारण क्या हैं?

शिक्षा तो बृहत्तर समाज का अंगमात्र है। जब समाज में भ्रष्टाचार को स्वीकृति मिल गई है, तो शिक्षा में प्रदूषण क्यों नहीं होगा? शिक्षकों-अभिभावकों ने ही तो समाज का निर्माण किया है। और जब जीवन में मूल्यबोध के लिए सम्मान नहीं है, तो सिर्फ शिक्षा में कैसे रहेगा? शिक्षा का क्षेत्र द्वीपों के अंदर तो है नहीं।

समग्र सामाजिक चेतना लाकर ही मूल्य आधारित शिक्षा का विकास संभव है। मुझे विश्वास है कि वह चेतना जाग्रत होगी। हम एकदम रसातल में चले गए हैं, तो ऊपर उठने के अलावा दूसरा चारा भी नहीं है।

एक प्राध्यापिका, कवयित्री, गद्य लेखिका, सामाजिक कार्यकर्ता, माँ, पत्नी–इनमें सबसे ज्यादा गौरवबोध किस विशेषण से होता है?

कविता की मेरी पहली किताब का आना, एम.ए. की डिग्री हासिल करना और माँ-पिता को छोड़कर विदेश जाना–यह सब एक साथ हुआ था। उसके बाद विवाह। माँ बनी। पहली बार जब माँ बनी तो बहुत ही आनंदित हुई थी, पर वही गौरवबोध स्थायी भाव से क्या कायम रहता? तेरह-चौदह वर्ष देश-विदेश घूमती रही। कविता लिखना कम हो गया था, क्योंकि एक जीवन टूट रहा था, तो दूसरा निर्मित हो रहा था। विवाह-विच्छेद हुआ। अध्यापन को वृत्ति के रूप में चुना। नारी आंदोलनों के साथ जुड़ी रही। तो मेरे व्यक्तित्व के जितने पहलू तुमने गिनाए, इनमें किसी को किसी दूसरे से अलग नहीं किया जा सकता। सभी एक-दूसरे के पूरक हैं। ये सभी मिलकर ही मेरे व्यक्तित्व का निर्माण करते हैं।

('जनसत्ता' : दिल्ली, 20 फरवरी 2000)

मेरा जीवन अकेला जीवन नहीं है

बांग्ला कवि-कथाकार नवारुण भट्टाचार्य से बातचीत

विजन भट्टाचार्य और महाश्वेता देवी की इकलौती संतान नवारुण भट्टाचार्य बांग्ला लेखकों की मझली पीढ़ी के तेजस्वी कवि-कथाकार हैं। उनकी कविता—'यह मृत्यु उपत्यका नहीं है मेरा देश' सिर्फ बांग्ला ही नहीं, सभी भारतीय भाषाओं में छपी और सराही गई। 'भोगी', 'हरबर्ट', 'कांगाल मांसाट' और 'युद्ध परिस्थिति' उनके बहुचर्चित उपन्यास हैं और 'हालाल झंडा' व 'नवारुण भट्टाचार्येर गल्प' उनके कहानी संग्रह हैं। उनके तीन काव्य संग्रह भी प्रकाशित-प्रशंसित हुए हैं। 'सोवियत देश', पत्रिका में 18 वर्ष काम करने वाले नवारुण फिलहाल 'भाषा बंधन' के प्रधान संपादक हैं। 'हरबर्ट' पर उन्हें साहित्य अकादेमी अवार्ड मिला। इस पर फिल्म भी बनी।

कलकत्ता पुस्तक मेले के चरित्र में काफी तब्दीलियाँ दिख रही हैं। मेले के आयोजक मानो ठान चुके हैं कि छोटी पत्रिकाओं और छोटे प्रकाशकों को वांछित मान-मर्यादा नहीं देंगे। आपकी प्रतिक्रिया?

कलकत्ता पुस्तक मेले को पुस्तकों का व्यवसाय करनेवाले अपने दृष्टिकोण से देखते हैं। पर जो लोग पुस्तक विक्रेताओं से भिन्न दृष्टिकोण से एक अनिवार्य सांस्कृतिक अनुष्ठान के रूप में इस मेले से प्रेम करते हैं—मैं उन्हीं में एक हूँ। याद रखिए—यह दृष्टिकोण रखनेवालों की संख्या कम नहीं है। इनमें लेखक, कवि, शिल्पी, नाट्यकर्मी, संस्कृतिकर्मी तो हैं ही, सैकड़ों लघु पत्रिकाएँ और बहादुर छोटे प्रकाशक भी हैं। ये प्रकाशक नहीं होते तो पिछले वर्ष दिवंगत अख्तरउज्जमां इलियास की कहानियाँ, उपन्यास, रचनावली नहीं पढ़ पाते। 'कारखाना सत्य', 'कृष्णचूड़ा मिथ्या नय' जैसी चकित करनेवाली काव्य पुस्तकें भी छोटे प्रकाशकों के नहीं होने पर हम नहीं पढ़ पाते। ये लोग जब तक हैं, हमलोगों का पुस्तक मेला, हमलोगों का ही रहेगा। पुस्तक मेले में जिस दिन अनेक शिल्पी इधर-उधर बैठकर चित्र नहीं बनाएँगे, युवा कवि कविताएँ नहीं सुनाएँगे—भले उनकी कविता कोई सुने या न सुने—लघु पत्रिकाओं

और छोटी-छोटी किताबों के मंडप नहीं होंगे—तो हम भी पुस्तक मेला नहीं जाएँगे। अंतर्राष्ट्रीयकरण के मोह में एलीट वर्ग के उस पुस्तक मेले में आग लगने पर हमारा मन नहीं खराब होगा। किंतु जब तक यह सब रुका रहा—तब तक पुस्तक मेला हम ही लोगों का रहेगा। हमारा पुस्तक मेला था तभी तो बीते साल आग के आगे हम हार नहीं गए। उस पर विजय पाई थी।

मैंने यह सवाल इसलिए किया था कि पुस्तक मेले में आप रोज ही आते हैं और मूलतः छोटी पत्रिकाओं के ही आप लेखक हैं पर पता नहीं क्यों पुस्तक मेले में छोटी पत्रिकाओं की लड़ाकू भूमिका का आदर दिखता नहीं।

देखिए, निर्लज्ज साम्राज्यवाद की दुनिया का हमारी संस्कृति पर हमले का जो अशुभ प्रयास लगातार जारी है, उसे छोटी पत्रिकाएँ ही रोकने की कोशिश में हैं। छोटी पत्रिकाओं में ही आपको दस-पंद्रह रुपए में दर्जनों कविताएँ, कहानी, समीक्षाएँ, साक्षात्कार इतना कुछ मिल जाता है। क्या यह लघु पत्रिकाओं को छोड़ और कोई कर सकता है? कर सकता है तो 'कविपत्र', 'चेतना', 'नवान्न', 'छातिमतला', 'कविता पाक्षिक', 'एखन संस्कृति', 'कोरक', 'कविकृति', 'हवा 89' जैसी लघु पत्रिकाएँ जिनके पीछे न पूँजी है न बीमा न बड़े प्रतिष्ठान न बाजार का प्रश्रय। किंतु उनके साथ है विचारों की प्रौढ़ता और अक्लांत श्रम। इसी शक्ति ने श्मशान पर विजय पाई थी। मुझे तो लघु पत्रिकाएँ और छोटे किंतु सुंदर प्रकाशकों को साम्राज्यवाद विरोधी युद्ध की गुरिल्ला वाहिनी कहने का मन करता है। इसलिए पुस्तक मेले में इनकी अनदेखी हम कैसे बर्दाश्त करेंगे। अनदेखी न करें—यह मौका उन्हें अभी मिला हुआ है।

आपको लिखते हुए चार दशक हो गए। चार दशक पहले बांग्ला पत्र-पत्रिकाओं के संपादक नए लेखकों से आग्रहपूर्वक लिखवाते थे। उस औदार्य का आज क्यों अभाव है?

चालीस साल पहले की बात कुछ और थी। वीरेन चट्टोपाध्याय जैसे सीनियर संपादक एक दिन भवानीपुर से चलकर सुबह सुबह आए और मेरी दो कविताएँ माँगकर ले गए। सुभाष मुखोपाध्याय भी लिखने के लिए आग्रह करते थे। हम तब बिल्कुल नए नए थे लेकिन सुभाष दा, वीरेन दा जैसे संपादकों से बहुत उत्साह पाते थे। आज के नए लेखकों को वैसे संपादक नहीं मयस्सर हैं। यह नई पीढ़ी का दुर्भाग्य है।

लेखक-संस्कृतिकर्मी के रूप में आपके व्यक्तित्व का जो विकास हुआ, उसमें आपको सहज रूप में मिले जन्मगत संस्कारों का हाथ रहा, नहीं क्या?

छात्र जीवन में जब सभी साथी अपने-अपने कैरियर की चिंता कर रहे थे तो पिता से मैंने पूछा था कि बड़ा होकर क्या बनूँगा? पिता ने मुझसे कहा था, 'तुम लेखक

बनोगे। तुम लिखोगे। यू शैल राइट।' लेकिन पिता ने यह भी कहा था कि लिखकर खाने की कोशिश मत करना। ज्यूलोजी में आनर्स कर रहा था। इन्कम्पलीट रह गया। फिर अंग्रेजी में आनर्स किया। उसके ही बाद लिखना शुरू किया। वैसे इसके पीछे माँ-पिता द्वारा दिए संस्कार तो थे ही। पिता के साथ छुटपन से ही नाटक का काम देखता था। थिएटर में रुचि बचपन में ही हो गई थी। छुटपन से ही साहित्य पढ़ने का जो मजा है उसे माँ ने गाइड किया। साहित्य संस्कृतिमय घरेलू परिवेश में बड़ा हुआ तो यह सब जन्मगत तो है ही। उसे कौन मना करेगा?

आप एक विशिष्ट धारा के लेखक हैं। आप समय के ज्वलंत मुद्दों को साहित्य का विषय बनाते हैं। अन्याय, शोषण, दमन के प्रतिरोध या उसके संग्राम को ही आप अपने साहित्य का सब्जेक्ट मैटर क्यों बनाते हैं?

नए सब्जेक्ट मैटर की क्या जरूरत है जब अपने समय से ही हम आँख चुराएँ। यह बहुत कठिन समय है। मैं साहित्य में अपने समय की चुनौती को समझूँ—यही मेरा मिशन है। सार्विक भोगवाद और उपभोक्ता संस्कृति के इस बाजार में लगता है आँत भी बिक जाएगी। इसके विरुद्ध साहित्य की लड़ाई प्रतिरोध की भूमिका निर्मित करती है। देश में एक और आजादी की लड़ाई जरूरी है तभी देश की मुक्ति संभव है। पुराने कम्युनिस्टों ने यह लड़ाई लड़ी थी। लेकिन अभी के कम्युनिस्ट अपने को और दूसरों को कब तक मूर्ख बनाते रहेंगे? कम्युनिस्टों का यह कांप्लेक्स ही तो मेरे 'हरबर्ट' उपन्यास में है। 'युद्ध परिस्थिति' में नक्सल आंदोलन का एक रूप है। कहानियों में भी प्रतिरोध का स्वरूप उपस्थित है। नक्सल मूवमेंट के राजनीतिक कार्यकर्ताओं पर सरकारी दमन से आहत होकर ही लिखी थी कविता—'यह मृत्यु उपत्यका नहीं है मेरा देश'। मैं देखता रहा हूँ कि हम ऐसे कठिन समय में पड़े हैं कि मूल स्वर ही आत्मसमर्पण का है। इससे आँखें मूँदना भूल होती। मेरा मानना है कि व्यवस्था और उसके बाजार के प्रति लेखक को रक्ताक्त होना होगा। और उसी में आनंद का अनुभव करना होगा। आज जो कष्ट देख कर हम बड़े हुए उसे भुलाने की कोशिश एक तरफ है। यह एहसास मुझे खूब है, तभी मेरी कविताओं, कहानियों, उपन्यास में एक धारावाहिकता है। टन टन साहित्य किसके लिए यदि सामाजिक जीवन में इस्तेमाल नहीं? जैसा कि कई लोग करते हैं और लिखते हैं—मैं उनका साथ नहीं दे सकता जो मार्क्सवाद को भी फैशन के रूप में यूज करते हैं। मेरा जीवन अकेला जीवन नहीं है। यही बात मेरे सृजन के लिए भी सही है। मेरे लिए तो पत्नी भी मेरी मित्र है। मैं सबसे प्रेम करता हूँ। मुझे लोगों से मिलना ही पड़ता है। वंचित लोगों का कष्ट देख मेरी कलम बेचैन हो उठती है। वह सब्जेक्ट मैटर में नयापन नहीं देखती।

न सिर्फ लेखन में, नैतिक रूप से भी आप नक्सल मूवमेंट के समर्थक रहे हैं।

नक्सली हिंसा के सहारे व्यवस्था परिवर्तन की बात सोचते हैं। क्या आप उनकी हिंसा को वाजिब मानते हैं?

नक्सल मूवमेंट को मेरा नैतिक समर्थन था—सही है पर प्वायंटलेस हिंसा से कुछ नहीं होगा। हिंसा के प्रतिरोध में हिंसा नक्सली कर सकते हैं पर यह ध्यान रखना चाहिए कि उसमें बच्चे-बूढ़े न मरें। लेकिन मेरा मानना है हिंसा पर ही जोर देने से लाभ नहीं होगा।

जो लोग व्यवस्था में आमूलचूल परिवर्तन के लिए लड़ रहे हैं, उस पर आपकी प्रतिक्रिया?

मैं आमूलचूल परिवर्तन की उम्मीद नहीं कर रहा हूँ। क्योंकि संकट कई तरह के हैं। जैसी कैपिटलिज्म को लें तो उसके चलते संकट आएँगे ही। वह व्यवस्था का उपकरण है। पुराने अर्थतंत्र से इस संकट का निपटारा संभव नहीं। बहुत पहले मनुष्य को खाने-पीने की तरह मार्क्सवाद की जरूरत पड़ी थी। मनुष्य को नया आदमी बनाने के लिए, तेज बनाने के विचार की जरूरत है। उसे वामपंथ ही पूरा करेगा पर जड़ वामपंथ नहीं। किसी का दोष नहीं है। यह समय ही कठिन है। मेरे लिए यही शुभ है कि सक्षम लड़के गलत दिशा में नहीं जाकर संपूर्ण यथार्थ से टकरा रहे हैं। जमीन से उठ रहे हैं तभी अपने सामाजिक दायित्व की तलाश कर पा रहे हैं। वे यह शिद्दत से महसूस कर रहे हैं कि भोगवाद को साम्राज्यवादी ताकतें बड़े सुचिंतित तरीके से परोस रही हैं। केवल टीवी का जो साम्राज्य है। यह किसी एक दल का दायित्व नहीं है। कम्युनिस्टों, गाँधीवादियों, संयुक्त मोर्चा सबका दायित्व है कि इसके विरुद्ध तनकर खड़े हों। लेखक की भी भूमिका है ईमानदारी से नक्सली यदि देश की यथार्थ तस्वीर समझ रहे हैं तो यह उल्लेखनीय है। यह तस्वीर भूख, बेबसी, शोषण की बहुत क्रूर शक्ल ले चुकी है।

('जनसत्ता सबरंग' : कोलकाता, 1 फरवरी 1998)

ईमानदारी के साथ समझदारी भी जरूरी

नामवर सिंह से बातचीत

डॉ. नामवर सिंह स्वातन्त्र्योत्तर काल के सर्वाधिक विवादास्पद और बहुचर्चित साहित्य समालोचक हैं। साहित्य समालोचना को लोकप्रिय, प्रगतिशील और समकालीन बनाने का श्रेय उन्हें ही है। बल्कि, उन्होंने आलोचना को दैनिक बातचीत में ढाला है। सर्जनात्मक मार्क्सवादी आलोचक नामवर सिंह को हटाकर बीते चार दशक के साहित्य का इतिहास संभव नहीं है। पहली मई 1927 को वाराणसी के जीयनपुर गाँव में जन्मे नामवर सिंह की संपूर्ण शिक्षा वाराणसी में हुई। बी.एच. यू. से एम.ए. और पी-एच.डी. किया। साहित्यिक जीवन का आरंभ कविता से।

'छायावाद', 'इतिहास और आलोचना', 'हिंदी के विकास में अपभ्रंश का योग' और 'आधुनिक साहित्य की प्रवृत्तियाँ' जैसी श्रेष्ठ पुस्तकें लिख चुकने के बावजूद एक अदद नौकरी के लिए यहाँ-वहाँ भटकना पड़ा। साहित्यिक जीवन के शुरुआती डेढ़ दशक फाकाकशी में गुजरे। पर समझौता नहीं किया। विचारों से पक्के कम्युनिस्ट। इसका पुख्ता प्रमाण है—जब अनुज काशीनाथ को पढ़ा सकने लायक पैसा नहीं जुटा पा रहे थे पर पार्टी के कहने पर बनारस से लोकसभा का चुनाव लड़ा। उनकी अन्य बहुचर्चित आलोचनात्मक कृतियाँ हैं—'कहानी-नयी कहानी', 'कविता के नये प्रतिमान' (इसी पर साहित्य अकादेमी पुरस्कार मिला), 'दूसरी परंपरा की खोज' और 'वाद-विवाद-संवाद'। इसके अलावा उनकी पुस्तकें हैं—'बकलम खुद' (ललित निबंध संग्रह) और 'पृथ्वीराज रासो की भाषा' (शोध प्रबंध)। कतिपय ग्रंथों का संपादन। 'जनयुग' और 'आलोचना' के भी संपादक रहे। 1974 से जे.एन.यू. में हिंदी के प्रोफेसर। राजा राममोहन राय लाइब्रेरी फाउंडेशन के चेयरमैन भी रहे।

कलकत्ता की साहित्यिक आबोहवा पर वर्षों पहले आपने मुद्राराक्षस को चिट्ठी लिखी थी, जो 'सारिका' के पत्र विशेषांक 1982 में छपी हुई है। उसमें आपने लिखा

था कि यहाँ की आबोहवा में कुछ ऐसे खतरनाक कीड़े हैं जो नये रचनाकारों को अपनी गिरफ्त में लेकर उसे अपने मुताबिक काम करने पर मजबूर कर देते हैं। कलकत्ता के बारे में आपकी धारणा अब भी वही है या बदली है?

मुद्राराक्षस को पत्र में जो बातें लिखी थीं, आज वे ज्यों की त्यों याद तो नहीं हैं लेकिन उन बातों का संबंध साठ के दशक के कलकत्ता से है जिसमें 'भूखी पीढ़ी' का उदय हुआ था और कलकत्ता से 'शनिचर' नाम की पत्रिका निकलती थी। वह पत्रिका एक तरह से साहित्यिक दुनिया की पीली पत्रकारिता का नमूना थी। कलकत्ता से ऐसी छिटपुट और कई पत्रिकाएँ निकलती थीं। 'श्मशानी पीढ़ी' और 'युयुत्सा' कई पत्रिकाएँ कलकत्ता से हिंदी में निकलती थीं। ज्यादा बड़ी पत्रिका 'ज्ञानोदय' थी। हिंदी में अकवितावादी दौर था और अराजक विद्रोह का वातावरण व्याप्त था। विशेषतः युवा पीढ़ी में। राजकमल चौधरी के शब्दों में देह की राजनीति का माहौल था। यों तो ये वातावरण उत्तर भारत के अधिकांश महानगरों में था किंतु कलकत्ता में उसकी अभिव्यक्ति अधिक मुखर थी। तब राजकमल चौधरी, मुद्राराक्षस जैसी प्रतिभाएँ कलकत्ता में थीं। उसी संदर्भ में मैंने संभवतः मुद्रा को कलकत्ता छोड़ने के लिए लिखा था। राजेंद्र यादव और मन्नू भंडारी उसी समय कलकत्ता छोड़कर गये थे। सबूत यह है कि मुद्राराक्षस ने कलकत्ता छोड़ दिया। मेरी सलाह भले न मानी हो, लेकिन वे छोड़ने के लिए विवश हुए। इसलिए मैं कलकत्ता के विरुद्ध नहीं, बल्कि कलकत्ता के उस ऐतिहासिक दौर के विषाक्त वातावरण के विरुद्ध था। क्योंकि मैं उन दिनों कलकत्ता अक्सर आता था। व्यक्तिगत रूप से उस वातावरण से परिचित था। उस पत्र में भर्त्सना से ज्यादा आंतरिक पीड़ा का भाव था।

कहने वाले कहते हैं कि उस पत्र की मुद्रा ऐसी थी, जिसमें कलकत्ता की प्रातिभ उर्वरता खत्म होने का संकेत था।

ऐसा नहीं है। हर महानगर की तरह हिंदी साहित्य के इतिहास में यहाँ के योगदान को कोई अस्वीकार नहीं करता। ऐतिहासिक तथ्य है, इसे कोई कैसे अस्वीकार कर सकता है? यहाँ हिंदी पत्रकारिता का उदय हुआ। हिंदी का पहला पत्र 'उदंत मार्तंड' यहीं से निकला। बाद में बालमुकुंद गुप्त सरीखे प्रखर संपादक यहीं जमे। 'मतवाला' जैसा पत्र निकालने का श्रेय कलकत्ता को है जहाँ 'निराला', 'उग्र' जैसे लेखकों का उदय हुआ। बाद में भी इसका एक क्रम बराबर रहा है। आज भी है। लेकिन हर महानगर की तरह कलकत्ता की भी अपनी व्याधियाँ हैं। कलकत्ता एक व्यावसायिक केंद्र भी रहा है। हिंदी के समर्थक, आश्रयदाता, बड़े-बड़े सेठ यहाँ रहे हैं। और हिंदी के कई लेखकों को बनाने और बिगाड़ने में भी इन बड़े सेठों का कुछ हाथ माना जाता है। बांग्ला में दूसरी स्थिति है जहाँ एक ओर कलकत्ता बांग्ला के बुद्धिजीवियों,

साहित्यकारों और संस्कृतिकर्मियों का भी केंद्र है। उनकी दूसरी दुनिया है। किंतु हिंदी के लेखकों ने बांग्ला के उस सांस्कृतिक वातावरण से कितना लाभ उठाया, मुझे नहीं मालूम। कभी-कभी ऐसा लगता है कि बांग्ला साहित्य और संस्कृति की झील में हिंदी के लेखक छोटे से द्वीप के समान हैं, अपनी अलग पहचान के साथ सिमटे और सिकुड़े रहे हैं। हिंदी के युवा लेखकों में संभवतः इस परिवेश का दबाव भी क्रियाशील रहा है।

यह तो रही कलकत्ता पर आपकी सफाई। लेकिन यह भी कहते हैं कि आप एक सभा में जो कहते हैं, दूसरी सभा में उससे पलट सकते हैं या उससे उलट बातें कह सकते हैं या अपने पूर्ववर्ती वक्तव्य को नकार सकते हैं। मसलन, दलित साहित्य पर बोलते हुए आपने दलित साहित्य के सौंदर्यशास्त्र को हँसी में उड़ा दिया था, फिर शिवपुरी में हुए दलित साहित्य सम्मेलन में आप दलित साहित्य का महत्त्व प्रतिपादित कर आये।

दलित सौंदर्यशास्त्र का मजाक उड़ाने की बात जिस गोष्ठी के प्रसंग में कही गयी है, उसका आयोजन 'हंस' की ओर से राजेंद्र यादव ने दिल्ली में किया था। उस गोष्ठी में मैंने जो कुछ कहा था उसकी रिपोर्ट 'हंस' में ठीक-ठीक नहीं छप सकी। क्योंकि राजेंद्र जी के मुताबिक बीच में टेप खराब हो गया था। मैंने जो कुछ कहा था, आज वह सब हू-ब-हू तो याद नहीं है। लेकिन दो बातें ऐसी हैं जिनके बारे में मेरी पक्की धारणाएँ रही हैं और मेरा खयाल है कि उस गोष्ठी में उन्हें मैंने जरूर दोहराया होगा। एक तो यह कि जिस हिंदी साहित्य में किसी समय कबीर और रैदास जैसे दलित वर्ग के संत कवि पैदा हुए उसमें आज दलित वर्ग के लेखक क्या नहीं हैं। इस पर गहराई से विचार किया जाना चाहिए। जहाँ तक दलित सौंदर्यशास्त्र और दलित साहित्यशास्त्र का संबंध है, उस दिशा में मेरे देखने में एक ही प्रयास आया था, मराठी में शरद पाटिल का एक लेख। उसमें ब्राह्मणवादी सौंदर्यशास्त्र और साहित्यशास्त्र के विरुद्ध विकल्प के रूप में बौद्ध दार्शनिक दिग्नाग के दर्शन के आधार पर एक नया साहित्यशास्त्र रचने की संभावना का प्रस्ताव था। किंतु यह एक प्रस्ताव मात्र था। कोई सुनिर्मित शास्त्र नहीं। संभवतः मैंने इसी तथ्य की ओर इशारा किया था। मैंने इस संभावना का मजाक नहीं उड़ाया था। मजाक उड़ा भी नहीं सकता था। इसका प्रमाण है 'आलोचना' में प्रकाशित मेरा एक लंबा निबंध जिसमें सुभाषित रत्नकोश, सदुक्तिकरणामृत जैसे ग्रंथों में प्रकाशित अनेक निम्नवर्गीय कवियों की मार्मिक कविताओं के आधार पर एक नये काव्य सिद्धांत की ओर संकेत किया था। इन तथ्यों के होते हुए भी कोई बे-सिर-पैर का आरोप लगाता है तो उसका प्रतिवाद करना भी मुझे अपमानजनक लगता है।

पर उदाहरण और भी हैं, मसलन (1) दिल्ली की हिंदी अकादेमी को आपने कभी तस्करों का गिरोह कहा, फिर उसी के उपाध्यक्ष हुए, (2) कभी आपने फोर्ड फाउंडेशन, अमेरिका से अनुदान लेने वाले 'भारत भवन' में कार्यक्रमों की अध्यक्षता की, वहीं दूसरी ओर 'सहमत' के अमेरिका विरोधी कार्यक्रम में शरीक हुए, (3) कभी आप भारत भवन के साथ रहे कभी उसके विरुद्ध तनकर खड़े हो गये?

जिस हिंदी अकादेमी के बारे में मैंने वो टिप्पणी की थी, वह डॉ. विजय मोहन सिंह के सचिव होने से पहले की थी। और उसके बारे में दूसरे कई लेखकों की भी ऐसी ही धारणा रही है लेकिन आरोप लगानेवाले इस तथ्य पर पर्दा डालते हैं कि वह उक्ति बहुत कुछ मजाकिया अंदाज में कही गयी थी। भारत भवन के कार्यक्रमों में ऐसे दूसरे भी लेखक और कलाकार भाग लेते रहे जो या तो 'सहमत' से जुड़े हैं या 'सहमत' के कार्यक्रमों में सक्रिय रूप से भाग लेते रहे हैं। और उन्हें इसमें कोई विरोध नहीं दिखाई पड़ता। यही नहीं बल्कि उन पर कोई आरोप भी नहीं लगाया जाता। फिर इस गरीब पर ही यह निशानेबाजी क्यों? वैसे भारत भवन के कार्यक्रमों में भाग लेकर भी मैं भारत भवन परिवार का कोई सदस्य कभी नहीं रहा। भारत भवन के कार्यक्रमों में भाग लेता था। क्योंकि साहित्यिक संवाद को मैं जरूरी मानता रहा हूँ। संवादों में अक्सर मैं भारत भवन द्वारा प्रचारित साहित्यिक दृष्टि से अपना मतभेद भी प्रकट करता रहा हूँ। प्रमाण है 'पूर्वग्रह' में प्रकाशित संवादों की रिपोर्ट। भारत भवन में जाना बंद तब किया जब मुझे लगा कि उस प्रकार का खुला संवाद वहाँ संभव नहीं है। बस इतनी ही सी बात है, अर्थ लगानेवाले इसका जो भी अर्थ निकालें।

अशोक वाजपेयी ने एक साक्षात्कार में आप पर अवसरवादी होने का आरोप लगाया है। आपकी टिप्पणी?

जिस साक्षात्कार में अशोक वाजपेयी ने ऐसी टिप्पणी की वह पुस्तक 'नामवर के विमर्श' नाम से मेरे ही बारे में निकली है। पुस्तक के संपादक डॉ. सुधीश पचौरी से अशोक वाजपेयी ने ये बात कही थी। उसी पुस्तक में वह साक्षात्कार भी छपा है जो डॉ सुधीश पचौरी ने मुझसे लिया था। अशोक वाजपेयी के साक्षात्कार के ठीक बाद। और मुझसे इस पर टिप्पणी करने के लिए कहा था। मेरा जवाब उसी किताब में छपा हुआ है। जिसमें मैंने स्पष्ट कहा है कि अवसर के अनुकूल बात कहना अवसरवाद नहीं है।

विचित्र बात है कि जिस समाचार एजेंसी ने मेरे खिलाफ अशोक वाजपेयी का वह आरोप देश भर में प्रसारित किया जो सुर्खियों में छापा गया। एजेंसी ने उसी किताब में दिया हुआ मेरा जवाब प्रसारित करना जरूरी नहीं समझा। इसका क्या मकसद हो सकता है। आप स्वयं समझ सकते हैं क्योंकि आप पत्रकार हैं। पत्रकारिता की यह

कौन सी नैतिकता है? लेकिन इस पूरे संदर्भ में सबसे महत्त्वपूर्ण है—वह अवसर जब पाँच महीने पहले छपी हुई किताब के अंश को उछाला गया। यही वही अवसर है जब कुछ पत्रकार राजा राममोहन राय लाइब्रेरी फाउंडेशन के प्रसंग में मेरे साथ अशोक वाजपेयी का नाम जोड़कर विरोधी अभियान चला रहे थे। इससे ज्यादा इस बात को खोलकर कहने की जरूरत नहीं समझता।

कहा जाता है कि आपके विचारों में समझदारी अधिक, ईमानदारी कम है। आपकी टिप्पणी?

'कविता के नये प्रतिमान' में एक संदर्भ में मैंने ही यह लिखा था कि ईमानदारी जरूरी है लेकिन काफी नहीं। ईमानदारी के साथ समझदारी भी होनी चाहिए। डॉ. रामविलास शर्मा ने इस वाक्य को मद्देनजर रखते हुए उस पुस्तक की आलोचना करते समय कुछ ऐसी व्यंग्यात्मक टिप्पणी की थी, 'और नामवर सिंह समझदार हैं।' जिससे वही ध्वनि निकलती है, जो तुम्हारे सवाल हैं। इसके जवाब में सिर्फ मैं तुलसीदास के रामचरितमानस में भरत की यह उक्ति दोहराना चाहता हूँ :

"अपनी समुझि साधु सुचि को' भा"

किसी भी विषय पर आपको बोलने को बुलाया जाए, रामविलास जी के खिलाफ एक लाइन जरूर बोलेंगे, संदर्भ हो, न हो। संदर्भ ढूँढ़ लेंगे। ऐसा क्यों?

इसे विघ्नेशवंदना के रूप में ग्रहण करना चाहिए। जहाँ तक मुझे मालूम है कि इससे स्वयं डॉ. रामविलास शर्मा उतने नाराज नहीं होते जितने रामविलास भक्त। इस बात का महत्त्व लोग तब समझेंगे जब गोष्ठियों में रामविलास जी का नाम तक नहीं सुनाई पड़ेगा।

ज्ञानरंजन ने हाल ही में प्रकाशित एक इंटरव्यू में मार्क्सवाद से आपके डिगने की बात कही है। आपकी प्रतिक्रिया?

दूसरों के मार्क्सवाद पर प्रश्न लगाने के पहले वे अपनी प्रतिबद्धता का स्पष्ट प्रमाण दें। इससे अधिक मुझे कुछ नहीं कहना है।

पिछले वर्षों में आपने लिखा कम, कहा ज्यादा। माना जाता है कि अपनी प्रतिभा का दुरुपयोग किया। लिखने से अधिक महत्त्वपूर्ण वक्तव्य होता गया। सभा-सेमिनारों, साहित्यिक और साहित्येतर लंद-फंद में ज्यादा समय बीता। कम लिखने की शिकायत पर आपका क्या कहना है?

प्रसाद जी की एक लाइन याद आती है। 'लहर' में प्रसाद जी ने लिखा है :

"यह विडंबना! अरी सरलते तेरी हँसी उड़ाऊँ मैं।
भूलें अपनी' या प्रवंचना औरों की दिखलाऊँ मैं।।"

मूल कथ्य है—जिन शुभचिंतकों को मुझसे कम लिखने की शिकायत है, वे ही मुझे गोष्ठियों में जगह-जगह और बार-बार बुलाने का आग्रह करते हैं। यह विडंबना नहीं तो और क्या है कि लिखने का समय देते नहीं और उल्टे न लिखने की शिकायत करते हैं। इसीलिए अपने सच्चे शुभचिंतकों से मेरी प्रार्थना है कि वे जिंदगी के बचे हुए दिन लिखने के लिए छोड़ दें। और इस पर भी न लिखूँ तो वे जो चाहे सजा दें।

अपनी आगामी पुस्तकों की योजनाओं के बारे में बताएँगे?

कई योजनाएँ हैं। पहली बात तो मैं यह कहना चाहता हूँ कि पत्र-पत्रिकाओं में प्रकाशित किंतु असंकलित मेरे लगभग साठ निबंध हैं। वे निबंध अलग-अलग पुस्तकों की योजना के तहत लिखे गये थे। उनमें कुछ खाली जगहें, जिन्हें लिखकर तीन-चार पुस्तकें तो जल्द ही तैयार हो सकती हैं। एक पुस्तक 'हिंदी प्रदेश के नवजागरण' के विषय में, दूसरी 'समकालीन हिंदी कविता की दूसरी परंपरा' पर होगी जिसमें शमशेर, नागार्जुन, त्रिलोचन आदि कवियों पर लिख चुका हूँ, उसमें चार-पाँच और कवियों पर लिखकर यह किताब पूरी करना चाहता हूँ। तीसरी किताब 'मार्क्सवादी आलोचना और आलोचक' पर होगी। उसमें भी लगभग दस लेख लिखे जा चुके हैं। चौथी पुस्तक भारतीय उपन्यास की संकल्पना पर होगी। इसके अतिरिक्त आचार्य रामचंद्र शुक्ल और प्रेमचंद पर भी काफी कुछ अप्रकाशित अंश पड़ा है। सामग्री तैयार है। छः माह का समय मिल जाए तो तत्काल ये काम पूरे हो जाएँ।

साहित्यिक जीवन के शुरुआती डेढ़ दशक तक आपको काफी संघर्ष करना पड़ा। बताते हैं कि वे दिन आपने फाकाकशी में गुजारे। दुर्दिन में ही ज्यादातर लिखा। कहते हैं कि खैनी खा-खा कर भी आप लिख लिया करते थे। वृत्ति 'मास्टरी' के लिए इधर-उधर भटकना पड़ा। मैं चाहता हूँ कि लेखक होने के नाते व्यक्तिगत जीवन में आपको जो संघर्ष करने पड़े, उनके बारे में प्रकाश डालें।

अपने संघर्षों की चर्चा करते मुझे बहुत संकोच होता है। संकोच इसलिए कि मुझसे ज्यादा कड़ा संघर्ष दूसरे बहुत से लोगों ने किया है। खास तौर से जीवन-संघर्ष। यह जीवन-संघर्ष मुख्यतः 45 वर्ष की उम्र तक ज्यादा सख्त था। उसके बाद तो रहने के लिए छत और दाल-रोटी का प्रबंध हो गया और अब वैसी कठिनाई नहीं है। जहाँ तक रहा साहित्यिक संघर्ष उसके लिए तो मैंने स्वयं निमंत्रण दिया है। क्योंकि बौद्धिक ऊर्जा के लिए वह आवश्यक है। मार्क्स ने भी कहा है कि गलती को बिना ठीक किए उसे छोड़ देने का मतलब है बौद्धिक अनैतिकता को बढ़ावा देना। मार्क्स का यह कथन बराबर मेरे सामने रहा है। अपनी समझ में मुझे जो गलत मालूम हुआ है, उसे सुधारने के लिए भरसक कोशिश करता रहा हूँ, क्योंकि यह आलोचना का धर्म है।

लेकिन ऐसा प्रतीत होता है कि समकालीन लेखन के बारे में हिंदी आलोचना अपना धर्म नहीं निभा रही है। वह खामोश है। आलोचना अपने समय से क्यों आँखें चुरा रही है?

पिछली पीढ़ी के आलोचकों से प्रमाणपत्र माँगने के बजाय नयी पीढ़ी के लेखकों को अपने आलोचक खुद तैयार करने चाहिए। हमेशा से यही होता आया है। वैसे हिंदी आलोचना खामोशी को कोई मूल्य नहीं मानती। वह जरूरत से ज्यादा बोलती है। और अगर कभी-कभी खामी होती है तो समकालीन साहित्य के अलावा और बहुत से मुद्दों पर भी। इसलिए समकालीन लेखकों की शिकायत में स्वार्थ की गंध आती है। आज की हिंदी आलोचना से और ज्यादा गंभीर शिकायतें की जा सकती हैं। देश के सामने सांस्कृतिक संकट समेत कई चुनौतियाँ हैं। उन पर भी उसकी खामोशी पर उँगली उठाई जा सकती है।

आप कविता और गद्य में नये दौर के आने की उम्मीद करते हैं?

नया दौर तो आया ही है। हिंदी में इस समय बहुत अच्छे लेखक हैं। जिस विधा में सार्थक सृजन हो रहा है—मेरे मन में कोई दुविधा नहीं है—वो कविता ही है हिंदी में जो कुछ सार्थक-सृजनात्मक कार्य हो रहा है, वह कविता के ही क्षेत्र में हो रहा है। जो सार्थक-सृजनात्मक कार्य दूसरी भारतीय भाषाओं के उपन्यासों, कहानियों, नाटकों में हो रहे हैं, उतने हिंदी में नहीं। दूसरी भारतीय भाषाओं में जितनी अच्छी कहानियाँ, उपन्यास, नाटक लिखे जा रहे हैं, उतने हिंदी में नहीं। पूरे भारतीय साहित्य में हिंदी कविता ही सृजनात्मक वैशिष्ट्य लिए हुए दिखती है।

साहित्य से पाठकों का अंतःसंवाद नहीं होने की वजह है शिक्षा पद्धति

- कथाकार निर्मल वर्मा से बातचीत

निर्मल वर्मा को अपने जीवन-काल में ही अपनी कृतियों को क्लासिक बनते देखने का गौरव मिला। हिंदी गद्य को उन्होंने चिंतन की नई भाषा दी। कहानी के प्रचलित शिल्प का अतिक्रमण कर उन्होंने वस्तुओं के मूल रूप को पकड़ने की कोशिश की तो निबंध लिखना उनके लिए बदलते परिप्रेक्ष्य में चिंताओं का नए सिरे से सामना करना रहा। 'वे दिन', 'लाल टीन की छत', 'एक चिथड़ा सुख' और 'रात का रिपोर्टर' जैसे उपन्यासों और 'परिंदे', 'जलती झाड़ी', 'पिछली गर्मियों में', 'बीच बहस में', 'मेरी प्रिय कहानियाँ', 'प्रतिनिधि कहानियाँ', 'कव्वे और काला पानी' और 'सूखा तथा अन्य कहानियाँ' जैसे कहानी संग्रहों के एकांत स्रष्टा निर्मल वर्मा ने देश-विदेश की अनेक यात्राएँ कीं और यात्रा संस्मरण भी खूब लिखे। डायरी साहित्य को भी उन्होंने समृद्ध किया। साहित्य में उल्लेखनीय योगदान के लिए उन्हें साहित्य अकादेमी, मूर्ति देवी समेत कई पुरस्कारों से नवाजा गया।

हिंदी पाठक समाज से कहानी बल्कि समूचे साहित्य का अंतःसंवाद क्यों टूटता जा रहा है? क्या इसकी वजह यह है कि लेखक बहुत ही आधुनिक और विकसित हो गए हैं जबकि पाठक पारंपरिक हैं?

साहित्य से पाठक का अंतःसंवाद नहीं होने की वजह शिक्षा पद्धति है। इस पद्धति का दोष है कि उसमें छात्र-छात्राओं को अपने ही देश की संस्कृति और साहित्य से विमुख रखने के साधन अपनाए जाते हैं। आजादी के पचास वर्ष बाद भी जिस देश के लोग अपनी भाषा की अपेक्षा अंग्रेजी का मुँह जोहते हैं, अंग्रेजी का सहारा लेकर नौकरियाँ और पोजिशन प्राप्त करते हैं, उस देश में प्राथमिकताएँ ही बदल जाती हैं। शिक्षा पद्धति जब दुरुस्त होगी तभी जागरूक पाठक वर्ग उत्पन्न होगा। ऐसी शिक्षा

जो छात्रों के संस्कार साहित्य के साथ जोड़ सके। इसमें अज्ञान की जो दीवार पाठक और साहित्य के बीच खड़ी है, वह ढह जाएगी। जहाँ तक कहानी से पाठकों का अंतःसंवाद टूटने का प्रश्न है तो मेरा कहना है अंतःसंवाद होता भी है तो कहानियाँ वांछित प्रभाव नहीं छोड़तीं। अछूते विषयों पर लिखी कहानियाँ भी प्रभाव इसलिए नहीं छोड़तीं क्योंकि उसमें कलात्मक उदासीनता दिखती है। शिल्प के प्रति एक व्यापक उदासीनता समकालीन कथाकारों में दिखती है, इससे कथ्य का, विषय का विस्तार तो हुआ पर उसे व्यक्त करने की शैली प्रभावी नहीं बनी। विषय चाहे जितना नया या अछूता हो, उसमें यदि शिल्प न हो तो उसका सत्य धूमिल पड़ जाता है। कहानी में हर नया अनुभव अपनी विशिष्ट कथा शैली की माँग करता है। फिर भी कई कहानीकारों ने अनुभव की नई जमीन तैयार कर हिंदी कहानी में नई ताजगी और आत्मविश्वास लाया है। कई कहानियाँ तो विश्वस्तर की आई हैं। हिंदी कहानी में एक परिवर्तन ध्यान देने योग्य है—उसमें एक विदेशी प्रभाव अपने अनुभव और देसी परिस्थितियों के भीतर रचकर आया है।

अपनी कृतियों में आप संस्कृति के प्रश्नों से टकराते रहे हैं। हम जिस देश में रहते हैं, उसको हिंदुस्तान, आर्यावर्त, भारत जैसे तीन लोकप्रिय नामों से संबोधित किया जाता है। कुछ और भी नाम हो सकते हैं। बहरहाल ये तीनों ही इस देश के सांस्कृतिक संबोधन हैं। आपको इन तीनों में कौन-सा संबोधन पसंद है और क्यों?

इन सांस्कृतिक संबोधनों का अर्थ ससंदर्भ ही समझा जा सकता है। 'हिंदुस्तान' का नाम हिंदुओं का नहीं, अरबों का दिया हुआ है। जब वे हिंदुस्तान आए तो सिंधु घाटी की सभ्यता से उनका सामना हुआ। 'आर्यावर्त' से स्पष्ट है कि आर्य जाति से उसका नाम प्रचलित हुआ। इससे यह भी साबित होता है कि आर्य इसी देश के वासी थे। अंग्रेज इतिहासकारों ने यह प्रचलित किया था कि आर्य दक्षिण से आए, ये भी आज बहुत कुछ अपनी प्रामाणिकता खो चुका है। नए शोध से पता चलता है कि आर्य बाहर से आई जातियाँ नहीं थीं, बल्कि सिंधु घाटी की सभ्यता के साथ रहने वाली संस्कृति थी और सिंधु घाटी का विनाश आर्यों के आक्रमण से नहीं, भौगोलिक कारणों से हुआ था तो आर्यावर्त नाम भी ऐतिहासिक कारणों से अलग अर्थवत्ता रखता है। और भारत का नाम पौराणिक है। भरत की वंशावली से जुड़ा है। उसका शाब्दिक अर्थ भी है। भारत जिस धातु से बना है, उसका अर्थ हुआ रोशनी में—आलोक में लिपटा हुआ देश या भूमि। तो तीनों नामों के अलग-अलग ऐतिहासिक संदर्भ हैं, इसलिए तीनों सार्थक हैं। और तीनों मुझे पसंद हैं।

इतिहास किसका होता है—व्यक्ति का, संस्कृति का या देश का? और यदि तीनों का होता है तो उनमें अंतर क्या है?

इतिहास किसी एक का नहीं, व्यक्ति, संस्कृति और देश तीनों का होता है और तीनों के इतिहास में वही अंतर है जो व्यक्ति, संस्कृति और देश में अंतर है। एक देश के इतिहास का जो स्वायत्त स्वरूप होता है, उसकी रूपरेखा को गठित करने में संस्कृति महत्त्वपूर्ण भूमिका अदा करती है। भारत के इतिहास को उसकी संस्कृति से अलग करके कैसे देख सकते हैं? भारत की संस्कृति के अनेक स्रोत रहे हैं। यद्यपि ये स्रोत आपस में बहुत घुलेमिले हैं फिर भी इनका पृथक स्वरूप और सत्ता दिखती है।

आदिवासियों की संस्कृति का स्रोत मौलिक और विशिष्ट है। कालांतर में उनके विश्वास, रहन-सहन के तरीके आर्य या वैदिक संस्कृति के पर्व या अनुष्ठानों से भी प्रभावित हुए। इसके विपरीत आर्य संस्कृति के अपने विशिष्ट तत्त्व हैं—वेद, उपनिषद, पुराण और धार्मिक आस्थाएँ। हमें नहीं भूलना चाहिए कि उसके अनेक रीति-रिवाजों और धार्मिक विश्वासों पर स्वयं आदिवासियों की संस्कृति का घेरा रहा है। कई आचार्यों के मत में तो आर्यों के देवी-देवताओं—शिव, काली, चंडिका का स्रोत आर्यों का न होकर आदिवासियों का रहा है। इसी तरह इसलाम के आक्रमण के बाद भारतीय संगीत, चित्रकला, खान-पान में बहुत गहरा इसलामी प्रभाव पड़ा था। मध्य काल की पूरी सूफी धारा में इसलाम और हिंदू संतों के विश्वासों का सम्मिश्रण दिखता है। आधुनिक काल तक आते-आते यूरोपीय साहित्य, खासकर अंग्रेजी का भारतीय मनीषा पर गहरा प्रभाव पड़ा और यूरोपीय संस्कृति की प्रतिक्रिया में भारतीय साहित्य में ऐसे रुझान दिखे, जो पहले मौजूद नहीं थे। 18वीं-19वीं सदी में बंगाल का पुनरुत्थान आंदोलन भारत पूर्व और पश्चिम की संस्कृतियों की टकराहट और समन्वय दोनों का अनुपम उदाहरण है। हाँ, भारतीय संस्कृति ही दुनिया की अकेली प्राचीन संस्कृति है जो लगातार विदेशी आक्रमणों के बावजूद बची हुई है। फिर भी हम अपनी अस्मिता के बारे में संदिग्ध हो गए हैं। हमारी संस्कृति की बहुत बड़ी कमी विस्मृति है। आज खो चुके मूल विचारों की तलाश ही चुनौती है।

भारत का इतिहास जहाँ राजनीतिक घटनाओं की उथल-पुथल का इतिहास रहा है, वहीं दूसरी तरफ अनेक विभिन्न दिशाओं से आती, सांस्कृतिक धाराओं ने भी इस पर अपने स्मृति चिह्न छोड़े हैं। भारत के इतिहास का अध्ययन करते समय पिछले तीन-चार हजार वर्षों के दौरान इन समस्त देसी और परदेसी स्रोतों का आकलन करना होगा।

आपकी नजर में हिंदू और हिंदुस्तान का मतलब क्या है?

देखिए इस देश के वासियों को हिंदू का संबोधन उसी तरह है जैसे ब्रिटेन में ब्रितानियों का और फ्रांस में फ्रांसीसियों का है। जो अपने धार्मिक विश्वासों में आस्था रखते हैं और संस्कृति के जिन मूल स्रोतों से अपनी अस्मिता ग्रहण करते हैं, वे स्रोत हैं—पुराण, वेद, उपनिषद। समय, काल और दिशा के बारे में जिनकी अपनी विशिष्ट

समझ हो, आत्मा और जगत के बारे में अपनी अलग दृष्टि हो तो वे तमाम लोग एक तरह से उन धार्मिक संप्रदायों से अलग हैं जिन्हें इतिहास में सोमैटिक धर्म कहते हैं यानी वह धर्म जो एक ईश्वर में विश्वास करते हैं जैसे मुसलिम, यहूदी, ईसाई। एक देश की जाति में जो भिन्नताएँ हैं, वे अलग-अलग धार्मिक स्वरूप रखती हैं। यदि भारत में 80 फीसदी के ज्यादा लोग एक तरह के धार्मिक विश्वास या धर्म प्रणाली में आस्था रखते हैं तो स्वाभाविक रूप से उनका चरित्र, स्वरूप, जातीय अस्मिता दूसरे धार्मिक संप्रदायों से भिन्न होगी ही। इसी दृष्टि से हिंदू धर्म या हिंदू जाति का विशेष प्रयोग गाँधी, अरविंद, विवेकानंद, कुमारस्वामी आदि मनीषियों ने किया था लेकिन इसमें ही समूची भारतीय अस्मिता नहीं समा जाती। इसके बाहर के संप्रदाय—ईसाई, सिख, पारसी भी भारत में रहते हैं। एक तरफ अपनी धार्मिक विशिष्टता और अस्मिता है तो दूसरी तरफ भारतीय होने के नाते—भारतीय समाज का सदस्य होने के नाते वे हिंदू धर्म में विश्वास करने वालों के साथ अनेक राष्ट्रीय बिंदुओं पर उनके साथ गहरा संबंध भी रखते हैं। इसलिए जब हम भारतीय राष्ट्र की बात करते हैं तो सभी संप्रदायों का अस्तित्व स्वीकार करते हैं। यह बात भी तर्कसंगत है कि हिंदू इस देश का सबसे पुराना और सबसे अधिक संख्या में रहने वाला संप्रदाय होने के कारण अन्य धार्मिक संप्रदायों की तुलना में अपेक्षाकृत अधिक महत्त्वपूर्ण भूमिका अदा करता रहा है। बल्कि एक समय तो भारत में रहने वाले मुसलमान अपने को हिंदू ही मानते थे यानी वे भारतीय सभ्यता का अंग होने के कारण अपने को हिंदू समाज और राष्ट्र से अलग करके नहीं देखते थे। किंतु वे अपने को हिंदू मानें या भारतीय मुसलमान या क्रिश्चियन—इससे कोई बड़ा अंतर नहीं पड़ता—क्योंकि वे अलग-अलग धार्मिक विश्वासों के बावजूद एक भारतीय सभ्यता में रहने वाले प्राणी हैं। इसलिए भारत के मुसलमान अपनी परंपराओं में इंडोनेशिया या अरब देशों के मुसलमानों से बहुत अलग भी हैं। यद्यपि उनके धार्मिक विश्वास वही हैं जो हर मुसलमान के होते हैं। किसी संस्कृति को केवल धर्म की सीमाओं में सिकुड़ना नहीं चाहिए। इसीलिए विभाजन के पहले गाँधी जी और कांग्रेस ने जिन्ना साहब की इस थ्यौरी को अस्वीकार कर दिया था कि हिंदू और मुसलमान दो राष्ट्रीय सत्ताएँ हैं।

अपने यहाँ मुसलमानों को अल्पसंख्यक कहने का हेतु क्या है?

मेरे विचार में ऊपरी तौर पर देखें तो संख्या के हिसाब से वे अल्पसंख्यक हैं। इससे यह निष्कर्ष निकालना कि वे पिछड़े हुए हैं या उन्हें नागरिक अधिकार प्राप्त नहीं हैं या संविधान की नजरों में या किसी दृष्टि से द्वितीय श्रेणी के नागरिक हैं, ये गलत है। भारत कोई पाकिस्तान की तरह धार्मिक राष्ट्र नहीं है। पाकिस्तान में न केवल हिंदू-क्रिश्चियन द्वितीय श्रेणी के नागरिक हैं बल्कि अहमदिया मुसलमान भी अधिकारों से वंचित हैं। भारत में इस तरह का भेदभाव कभी नहीं रहा। अंग्रेजों ने भेदभाव पैदा

कराने की कोशिश की तो गाँधी ने हमेशा विरोध किया। इसीलिए यूनीफार्म कोड बिल के पीछे यही तर्क काम करता है कि हमें समाज को अल्पसंख्यक और बहुसंख्यक में नहीं बाँटना चाहिए। भारतीय संविधान और कानून में सबके अधिकार एक समान हैं चाहे उनकी धार्मिक आस्था एक दूसरे से अलग क्यों न हो। हर पार्टी का समान सेकुलरिस्ट एजंडा होना चाहिए। किसी सांप्रदायिक माँग को स्वीकार करना ही नहीं चाहिए।

यानी सिर्फ अल्पसंख्यक या बहुसंख्यक के नाते विशेष सुविधाएँ या अधिकार नहीं मिलने चाहिए?

मेरा पक्का सोचना है कि किसी भी वर्ग को चाहे वह बहुसंख्यक हो—इस नाते उसे कोई विशेष अधिकार नहीं मिलना चाहिए। केवल अल्पसंख्यक के कारण भी उसे खास सुविधाएँ नहीं मिलनी चाहिए। हमारे देश की राजनीति का ये दुर्भाग्य रहा है कि जिन लोगों के मन में मानव के प्रति कोई विशेष प्रेम नहीं है, वे भी उनके वोट लेने के प्रलोभन में उनकी धार्मिक भावनाओं का शोषण करने से हिचकते नहीं। उन्हें डराते-धमकाते हैं कि अगर हमारी पार्टी को वोट नहीं दोगे तो इस देश में आप सुरक्षित नहीं रह सकोगे। यह वही आत्मघाती नीति है जिससे दूसरे दल जातिभेद को लेकर कुछ पिछड़ी हुई जातियों और संप्रदायों को अपने पक्ष में लेने का प्रयास करते हैं। मैं समझता हूँ कि इस तरह का राजनीतिक दुरुपयोग देश की एकता और हमारे समाज की सांस्कृतिक अखंडता के सामने एक बहुत बड़ा खतरा है।

आज की राजनीति जिस तरह संप्रदायवाद और जातिवाद में जकड़ गई है, उससे निजात पाने का क्या उपाय है?

देखिए, गाँधी ने राजनेताओं को देशसेवक माना था। आज वे राजनेता अपने राजनीतिक स्वार्थों के लिए देश की संपदा लेने को तत्पर दिखते हैं। दलितों, आदिवासियों, गरीबों, अल्पसंख्यकों का विकास करने का रास्ता ये है कि उनके आर्थिक-सांस्कृतिक विकास के ठोस कदम उठाए जाएँ। यह करने के बजाय ज्यादा से ज्यादा आरक्षण के प्रलोभन से उनकी स्थिति में मूलभूत अंतर नहीं आता। केवल मायावती, कांशीराम, मुलायम, लालू जैसे इने-गिने लोग समूची राजनीति पर जाति भेद का विष जरूर उगलते रहते हैं पर खुद उनके दलित लोगों के भीतर वही जड़ता, वही गरीबी मौजूद रहती है और यह दुष्चक्र की तरह चलता रहता है।

जब तक दलित शिक्षित नहीं होंगे, अपनी अज्ञानता के अँधेरे से बाहर नहीं आएँगे, तब तक इन नेताओं के प्रपंच और धोखाधड़ी से निकल नहीं पाएँगे। वस्तुतः इन दलित नेताओं का उद्देश्य अपने ही वर्ग का उत्थान नहीं है बल्कि ज्यादा से ज्यादा उनके कष्टों को मोहरे की तरह इस्तेमाल कर अपनी राजनीतिक लिप्साओं को पूरा करना है। वीपी सिंह ने मंडल कमीशन की सिफारिशें लागू कीं तो इन नेताओं को

उद्धारक नेता बनने का अवसर हाथ लग गया। पर दुर्भाग्य है कि इनका मकसद अच्छा प्रशासन देना नहीं है। जबकि इनका मौलिक कर्तव्य होना चाहिए था कि जहाँ लोग गंदा पानी पीते हैं, उन्हें स्वच्छ पेयजल दिलाएँ। स्कूल हों, अस्पताल हों लेकिन इन मूलभूत चीजों की तरफ उनका ध्यान नहीं है। पिछड़ापन दूर करने की ओर उनका ध्यान ही नहीं है।

देश में सामाजिक-सांस्कृतिक-नैतिक मूल्यों के खत्म होते जाने की वजह क्या पिछड़ापन ही है?

पिछड़ापन तो है ही। नए परिप्रेक्ष्य में उसका सामना करना होगा। हाँ, ये भी है कि प्रगति हो, औद्योगिक विकास हो पर विकास और आधुनिकता की आड़ में परंपरागत समाज नष्ट न हो।

हमारी संस्कृति और साहित्य पर बाजार का जो दबाव है, उस पर आपका क्या कहना है?

बाजार का दबाव हर देश में है। उसका सामना करने के लिए चुनौती देने वाली समाज की सांस्कृतिक शक्तियाँ और परंपराएँ भी हैं जो मनुष्य के भीतर इतना विवेक उत्पन्न करती हैं कि वे अच्छे और बुरे के भेद को पहचान सकें। बाजार में, मीडिया में अनेक अच्छी चीजें आती हैं जो जीवन के लिए उपयोगी हैं। अनेक ऐसी चीजें भी हैं जो घातक हैं। प्रदूषित करती हैं। यदि भारत की शिक्षा पद्धति इतनी सांस्कृतिक चेतना दे पाती कि हम उपयोगी को घातक से अलग कर पाते तो बाजार से डरने की जरूरत नहीं थी। प्रश्न बाजार को हटाने का भी नहीं है। हम बाजार में रहते हुए अपने भावबोध के आधार पर अपनी हितकारी चीज को अपना सकें—यह तभी संभव है जब हमारे देश में संस्कृति की शक्तियाँ अधिक प्राणवान और सबल हों।

सांस्कृतिक शक्तियों को सबल होना ही चाहिए। पर क्या, जितनी भी सरकारी, गैरसरकारी, सांस्कृतिक संस्थाएँ हैं, उनके चरित्र, गठन, संरचना, गतिविधियों और कार्यक्रमों में आमूलचूल परिवर्तन की जरूरत आप नहीं महसूस करते?

संस्थाएँ अपनी ही हैं। सरकारी संस्थाएँ हैं तो सरकार भी तो अपनी ही है। सरकारी होने से ही संस्था खराब नहीं होती लेकिन सरकारी पैसे से अपना स्वार्थ पूरा करना एक घातक चीज है। संस्थाएँ ऐसी हों जो ऐसे प्रतिभा संपन्न लोगों को निर्वाचित करें जो देश की प्राथमिकताओं को ध्यान में रख कर सांस्कृतिक कार्यनीति क्रियान्वित कर सकें। इसके लिए संस्थाओं की संरचना में परिवर्तन करना पड़े तो किया जाना चाहिए।

('जनसत्ता सबरंग' : कोलकाता, 23 मई 1999)

लड़ना हमें गरीबी से था और हम लड़े गरीबों से

गीतकार नीरज से बातचीत

सुप्रसिद्ध गीतकार गोपालदास नीरज का मानना है कि मौजूदा राजनीति में अनीति का, कुनीति का बोलबाला है। वह लोकविमुख हो गई है। श्री नीरज केंद्र की नई अटल बिहारी वाजपेयी सरकार के कामकाज से भी नाखुश हैं।

नीरज का कहना है कि ज्यादातर गीतकार गज़ल की ओर इसलिए भाग रहे हैं कि गज़ल गीत से आसान विधा है। हिंदी के लाडले गीतकार और संघर्ष (नदी किनारे), 'अंतर्ध्वनि' (लहर पुकारे), 'विभावरी', 'प्राणगीत', 'दर्द दिया है', 'लिख लिख भेजत पाती', 'दो गीत', 'आसावरी', 'मुक्तकी', 'गीत भी अगीत भी', 'हिंदी रुबाइयाँ', 'फिर दीप जलेगा', 'तुम्हारे लिए', 'कारवाँ गुजर गया' जैसे संग्रहों से हिंदी गीतों को समृद्ध करने वाले गोपालदास नीरज से बातचीत के मुख्य अंश :

राजनीति को जनोन्मुख और विश्वसनीय बनाने में साहित्य क्या भूमिका निभा सकता है?

साहित्य का मूल मंत्र लोक कल्याण होता है जबकि राजनीति लोकविमुख हो गई है। राजनीति इतनी कुर्सी-लोलुप हुई है कि उसे देश की चिंता ही नहीं। राजनीति ने हिंसा का वरण किया है। अपराधी चुनाव लड़ते हैं, जीतते हैं। राजनीति के अपराधीकरण का हाल ये है कि विरोधियों की हत्या में जरा भी गुरेज नहीं किया जाता। पतनशील राजनीति में लोक आस्था कैसे होगी? आज की राजनीति अनीति की, कुनीति की पर्याय है। राजनीति प्रेम की भाषा जानती ही नहीं। राजनीति लोगों की विश्वसनीयता तभी हासिल कर सकती है जब वह प्रेम की भाषा सीखे, साहित्य की भाषा सीखे। मौजूदा राजनीति यदि साहित्य के करीब आए तभी उसकी विकृतियाँ दूर होंगी। साहित्य के करीब आने पर राजनीति को भी समाज के हित की चिंता होगी, जो चिंता साहित्य की होती है। साहित्य प्रेम की भाषा सिखाता है जबकि राजनीति में विपक्ष को दुश्मन समझा जाता है। लोकतंत्र में विपक्ष पूरक होता है दुश्मन नहीं।

जिन्हें दुश्मन समझा जा रहा था, सभी दल जिन्हें दुश्मन नंबर एक मान रहे थे, अब तो वही दल सत्ता में हैं। दुश्मन से आपका आशय भाजपा ही है न?

भाजपा गैर-भाजपाइयों के लिए दुश्मन है तो भाजपा भी कांग्रेस और संयुक्त मोर्चे को दोस्त तो नहीं मानती। और भाजपा ने ही क्या किया? जिनके खिलाफ मुकदमे चल रहे हैं, कई गंभीर आरोप हैं, उनके साथ हाथ मिलाया। अटलबिहारी वाजपेयी सरकार भी सत्ता के लिए कुछ भी करने को तैयार है। इस सरकार के लिए भी राष्ट्रहित गौण हो गया है, क्योंकि यह सरकार भी धर्म से विमुख है।

लेकिन धर्म की राजनीति करने का भी आरोप भाजपा पर लगता रहा है?

राजनीति चमकाने के लिए मंदिर का सवाल उठाना धर्म नहीं है। धर्म का मतलब मंदिर, मस्जिद, चर्च, गुरुद्वारे, रामायण, कुरान, गंगा स्नान करना और नमाज अता करना नहीं है। धर्म सार्वभौम सत्ता है। धर्म प्रकाश है। धर्म में यानी मानव मूल्यों में विश्वास रखने के कारण ही देश का नाम भारत पड़ा। भारत यानी प्रकाश की भूमि। भारत की मंदिर मस्जिद के लिए पहचान नहीं बनी, बल्कि प्रेम, करुणा जैसे मानवीय मूल्यों को अपनाने के लिए बनी। भारत ने मानवीय मूल्यों को जीवन-धर्म माना। आज सत्ता के लिए धर्म को हथियार बनाया जाता है। यह सच बात कहेंगे तो हमें गद्दार कहा जाएगा। सच यह है कि कोई धर्म को सत्ता तक पहुँचने की सीढ़ी बना रहा है तो कोई सेकुलर-सेकुलर की रट लगा रहा है। मेरा मानना है कि सेकुलरिज्म का अर्थ धर्मनिरपेक्षता नहीं, पंथ निरपेक्षता होता है। राधाकृष्णन ने कहा था कि धर्म का कोई पर्यायवाची नहीं होता। धर्म का अर्थ रिलीजन भी नहीं होता। लेकिन भाजपा वालों को कौन बताए।

देश के हालात को देखकर आपके भीतर कोई गहरी चिंता?

चिंताएँ कई हैं। आतंकवाद की समस्या है। अशिक्षा की समस्या है। गरीबों को देख मन दुखी होता है। मेरी कविता है :

'लड़ना हमें गरीबी से था
और हम लड़े गरीबों से'

आतंकवाद पर मेरी चिंता इसी कविता में पा सकते हैं :

दूध दही वाली सड़कों पर
बारूदों के दाग मिले
जलते हुए मकान मिले
और बुझते हुए चिराग मिले

धर्म के नाम पर समाज को बाँटने वालों पर मैंने लिखा है :

झूठे संप्रदायवादों ने, यूँ भरमाया लोगों को
ईंटों का घर याद रहा, हम दिल का ठिकाना भूल गए

गरीबी, अशिक्षा, बेबसी, दरिद्रता के अभिशाप से देश को कैसे मुक्त किया जा सकता है?

इस अभिशाप से देश को राजनीति ही मुक्त कर सकती है पर वह तभी संभव है जब देश में ऐसा नेता आए जो चटाई लेकर आए और चटाई लेकर जाए। ऐसा न हो कि चटाई लेकर आए और सूटकेस लेकर जाए। खान अब्दुल गफ्फार खाँ का भी ऐसा ही मानना था। ईमानदारी और सच्चाई से जब तक राजनीति दूर रहेगी, उससे कोई भी उम्मीद करना बेमानी है।

आपने अभी कहा कि साहित्य की भाषा प्रेम की भाषा होती है। आप ही बताएँ आज की कविताओं और कहानियों में प्रेम, जीवन की कोमलता और सौंदर्य के लिए कितनी जगह है?

आज का जीवन बहुत कुरूप हो गया है। आज की कविता की लड़ाई कुरूपता से है। जैसे-जैसे राजनीति पतित होती गई, समाज में मूल्यहीनता आई, ऐसे में मूल्यनिष्ठ, प्रेम और कोमलता का काव्य कौन सुनेगा?

इन दिनों आप क्या लिख रहे हैं, और वह आपकी पूर्ववर्ती रचनाओं से कितना भिन्न है?

इन दिनों ग़ज़ल ही ज्यादा लिख रहा हूँ। मैं उपनिषद, गीता वाले भारतीय चिंतन को ग़ज़ल के जरिए व्यक्त करना चाहता हूँ। मेरी इधर की रचनाओं में आध्यात्मिक चेतना आप पाएँगे। अभी मैंने एक ग़ज़ल लिखी है—शरीर पर। हम जानते हैं कि शरीर एक दिन चला जाएगा फिर भी उसे बनाते-सँवारते हैं इस पर काफी ध्यान देते हैं। इसी पर मैंने कहा है :

मेरे नसीब में ऐसा भी वक्त आना था
जो लगा गिरने वाला था वो घर मुझे बनाना था

इधर जो थोड़े नए गीत लिखे हैं वे सूफीयाना अंदाज के हैं :

दिल के काबे में नमाज पढ़
यहाँ वहाँ भरमाना छोड़
साँस साँस तेरी अजान है
सुबह शाम चिल्लाना छोड़

यह शरीर एक मकान है, उसमें हम किराएदार हैं। इसी पर मैंने लिखा है :

तमाम उम्र मैं एक अजनबी के घर में रहा
सफर न करते हुए भी किसी सफर में रहा

तो प्रेम, अध्यात्म, दर्शन के ये तत्त्व आधुनिक गज़लकारों में नहीं मिलते। मुझमें शुरू से ये तत्त्व रहे हैं। इसलिए पूर्ववर्ती रचनाओं से नई रचनाओं की तुलना क्यों करें?

आपने कहा कि आप भी अब ज्यादा गज़ल लिख रहे हैं। गीत लिखने वाले गज़ल की ओर क्यों भाग रहे हैं?

गीत लिखने वाले गज़ल की ओर इसलिए भाग रहे हैं कि उसमें यश जल्दी मिलता है और गीत से आसान विधा भी गज़ल है। गीत में शुरू से आखिर तक भाव का विकास दिखाना होता है। अनुभूति की विभिन्न स्थितियाँ होती हैं जबकि गज़ल में हर शेर स्वतंत्र होता है। किसी शेर में राजनीति है तो किसी में अध्यात्मा गज़ल की तुलना दोहे से की जा सकती है। वस्तुतः हिंदी में शुरू में दोहे ही लिखे जाते थे। दोहे के बाद गज़ल आई। मंच पर भी शेर पढ़ दिए और जम गए जबकि गीत जब तक पूरा न सुनें तो प्रभाव नहीं पड़ता। आज भागदौड़ की जिंदगी में इतना धैर्य कहाँ?

दुष्यंत कुमार के बाद गज़लों का दौर आया तो तब आप गीतिकाएँ लिखने लगे। फिर आप गज़ल की ओर क्यों मुड़ते रहे?

देखिए गीत और गज़ल के बीच की चीज हैं गीतिकाएँ। हिंदी में मात्रिक छंदों का प्रयोग होता है। गज़ल में सोलह घात के बाद सोलह घात होता है। यह उर्दू का पैटर्न है। मैंने कहीं-कहीं पर सोलह घात का अंतर कर दिया।

इतने बदनाम हुए हम तो इस जमाने में
तुमको लग जाएँगी सदियाँ हमको भुलाने में

सोलह घात के अंतर के बावजूद मात्राएँ उतनी ही हैं। इससे भाषा में लचीलापन आता है। गायकी में भी आता है।

आज गीत विधा क्यों हाशिए पर है? जिस तरह से नए कवि कविता में नया प्रयोग कर रहे हैं–नयापन ला रहे हैं, नई चेतना ला रहे हैं–गीत में उस तरह का नयापन क्यों नहीं है?

इन दिनों अच्छे गीत लिखे नहीं जा रहे हैं। यह विडंबना है कि हिंदी वाले गज़ल की ओर जा रहे हैं और उर्दू वाले गीत की ओर। आज के गीतकार एक ही पैटर्न पर लिख रहे है। आंचलिक भाषा को ध्यान में रखते हैं। नयापन क्या लाएँ?

आजादी के पचास वर्षों में गीत विधा की क्या उपलब्धियाँ रही हैं?

उपलब्धि यह रही कि उसने हिंदी कविता को समाज के बीच फैलाया जो पुस्तकालयों और स्कूलों में बंद थी। कवि सम्मेलनों के माध्यम से विदेशों में पहुँचाया। अमेरिका, कनाडा, आस्ट्रेलिया, मारिशस में हिंदी गीतों के बोल कई लोगों की जुबान पर मैंने सुने। नई कविता ने यह काम नहीं किया। गीत विधा ने समय की समस्याओं को समाज के सामने रखा। भारतीय चिंतन-उपनिषद-गीता को गीतकारों ने गीतों के

माध्यम से जन-जन तक पहुँचाया। भारतीय दर्शन जुबान पर बैठे, ऐसे गीत हमने लिखे :

कुछ भी खोता नहीं यहाँ पर
केवल जिल्द बदलती पोथी
जैसे रात उतार चाँदनी
पहने सुबह धूप की धोती

लेकिन मैं मानता हूँ कि आजादी के इन पचास वर्षों में हमारी उपलब्धियाँ हैं तो खामियाँ भी हैं। तीन दशक पहले कवि सम्मेलनों में सुसंस्कृत श्रोता होते थे। गीत ध्यान से सुनते थे। आजकल चुटकुले पसंद किए जाते हैं।

आपने फिल्मों के लिए कई गीत लिखे। आपको कौन फिल्मी गीत पसंद हैं? लेखक के नाते आप ये भी बताएँ कि आपके पसंदीदा लेखक कौन हैं?

मेरे प्रिय फिल्मी गाने हैं : ए मेरे प्यारे वतन ..., कोरा कागज था मन मेरा ..., वहाँ कौन है तेरा मेरा, जीवन कोरा कागज कोरा ही रह गया, मेघा छाए आधी रात, बैरन बन गई निंदिया और मेरे प्रिय लेखक हैं कबीर, टैगोर, खलील जिब्रान और रजनीश।

इतना कुछ लिखने और यश पाने के बाद भी कोई अतृप्ति रह गई है?

बहुत कुछ लिखना चाहता था। लिख नहीं पाया। जो लिखा, वह दशांश ही है।

कोई अफसोस रह गया हो?

किशोर वय में एक लड़की से प्रेम हुआ था। उसने मेरे जीवन में प्रकाश दिया। उससे बिछड़ने के बाद बहुत खालीपन महसूस हुआ। प्रेम तो कइयों से किया पर किसी से स्थाई भाव नहीं रहा, पर उस लड़की से, जो गुजराती की लेखिका हुईं, जो प्रेम हुआ वह मेरे जीवन का सबसे बड़ा प्रेम था और वह अब भी मेरा दिल दुखाता है। बस वहीं अफसोस है।

('जनसत्ता' : दिल्ली, 19 अप्रैल 1998)

कबीर का अध्येता कबीर के गुण पा लेता है

कबीर साहित्य की रूसी विद्वान निनेल गफूरोवा से बातचीत

कबीर साहित्य की प्रसिद्ध रूसी विदुषी डॉक्टर निनेल गफूरोवा ने रूसी भाषा में भारतीय संदर्भों पर अनेक आलेख लिखे हैं। उनकी पुस्तक 'हेरिटेज ऑफ कबीर' बहुचर्चित कृति रही है। निनेल गफूरोवा द्वारा 'कबीर ग्रंथावली' का रूसी भाषा में भूमिका व व्याख्या सहित किया गया अनुवाद रूसी साहित्य जगत में पर्याप्त समादृत है। 61 वर्षीय गफूरोवा लेनिनग्राद विश्वविद्यालय के प्राचीन अध्ययन विभाग में प्रोफेसर हैं। वे एशियाटिक सोसाइटी की विजिटिंग प्रोफेसर भी हैं। उन्होंने भारत और यूरोप में कबीर पर अनेक व्याख्यान दिए हैं। कबीर पर ही व्याख्यान देने वे पिछले दिनों कलकत्ता आईं तो उनसे यह बातचीत हुई।

कबीर साहित्य की ओर आपका झुकाव कैसे हुआ?

1962 में मैं भिलाई आई थी अनुवाद प्रशिक्षण के लिए। जहाँ मैं ठहरी हुई थी, वहीं पास में पाँच-छह सिख लोग रोज इकट्ठा होकर समूह में सामने एक बड़ी किताब रखकर कुछ गाते थे। उनका गायन-संगीत सुनकर मुझे आंतरिक आनंद मिलता था। मैं एक दिन उनके पास गई और पूछा कि वे क्या गा रहे हैं? उन्होंने बताया कि वे कबीर के भजन गा रहे हैं। रैदास और गुरुनानक के भजन भी वे गाते थे। तब कबीर की वाणी ने मुझे इस कदर दीवाना बना दिया कि मैंने तभी कबीर पर विशद अध्ययन करने का फैसला किया। मैं वापस रूस लौटी। कबीर साहित्य पर स्नातकोत्तर किया, उसी पर पी-एच.डी. की। मैं दूसरी बार भारत 1968 में आई दस महीने के लिए। आगरा विश्वविद्यालय में डॉ. उप्रेती, दिल्ली में प्रोफेसर नामवर सिंह, इलाहाबाद में पारसनाथ तिवारी और बनारस में डॉ. उपाध्याय से कबीर साहित्य पर काफी कुछ सीखा। इन विद्वानों ने कबीर अध्ययन पर मुझे नई दिशा दी।

कबीर आपको क्यों प्रिय हैं?

भारत के कई लेखक मुझे प्रिय हैं पर कबीर सबसे ज्यादा प्रिय हैं, क्योंकि कबीर के लिए हिंदू-मुसलिम दोनों बराबर थे। दोनों के पाखंडों की वे खिल्ली उड़ाते थे।

कबीर सही अर्थों में मानवतावादी थे। कबीर ने हिंदू-मुसलमानों दोनों को उनकी जड़ता के लिए धिक्कारा। इस जड़ता की बाबत कबीर ने बहुत लिखा है। हिंदू-मुसलमान के बीच की नासमझी पर वे चोट करते थे। समूची मानवता के लिए कबीर आज भी मार्गदर्शक और प्रेरक हैं।

आपकी दृष्टि में कबीर का सबसे बड़ा अवदान क्या पाखंड का विरोध करना ही है?

सबसे बड़ा तो नहीं पर एक अवदान यह है। कबीर कर्मकांड को पाखंड समझते थे। मूर्तिपूजा, अवतारवाद के वे विरोधी थे। जात-पाँत, छुआछूत वे नहीं मानते थे। रामानंद के बारह शिष्यों में जो निर्गुण भक्ति धारा के अनुगामी थे, उनमें कबीर एक थे। कबीर जुलाहा यानी नीची जाति के थे। रैदास भी नीची जाति के थे। नामदेव भी दलित वर्ग से आए—वे दर्जी थे। पर इनका नाम आदर के साथ लिया जाता है। कबीर के पीछे संतों का हुजूम चला। नानक ने भी उनका अनुकरण किया और अलग मत चलाया। गुरुनानक ने कबीर की कई साखियों और पदों को आदिग्रंथ में उद्धृत किया है। कबीर की वाणी हमेशा प्रासंगिक रहने वाली है, यही उनकी महत्ता है। ईसा मसीह की तरह कबीर ने अपने लिए नहीं, संसार के लिए अपने को मिटा दिया। कबीर का एक बड़ा अवदान यह है कि पढ़े-लिखे नहीं होने के बावजूद सत्संग और आत्मानुभव से उन्होंने जो ज्ञानार्जन किया, उसे लोगों में बाँटा! उनका ज्ञान पोथी का ज्ञान नहीं है, अनुभव से अर्जित ज्ञान है।

कबीर साहित्य पर अध्ययन का आपका अनुभव कैसा रहा?

कबीर पर अध्ययन करते हुए अध्येता कबीर के कई गुण पा लेता है। कबीर सरल हृदय थे। फक्कड़ थे। स्वतंत्र प्रकृति के आदमी थे, मन-विचार दोनों में कबीर की साखियाँ पढ़ते हुए, उनके पद पढ़ते हुए लगता है पाठक कुछ ऊपर उठ गया है। कबीर पढ़ते हुए मैंने लगातार अपने को और समृद्ध अनुभव किया। कबीर ग्रंथावली का अनुवाद मैंने 1966 में शुरू किया था। दस साल बाद 1976 में किताब आई। किताब की सारी प्रतियाँ तीन दिन में बिक गईं। 1967 में 'हेरिटेज ऑफ कबीर' और 1992 में कबीर की साखियों के रूसी अनुवाद आए। उन्हें भी पाठकों ने हाथोंहाथ लिया। कबीर अध्ययन पर मेरे सारे अनुभव आनंददायी ही रहे हैं।

कबीर के अलावा भारत के और कौन लेखक आपको प्रिय रहे हैं?

सूरदास, तुलसीदास, भूषण, जायसी—पुराने कवियों में ये कवि मुझे खींचते हैं। कबीर की तरह सूर और तुलसी को बार-बार पढ़ने की इच्छा होती है। आधुनिक लेखकों में प्रेमचंद, कृश्न चंदर, अली सरदार जाफरी, निर्मल वर्मा, शमशेर बहादुर सिंह,

केदारनाथ सिंह और नामवर सिंह को मैंने थोड़ा-बहुत पढ़ा है और उनकी रचनाएँ मुझे प्रिय लगी हैं।

रूस में भारतीय साहित्य का क्या स्थान है?

भारत की हिंदी समेत कई भाषाओं की महत्त्वपूर्ण कृतियाँ रूसी में छपीं और व्यापक पाठक वर्ग द्वारा पढ़ी और सराही गई हैं। उदाहरण के लिए हिंदी के जिन लेखकों का अभी मैंने नाम लिया, उनमें ज्यादातर को रूसी पाठक जानते हैं।

रूसी साहित्य अभी विश्व में कहाँ खड़ा है?

समकालीन रूसी साहित्य मशहूर नहीं है यह उतना ही सही है जितना यह कि पहले का रूसी साहित्य विश्वविख्यात रहा है। सिर्फ साहित्य पर ही नहीं, रूस की सामाजिक व्यवस्था, अर्थव्यवस्था पर भी असर पड़ा है। सोवियत संघ के टूटने का बहुत नुकसान हुआ है। सोवियत संघ टूटने के लिए राजनीति जिम्मेदार थी। पूर्व सोवियत संघ में बौद्धिक जीवन, कला, विज्ञान का बहुत ऊँचा मान था। आज रूस में हर चीज व्यवसायमुखी है। पेरेस्त्रोइका और ग्लासनोस्त ने अपना व्यापक असर छोड़ा था। समाजवाद नहीं रहा, पूँजीवाद छा गया, तो इन सबके प्रभाव हर क्षेत्र में पड़ने ही थे।

नई बाजार व्यवस्था में साहित्य बच पाएगा?

जरूर बचेगा! साहित्य को बाजारवाद से खतरा नहीं है और जब खतरा होगा तो उस चुनौती का साहित्य सामना कर लेगा।

साहित्य और साहित्यकार की भूमिका क्या होनी चाहिए?

साहित्य और साहित्यकार का सबसे बड़ा काम मानवतावाद का प्रचार-प्रसार करना है। वही लेखक बड़ा होता है जो मानवतावादी होता है, जैसे कबीर थे। वही कृति भी महान होती है, जिसके उत्स में मानवतावाद होता है। इसके अलावा लेखक का यह दायित्व होता है कि वह पाठक को बताए कि वह जीवन कैसे जिए और जीवन को बेहतर कैसे बनाए? मनुष्य और समाज को बेहतर बनाने में साहित्य और साहित्यकार की बड़ी भूमिका होती है। इसे चाहे तो यों भी कह सकते हैं कि समाज परिवर्तन में लेखक की भूमिका होनी चाहिए। विश्व शांति और विश्व बंधुत्व कायम करने में भी साहित्य की भूमिका होती है और होनी चाहिए।

आप 1962 में पहली बार भारत आई थीं। तब के और आज के भारत में क्या अंतर महसूस करती हैं?

पहली बार 62 में भारत आई थी। उसके बाद 68 में आई। उसके बाद 1991 में ही आ सकी। इस लंबे अंतराल की वजह घर-परिवार और यूनिवर्सिटी में व्यस्त होना था। घर में पति और दो-दो बेटियों की देखभाल भी करनी पड़ती थी। लेकिन

1991 के बाद लगभग हर साल भारत आई 1994-95 को छोड़कर। 62 के भारत में और आज के भारत में अंतर तो आए हैं, और ये अंतर समाज व्यवस्था से लेकर राजनीति व साहित्य तक में लक्ष्य किए जा सकते हैं। एक मामले में भारत का कोई सानी नहीं है, भारत के लोग मेहमानों को सिर-आँखों पर बिठाते हैं। यहाँ के लोग बहुत मिलनसार और मददगार होते हैं। जहाँ भी जब भी गई, लोगों ने प्यार दिया। दिल्ली हो, आगरा हो, भिलाई हो, बनारस हो, इलाहाबाद हो या कलकत्ता हर जगह लोगों ने मुझे स्नेह दिया, सहयोग दिया। वांछित मदद की। आपको एक मजेदार तथ्य बताऊँ। नई-नई जब मैं भारत आई थी तो कुछ जगह मंचों पर मैंने गीत गाए थे जिन्हें लोगों ने बहुत पसंद किया था। गायन मेरा शौक रहा है।

हिंदी फिल्में आप देखती हैं?

मैं तो राजकपूर की फैन रही हूँ। 'संगम', 'आवारा' मुझे बहुत पसंद आई थीं। बचपन से उनकी फिल्में देखती आ रही हूँ इसलिए राजकपूर मुझे सबसे प्रिय हैं। कलकत्ता में पिछले दिनों 'कुछ कुछ होता है' देखी। हिंदी फिल्में देखकर अच्छा मनोरंजन हो जाता है।

भारतीय संगीतकारों में कौन आपको पसंद हैं?

भारत का शास्त्रीय संगीत कला की दुनिया का अनुपम उपहार है। पंडित भीमसेन जोशी, पंडित जसराज का गायन, बिरजू महाराज का कथक, रविशंकर का सितार, हरिप्रसाद चौरसिया की बांसुरी जादू सा असर करती है। भारत का शास्त्रीय संगीत रूसी संगीत से भिन्न है। रूसी संगीत का ट्यून ही अलग है।

('जनसत्ता' : दिल्ली, 16 जुलाई 2000)

कविता मेरी मातृभाषा है

बांग्ला साहित्यकार नीरेंद्रनाथ चक्रवर्ती से बातचीत

बांग्ला में मुख्यतः कवि के रूप में प्रसिद्ध और प्रतिष्ठित नीरेंद्रनाथ चक्रवर्ती ने आलोचना, उपन्यास, निबंध, बाल-साहित्य और यात्रा-साहित्य में भी महत्त्वपूर्ण कृतियाँ दी हैं। 19 अक्तूबर 1924 को फरीदपुर (अब बांग्लादेश) में जन्मे नीरेंद्रनाथ के तीस कविता संग्रह प्रकाशित हो चुके हैं। कल्लोल युग के प्रेम, सौंदर्य और कमनीयता से मुक्ति के दौर में नीरेंद्रनाथ प्रगतिशील चेतना से जुड़े। उन्होंने इस रचनाधारा को नए धरातल पर प्रतिष्ठित किया। उन्होंने बांग्ला में सहज कविता का सूत्रपात किया। 'कलकातार जीशू', 'पागला घंटी', 'उलंग राजा' काव्य संग्रहों की रचनाभूमि यही है। प्रतिबद्ध वामपंथी होने के बावजूद उनकी सदा यही कोशिश रही कि वे विचारधारा की बजाय मनुष्य की दैनंदिन की समस्याओं और संवेदों से जुड़ें। उन्होंने प्रगतिशील कविता को सही मानवीय पहचान दी। विदेशों में भी उनकी कविताओं की सराहना हुई है। उन्होंने पेरिस, लियेजे, मास्को, रिगा, ब्रुसेल्स आदि में आयोजित काव्य समारोहों में भारत का प्रतिनिधित्व किया। कविता के अलावा यात्रा संस्मरण की उनकी दो पुस्तकें, साहित्यिक निबंधों की तीन पुस्तकें, बच्चों के लिए छह पुस्तकें और कई एक उपन्यास प्रकाशित हैं। उन्होंने लंबे समय तक पत्रकारिता की और वे वर्षों 'आनंदमेला', 'प्रत्यूह', 'मातृभूमि', 'स्वराज', 'भारत', 'यूएनआई', 'सत्ययुग' से जुड़े रहे। इन दिनों वे आनंद बाजार पत्र समूह में संपादकीय सलाहकार हैं। सतहत्तर वर्ष की उम्र में भी नीरेंद्रनाथ की सक्रियता बनी हुई है। नए साल में अभी-अभी उनकी कविताओं का नया संकलन 'सकुलेर तीन जन', कविता समग्र का चौथा खंड, बाल कविताओं का संग्रह 'गाछ पाला नदी नाला', निबंधों का संग्रह 'रवींद्रनाथ और हम' और उपन्यास 'जोड़ा भादुड़ी' छप कर आया है। नीरेंद्र दा को साहित्य अकादेमी,

आनंद पुरस्कार, ताराशंकर पुरस्कार, शरतचंद्र पुरस्कार, नारायण गंगोपाध्याय स्मृति पुरस्कार, उल्टारथ रजत जयंती पुरस्कार, भारतीय भाषा परिषद का स्वर्णांचल पुरस्कार जैसे महत्त्वपूर्ण सम्मानों से अलंकृत किया गया है।

पत्रकारिता से जुड़े रहने का आपके सृजनात्मक जीवन पर क्या प्रभाव पड़ा?

कुछ समीक्षक मानते हैं कि मेरी कुछ कविताओं पर पत्रकारिता का असर है और इसी कारण वे अपेक्षाकृत कमजोर कविताएँ हैं। यदि कुछ कविताएँ कमजोर हैं और उन पर पत्रकारिता की छाया है तो उसके लिए पत्रकारिता पर मैं दोषारोपण नहीं करूँगा। कवि के रूप में उसे अपनी ही विफलता मानूँगा। 1944 में मैंने पत्रकारिता शुरू की थी और दशकों उससे जुड़े रहते हुए ही सृजनात्मक साहित्य भी लिखा। यदि पत्रकारिता साहित्य सृजन में बाधक होती तो यह वृत्ति यानी पत्रकारिता छोड़ देने का विकल्प मेरे पास था, पर मैंने यह वृत्ति नहीं छोड़ी। एक मित्र ने हाल में शिकायत की कि मेरी कविताओं में व्यक्ति विशेष की खुशी, उसका गम एक साथ उपस्थित है। जिन मनुष्यों को मैं देखता हूँ, जिनसे परिचित हूँ, उनकी व्यक्तिगत पहचान और उनकी व्यक्तिगत विशेषताओं का सम्मान करता हूँ और उन्हें कविता का विषय बनाता हूँ।

साहित्य पर सूचना तकनीक के पड़नेवाले प्रभाव पर आपकी क्या टिप्पणी है?

सूचना तकनीक का साहित्य पर बहुत प्रतिकूल प्रभाव पड़ा है। इलेक्ट्रॉनिक मीडिया पर जल्द सूचनाएँ—समाचार देने की तीव्र प्रतिद्वंद्विता है। लोग जितना टीवी देख रहे हैं, उतना साहित्य नहीं पढ़ रहे हैं। साहित्य इस इलेक्ट्रॉनिक मीडिया से लड़ रहा है, पर टीवी वह प्रकाश पाठक को नहीं देता जो साहित्य देता है। इलेक्ट्रॉनिक मीडिया के प्रभाव के बारे में एक उदाहरण देता हूँ। एक कालेज में बांग्ला भाषा व साहित्य पढ़ाने वाले एक अध्यापक मित्र ने मुझे एक घटना सुनाई। उन्होंने एक दिन पूछा कि बंकिमचंद्र को किसने-किसने पढ़ा है। सिर्फ एक छात्रा उठकर खड़ी हुई। अध्यापक ने पूछा, 'बंकिम का कौन-सा उपन्यास पढ़ा है?' छात्रा ने जवाब दिया—'कृष्णकांतेर विल!' अध्यापक ने पूछा कि रोहिणी जब मार दी गई तो एक पाठक के रूप में छात्रा की क्या प्रतिक्रिया हुई। छात्रा ने जवाब दिया—'अभी यहाँ तक सीरियल ने नहीं दिखाया है।' यानी उस छात्रा ने वह उपन्यास पढ़ा नहीं था, उस पर आधारित टीवी धारावाहिक देखा था। मेरी राय में सूचना तकनीक यदि हमारे ज्ञान में वृद्धि नहीं करती तो वह तात्पर्यहीन है। कहा जा रहा है कि यह सूचना का युग है। लेकिन इसका क्या मतलब कि खंड-खंड सूचनाएँ जो तकनीक दे रही है, वह हमारा

ज्ञान न बढ़ाए। ज्ञान के साथ सूचना तकनीक को 'को रिलेट' किए जाने की जरूरत मैं महसूस करता हूँ।

आप लंबे समय से कविताएँ लिखते आ रहे हैं। पूरा काव्य परिदृश्य आपके सामने है। उसे देखते हुए बताइए कि बांग्ला कविता अखिल भारतीय स्तर पर कहाँ खड़ी है?

भारत की अन्य भाषाओं से बांग्ला कविता की तुलना कठिन है। ठीक है कि बांग्ला का काव्य परिदृश्य मेरे सामने है, पर हर भारतीय भाषा का काव्य परिदृश्य मेरे सामने नहीं है। कुछ भाषाओं—ओड़िया, असमिया और हिंदी के काव्य परिदृश्य को थोड़ा-बहुत मैं जानता हूँ। असमिया में नवकांत बरुआ, हीरेन भट्टाचार्य, ओड़िया में रमाकांत रथ और सीताकांत महापात्र की कविताएँ पढ़कर ऊर्जस्वित हुआ हूँ। इसी तरह हिंदी में केदारनाथ सिंह की कविताएँ मुझे बहुत प्रिय हैं। उनकी कविताओं का संग्रह बांग्ला में 'अकाले सारस' अनूदित होकर बहुप्रशंसित हुआ। रमाकांत, सीताकांत, नवकांत, केदारनाथ मेरे प्रिय कवि बन गए हैं। इनकी कविताएँ भीतर से निकल कर आती हैं। गुजराती के उमाशंकर जोशी मुझे बाँधते हैं। और हाँ, हिंदी के विख्यात कवि सुमित्रानंदन पंत की लंबी कविता 'सोने की जुही' इतनी अच्छी लगी थी कि मैंने उसका बांग्ला में अनुवाद किया था। सभी भारतीय भाषाओं के साहित्य से मैं परिचित नहीं हूँ। यह ट्रेजेडी है कि अच्छी तरह मैं हिंदी भी नहीं जानता। यह विडंबना है कि भारतीय कवि एक-दूसरे के बारे में नहीं जानते कि वे क्या सोच रहे हैं। हमें नहीं पता कि पड़ोस में क्या लिखा जा रहा है, जबकि पेरू में क्या लिखा जा रहा है यह पता है। वहाँ की जीवनशैली अलग है तब भी पता है वहाँ के साहित्य के बारे में। भारतीय भाषाओं के कवियों की जीवनशैली एक-सी है। केदारनाथ सिंह की जो जीवनशैली है, उनका जो खान-पान, पहनावा है, लगभग वही मेरा है। हमारा पारिवारिक जीवन भी एक-सा है। केदार ने अपनी बूढ़ी माँ पर कविता लिखी है और मैंने भी। किंतु भारतीय भाषाओं के कवि एक-दूसरे को उतना नहीं जानते, जितना जानना चाहिए। एक तरफ अन्य भाषाओं की कविताएँ हैं और दूसरी तरफ रवींद्रनाथ, जीवनानंद से लेकर बांग्ला की नई पीढ़ी के कवियों की कविताएँ हैं। बांग्ला में अपने प्रिय समकालीन व कनिष्ठ कवियों के नाम लूँ तो सुनील गांगुली, श्यामल कांति दास, सुबोध सरकार, जय गोस्वामी, मल्लिका सेनगुप्ता, ब्रत चक्रवर्ती समेत कई प्रतिभाशाली कवि हैं जिनकी कविताएँ मैं समझता हूँ बचेंगी। भारत की अलग-अलग भाषाओं की कविताओं में उनकी अपनी-अपनी उपलब्धियाँ देखी जा सकती हैं और उन भिन्न-भिन्न भाषाओं में मुझे पूरे भारतीय जीवन की छवि और भारतीय चेतना का प्रकाश दिखता है। सभी भारतीय भाषाएँ मिलकर एक पुष्पगुच्छ बनाती हैं। मेरा कहना यह है कि हर फूल

महत्त्वपूर्ण है। भारतीय भाषाओं में, आपस में, भाषा-भाषा में लड़ाई की बात पता नहीं कैसे सोचते हैं लोग।

एक महान कविता की क्या विशेषताएँ होनी चाहिए?

कविता दूसरी विधाओं से कुछ ज्यादा और नया कहने का यत्न करती है। कविता आनंद का साथ देती है, शोक के समय सांत्वना देती है और पराजय के बाद नए सिरे से उठ कर लड़ाई करने का साहस देती है। कविता हर समय में मनुष्य की संगी होती है। महान कविता वह है जो हमारे आनंद के समय उसका समर्थन करे, शोक के समय सांत्वना दे और पराजय के बाद लड़ने का साहस दे, लेकिन इसी के साथ यह भी देखना चाहिए कि वाक्य जब काव्य बनना चाहते हैं तो उनके शब्दार्थ के अलावा अतिरिक्त अर्थ और व्यंजना का भी आभास मिल रहा है कि नहीं। कविता असल में शब्द गुच्छ नहीं होती, शब्दों के प्रयोग की एक शैली है, भाषा का एक स्तर है। ऐसा स्तर जिसमें चकित करने वाला सौंदर्य दर्शन होता है। रोज दिखने वाले सौंदर्य से अतिरिक्त सौंदर्य का दर्शन। सौंदर्य के साथ यह परिचय पाठक के लिए एक उपलब्धि होती है। कविता वह है जो चित्र को जगा कर रखे। यह भी देखना पड़ता है कि काव्य तत्त्व, काव्य भाषा एक-दूसरे से 'पोएटिक ट्रीटमेंट' के हिसाब से ठीक-ठीक गुँथे हैं कि नहीं। चिंतन, भाषा के साथ कविता की विषयवस्तु एक लय में बँधी होनी चाहिए।

कविता अपनी बुनावट में सरल होनी चाहिए या कठिन?

कविता अपनी बुनावट में मीठी हो या तीखी, सरल हो या कठिन, यह कविता की गठन-प्रक्रिया और मूड पर निर्भर करता है। कोई कविता तब जन्म लेती है जब कवि की अनुभूति कुछ शब्दों का संधान करती है। उन शब्दों के पास कुछ और शब्द आ खड़े होते हैं। ये शब्दमालाएँ पंक्तियाँ बनती जाती हैं। दस-बीस-तीस या पचास पंक्तियाँ एक फ्रेम में ढल जाती हैं और कविता में परिणत हो जाती हैं। इस प्रक्रिया में संभव है कि कविता कठिन बन जाए। सरल कविता से पाठक का सहज संवाद होता है, पर कठिन कविता से...? कठिन कविता तक पहुँचने के लिए पाठक को और यहाँ तक कि आलोचक को भी और श्रम करना पड़ेगा, अपने ज्ञान की परिधि को बढ़ाना पड़ेगा। कवि अग्रवर्ती सैनिकों की तरह होते हैं। वे आगे बढ़े हुए हैं, वे तो उस राह पर नजर रखे हुए हैं जिस पर पूरा समाज एक दिन चल कर आगे बढ़ेगा। रस लेकर कविता पढ़ने वाले पीछे क्यों रहेंगे? वे कठिन कविता के मर्म को स्वाध्याय से, परिश्रम से, ज्ञानार्जन से, अपनी कोशिश से समझेंगे और इसमें थकान का अनुभव नहीं करेंगे।

आपने गद्य-पद्य की प्रायः सभी विधाओं में सर्जनात्मक साहित्य लिखा है; सर्वाधिक रचनात्मक संतुष्टि किस विधा में लिखकर मिलती है?

सबसे ज्यादा रचनात्मक आनंद कविता लिख कर पाता हूँ। कविता मेरी मातृभाषा है। गद्य में जब लिखता हूँ तो लगता है अपनी भाषा में नहीं, दूसरी भाषा में लिख रहा हूँ। बच्चों के लिए लिख कर भी आनंद का अनुभव होता है। पर कविता में अभिव्यक्ति का सर्वाधिक आनंद मिलने की वजह शायद यह है कि उसमें स्वच्छंद रहता हूँ और दूसरे वह मेरी मातृभाषा है।

आपको अनेक पुरस्कारों से सम्मानित किया गया है, पुरस्कारों के बारे में आपकी धारणा क्या है?

जब-जब मुझे पुरस्कार मिले हैं, आश्चर्यचकित हुआ हूँ। क्योंकि कभी मुझे नहीं लगा कि पुरस्कारों लायक कुछ किया है। अपने लेखन कर्म से मैं संतुष्ट नहीं रहा हूँ। अब भी लगता है कि जो लिखा जाना है, वह अभी बाकी है। जल्दी-जल्दी पुरस्कार मिलने से वैसे यह भी अनुभव किया है कि मेरा दायित्व बढ़ गया है। कोशिश करता रहा हूँ कि पाठकों की आकांक्षा पूरी करूँ। अपना आरंभिक कर्तव्य मानता रहा हूँ कि अपने समय और समाज के सत्य को कविता का आवरण दूँ, समय को अभिव्यक्त कर सकूँ।

जिस बंगाल में कभी हिंदी को देशवाणी के रूप में प्रतिष्ठित करने की यहाँ के मनीषियों ने वकालत की थी, उसी बंगाल में इधर हिंदी विरोधी आवाज सुनाई दे रही है। इस पर आपकी क्या प्रतिक्रिया है?

हिंदी राष्ट्रभाषा है इस देश की। राष्ट्रभाषा के रूप में हर कहीं वह स्वीकृत है। राष्ट्रभाषा के संदर्भ में व्यक्तिगत रूप से मुझे यह अफसोस है कि मैंने हिंदी की विधिवत पढ़ाई नहीं की। भाषा विरोध के संदर्भ में मेरी राय यह है कि हिंदी सहज रूप में स्वीकृत है और स्वीकृत होगी। पर यदि जोर-जबरदस्ती लादी गई तो विरोध भड़केगा ही।

भारत के संदर्भ में बाजारवाद और फासीवाद के हमले ने जो चुनौतियाँ खड़ी की हैं, उनसे निपटने में साहित्य की भूमिका क्या हो सकती है?

बाजारवाद और फासीवाद दोनों भिन्न चीजें हैं। उदारीकरण 1991 में शुरू हुआ। खुली बाजार व्यवस्था के परिणाम सामने आने लगे हैं। गनीमत है कि अंग्रेजी राज की तरह जोर-जबरदस्ती नहीं हो रही। स्वदेशी उत्पादों पर प्रतिकूल असर पड़ेगा यदि कीमत और गुणवत्ता में उत्कृष्टता न हो। उपभोक्ता तो 'चीप एंड बेस्ट' चीजें ही खरीदेगा। जहाँ तक फासीदवाद की बात है तो उसकी झलक अयोध्या कांड में दिखी थी। मेरी राय में बाबरी मस्जिद गिराकर बहुत गलत काम हुआ। हिंदू-मुसलमान संबंधों में विष घोला गया। अपने देश के हर धर्म के लोग प्राचीन समय से मिलजुलकर रहते आए हैं। भारतीय जनता का यह वैशिष्ट्य रहा है कि वह अपनी

आंतरिक ताकत से फासीवाद को परास्त करती रही है। इसका सबसे बड़ा प्रमाण इमरजेंसी है। वह भी तो एक तरह का फासीवाद ही था। जब लोगों को मतादेश का मौका मिला तो उन्होंने उसे नकार दिया।

('जनसत्ता' : दिल्ली, 4 फरवरी 2001)

मेरी कोई कृति मेरे जीवन से अलग नहीं है

कथाकार प्रभा खेतान से बातचीत

न केवल हिंदी बल्कि समूचे भारतीय साहित्य में स्त्री-विमर्श को नयी दिशा देने के लिए जिन लेखिकाओं को जाना जाता है, उनमें प्रभा खेतान का नाम बहुत महत्त्वपूर्ण है। उनकी बात जितनी कड़ी और बेबाक होती है, भाषा उतनी ही शिष्ट। यह अपने-आपमें एक बड़ी बात है।

प्रभा खेतान हिंदी की प्रतिष्ठित उपन्यासकार, कवयित्री और नारीवादी चिंतक हैं। पहली नवंबर 1942 को कोलकाता में जन्मी प्रभा खेतान के आठ उपन्यासों, छह कविता संग्रहों और चिंतनपरक निबंधों के तीन संग्रहों के अलावा अनुवाद की भी दो पुस्तकें प्रकाशित हो चुकी हैं। उनके उपन्यास 'आओ पेपे घर चलें', 'पीली आँधी', 'छिन्नमस्ता', 'तालाबंदी' और 'अपने-अपने चेहरे' काफी चर्चित रहे हैं। स्त्री विषयक कार्यों में उनकी सक्रिय भागीदारी रही है। वह स्त्री के आर्थिक स्वावलंबन पर जोर देती हैं। कहती हैं, स्त्री का अपना स्पेस होना चाहिए। साथ ही, वह यह भी कहती हैं कि पुरुष उन्हें हमेशा बराबर का लगता है।

आपका बचपन किस परिवेश में बीता? उस परिवेश व घर के माहौल का आपके शिल्पी के निर्माण में क्या योगदान रहा?

जीवन की शुरुआत में घर की गिरती हुई आर्थिक स्थिति थी। वह एक ऐसा दौर था जब हमें सारे सुखों के बीच एक-एक पैसे का हिसाब रखना पड़ता था। माँ को मैंने निरंतर जूझते देखा। मैंने देखा कि बड़े संपन्न घर की स्त्री को भी पैसे के लिए पति या बेटे का मुँह जोहना पड़ता है। स्त्री को जीवन में निर्णय लेने का हक नहीं है। उस पूरे वातावरण के प्रति मेरे मन में प्रतिरोध का भाव जन्मा। सामंती मारवाड़ी परिवार में मैंने सनातनी और गाँधीवादी मूल्यों का द्वंद्व देखा। मैंने देखा कि एक तरफ स्त्री शिक्षा की वकालत की जा रही है, दहेज प्रथा का विरोध हो रहा है, स्त्री को देवी

माना जा रहा है। दूसरी तरफ अपने ही घर में स्त्री टूट रही है, बिखर रही है। किशोरावस्था में ही मुझे लगने लगा था कि अपना स्पेस स्वयं तलाशना होगा। वर्जिनिया वुल्फ की 'ए रूम ऑफ वंस ओन' की तरह। इसी सोच के तहत मैंने व्यवसाय में मेहनत कर आर्थिक सिद्धि हासिल की।

मेरे निर्माण में घर-बाहर के परिवेश से उपजे प्रतिरोध की ताकत के अलावा माँ और दादी माँ का योगदान भी बहुत महत्त्वपूर्ण रहा। दादी माँ के जमीन से जुड़े मूल्य थे। उन्होंने ही मुझे पाला-पोसा। नौकरों के बच्चों के साथ मैं खेलती। उनकी थाली में खाती। शिक्षक के रूप में मुझे मन्नू भंडारी मिलीं। उनसे काफी कुछ सीखा। हेड मिस्ट्रेस पुष्पा बसु से सीखा। एक बार धूप में खड़ी नहीं हो पा रही थी और मैंने कहा कि चक्कर आ रहा है तो हेड मिस्ट्रेस ने कहा कि मोम की गुड़िया नहीं हो कि पिघल जाओगी। उन्होंने शारीरिक श्रम का प्रशिक्षण दिया।

50 और 60 के मार्क्सवादी आंदोलन को देखते हुए मेरा छात्र जीवन बीता। उन दिनों बम विस्फोट की गूँज, जलती ट्राम—बसों का धुआँ और पुलिस की गालियों की आवाज आम बात थी। छात्र संघ की लंबी बहसों के दौरान बंगाल के इस तेवर का असर मुझ पर भी पड़ा। बगावत करना, बहस खड़ी करना, क्लास से निकल भागना, कॉफी हाउस में अड्डेबाजी—कुल मिलाकर कॉलेज का जीवन बड़ा हलचल भरा और रुचिकर रहा। बचपन में जितना अनुशासन घर और स्कूल में सिखाया गया। कॉलेज में सबकी परतें उधड़ने लगीं। यह इंटरेक्शन का दौर था। बहरहाल कॉलेज में भी मैं अपनी तरह जीने-पढ़ने में लगी रही। नोट्स नहीं लिए। टेक्स्ट पढ़ती। एम.ए. और पी-एच.डी. करते समय भी दर्शन और साहित्य की अन्य पुस्तकें भी पढ़ती। गीता, उपनिषद और आचार्य रजनीश की किताबें भी पढ़ीं। सिमोन द बोवुआर की प्रसिद्ध कृति 'द सेकंड सेक्स' पढ़ा। उसका हिंदी में 'स्त्री उपेक्षिता' शीर्षक से अनुवाद किया।

लिखने की शुरुआत कैसे हुई?

जब मैं सातवीं में पढ़ती थी तो 'सुप्रभात' में मेरी पहली रचना छपी। वह कविता थी। मैं बचपन से ही तुकबंदी करती थी। प्रकृति के वैभव से स्वयं को समृद्ध करती थी। कविता मेरे भीतर थी। आकाश में उड़ती पंछियों से, पेड़-पौधों से बात करते हुए मैं कविता करती रहती। चिड़ियों को उड़ते हुए देखती तो कल्पना करती काश! मुझे भी खुला आकाश मिलता।

1981 में मेरा पहला कविता संकलन 'अपरिचित उजाले' आया। उसके अगले वर्ष 'सीढ़ियाँ चढ़ती हुई मैं' काव्य संग्रह आया। चार और कविता संकलन आए। 'एक और आकाश की खोज में' 1985 में, 'कृष्णधर्मा मैं' 1986 में, 'हुस्नबानो और अन्य कविताएँ' 1987 में और 'अहल्या' 1988 में आया। जब मुझे लगा कि कविता

में पूरी बात नहीं कह पा रही हूँ तो उपन्यास की ओर मुड़ गई। पहला उपन्यास 'आओ पेपे घर चलें' 1990 में आया। वह अंग्रेजी, उड़िया और बांग्ला में भी अनूदित और चर्चित हुआ। दूसरा उपन्यास 'तालाबंदी' 1991 में आया। मेरे यहाँ श्रमिक आंदोलन हुआ तो उनसे संवाद स्थापित किया। उसी अनुभव पर आधारित है यह कृति। उसी समस्या को आज बंगाल झेल रहा है।

आपकी कृतियों में आपका जीवन कितना है?

मेरी कोई कृति मेरे जीवन से अलग नहीं है। 'तालाबंदी' में जो श्याम बाबू है, वह मैं हूँ। स्त्री होने के नाते मैंने तमाम दबाव झेले हैं। जैसे 'पीली आँधी' में तीन-तीन पीढ़ियों की स्त्रियाँ हैं, जो सौ-डेढ़ सौ वर्षों की यात्रा करते हुए अपनी-अपनी बात कहते हुए आज तक पहुँचती हैं। शिक्षा, नित परिवर्तित हो रहे परिवेश के दबाव और बंगाल में स्त्री की जागरूकता के बीच स्त्री जब अपने जीवन का चुनाव स्वयं अपनी तरह से करती है, तो इस दौरान उसे द्वंद्वात्मक प्रक्रियाओं से रूबरू होना पड़ता है। मेरे दूसरे उपन्यासों की स्त्रियाँ भी चुनौतियों के बीच से राह निकालती हैं। स्त्री होने के नाते उनकी बाहरी ही नहीं, निहायत निजी और भीतरी दुनिया को अभिव्यक्त करने की मैंने पूरी कोशिश की है। 'छिन्नमस्ता' की प्रिया भी मेरा ही प्रतिरूप है। प्रिया विद्रोह करती है। जन्म से कुंठित और दमित प्रिया को अधिकार के नाम पर कुछ पारंपरिक मूल्य थमा देने से उसका जीवन अर्थमय नहीं हो जाता। घटनाचक्र चाहे कुछ भी हो पर इससे ऊपर उठने की क्षमता का विकास जरूरी है। प्रिया ने भी वही किया। मेरी किसी भी कृति में घर-बाहर को बाँटने वाली कोई खास रेखा नहीं रही। घर की चारदीवारी के भीतर ही मैंने बाहरी प्रभावों का सामना किया और बाहरी दुनिया में कई बार पराये लोगों से भी बेहद अपनापन मिला। स्थितियाँ इतनी तरल रही हैं कि बहुधा मैं निर्णय नहीं कर पाई कि किससे मेरी रिश्तेदारी है और किससे महज दोस्ती?

मेरा हर उपन्यास किसी न किसी रूप में मेरी आत्मकथा का ही अंश है, जिसे मैंने उपन्यास के रूप में प्रस्तुत करने की चेष्टा की। आत्मकथा के रूप में सब कुछ कहना शायद संभव नहीं था। उतनी बेबाक ईमानदारी के लिए शायद और ज्यादा साहस की जरूरत पड़ती, जिसका उन दिनों मेरे जीवन में अभाव था। आज भी मैं बहुत कुछ लिखना चाहती हूँ कुछ और खुलकर कहना चाहती हूँ, पर अतीत के कुछ हिस्से बेहद त्रासद रहे हैं, उन्हें लिखते हुए मैं कितना संतुलन रख पाऊँगी, नहीं जानती। इसलिए फिलहाल चुप हूँ।

स्त्री की स्थिति के बारे में आप क्या सोचती हैं?

प्रेसीडेंसी कॉलेज में पढ़ने गई तो पहले ही दिन प्रोफेसर सबसे पूछ रहे थे—भविष्य में क्या करेंगी। मुझसे पूछा आप तो शादी करेंगी? मैं अवाक् रह गई। अजीब लगा

कि शादी को ही नियति मान लिया गया है। इसलिए कि मैं मारवाड़ी हूँ। स्कूल और कॉलेज के दिनों में विशेषकर हम मारवाड़ी लड़कियों को वह सुविधा नहीं मिली जो बंगाली लड़कियों को मिलती है। मेरी बंगाली सहेलियाँ उन दिनों कैरियर की चिंता करती थीं। उनकी अपनी महत्त्वाकांक्षाएँ थीं। प्रेसीडेंसी कॉलेज में उनकी नानी-दादी भी पढ़ चुकी थीं। उन्हें घर से गाइडेंस मिलता। मैं शायद दूसरी मारवाड़ी लड़की थी जिसे प्रेसीडेंसी कॉलेज में दाखिला मिला था। घर का माहौल मुझे हमेशा बड़ा उबाऊ और सपाट लगता था। कुछ-कुछ असुरक्षा और दहशत से भरा हुआ।

मैंने कई देशों की यात्राएँ कई बार की हैं। सारी दुनिया में हर जाति में मैंने स्त्री के प्रति पुरुष की दृष्टि में भेद पाया। अमेरिका में एक अप्रवासी भारतीय स्त्री को मैंने पाया कि उसकी आर्थिक सिद्धि को संदेह की नजर से देखा जाता है। कई कसौटियों पर स्त्री को परखा जाता है। व्यवहार में मैंने यह भी देखा है कि जो स्त्री घर में सफल है, वही बाहर भी अच्छा काम करती है। मद्रास में मेरी फैक्ट्री में कई स्त्रियाँ काम करती हैं। सुबह से रात तक काम में लगी रहती हैं।

सीमोन द बोउवार के 'द सेकंड सेक्स' को जब पहले-पहल मैंने पढ़ा था तो रातों को सो नहीं पाई थी। भूमिकाओं के न जाने कितने मिथक बेनकाब हुए। स्त्री मानस के अनुकूलन पर मैं कितना कुछ सोचने पर मजबूर हुई। क्या पत्नी बनना, माँ बनना, महज एक भूमिका है? और तब इसे हम इतनी गंभीरता से लेते ही क्यों हैं? औरत समाज में दोयम स्तर पर है। मैं खुद एक दोयम दर्जे की जिंदगी जी रही थी। जिससे निकलने को छटपटा भी रही थी और तब सीमोन के ये वाक्य बिजली की तरह मेरे मानस में कड़क उठे—'फ्रीडम स्टार्ट्स फ्रॉम पर्स'। मुक्ति की पहली शर्त है कि स्त्री आर्थिक रूप से स्वावलंबी हो। मैं स्वीकारती हूँ कि इस एक शर्त को कोई औरत पूरा कर ले तो वह जिंदगी की आधी से अधिक लड़ाई जीत लेती है। क्योंकि यह पितृसत्तात्मक समाज हर क्षण स्त्री को अपने अनुकूल ढालने में लगा रहता है, ताकि औरत-औरत बनी रहे।

आप अपने प्रेम के बारे में बताएँगी?

मैंने प्रेम किया और भरपूर किया। किंतु शादी संभव नहीं थी क्योंकि किसी का घर उजड़ता। मुझमें वह सामर्थ्य थी कि जैसा चाहूँगी, जी लूँगी। मुझे पुरुष हमेशा बराबर का लगा। अलग से उसकी कोई भूमिका नजर नहीं आई। मैं ऐसा नहीं चाहती थी कि कोई एक मेरा सर्वस्व हो जाए और मेरे जीवन के स्पेस को घेर ले। औरत केवल मादा नहीं है। उसकी अलग-अलग भूमिकाएँ हैं। औरत के लिए पुरुष का प्रेम ही सर्वस्व नहीं है।

जहाँ तक एक अविवाहित स्त्री के प्रेम संबंध का सवाल है, समाज का इस पर आपत्ति करना स्वाभाविक है। मैंने कभी समाज के साथ पंगा मोल नहीं लिया। जिन रास्तों पर मैं चली, वे मेरी पगडंडियाँ थीं और मुझे पता था कि मेरे लिए वहाँ कोई स्वागत-समारोह नहीं होने वाला। लोगों ने मुझे जान से नहीं मार डाला, यही बहुत है। पारंपरिक सामाजिक सोच में इतनी जल्दी तो बदलाव आने से रहा। ऐसे किस्से अपवाद के बदले जब आए दिन घटने वाली घटना में बदल जाते हैं, तभी समाज की आचार संहिताओं में परिवर्तन नजर आता है। समाज ऐसे विवाहेतर संबंधों को पूरा तो नहीं स्वीकारता, मगर कमोबेश रूप से स्वीकारने लगता है। खासकर आर्थिक रूप से स्वावलंबी स्त्री को यह स्वीकृति मिल ही जाती है। स्त्री यदि दमित और शोषित है तो वह चाहे जितनी चेष्टा करे पर आदर्श पत्नी और माँ भी इस व्यवस्था में हीन स्थिति में रहेगी। जब तक स्त्री खुद अपना स्थान तय नहीं करेगी। अपने बारे में निर्णय नहीं लेगी, तब तक तयशुदा संबंधों से इतर संबंधों पर समाज ठप्पा लगाता रहेगा।

('जागरण सखी' : जुलाई 2003)

कविता के आसमान से कूदा साम्यवाद में

कवि–नाटककार बुद्धदेव भट्टाचार्य से बातचीत

बांग्ला के साहित्य जगत् में बुद्धदेव भट्टाचार्य एक समर्थ नाटककार, कवि व अनुवादक के रूप में अलग से जाने जाते हैं। किंतु हिंदी पाठकों के बीच उनका पहला परिचय एक सहृदय कवि का ही रहा। उनकी कविताओं का संग्रह 'दिन जाए रात जाए' पहली बार हिंदी में वाणी प्रकाशन से आया था। बाद में इसी प्रकाशन से उनके नाटकों की किताब भी 'विजय की प्रतीक्षा' शीर्षक से आई। बुद्धदेव के रचना संसार का फलक व्यापक है। उनकी कविता में भूख, गरीबी और आग बार-बार आते हैं। दुष्चक्र में फँसे मनुष्य की नियति के समानांतर प्रकृति, फूल, पानी, वर्षा, बादल, पेड़, पक्षी और रास्ते भी काव्यतत्त्व के रूप में उपस्थित हैं। उनका गद्य लेखन भी मनुष्यता व जिजीविषा के पक्ष में एक आलोड़न पैदा करता है। उनके दो नाटकों 'दुःसमय' और 'राजधर्म' के सफल मंचन भी हुए हैं। उनके नाटकों में 'एक इंसान की मौत', 'अमानविक', 'इतिहास का फैसला', कविता संग्रह 'चेना फुलेर गंध' की भी सराहना हुई है। उन्होंने कई महत्त्वपूर्ण रचनाओं का अनुवाद भी किया है। जननेता से ज्यादा बुद्धिजीवी की छविवाले बुद्धदेव भट्टाचार्य से बातचीत :

यदि आप राजनेता नहीं होते तो क्या होते?

लेखक होता। क्योंकि पत्रकारिता और साहित्य ही मेरी रुचि और अध्ययन के विषय रहे हैं।

क्या आपने बचपन में सोचा था कि एक दिन राजनेता होंगे?

बचपन में क्या सोचता? बचपन में तो बैलून उड़ाता था। ऊँचाई पर उड़ान भरने की सोचता था।

राजनीति में कैसे आए?

मायकोवस्की की एक कविता से मुझे राजनीति में आने की प्रेरणा मिली। वह कविता है :

जाग्रत होता है सर्वहारा साम्यवाद में
नीचे से
पर मैं कविता के आसमान से
कूद पड़ता हूँ साम्यवाद में
क्योंकि इसके बिना मुझे
कुछ प्रिय नहीं लगता।

तो मायकोवस्की के शब्दों में मैं कविता के आसमान से कूद पड़ा साम्यवाद में। 1962 में मैं राजनीति में आया। तब स्नातक की पढ़ाई कर रहा था। प्रेसीडेंसी कालेज का छात्र था। तब कविताएँ भी करता था, गद्य भी लिखता था। मेरे मन-मस्तिष्क की बुनावट मार्क्सवाद के करीब थी। सो मार्क्सवादी कम्युनिस्ट पार्टी से जुड़ा। पार्टी के युवा संगठन डीवाईएफआई की स्थापना काल से जुड़ा। उसका संस्थापक सदस्य हूँ। उसका नेतृत्व भी किया।

आपके प्रिय साहित्यिक कौन हैं?

रवींद्रनाथ, जीवनानंद दास, शरत, प्रेमचंद समेत अनेक लेखक मुझे प्रिय रहे हैं।

हिंदी के किन लेखकों को आपने पढ़ा है?

हिंदी की जो रचनाएँ बांग्ला और अंग्रेजी में अनूदित हुई हैं, उन्हें पढ़ा है। हिंदी पढ़ने में असुविधा होती है। हिंदी मैं समझ लेता हूँ। मजदूर बेल्ट में जब भाषण करने जाता हूँ तो हिंदी में भी भाषण देता हूँ पर आपके सामने हिंदी बोलने में मुझे झिझक हो रही है क्योंकि आप हिंदी के साहित्यकार-पत्रकार हैं।

आप सबसे ज्यादा किस चीज से घृणा करते हैं?

धनबल और बाहुबल से। क्योंकि इन्हीं दो चीजों ने समाज और राजनीति में सर्वाधिक विकृति फैलाई है।

आपका प्रिय शहर कौन है और क्यों प्रिय है?

कलकत्ता है। वजह आप जानते हैं।

आपकी दिनचर्या?

तड़के उठता हूँ। फ्रेश होकर अखबार पढ़ता हूँ। फिर मित्रों-सहयोगियों से फोन पर बातें करता हूँ। इसमें कुछ अजीज और महत्त्वपूर्ण लोग भी होते हैं। सवा नौ बजे पार्टी आफिस (अलीमुद्दीन स्ट्रीट) के लिए निकलता हूँ। डाक से आई चिट्ठियाँ देखता हूँ। पार्टी सचिवालय की बैठक में हिस्सा लेता हूँ। यह बैठक अमूमन दस बजे होती है। 11 बजे तक राइटर्स बिल्डिंग (राज्य सचिवालय) आता हूँ। यहाँ शाम साढ़े छह

बजे तक काम करता हूँ। कभी-कभी नौ-दस बजे तक काम करना पड़ता है। अयोध्या हादसे के बाद तो रात-रात भर यहाँ रहकर स्थितियों का जायजा लेना पड़ता था। शाम को राइटर्स बिल्डिंग से निकल गया तो पार्टी आफिस होते हुए कुछ समय के लिए नंदन जाता हूँ। कभी-कभी बांग्ला अकादमी भी जाता हूँ। संस्कृतिकर्मियों और लेखकों से वहाँ मुलाकात हो जाती है। वहाँ से सीधे घर। जहाँ लिखना-पढ़ना होता है।

वैसे कई बार राजनीतिक व्यस्तता के कारण लिखना-पढ़ना बाधित होता है। ऐसे भी अवसर आए हैं जब एक किताब पूरी पढ़ने के पहले ही उसे छोड़ना पड़ा है— समयाभाव के कारण। समयाभाव के कारण ही पूजा विशेषांकों में कई आग्रह आने के बावजूद नहीं लिख पाता। नहीं लिख पाने का बहुत दुख होता है। लेकिन राजनीति से जब अवकाश मिलेगा, तब आत्मकथा-संस्मरण लिखूँगा। यह तो तय कर लिया है।

आपका कोई स्वप्न, जिसे आप पूरा करना चाहते हों?

मेरा सपना है कि देश में बड़ा परिवर्तन हो। व्यवस्था में बुनियादी परिवर्तन हो और उसमें किसानों व श्रमिक वर्ग की निर्णायक भूमिका हो ताकि देश और समाज बेहतर हो।

('जनसत्ता सबरंग' : कोलकाता, 4 मई 1997)

अरण्य में ही आखिरी साँस निकले

लेखिका महाश्वेता देवी से बातचीत

अपने कथा-उपन्यासों में आदिवासियों की व्यथा-कथा लिखने वाली महाश्वेता देवी सक्रिय रूप से भी उनके साथ खड़ी रही हैं। साठ उपन्यासों, अट्ठाईस कहानी संग्रहों समेत तीन सौ बांग्ला पुस्तकों की लेखिका महाश्वेता देवी की ख्याति हिंदी पाठकों में भी कम नहीं है। हिंदी में उनकी अनूदित कृतियाँ 'जंगल के दावेदार', 'घहराती घटाएँ', 'नील छवि', 'टेरोडैक्टिल', '1084वें की माँ', 'ईंट के ऊपर ईंट', 'भटकाव', 'दौलति', 'शालगिरह की पुकार पर', 'श्री श्री गणेश महिमा', 'अक्लांत कौरव', 'अग्निगर्भ', 'चोट्टि मुंडा और उसका तीर', 'मूर्ति', 'ग्राम बांग्ला', 'नटी', 'स्तनदायिनी और अन्य कहानियाँ', 'रुदाली', 'भीषण युद्ध के बाद', 'तलाक और अन्य कहानियाँ', 'प्रति चौवन मिनट', 'भारत में बंधुआ मजदूर' आदि खासी लोकप्रिय रही हैं। साहित्य अकादेमी, ज्ञानपीठ और मैगसेसे पुरस्कार प्राप्त लेखिका से प्रस्तुत है बातचीत :

कलकत्ता से ढाका की प्रथम बस यात्रा और सुनील गंगोपाध्याय प्रसंग पर आपकी क्या टिप्पणी है?

सोलह जून को दिल्ली से मेरे पास फोन आया था। प्रधानमंत्री के डेलीगेशन के साथ बांग्लादेश जाने का न्यौता था। मैंने न्यौता कबूल कर लिया। वैसे ढाका की पहली बस यात्रा में जाने की बाबत जून के शुरू से ही जोड़-तोड़ चल रही थी। वे सब खबरें मैं नहीं रखती। कलकत्ता में मैं अपने जगत में रहती हूँ। सत्रह जून के अखबार में देखा कि विदेश मंत्रालय ने सुनील गंगोपाध्याय का नाम यात्रियों की तालिका से हटा दिया है। सुनील को हटा कर मुझे ढाका ले जाया जाना कल्पना की बात थी। सुनील का नाम काटे जाने पर मुझे ढाका जाना अनैतिक लगा। एक लेखक का अपमान पूरे लेखक समुदाय का अपमान होता है। इसीलिए स्वीकृति देने के बावजूद

ढाका नहीं गई। लेखकों के बीच सद्भाव होना चाहिए—यही सोचकर नहीं गई। सुनील के प्रसंग में लेखकों में सद्भाव देख अच्छा लगा।

बांग्ला लेखकों में ऐसी एकजुटता क्या विरल घटना नहीं थी?

ऐसी एकजुटता दिखती नहीं। दो साल पहले एक लेखक के बारे में एक अखबार में अवांछित चीजें छापकर उसका अपमान किया गया था। तब किसी ने फोन करके भी उस लेखक से नहीं कहा कि यह अन्याय है। एक लेखक के उस अपमान को तब प्रतिवाद योग्य नहीं माना गया। तब लेखकों में आपसी सद्भाव की चिंता मैंने नहीं देखी थी। सुनील के प्रसंग में यह चिंता देख मुझे प्रसन्नता हुई। प्रायः सभी लेखकों ने प्रतिवाद किया। मैंने भी ढाका नहीं जाकर अपना प्रतिवाद दर्ज करा दिया।

सुनील गंगोपाध्याय इन दिनों आत्मकथा लिख रहे हैं। आत्मकथा आप भी लिख रही थीं, अचानक बंद क्यों कर दिया?

इसलिए कि समय नहीं था। मुझे लगा कि जितना लिखा, वह अपटुडेट नहीं बन पा रहा है। पहले हृदय रोग, शुगर की मरीज होने और उम्र के ख्याल से अपने को पुरुलिया के शबर आदिवासियों में स्थिर कर लिया था। पिछले साल बड़ौदा गई तो डिनोटिफाइड ट्राइब्स का एक राष्ट्रीय संगठन डिनोटिफाइड ट्राइब्स राइट एक्शन ग्रुप बना। मुझे उसका मुखिया बनाया गया तो पूरे देश में घूमना पड़ रहा है। इसी कारण बीते वर्ष कुछ नहीं लिख पाई। घुमंतू आदिवासियों के कामकाज के सिलसिले में इस वर्ष भी बहुत दौरे करने पड़ रहे हैं।

तो क्या बीते वर्ष की ही तरह इस वर्ष भी पूजा विशेषांकों तक के लिए कुछ नहीं लिखेंगी?

नहीं ऐसा नहीं है। व्यस्तताओं के बीच ही पूजा विशेषांकों के लिए कुछ लिख रही हूँ। कुछ लिख चुकी हूँ। अभी-अभी एक कहानी खत्म की है।

उस कहानी की विषयवस्तु क्या है?

मेरे घर एक बिल्ली थी। मर गई। उसी पर लिखा है।

लिखना तो बाधित होता ही है, आपने इतने काम ले रखे हैं कि इस जनम में उन्हें कतई पूरा नहीं कर पाएँगी। काम का बोझ हल्का क्यों नहीं कर लेतीं?

जितने काम लिए हैं, वे सभी घुमंतू और खानाबदोश जनजातियों से जुड़े हैं। तुम्हारा आकलन सही है, जितने मामले मैंने हाथ में लिए हैं, इस जनम में पूरा नहीं कर पाऊँगी। पर किसी न किसी को तो आगे आना ही पड़ेगा। मैं नहीं रहूँगी तो लक्ष्मण गायकवाड, गणेश दवे उन कामों को पूरा करेंगे।

नहीं रहने की बात सोचती हैं?

मरना तो पड़ेगा ही। आदिवासियों के लिए काम करते हुए उनके ही इलाके में—

अरण्य में आखिरी साँस निकले, यही कामना है। वहीं मेरा अंतिम संस्कार हो और वहाँ एक वृक्ष लगा दिया जाए।

इसी तरह की मृत्यु बिरसा मुंडा ने भी चाही थी।

हाँ।

बिरसा ने चाहा था–जंगल और जीने का अधिकार। आदिवासियों को आम भारतीयों जैसे अधिकार मिलें, यही तो आपका भी काम्य है?

आदिवासियों को आम भारतीयों जैसा ही माना जाना चाहिए। मुख्यधारा के लोग इसे मान लें। जो सम्मान और अधिकार उनका प्राप्य है, उन्हें दो। अधिकार दोगे नहीं, उल्टे उनके जंगल, जमीन के अधिकार से बेदखल करोगे, उन्हें जन्मजात अपराधी मानोगे, यह कैसे सहा जाए? जीने, रहने, पीने के पानी, शिक्षा, बिजली, स्वास्थ्य सुविधाओं, संचार, जमीन, जंगल के अधिकारों से आदिवासियों को वंचित रखना क्या न्यायसंगत है? दरअसल आदिवासियों की गरीबी देश की सत्ता में बैठे लोगों के लिए बड़ी पूँजी है। उनकी गरीबी, दारिद्र्य और उनका पिछड़ापन दिखाकर ही सत्ताधारी बड़ी परियोजनाएँ बनाते हैं और धन लाते हैं। परियोजनाएँ गरीबों के लिए ही लाई जाती हैं पर उनका कोई भला नहीं होता। आदिवासियों के बीच पिछले तीन दशकों के अपने अनुभव के बल पर बताती हूँ कि भारत के गरीबों में भी सबसे बदतर स्थिति आदिवासियों की है। बड़ी परियोजनाओं, उद्योगों, बाँधों के लिए अपनी जमीन से वे उजाड़े गए हैं।

उन्हें न्याय दिलाने की बात तो दूर, उन पर आजादी की आधी सदी के बाद भी दिल दहला देने वाले अत्याचार जारी हैं। सिर्फ बंगाल को लें तो 1979 से 1982 के बीच 42 लोधा आदिवासी मार डाले गए। 1960 से जून 1999 के बीच 50 से ज्यादा शबर आदिवासी मारे गए। पिछले तीन वर्षों में पश्चिम बंगाल के बुधन शबर, महाराष्ट्र के पिन्या हरि काले और रमेश काले, राजू राठौर को पुलिस ने मार डाला। पश्चिम बंगाल में ललित शबर को पेड़ से बाँधकर उसका दाहिना हाथ काट डाला गया। बीते वर्ष महाराष्ट्र के उस्मानाबाद जिले में एक परधी महिला के साथ पुलिस ने बलात्कार किया। आदिवासियों पर पुलिस अत्याचार की घटनाओं का अंत नहीं है। इन घटनाओं की सूचना पाते ही हम घटनास्थल पर जाते हैं और मामले को कोर्ट में, मानवाधिकार आयोग में ले जाते हैं। न्याय पाने के लिए काफी जूझना पड़ता है।

इसके नतीजे भी तो उत्साहवर्धक रहे हैं?

नतीजे तो तुम देख सकते हो। कोई जुल्म होने पर आदिवासी अपनी समितियों में जाते हैं। जनजातियों के छोटे-छोटे समूहों ने संगठित होकर कल्याण समितियाँ बनाई हैं। आदिवासी अब अपने बच्चों को स्कूल भेजने लगे हैं। निरक्षर शबर

महिलाओं को मैंने प्रसव के बाद ही बच्चे को ट्रिपल एंटीजन खिलाने की सलाह दी। सालभर बाद उन महिलाओं ने बताया कि अब क्षेत्र में डायन नहीं है। पहले उन बच्चों की जन्मने के साथ ही मौत हो जाती थी। नाड़ी कटने से टिटनस के कारण या इन्फेक्शन आदि के कारण नवजात बच्चे मर जाते थे। आदिवासी समझते थे कि उनके बच्चों को डायन मार देती है। धीरे-धीरे यह भ्रम दूर करने में हम सफल हुए।

शबरों के साथ काम करते हुए हमने पाया कि उसके नतीजे तत्काल सामने आते हैं। इसी नतीजे के फलस्वरूप आदिवासी अपना इतिहास लिख रहे हैं।

वे अपना इतिहास किस तरह लिख रहे हैं, कृपया विस्तार से बताएँ।

वे अपना इतिहास कागज पर और कलम से नहीं लिख रहे हैं। पुरुलिया के शबरों को ही देखो, वे अपना इतिहास जीवन के लिए लिख रहे हैं। इतने वर्षों बाद सदी के इस आखिरी वर्ष के मध्य तक शबरों को राज्य सरकार ने एक कट्ठा जमीन भी नहीं दी। शबरों ने जो कुछ हासिल किया, उसे कल्याण समिति की मदद से और अपने पुरुषार्थ से हासिल किया। जमीन दो, खेती करेंगे—यह वर्षों पुरानी माँग है, शबर आदिवासियों की। इस माँग की अनसुनी कर दी गई। कोई भी बाल विकास परियोजना पुरुलिया में मानो है ही नहीं। प्रशासन की नजर में आदिवासियों के घरों में न शिशु हैं न शैशव है। इन्हीं बच्चों, महिलाओं, नौजवानों, बूढ़ों ने अपने कठिन श्रम से पत्थर काटकर मिट्टी के स्तर से पानी निकाला। बारिश व नदी जल के पानी के संरक्षण के लिए जोड़ बाँध बनाए। उसी पानी से शबर आदिवासियों ने आलू की असंभव खेती को अकड़बाइद में संभव कर दिखाया। आलू के बाद गेहूँ की खेती उन्होंने संभव की। कुदा लिफ्ट इरिगेशन से प्याज, टमाटर की खेती वहाँ हुई। इस तरह इतिहास ही तो उन्होंने लिखा। सरकार द्वारा आदिवासियों के लिए जमीन, खेती में मदद, रहने योग्य घर, पीने का पानी, बीज ट्रैक्टर आदि के लिए जो पैसा मंजूर होता है, वह कभी आदिवासियों को नहीं मिलता, आदिवासियों का पैसा हमेशा गैर-आदिवासियों को मिलता है। इसके बावजूद शबर आदिवासी इतिहास लिख रहे हैं। इस इतिहास लेखन में बाधा डाली गई तो उसका परिणाम इस राज्य को ही कलंकित करने वाला होगा। स्पोर्ट्स अथारिटी आफ इंडिया (साई) में भी जाकर शबर युवकों ने इतिहास रचा।

'साई' में शबर युवकों ने क्या किया?

'साई' के तीरंदाजी शिक्षक प्रदीप कुंडू शबर मेले में 1997 में आए थे। उन्होंने सत्रह शबर बालकों का चयन किया और अपने पूर्वांचल केद्र में उन्हें ले गए। उनमें नौ ने अंततः उम्मीद के मुताबिक प्रदर्शन किया। 'साई' की परीक्षा में भी वे सफल रहे। इन निर्वाचित नौ आदिवासी बच्चों की स्कूल में अभी भर्ती हुई है। उन पर जो

खर्च आ रहा है, उसकी व्यवस्था के लिए हर माह दस-बीस-पचास-सौ रुपए लोग दें—यह मैं अपील करती रही हूँ। मैं इन बच्चों के माँ-पिता की भी माँ हूँ। अभी तो बंगाल-बिहार ही नहीं, महाराष्ट्र-गुजरात में भी 'जननी' संबोधन मेरे लिए किया जाता है। फैमिली प्लानिंग नहीं। मेरा परिवार असीमित हो गया है।

भारत में करोड़ों शिशुओं का शैशव नहीं होता। उन्हें बारह बरस की उम्र में ही एडल्ट होना पड़ता है। असंगठित क्षेत्रों में असंख्य बाल मजदूर हैं। 'साई' में शबर बच्चों का शायद पहली बार शैशव और बाल्यकाल से परिचय हुआ। ये बच्चे भी नया इतिहास लिख रहे हैं। सच्चे इतिहास का अधिकतर हिस्सा कागज पर नहीं लिखा जाता।

('जनसत्ता' : दिल्ली, 15 अगस्त 1999)

ममता मुझसे बड़ी कथाकार हैं

कथाकार-पत्रकार रवींद्र कालिया से बातचीत

यह कहना कठिन है कि रवींद्र कालिया बड़े साहित्यकार हैं या बड़े पत्रकार। श्री कालिया के सात कहानी संग्रह—'नौ साल छोटी पत्नी', 'सत्ताइस साल की उम्र तक', 'गरीबी हटाओ', 'चकैया नीम', 'ज़रा सी रोशनी', 'गली-कूचे', 'दस प्रतिनिधि कहानियाँ' और 'रवींद्र कालिया की कहानियाँ' प्रकाशित—प्रशंसित हो चुके हैं। यही बात उनके उपन्यासों—'एबीसीडी', व 'खुदा सलामत है', व्यंग्य संग्रहों—'नींद क्यों रात भर नहीं आती', 'राग मिलावट माल कौंस' तथा संस्मरण की पुस्तकों 'गालिब छुटी शराब', 'सृजन के सहयात्री', 'स्मृतियों की जन्मपत्री' और 'कॉमरेड मोनालिसा' के लिए भी सही है। पंजाब के जालंधर में 1939 में जन्मे रवींद्र कालिया ने हिंदी से एम.ए. किया। कुछ समय तक उन्होंने कपूरथला के गवर्नमेंट कॉलेज और हिसार के दयानंद डिग्री कॉलेज में अध्यापन किया, लेकिन बाद में उन्होंने पेशे के रूप में पत्रकारिता का चयन किया। साहित्य की तरह ही पत्रकारिता से भी उनका गहरा सरोकार रहा है। वे 1962 से 1965 तक 'भाषा' के संपादकीय विभाग से संबद्ध थे। 1965 से लेकर 1970 तक वे 'धर्मयुग' में रहे। 1993 से लेकर 2000 तक उन्होंने साप्ताहिक 'गंगा-यमुना' का संपादन किया। 2003 से लेकर 13 सितंबर, 2006 तक उन्होंने 'वागर्थ' का संपादन किया। फिलहाल वे 'नया ज्ञानोदय' के संपादक हैं।

आपने साहित्य और पत्रकारिता दोनों विधाओं को कैसे साधा?

दोनों विधाओं का कलम से गहरा रिश्ता है, इसीलिए दोनों विधाओं में रमने की भरसक कोशिश की। मूलरूप से मैं अपने को लेखक ही मानता हूँ। हाँ, पत्रकारिता भी मेरी रुचि का काम है। रोजी-रोटी के लिए मैं पत्रकारिता की तरफ गया। सिर्फ लिखकर गुजारा करना कठिन है। हाँ, 'गालिब छुटी शराब' पर मुझे एक लाख रुपये से ज्यादा रायल्टी मिल चुकी है। मेरी सबसे ज्यादा बिकनेवाली किताब वही है, लेकिन

मेरी दूसरी किताबें इतनी नहीं बिकीं कि आसानी से गुजारा हो जाता। इसलिए भी पत्रकारिता को वृत्ति के रूप में चुनना पड़ा।

आप स्वयं कह रहे हैं कि 'गालिब छुटी शराब' सबसे ज्यादा बिकनेवाली किताब रही है, इसके हिट होने की वजह आपकी राय में क्या है?

इस किताब में मैंने अपने को ग्लोरीफाई या जस्टीफाई नहीं किया। बहुत निर्मम होकर लिखा। अपने बारे में भी उतना ही निर्मम होकर लिखा, जितना औरों के बारे में। मुझे लगता है कि जिंदगी की एक फाँक होनी चाहिए, उतनी ही सुरीली और गठीली जिसके एक-एक रेशे से रस निकले।

आप कोलकाता में तीन साल रहे, यह शहर छोड़ कर जाते हुए दुख नहीं हो रहा है?

यहाँ जब आने का निमंत्रण मिला, उस समय मैं विदेश में था। परमानंद चूड़ीवाल से बात हुई तो आने का मन बना लिया। यहाँ आकर पहली प्राथमिकता थी--'वागर्थ' को अपने हिसाब से निकालने की। मुझे खुशी है कि उसे इस तरह निकाल पाया कि कोलकाता की ओर पूरा देश देखने लगा। यह शहर हिंदी साहित्य के केंद्र में आया। 'वागर्थ' के लिए मैं दो साल की सामग्री छोड़ कर जा रहा हूँ। कोलकाता में मैं कथाकुंभ भी करवा सका, इसका भी संतोष है। इस शहर ने भी मुझे बहुत प्यार और मान दिया। ऐसा संवेदनशील शहर दूसरा नहीं है। एक घटना बताऊँ। मुझे एक बार चौरंगी से धर्मतला जाना था। के.सी. दास की दुकान में। मैंने एक महिला से उसका पता पूछा तो उसने कहा, चलिए दिखा देती हूँ और वह 20 मिनट तक मेरे साथ पैदल चलते हुए दुकान तक ले आई। ऐसा और कहीं संभव नहीं है। मेरी तो यह कामना है कि यदि अगला जन्म होता हो, तो यहीं जन्म लूँ।

'नया ज्ञानोदय' के संपादक के रूप में नई जिम्मेदारी क्या एक चुनौती नहीं है?

कोलकाता में जब 'वागर्थ' निकालने आया था, तो वह भी एक चुनौती थी कि 'वागर्थ' नया 'वागर्थ' लगे और उसमें मुझे कामयाबी मिली। 'नया ज्ञानोदय' भी नया लगे, यह चुनौती है। मैं कोई भी काम चुनौती की तरह ही लेता हूँ। 'नया ज्ञानोदय' 'वागर्थ' का नया संस्करण न लगे, यह सबसे पहली चुनौती है। यह कोई छोटी चुनौती नहीं है। इसके लिए मुझे बहुत श्रम करना होगा। बहुत होम वर्क करना होगा। पुराने ज्ञानोदय का अध्ययन करना होगा। निकष के पन्ने पलटने होंगे। क ख ग देखना होगा। प्रतीक का विश्लेषण करना होगा। यह भी देखना होगा कि मेरा काम रुटीन न बन जाए। एक मामले में मैं बहुत भाग्यशाली हूँ कि हर पीढ़ी के रचनाकारों का भरपूर रचनात्मक सहयोग मुझे मिलता रहा है।

ममता कालिया के साथ आपका कभी कोई ईगो प्राब्लम हुआ कि नहीं? अनेक आलोचक ममता जी को आपसे बड़ा कथाकार मानते हैं। यह सुनकर आपको ईर्ष्या नहीं होती है?

मेरे अंदर ईर्ष्या का भाव कम है। हम दोनों भाग्यशाली हैं कि किसी में कुंठा नहीं है। मुझे ममता की कामयाबी से खुशी होती है। यह जानकर भी खुशी होती है कि वह मुझसे बड़ी कथाकार हैं। मैं जानता हूँ कि मुझसे बहुत ज्यादा संख्या उसके पाठकों की है। उसके साहित्य पर दो दर्जन शोध हो चुके हैं। शायद हिंदी में सबसे ज्यादा शोध ममता के साहित्य पर ही हुए।

आपने 'धर्मयुग' में धर्मवीर भारती के सहयोगी के रूप में पाँच वर्षों तक काम किया। आप कृपया यह बताएँ कि भारती जी एक संपादक के रूप में कैसे थे?

भारती जी हिंदी की समकालीन साहित्यिक पत्रकारिता के जन्मदाता थे। धर्मवीर भारती ने पत्रकारिता को समकालीनता से जोड़ा। यही काम कभी महावीर प्रसाद द्विवेदी ने किया था। धर्मवीर भारती कई मायनों में महावीर प्रसाद द्विवेदी से भी आगे गये। उन्होंने पत्रकारिता का एक छोर समकालीनता से जोड़ा तो दूसरा छोर व्यावसायिकता से जोड़ा। द्विवेदी जी ने व्यावसायिकता की ओर ध्यान नहीं दिया था। यह धर्मवीर भारती का कृतित्व था कि हर महीने 'धर्मयुग' की 15 लाख प्रतियाँ बिकती थीं। भारती जी प्रसार के मामले में इतने चौकस रहते थे कि यदि 100 प्रतियों का आर्डर भी कम पड़ जाता था, तो वे चिंतित हो उठते थे। वे तुरंत इस बात की तहकीकात में लग जाते थे कि किस जगह से आर्डर कम आया है और जहाँ से आर्डर कम हो जाता था तो अगले ही अंक में उस जगह या जनपद पर कोई न कोई ऐसी सामग्री विशेष तौर पर छापते थे कि उसी अंक से न सिर्फ घटी प्रसार संख्या की भरपाई हो जाती थी, बल्कि प्रसार बढ़ जाता था। प्रसार पर इतनी बारीक नजर कम ही संपादक रखते हैं। 'धर्मयुग' एक व्यावसायिक पत्र था पर धर्मवीर भारती ने उसका साहित्यिक स्तर भी कभी नहीं गिरने दिया। आज वैचारिक लेखन के प्रति उत्साह दिखता है, उसकी नींव भारती जी ने ही रखी थी। सार्त्र, कामू, लोर्का, पिकासो जैसे चिंतकों के कृतित्व से हिंदी पाठकों को भारती जी ने ही परिचित कराया। भारती जी के संपादन में निकलनेवाला 'धर्मयुग' पाठकों का सिर्फ मनोरंजन ही नहीं करता था, उनका शिक्षण भी करता था। उन दिनों 'धर्मयुग' में छपने का मतलब होता था कि आप साहित्य में स्थापित हो गए। आज भी बहुत से लोग हैं जिनका लिखना बंद हो गया है लेकिन वे यह बताना नहीं भूलते कि उनकी रचना 'धर्मयुग' में छपी थी। यह सब भारती जी की तीक्ष्ण संपादन दृष्टि के कारण ही संभव हुआ था।

सहयोगियों के प्रति भारती जी का रवैया कैसा था?

अच्छा नहीं था। वे एक अफसराना रवैया रखते थे। वे अपना कोई न कोई शिकार चुन लेते थे, फिर उसे जमकर सताते थे। जिसे चाहते थे, उसे डबल प्रमोशन दिलाते थे। जिससे नाराज हो जाते थे, उसका जीना हराम कर देते थे। सताने के लिए उससे संबंधित पृष्ठ पढ़ कर प्रूफ की अशुद्धियाँ तक मार्क करते थे। मैं इस मामले में भाग्यशाली था कि मेरे पृष्ठ पर कभी प्रूफ की कोई अशुद्धि वे नहीं निकाल पाए। उन्हें कहना पड़ा—तुम प्रूफ अच्छे पढ़ते हो। तब 'धर्मयुग' में हर उपसंपादक को अपने पृष्ठ के फाइनल प्रूफ पढ़ने पड़ते थे।

व्यक्ति के तौर पर भारती जी कैसे थे?

मैं उन्हें संपादक के रूप में ज्यादा जानता हूँ, व्यक्ति के रूप में नहीं। उनके साथ काम करते हुए मुझे दोनों तरह के अनुभव हुए। वे अच्छे भी थे और कठोर भी। व्यक्तिगत तौर पर वे मुझे बहुत स्नेह करते थे। जब छुट्टी पर जाते थे, तब अपना फ्लैट भी मुझे ही सौंप जाते थे।

बंगाल अपने बाहर भी देखे

बांग्लादेश के वरिष्ठ लेखक रफीकुल इस्लाम से बातचीत

बांग्लादेश के वरिष्ठ लेखक रफीकुल इस्लाम बांग्ला आलोचना में विशिष्ट स्थान रखते हैं। वे नजरुल साहित्य के अधिकारी विद्वान हैं। उनकी बहुचर्चित कृतियाँ हैं–'आधुनिक कविता', 'नजरुल निर्देशिका', 'नजरुल जीवनी', 'काजी नजरुल इस्लाम : जीवन उ कविता', 'काजी नजरुल इस्लाम : जीवन उ साहित्य', 'काजी नजरुल इस्लाम : जीवन उ सृष्टि' और 'नजरुल प्रसंग'। बांग्लादेश के चांदपुर जिले में 1934 में जन्मे रफीकुल इस्लाम ने उच्च शिक्षा के बाद नजरुल साहित्य पर पी-एच.डी. की और ढाका विश्वविद्यालय में बांग्ला भाषा व साहित्य के प्राध्यापक बने जहाँ आज भी वे प्रोफेसर के पद पर कार्यरत हैं। वे बांग्लादेश नजरुल इंस्टीट्यूट के प्रमुख हैं। अभी हाल में उन्हें बांग्लादेश साहित्य अकादेमी का महानिदेशक नामजद किया गया है। में रफीकुल इस्लाम नजरुल जन्मशती समारोह में भाग लेने कोलकाता आए हुए थे। यह बातचीत उनसे उसी दौरान हुई।

भारत में हुए नजरुल जन्मशती समारोहों का अनुभव कैसा रहा?

कोलकाता में 2001 के अप्रैल में नजरुल जन्मशती समारोह आयोजित हुआ। उसके पहले शांतिनिकेतन और दिल्ली में नजरुल जन्मशती मनाई गई थी। भारत में कुल छह समारोह हुए। सभी समारोहों में मुझे भाग लेने का मौका मिला। अप्रैल के भारत में हुए समारोह की उपलब्धि यह रही कि दिल्ली में शशिभूषण ने नजरुल सेंटर बनाने की घोषणा की। इसी तरह लंदन में जब नजरुल जन्मशती मनाई गई थी तो वहाँ भी कार्यक्रम के बाद नजरुल सेंटर खोलने की घोषणा हुई और सेंटर खुल भी गया। इसलिए बांग्लादेश समेत विभिन्न देशों में जो नजरुल जन्मशती समारोह आयोजित हुए। वे बहुत अर्थपूर्ण रहे और उनका अनुभव भी मेरे लिए बहुत अच्छा रहा।

जिस उत्साह के साथ नजरुल जन्मशती भारत में मनाई गई, क्या रवींद्र जयंती के वक्त वैसा ही उत्साह बांग्लादेश में भी था?

1961 में जब पूरी दुनिया में रवींद्र जन्मशती मनाई जा रही थी उस समय बांग्लादेश पूर्वी पाकिस्तान था, जो पाकिस्तान का अंग था और पाकिस्तान में रवींद्र जन्मशती मनाने पर रोक लगाई गई थी। उसका हमने प्रोटेस्ट किया। हमने बांग्लादेश में रोक के बावजूद रवींद्र जन्मशती महीने भर तक मनाई। इसके लिए एक कमेटी बनाई गई थी और उसका चेयरमैन एक जज को बनाया था, ताकि कानूनी अड़चन से निबटा जा सके। इसी तरह 1986 में पूरे बांग्लादेश में रवींद्र की 125वीं जयंती पूरे धूमधाम से मनी थी। रवींद्र को पूरा बांग्लादेश अपना कवि मानता है। वे हमारे कवि हैं। रवींद्र कितने अपने हैं–मैं व्यक्तिगत तौर पर बताऊँ तो अकेले मेरे एक परिवार में चार लोग रवींद्र संगीत शिल्पी हैं। मेरी पत्नी टैगोर सिंगर हैं, मेरा छोटा भाई व उसकी पत्नी भी रवींद्र संगीत गाते हैं और मेरा सबसे छोटा भाई भी रवींद्र संगीत शिल्पी है। रवींद्र के गीतों में जो स्थान है–सादतपुर, जो नदियाँ हैं–पद्मा, यमुना–वे बांग्लादेश में हैं। 1986 में जब विदेशों में रवींद्र की 125वीं जयंती मनाई जा रही थी तो बांग्लादेश के 35 रवींद्र संगीत शिल्पी एक महीने के कार्यक्रम के लिए लंदन और हफ्ते भर के लिए पेरिस गए थे। इसलिए यह कहना ठीक नहीं कि बांग्लादेश नजरुल की तुलना में रवींद्र को कम महत्त्वपूर्ण मानता है। हाँ ये है कि रवींद्र जन्मशती की तरह नजरुल जन्मशती भी धूमधाम से मनाने के लिए 1998 में प्रधानमंत्री शेख हसीना ने एक राष्ट्रीय कमेटी बनाई। शेख हसीना अभी भी हमें सर कहती हैं, क्योंकि हमारे ढाका विश्वविद्यालय की छात्रा रही हैं। कमेटी हम पूरी स्वतंत्रता से चला रहे हैं। कोई सरकारी दबाव नहीं। शेख हसीना ने नजरुल जन्मशती मनाने के लिए दो करोड़ रुपए की मदद दी। जब वे शांतिनिकेतन आने वाली थीं तो मैंने उनसे कहा कि पास में ही चारुलिया है, यानी नजरुल का जन्म स्थान, वहाँ भी हो आएँ। हमारी प्रधानमंत्री गईं। बाद में भारत के प्रधानमंत्री अटल बिहारी वाजपेयी भी चारुलिया गए। वह तो कहिए कि पाकिस्तान में उलट-पुलट हो गया, नहीं तो मेरे पास सूचना है, नवाज शरीफ भी चारुलिया आने वाले थे। इस तरह नजरुल जन्मस्थान तीनों देशों को मिला देता। भारत, बांग्लादेश और पाकिस्तान तीनों देशों की मूल समस्या सांप्रदायिकता है, मुझे लगता है कि इस समस्या से लड़ने में नजरुल आज भी तीनों देशों में समान रूप से प्रासंगिक सिद्ध हो सकते हैं।

जो बांग्लादेश, भाषा-आंदोलन की देन है, वहाँ कट्टरता क्यों है?

भाषा-आंदोलन ने बांग्लादेश को जन्म दिया, यह सही है किंतु वहाँ भाषाई संकीर्णता नहीं है और कम से कम साहित्य में कट्टरता नहीं है।

कट्टरपंथियों के कारण ही तसलीमा नसरीन को देश छोड़ना पड़ा। धर्मनिरपेक्ष ताकतें क्यों ताकती भर रह गईं?

तसलीमा बांग्लादेश के बाहर जितनी जनप्रिय हैं, उतनी अपने देश में नहीं। उन्होंने देश छोड़ा क्यों? वे देश में रहकर लड़तीं तो धर्मनिरपेक्ष शक्तियाँ उनके साथ खड़ी होतीं। काजी नजरुल इस्लाम ने जेल जाना स्वीकार किया था पर बंगाल नहीं छोड़ा था। मेरी राय में देश में रहकर तसलीमा लड़तीं तो उन्हें विपुल समर्थन मिलता।

बांग्लादेश का साहित्य इन दिनों किस दिशा में जा रहा है?

बांग्ला साहित्य का केंद्र अब तक कोलकाता रहा है, अब यह केंद्र कोलकाता से ढाका स्थानांतरित होने जा रहा है। अभी तक ढाका बांग्ला साहित्य का दूसरा केंद्र था, अब वह सबसे बड़ा केंद्र बनने जा रहा है। बीते दो वर्षों में ढाका के पब्लिशर्स एसोसिएशन ने बांग्ला साहित्य की चार हजार पुस्तकें छापी हैं जो लगभग सभी बिकी और पढ़ी गई हैं। ऐसे में मुझे लगता है कि भविष्य ढाका और बांग्लादेश का ही है। बांग्लादेश का समकालीन साहित्य बहुत आधुनिक और धर्मनिरपेक्ष है। कविता में शमसुर रहमान, उपन्यास में हुमायूँ आजाद, कथाकारों में हसन अजीजुल हक, नाटककारों में सलीम अबुद्दीन जैसे हस्ताक्षर हैं। चौबीस घंटे बांग्ला चैनल हैं। सिनेमा के क्षेत्र में हम जरूर पिछड़े हैं।

बांग्लादेश का साहित्य बंगाल में क्यों लोकप्रिय नहीं है?

बंगाल के लोग त्रिपुरा में बांग्ला में लिखे जा रहे साहित्य को नहीं देखते तो हमें क्या देखेंगे? हम कोलकाता की किताबें खुली लाइसेंस व्यवस्था के तहत आयात करते हैं, पर कोलकाता के प्रकाशक व पुस्तक विक्रेता बांग्लादेश की किताबें नहीं लाते, पढ़ना तो दूर है। यह एकतरफा संबंध अब और नहीं चलने वाला। हम भी किताबें मँगाना बंद कर देंगे। हमारा साहित्य अपने तईं आकार लेगा और ले रहा है।

बांग्लादेश में हिंदी भाषा-साहित्य के अध्ययन की क्या स्थिति है?

बांग्लादेश के किसी विश्वविद्यालय में हिंदी की पढ़ाई नहीं होती। मुझे आश्चर्य होता है कि ढाका विश्वविद्यालय 1921 में बना। वहाँ बांग्ला, उर्दू, अंग्रेजी, फारसी, अरबी, संस्कृत, पालि, प्राकृत आदि भाषाओं की पढ़ाई होती है पर वहाँ हिंदी विभाग कभी खुला ही नहीं। यहाँ तक कि फ्रेंच, जापानी, रूसी, चीनी, कोरियाई भाषाएँ भी पढ़ाई जा रही हैं। उर्दू विभाग 1921 से ही है। हिंदी क्यों नहीं है? हिंदी न सिर्फ भारत की राष्ट्रभाषा है, उसका संसार की भाषाओं में पाँचवाँ स्थान है। इसलिए बांग्लादेश में जो मातृभाषा संस्थान बन रहा है, उसमें हिंदी शिक्षा का इंतजाम करने का हमने संकल्प किया है। इसी के साथ दुनिया की सभी महत्त्वपूर्ण भाषाएँ वहाँ पढ़ाई जाएँगी। हिंदी वैसे हमारे सीमांत बलों के जवानों को पढ़ाई जाती है।

हिंदी-उर्दू के कौन लेखक बांग्लादेश में सुपरिचित और लोकप्रिय हैं?

हमारे देश में प्रेमचंद, कृश्न चंदर बहुत लोकप्रिय हैं। बांग्लादेश के लोग मीर, ग़ालिब, इक़बाल की तरह प्रेमचंद, कृश्न चंदर, मुल्कराज आनंद, सआदत हसन मंटो, फ़ैज अहमद फ़ैज़ का नाम जानते हैं। बांग्ला में इनकी कई रचनाएँ भी उपलब्ध हैं।

हिंदी के साथ बांग्लादेश किस तरह के संबंध की अपेक्षा रखता है?

बांग्लादेश नजरुल इंस्टीट्यूट ने कई किताबें हिंदी में छापी हैं। मेरी राय में हिंदी की चीजें भी पड़ोस की भाषाओं में आनी चाहिए, बल्कि बांग्लादेश, पाकिस्तान, भूटान, श्रीलंका का साहित्य भी हिंदी में आना चाहिए और हिंदी तथा अन्य भारतीय भाषाओं का साहित्य पड़ोसी देशों की भाषाओं में। पश्चिम से जो बाजार आ रहा है उससे सार्क देशों को मिल-जुलकर ही लड़ना होगा। सार्क तरीके से काम नहीं कर पा रहा है। आपस की गलतफहमियाँ वह दूर नहीं कर पाया। सार्क के लेखकों का एक कान्फ्रेंस बनना चाहिए। इससे आपस में विचार-विनिमय हो। लेखकों को एक-दूसरे देशों में स्वतंत्र रूप से आने-जाने की आजादी हो। बांग्लादेश-भारत में बस व ट्रेन सेवा उस कड़ी में महत्त्वपूर्ण कदम है।

बांग्लादेश की मौजूदा राजनैतिक परिस्थिति पर आपकी क्या टिप्पणी है?

बांग्लादेश में चुनाव होने वाला है और मौजूदा प्रधानमंत्री ने चटगाँव शांति समझौते, बाढ़ से निपटने, गंगा जल समझौते जैसे बड़े काम किए हैं। सैनिक शासन और हड़तालों से जूझते रहे देश को एक विश्वसनीय राजनैतिक वातावरण हसीना सरकार ने दिया है।

('जनसत्ता' : दिल्ली, 3 जून 2001)

शब्द का सदुपयोग आदर दिलाता है

गुजराती लेखक रमणिक मेघाणी से बातचीत

रमणिक मेघाणी पिछले छह दशकों से कलकत्ता के साहित्य जगत् में सक्रिय हैं। अठहत्तर साल की उम्र में भी उनकी साहित्यिक सक्रियता शिथिल नहीं हुई है। वे मूलतः गुजराती के लेखक हैं। गुजराती में उनकी दो किताबें हैं—'ब्रह्ममुहूर्ते' और 'मानू प्रबाल पुरुषार्थमा'। श्री मेघाणी ने अनुवाद का ही ज्यादा काम किया है। बांग्ला, हिंदी और गुजराती की करीब दो दर्जन श्रेष्ठ कृतियों का उन्होंने एक-दूसरी भाषा में अनुवाद किया है। 14 अनूदित कृतियाँ छप चुकी हैं। अनुवाद के लिए उन्हें साहित्य अकादेमी, गुजराती साहित्य अकादेमी, गुजराती साहित्य परिषद और गुजराती साहित्य मंडल ने क्रमशः 1989, 1989, 1990 और 1997 में सम्मानित किया।

आप तो सौराष्ट्र के रहने वाले हैं। कलकत्ता में कैसे जम गए?

इस शताब्दी के आरंभ में मेरे पिता रोजी-रोटी की खोज में 16-17 साल की उम्र में सौराष्ट्र के एक छोटे से गाँव से कलकत्ता आए। पहले नौकरी की, फिर 1917 में खुद का व्यवसाय शुरू किया। आर्थिक तंगी के कारण पिताजी मैट्रिक भी नहीं कर पाए। खैर, अपनी दुकान खोली और उसका नाम उन्होंने उपयोगी वस्तु भंडार रखा। दैनिक उपयोग की चीजों के अलावा वे किताबें भी बेचते थे। सुरुचिपूर्ण साहित्य की पुस्तकों के वे स्वयं गंभीर वाचक थे। धंधे के साथ इसे जोड़ने के पीछे वे वजह बताते थे कि बिना सद्वाचन के हमारा जीवन उन्नत नहीं हो सकता। साहित्य पढ़ने से ही आदमी सही अर्थों में आदमी हो सकेगा। पिताजी बचपन से ही लिखने भी लगे थे। पिता के जमाने से ही हम वहाँ हैं।

आपका जन्म, शिक्षा-दीक्षा कलकत्ता में ही हुई?

नहीं, नहीं। जन्म मेरा सौराष्ट्र के देहात में हुआ 21 फरवरी, 1915 में। सेकंड स्टैंडर्ड तक इंग्लिश की शिक्षा पाई। कलकत्ता एंग्लो-गुजराती स्कूल में सातवीं तक पढ़ा। तब हम कलकत्ता आ गए थे। कलकत्ता के हमारे गुजराती स्कूल में पाँचवीं से

अंग्रेजी की पढ़ाई होती थी। अंग्रेजी की दूसरी श्रेणी में पहुँचने के बाद मैंने स्कूली पढ़ाई की उपेक्षा कर एकलव्य के आदर्श को अपनाया। स्कूली शिक्षा नहीं के बराबर हुई पर घर में खुद ही हिंदी, अंग्रेजी, बांग्ला और गुजराती का अध्ययन किया और इन भाषाओं के श्रेष्ठ साहित्य का अनुवाद भी किया।

लिखना कब आरंभ किया? उसकी शुरुआत कैसे हुई?

चौदह साल की उम्र से ही लिखना शुरू किया 1928 में। पिता साहित्यिक थे। उनसे ही प्रेरणा मिली। आज भी हमारे घर में साहित्यिक माहौल है। हर सदस्य सुरुचिपूर्ण साहित्य का वाचक है।

आपने अनुवाद ही ज्यादा किया। मौलिक लेखन बहुत कम? ऐसा क्यों?

बांग्ला के विख्यात शिल्पी वनफूल की 'त्रिखंड' का अनुवाद किया। यह मेरी पहली अनूदित कृति है। जिस साहित्य के वाचन से मुझे सर्वाधिक आनंद मिला या मिलता है—वह आनंद दूसरी भाषाओं के पाठकों में बाँटकर और आनंदित होता हूँ। यह सोचकर कि उस अनुवाद के पाठक को मैं अपने आनंद में सहभागी बना सकूँगा। इसी श्रेष्ठ आनंद के लिए ही मैं अनुवाद के काम में लगा। अनुवाद से शिक्षा प्रसार भी बढ़ सकता है। यह मेरे दिमाग में सदैव रहा है। हाँ, इस काम में शब्द पर खासा ध्यान रखना पड़ता है।

आपका आशय किस तरह के ध्यान से है?

देखिए, प्रत्येक शब्द में एक अनूठी शक्ति है। शब्द का सदुपयोग आदर दिलाता है और दुरुपयोग पतन की ओर ले जाता है। हम शब्द के उपासक हैं। हमें ध्यान रखना चाहिए कि शब्द से स्वर्ग का सुख प्राप्त कर सकते हैं और बड़े-बड़े साम्राज्यों की जड़ हिला सकते हैं। आज की विषमता और कटुता, संकट की सबसे बड़ी वजह यह है कि शब्द का जीवन में दुरुपयोग हो रहा है। शब्दों के उचित उपयोग की भावना अनुवाद कार्य में दक्षता की पहली शर्त है क्योंकि शब्द ब्रह्म है। वही शाश्वत है। शब्द ही कर्म है, धर्म है, मर्म है। सभी दुःखों का जनक शब्दों का दुरुपयोग है।

आप यही कहना चाहते हैं कि दुःख की सृष्टि खड़ी करने की अनिवार्य आवश्यकता न हो तो सबको सुख पहुँचाने वाली मधुर भाषा का उपयोग क्यों न किया जाए?

आप मेरी बात ठीक पकड़ रहे हैं। देखिए, कई शब्दों को सुनते ही हमें शांति, आशा व उत्साह का अनुभव होता है तो कई को सुनते ही आग, ज्वालामुखी का। उर्दू का शेर है :

> 'फितरत को नापसंद है सख्ती जबान की,
> पैदा न हुई इसलिए हड्डी जबान में।'

शब्दों के प्रति सजगता खासकर अनुवाद में इसलिए भी जरूरी है कि प्रत्येक शब्द

की अपने आकार के अलावा अपनी ध्वनि है, रंग है। उसका अपना लहजा है। बांग्ला में एक शब्द का जो अर्थ होता है, हिंदी में उसका उलटा। इसलिए लेखक का भाव पूर्ण रूप से समझने की कोशिश होनी चाहिए। भाषा सरल हो तो और अच्छा।

आपका निष्कर्ष है कि भाषा सरल ही होनी चाहिए?

हाँ, मुझे सरल-मधुर भाषा ही प्रिय है। वही मुझे अच्छी लगती है। अनुवाद भी मैंनें ऐसी ही कृतियों का किया। मुझे वनफूल की 'त्रिखंड' अच्छी लगी तो उसका अनुवाद कर दिया। फिर ताराशंकर बंद्योपाध्याय की चार कृतियाँ—'गणदेवता', 'आरोग्य निकेतन', 'मूनगू सदन' और 'मनवंतेर' अच्छी लगीं। उनका गुजराती में अनुवाद किया। विमल मित्र के 'साहब बीबी गुलाम', वनफूल के 'वैतरणी तीरे', 'गुरुदेव आमार आंगने', शीर्षेंदु मुखोपाध्याय की रचनाओं को भी अनूदित किया। हिंदी में भगवती चरण वर्मा के 'चित्रलेखा', डा. रघुनाथ सिंह की कृतियों का अनुवाद किया। इसके अलावा हिंदी, गुजराती और बांग्ला की अनेक रचनाओं का एक-दूसरी भाषा में अनुवाद किया।

आप कलकत्ता में ही हैं। यहाँ के हिंदी साहित्य के परिदृश्य पर आपकी क्या राय है?

कलकत्ता के हिंदी साहित्य में न गति है, न प्रगति। उसकी तुलना में बांग्ला साहित्य में ज्यादा गंभीर काम हुआ है। लेकिन यह हाल सिर्फ हिंदी का नहीं। हर भारतीय भाषा के साहित्य का है। गुजराती में भी यही हाल है।

आपकी बातों में निराशा के स्वर नहीं हैं?

लेकिन सच्चाई है यह। भारतीय भाषाओं की तुलना में हर स्तर पर अंग्रेजी साहित्य आगे है। बहुत आगे।

इसकी वजह क्या हो सकती है?

भारतीय साहित्य के पिछड़ने की वजह है—सत्य और शब्द के सदुपयोग से लेखक की बढ़ती दूरी। यहाँ लेखक राजनीतिकों के तलवे चाटते हैं। उनमें न तो आत्मसम्मान है और न अपनी साहित्य परंपरा का गौरव बोध। गुजराती से मेरा स्वाभाविक मोह है। पर मानता हूँ कि गुजराती या हिंदी की तुलना में बांग्ला आगे है। पर अंग्रेजी तो सबसे आगे। उसने अपना बहुत विकास किया है। इसकी एक वजह यह भी है कि अंग्रेजी के लेखकों को पर्याप्त सुविधाएँ मिलती हैं। वहाँ के लेखक राजनेताओं के आगे-पीछे नहीं घूमते। वे राजनीति की बजाय जीवन के बारे में ज्यादा सोचते हैं। हमारे यहाँ के लेखक 'लाभ' पाने के लिए राजनेताओं के आगे-पीछे घूमते हैं। हमारे यहाँ लेखक बिक गए हैं।

आर्थिक लाभ की बात सब पर नहीं लागू हो सकती। आज भी निष्ठावान लेखक

हैं। इसकी कीमत भी भुगत रहे हैं। फिर राजनीति में लेखकों की भारी भूमिका रही है। उसे आप नकार देंगे?

देखिए। भारतीय लेखक यदि पूरे जागरूक हो जाएँ तो भ्रष्ट हो चुकी राजनीति में परिवर्तन ला सकते हैं। हमारे राजनेता सेवक होते हुए भी स्वामी हो गए हैं और लेखक ईमानदार हैं तो चुप क्यों हैं?

यदि लेखक ईमानदार होते तो राजनीति इतनी भ्रष्ट नहीं होती। मैं मानता हूँ कि आज पैसे का बोलबाला है। पैसे का शासन है तो उसके खिलाफ भारतीय लेखक क्यों नहीं खड़ा होता। लेखक को निर्भय और सत्यप्रिय बनने की जरूरत है क्योंकि हमारे यहाँ 'सत्यमेव जयते' का मंत्र होते हुए भी असत्य का बोलबाला है। भारतीय लेखकों को उस पर धावा बोलने में देर नहीं करनी चाहिए।

('जनसत्ता सबरंग' : कोलकाता, 12 सितंबर 1993)

फंतासी दमित का अस्त्र है

कवि राजेश जोशी से बातचीत

राजेश जोशी ने हिंदी गद्य और पद्य दोनों विधाओं को समान रूप से साधा है। उनकी कई कहानियाँ, नाटक व डायरी अंश प्रकाशित-प्रशंसित हुए हैं। उनकी कविता—'सलीम, मैं और उनसठ साल' ने सबसे पहले पाठकों का ध्यान खींचा था। उनके कविता संग्रह 'एक दिन बोलेंगे पेड़', 'समरगाथा', 'मिट्टी का चेहरा' और 'नेपथ्य में हँसी' पर्याप्त समादृत हुए। उनकी कई काव्य पंक्तियाँ जनांदोलनों में 'स्लोगन' बनीं। उनके पाँचवें कविता संग्रह 'दो पंक्तियों के बीच' के लिए 17 फरवरी 2002 को साहित्य अकादेमी पुरस्कार दिया गया, इस मौके पर प्रस्तुत है, उनसे बातचीत :

आपको साहित्यिक वातावरण किस प्रकार मिला? इस बारे में कुछ बताएँगे।

घर में ही एक साहित्यिक वातावरण था। क्लासिक्स और आजादी के दौर की बहुत सारी किताबों और पत्रिकाओं की एक छोटी-मोटी लाइब्रेरी थी, जिसे मेरे बाबा और पिता ने बनाया था। मेरे पिता लेखक हैं। संस्कृत, हिंदी और उर्दू में उन्होंने तीन सौ से अधिक लेख लिखे हैं। एक समय उन्होंने कुछ कविताएँ भी लिखी थीं, वे गद्य काव्यशैली में थीं। उन कविताओं पर रवींद्रनाथ का प्रभाव था। ऐसा मुझे लगता है। ये कविताएँ एक कापी में लिखी हुई थीं और वह कापी उनकी अपनी अलमारी में रहती थी। पिताजी के आफिस चले जाने के बाद कई बार मैंने उस कापी को निकाल कर पढ़ा था—चोरी-चोरी। फिर मेरे एक बड़े भाई भी कुछ दिनों तक कविताएँ लिखा करते थे। यह साठ के दौर की बात है।

घर में उस दौर की साहित्यिक और लोकप्रिय पत्रिकाएँ आती थीं। 'सरस्वती', 'आगामी कल' और 'राष्ट्रवाणी' आदि पत्रिकाओं के पुराने अंक भी घर में थे। फिर कवि सम्मेलनों का भी प्रभाव मुझ पर था। उर्दू के कई रचनाकार मेरे मित्र थे। लगभग बचपन में ही मैंने कविताएँ लिखना शुरू कर दिया था। लेकिन बाकायदा लेखन की

शुरुआत 1972 के आसपास हुई जब मैं कथाकार-कवि अशोक आत्रेय और वेणु गोपाल के संपर्क में आया।

इस सारी भूमि के साथ ही मुझे लगता है मेरी आवारगी और प्रगतिशील आंदोलन से गहरे जुड़ाव, लगभग विरोधाभासी-से तत्त्वों ने मेरे कवि को बनाया है।

वेणु गोपाल के संसर्ग में आप कवितामुखी हुए। बाद में अन्य कवियों का जैसे त्रिलोचन का संसर्ग रहा। त्रिलोचन जिस तरह विशेषणों पर नहीं, क्रिया पर जोर देते हैं, कदाचित आप भी। आपकी कविता है–हमारी भाषा की बनक ही ऐसी है कि बिना सहायक क्रिया के उसका काम लगभग नहीं चलता...। कविता में क्रिया पर जोर देने की बाबत आपकी क्या राय है?

त्रिलोचन जी के एक सानेट की अंतिम पंक्तियाँ हैं–'भाषा की लहरों में जीवन की हलचल है, ध्वनि में क्रिया भरी है और क्रिया में बल है?' मुझे लगता है वाक्य के बजाय शब्द पर और क्रिया की जगह विशेषणों पर जोर देना दो अलग काव्य दृष्टियाँ हैं। सहायक क्रिया को लंबे समय तक कविता के लिए एक किस्म की अड़चन माना जाता रहा है। छायावाद में इसे देखा जा सकता है। विशेषणों से कविता बनाना एक हद तक आसान काम है लेकिन क्रिया के बल को समझ कर काम करना कठिन है। भाषा में क्रिया की भूमिका को और उसके बल को समझना समाज में क्रियाशील जनता की भूमिका और उसके बल को समझना भी है। यह मात्र भाषा या व्याकरण का मामला भर नहीं है, एक दृष्टि का प्रश्न भी है।

पोएटिक ट्रीटमेंट और पोएटिक एलिमेंट्स के अलावा आपकी कविता की महत्त्वपूर्ण प्रवृत्ति स्थानीयता है। भोपाली हिंदी ने आपकी कविता को अलग काव्य भाषा दी और सौंदर्य भी। अपनी भाषा के प्रति जो आपकी हमदर्दी है, इसके कारण आपने काव्य भाषा में कोई परिवर्तन कबूल नहीं किया। यह महज हठ है या शिल्प के प्रति गहरी संतुष्टि?

आधुनिक हिंदी शायद दुनिया की सबसे कम उम्र की भाषा है। कुल जमा डेढ़ सौ साल का इतिहास है। वह अभी बनने की प्रक्रिया में है। यूँ भी भाषा के प्रति रचनाकार का नज़रिया लचीला होना चाहिए। उसे 'भाषाओं के अगम समुद्रों का अवगाहन' करना पड़ता है। हिंदी अनेक इलाकों में, कई गैर हिंदी इलाकों में भी बोली जाती है और उन सभी इलाकों की हिंदी की अपनी-अपनी भंगिमाएँ हैं। रचना में इन भंगिमाओं को जगह मिलनी चाहिए। इससे भाषा बड़ी और व्यापक बनती है। बंबइया हिंदी में 'मुरदाघर' जैसा उपन्यास लिखा गया। जीवन को पकड़ने के लिए उसकी भाषा की भंगिमाओं को भी पकड़ना जरूरी लगता है। बोली जाने वाली भाषा, रचना की भाषा को जीवंत और भरापूरा बनाती है। इसलिए मेरी कविताओं में

दिखनेवाली भोपाली भंगिमाएँ या मालवा की भंगिमाएँ न तो मेरा हठ हैं न संतुष्टि।

पहले संग्रह 'एक दिन बोलेंगे पेड़' से लेकर 'मिट्टी का चेहरा', 'समरगाथा', 'नेपथ्य में हँसी', 'दो पंक्तियों के बीच' संग्रहों तक बल्कि इधर 'शब्द', 'स्वाधीनता' आदि में आई नई कविताओं में हम पाते हैं कि फैंटेसी के प्रति आपका आकर्षण बना हुआ है। फैंटेसी पर इतनी दूर तक भरोसा करने की क्या वजहें हैं?

फैंटेसी कभी-कभी लगता है मेरे स्वभाव में घुलमिल-सी गई है। बहुत कम उम्र में ही रामायण, महाभारत, बैताल पच्चीसी, पंचतंत्र, सिंहासन बत्तीसी और चंदामामा की कहानियाँ पढ़ डाली थीं। फिर स्कूल और कालेज के दिनों में मेरे मौसेरे भाई ने मुझे जासूसी उपन्यास पढ़ने का शौक लगा दिया। रात-रात भर जाग कर हम किराये से लाये गये जासूसी उपन्यास पढ़ते थे। मुक्तिबोध ने लिखा है कि शिल्प का विकास काव्य व्यक्तित्व से अटूट रूप से जुड़ा हुआ है। मुझे हमेशा लगता है कि फंतासी दमित का अस्त्र है। अभिव्यक्ति पर अधिक से अधिक संकट के समय में फंतासी प्रतिरोध का एक कौशल है। भक्तिकाल की कविता का प्रतिरोध रूपक या मिथक के रूप में ही प्रकट होता है। रूपक भी एक किस्म की फंतासी ही तो है। हमारे समय में एक फंतासी बाजार और विज्ञापन द्वारा रची जा रही है तो दूसरी फंतासी उसके विरोध की भी रची जानी जरूरी है।

बचपन की स्मृतियाँ, शहर, मुहल्ला और आसपास का संसार आपकी कविता की प्रिय थीम है। लगभग ये एसेन्शियल पोएटिक एलिमेंट्स हैं। दूसरे सब्जेक्ट मैटर्स भी पर्याप्त हैं। आप बताएँ कि कविता में आप जीवन कैसे भरते हैं? दूसरे शब्दों में आपकी कविता कैसे बनती है और कविता में जीवन की जगह को आप कैसे बचाते हैं?

कविता कैसे बनती है, यह बताना तो बहुत कठिन है। हर कविता एक ही तरह नहीं बनती। मुझे तो लगता है कि हर कविता की एक अलग रचना-प्रक्रिया होती है। शायद इसीलिए रचना-प्रक्रिया को समझने के जो उपक्रम किये गये हैं, जो सिद्धांत रचे गये, वे अक्सर अपर्याप्त से लगते हैं। एक कविता की रचना-प्रकिया को जान लेने के बाद क्या हम उस प्रकिया को दोहरा कर दूसरी रचना बना सकते हैं? क्या ऐसा होना संभव है? रचना-प्रक्रिया एक मैकेनिकल प्रोसेस नहीं हो सकता। जहाँ तक जीवन की जगह को बचाने का प्रश्न है, मुझे लगता है कि मेरी कविता, जीवन और उससे जुड़ी जगहों से ही बनी है। अगर उससे जगहें और जीवन के प्रसंगों को अलग कर दें तो उसमें कुछ नहीं बचेगा। सच तो यह है कि मैंने जीवन की जगहों को नहीं बचाया, जीवन की जगह ने ही मेरी कविता को बचाया है।

सृजन से पूर्व, सृजन के समय और सृजन के बाद आपकी मनःस्थिति कैसी होती है?

इतना सीधा और स्पष्ट विभाजन संभव नहीं है। एक लेखक जिस समय लिख रहा होता है, उसके लिखने की प्रक्रिया उससे बहुत पहले ही शुरू हो चुकी होती है। कई बार तो यह प्रक्रिया लेखक के जाने बगैर भी उसमें चल रही होती है। इसी तरह लेखन की प्रकिया लेखन की गतिविधि के समाप्त हो जाने के बाद भी चलती रहती है। इसीलिए कोई भी रचना इतनी पूरी कभी नहीं होती कि वह स्वयं रचनाकार को पूरी तसल्ली दे सके। मुक्तिबोध ने लिखा ही है—कहीं भी खत्म नहीं होती कविता...। इतना भर कह सकता हूँ कि सृजन के समय की बेचैनी सृजन से पूर्व की स्थिति में कुछ अधिक और सृजन के बाद के क्षणों में कुछ कम होती लग सकती है।

कविता के अलावा कहानी, नाटक व गद्य की अन्य विधाओं को आपने कैसे साधा?

कविता का गद्य साधने के लिए कवि को गद्य की कई विधाओं में जाना होता है। दुनिया के लगभग सभी कवियों ने गद्य की कई विधाओं में काम किया है। संस्कृत काव्यशास्त्र में तो नाटक को कवि का निकष कहा गया है। और कालांतर में गद्य को भी कवि की कसौटी माना जाने लगा। मैं जिस तरह के ऊबड़-खाबड़ जीवन से आया और जिस तरह के अनुभव मेरे थे, उनमें गद्य मुझे बहुत जरूरी लगता रहा। जैसे घर में रहने के लिए आप बार-बार बाहर जाते हैं, बाजार जाते हैं, सिनेमा जाते हैं, दोस्तों और रिश्तेदारों से मिलने जाते हैं और भी कई जगह जाते हैं, उसी तरह का रिश्ता गद्य की विधाओं से मेरा है। मैं कविता में रहने के लिए बार-बार गद्य की अलग-अलग विधाओं में जाता हूँ।

72 के आसपास जब आपने लिखना शुरू किया, तब के परिदृश्य से आज का परिदृश्य कितना भिन्न है और उसे समकालीन साहित्य कितना प्रतिबिंबित कर पा रहा है?

बहुत भिन्न है। सोवियत संघ एक बड़ी शक्ति था। दुनिया की शोषित-पीड़ित जनता का एक विराट स्वप्न था। अमरीकी साम्राज्यवाद का ऐसा वर्चस्व नहीं था। प्रतिरोध की शक्तियाँ अधिक ताकतवर थीं। दो शक्तियों के समीकरण में भारतीय सत्ता का झुकाव रूस की तरफ था। आपको याद होगा कि 69 में कांग्रेस का विभाजन हुआ था। 71 और 72 के समय सत्ता में बैठे कांग्रेस दल को अपनी साख पाने के लिए कई प्रगतिशील कदम उठाने के लिए बाध्य होना पड़ा था। बैंकों के राष्ट्रीयकरण, प्रीवीपर्स का बंद होना आदि इसी तरह के काम थे। इसके साथ ही 'ग्रीन रिवोल्यूशन' का नारा भी उसी दौर में दिया गया। यह सच है कि इस अभियान में धनी और मंझोले

किसानों को ही अधिक लाभ हुआ, हरित क्रांति अभियान से पहले भूमि सुधार के कार्यक्रमों को लागू किया गया था। इन्फ्रास्ट्रक्चर में सुधार के बिना ही इसे लागू कर दिया गया। लेकिन इसके चलते खाद्यान्न के क्षेत्र में एक आत्मनिर्भरता आई थी।

लगभग 1985 के आसपास एक दूसरा दौर शुरू होता है। यह एक महत्त्वपूर्ण समय था। इसी समय सूचना प्रौद्योगिकी में सी.एन.एन. का प्रवेश होता है और रूस के खिलाफ मीडिया का एक बड़ा प्रचार अभियान शुरू हो जाता है। अंतर्राष्ट्रीय स्तर पर बने इस दबाव के तहत ही रूस में ग्लासनोस्त और पैरेस्त्रोइका जैसे कार्यक्रम लागू होते हैं। इसी समय बिल गेट्स का 'विण्डो' आता है और कंप्यूटर के क्षेत्र में एक बड़ा परिवर्तन होता है। इसके बाद रूस का विघटन होता है। आज का दौर सोवियत संघ के विघटन के बाद का दौर है। सूचना प्रौद्योगिकी और प्रौद्योगिकी के क्षेत्र में बहुत बड़े परिवर्तन हुए हैं। प्रौद्योगिकी खासतौर से सूचना की प्रौद्योगिकी ने सच को संकटग्रस्त कर दिया है। दुनिया एक हद तक यूनीपोलर हो गयी है। जरायु पूँजीवाद का जो दार्शनिक वैचारिक पहलू एक हद तक उत्तर-आधुनिकता के रूप में व्यक्त हो रहा है, वह मानता है कि महाआख्यान समाप्त हो गया है। क्रांति की अब कोई संभावना नहीं बची है। यह तर्क बहुत दूर तक सही नहीं है। नये बाजारवाद और वित्त पूँजी के प्रपंच ने धार्मिक कट्टरतावाद और आतंकवाद के नये उत्पाद पैदा किये हैं। जिसे पीसी जोशी अवधारणा का संकट कहते हैं, वह तो है ही। इसीलिए साहित्य के लिए यह एक कठिन दौर है। हमारे समय के सच को अवधारणा में नहीं पकड़ा जा पा रहा है। फार्मूलेशन कठिन हो गया है। साहित्य के लिए जटिलताएँ बढ़ी हैं। कभी-कभी लगता है कि इसे सिर्फ फंतासी में ही व्यक्त किया जा सकता है लेकिन कभी-कभी यह भी लगता है, यथार्थ लगभग पर्दाविहीन हो जाने से फंतासी को असंभव कर दिया है।

साहित्य इसे अंशों में व्यक्त करने की कोशिश तो कर ही रहा है। और साहित्य ही हमारे समय की एक ऐसी आवाज बची है जिस पर भरोसा किया जा सकता है, आज भी।

आपके पास कवि के रूप में तीस वर्षों का लंबा सृजनात्मक अनुभव है। पूरा काव्य परिदृश्य भी आपके सामने है। उसे देखते हुए आपको कविता की भविष्यत दिशा क्या लगती है?

कविता में परिवर्तन अचानक घटित होते हैं। यही रोमांच है। उसमें कुछ भी पूर्वनिर्धारित नहीं हो सकता। यहाँ तक कि जो कविता लिखी जा रही होती है, उसे पूरा किये जाने से पहले उसका भविष्य भी नहीं बताया जा सकता। अगर हम उसके भविष्य को जान लें, किसी तरह तो उसे रचने का रोमांच समाप्त हो जाएगा। कई बार

हम परिमाणात्मक परिवर्तनों के जरिए जो अनुमान कर रहे होते हैं, गुणात्मक परिवर्तन उसे उलट देते हैं।

कविता में भी यह गद्य का समय है। भारतीय कविता की अर्जित परंपरा श्रव्य-गेय की रही है। उससे विच्छिन्न होकर कविता की नियति को आप किस रूप में देखते हैं?

गेयता कविता का नहीं, संगीत का क्षेत्र है। वाल्मीकि रामायण का छंद अनुष्टुप है और अनुष्टुप तो गद्य काव्य जैसा है। बोलचाल का छंद है। संस्कृत की महान कविता गेय कविता नहीं है। ध्वन्यात्मक पाठ और गेयता में फर्क है। श्लोक को गाया नहीं जाता, अक्सर। इसलिए गेय होना कविता का अनिवार्य गुण कभी नहीं रहा। एक आंतरिक लय वह रचती है। गद्य कविता की भी एक आंतरिक लय है। जब वह नहीं होती, तो गद्य कविता भी निरा गद्य हो जाती है। कविता नहीं होती।

जो कवियों द्वारा निर्मित काव्य लोक है, उसका लोक के काव्य से आप क्या रिश्ता महसूस करते हैं? क्या आपको नहीं लगता कि दोनों में बहुत दूरी है? हिंदी कविता की मुख्य धारा लोकजीवन से कट नहीं गयी है? क्या आपको नहीं लगता कि जिसको पारंपरिक लोक समझा जा रहा है, उससे अलग भी कोई लोक निर्मित हुआ है?

तुलसीदास ने कविता नामक नदी के दो किनारे कहे हैं लोक और वेद। लोक को लेकर हमारे यहाँ बहुत भ्रांतियाँ हैं। फोक के अर्थ में उसे समझने से बहुत गड़बड़ियाँ हुई हैं। हमारा लोक कभी मुख्यधारा से कटा हुआ लोक नहीं रहा। 1857 के स्वाधीनता संग्राम की छवियाँ उस दौर की तथाकथित मुख्यधारा में ढूँढ़ना असंभव है। लेकिन लोक साहित्य में उसके वर्णन मिलते हैं। फिर आजादी की लड़ाई में हमारे लोक और आदिवासियों की एक बड़ी उपस्थिति रही है। लोक वार्ता से संबंध का जहाँ तक प्रश्न है, बावजूद इसके कि इधर की कविता कुछ अधिक नागरीय हुई है, लेकिन फिर भी उसके तार पूरी तरह तो लोक साहित्य से नहीं टूटे हैं। लोक और परंपरा को अनुगूँज की तरह रचना में सुनाई पड़ना चाहिए, मुझे लगता है, वह गूँज अभी मौजूद है। क्या केदारनाथ सिंह, जगूड़ी, मंगलेश या अरुण कमल की कविता बिना लोक साहित्य के संस्कार के संभव थी? बद्रीनारायण, नवल शुक्ल या एकांत श्रीवास्तव आदि अनेक कवियों में, लोक साहित्य और आज की हिंदी कविता के संबंध को और अधिक गाढ़ा होते देखा जा सकता है।

हमें अपने लोक के संदर्भ में औपनिवेशिक मानसिकता से बाहर आकर विचार करना चाहिए। आनंद कुमार स्वामी ने तो यहाँ तक कहा है कि सभी पारंपरिक कलाएँ-लोककलाएँ हैं क्योंकि वे जन की कलाएँ हैं।

काव्य आवृत्ति को लेकर इधर हिचक बढ़ी है। कविता का पाठ मानो मुश्किल और गैरजरूरी काम बन गया है। आपका श्रोताओं के सम्मुख काव्यपाठ का मन नहीं होता?

कवि सम्मेलनों के पतन के बाद साहित्यिक कविता और लोकप्रिय कविता के बीच एक विभाजक रेखा खिंच गयी। आधुनिकता के चलते कविता सुनने-सुनाने के बजाय पढ़ने की चीज अधिक हो गयी। इसलिए आवृत्ति के प्रति एक किस्म की रुचि और अभ्यास की कमी हुई। हालाँकि पिछले कुछ बरसों में कविता पाठ के कुछ नये मंच बने और फिर से कविता के पाठ पर ध्यान दिया गया। मुझे हमेशा ही कविता का पाठ करना अच्छा लगता है। हालाँकि यह कई बार होता है कि पाठ अच्छा हो तो वह कविता के ऐब को छिपा लेता है। कई बार अच्छी कविता खराब पाठ के कारण प्रभाव नहीं छोड़ती। इस तरह एक भ्रम की स्थिति तो पाठ से बनती है।

संगीत या दूसरी कलाओं से कविता का क्या संबंध होना चाहिए? क्या वे कविता को समृद्ध कर सकती हैं या किया है?

अति यथार्थवादी कविता तो चित्रकला के साथ अपने रिश्तों के कारण ही संभव हुई थी। लोर्का और सल्वाडोर डाली के रिश्तों ने दोनों को ही समृद्ध किया। शमशेर जी की कविता का भी चित्रकला से गहरा रिश्ता दिखाई देता है। संगीत के साथ कविता का रिश्ता मुझे लगता है, हमेशा रह आया है। भक्तिकाल और एक हद तक छायावाद में भी कई गीत संगीत के व्याकरण में निबद्ध मिलते हैं। वस्तुतः संगीत हो या अन्य कलाएँ, उनके साथ रिश्ते कविता को बहुत समृद्ध भी कर सकते हैं और कई बार उनकी सीमा भी बन सकते हैं। जैसे इम्प्रेशनिज्म या सुर्रियलिज्म की एक सीमा है। कविता को उससे बाहर आना पड़ा।

समकालीन कविता की प्रमुख उपलब्धियाँ और प्रमुख संकट क्या हैं?

मुझे लगता है कि धूमिल के बाद की कविता विचार के स्तर पर ही नहीं, अपने व्यवहार में भी जनतांत्रिक हुई है। कविता की भाषा बोलचाल की भाषा के बहुत करीब आयी है। उससे नायक निष्कासित हो चुके हैं और उसमें चरित्र... एकदम सामान्य चरित्रों का प्रवेश हुआ है। वह सामान्य या साधारण को असाधारण या विशिष्ट नहीं बनाती। वह जीवन में सामान्य की सामान्यता को महत्त्वपूर्ण मानती है। वह सामान्यता की प्रतिष्ठा की कविता है। वह हमारे समय और समाज की सब्लाटर्न सच्चाइयों को कई स्तर पर देखने की कोशिश करती है।

गहराई और ऊँचाई जैसे पद उसकी आलोचना के लिए निरर्थक हो चुके हैं। एक महाआख्यान को रचने के लिए अक्सर अनदेखे कर दिये जाने वाले छोटे-छोटे उपाख्यानों को रचने का काम इस कविता ने किया है। ये साधारण परिवर्तन नहीं हैं।

ऐसा भी नहीं कि ये प्रवृत्तियाँ पहले की कविता में थीं ही नहीं। लेकिन इन प्रवृत्तियों की ऐसी प्रतिष्ठा पहले कभी नहीं थी। रही बात संकटों की तो संकट तो लगातार बढ़े हैं। जीवन जटिल हुआ है और कविता बदलते हुए मानवीय संबंध की व्याख्या नहीं कर पा रही है। नई टेक्नालॉजी आने के बाद टेक्नालॉजिकल संबंध ने एक हद तक मानवीय संबंधों की जगह ले ली है। क्रेडिट कार्ड ने सभी तरह की मुद्राओं को बेदखल कर दिया है। एक किस्म के डेरिवेटिव मार्केट पर जोर दिया जा रहा है। प्रोडक्ट में नहीं, उसके विज्ञापन में सृजनात्मकता का उपयोग हो रहा है। बदलती हुई सच्चाई को कविता पूरी तरह व्यक्त नहीं कर पा रही है। एक हद तक हिंदी कविता अर्बन... नागरीय हो गयी है और मध्यवर्ग ही उसकी सीमा बनता जा रहा है। कविता पर हो रही चर्चाओं में बड़े नगरों में लिखी जा रही कविता ही केंद्रीय बन गयी है इसलिए गाँवों और छोटे कस्बों के अनुभव को अनदेखा-सा किया जा रहा है। अनुभवों की विपन्नता उसमें निरर्थक विवरणों को भी पैदा कर रही है। हमारे समय के वास्तविक सवाल और तनाव उसमें कम नज़र आ रहे हैं। इस तरह के कई छोटे बड़े संकटों पर विस्तार से बात करने की जरूरत है।

आपकी राय में बाजारवाद और फासीवाद आपस में किस तरह जुड़ते हैं और उससे भारतीय समाज के सामने कैसे चुनौतियाँ आई हैं? इससे निपटने के लिए साहित्य को किस तरह सामने आना चाहिए?

यह सवाल हमारे समय के बड़े अर्थशास्त्रियों, राजनीति विज्ञान और समाजशास्त्र के विद्वानों से किया जाना चाहिए। मैं इसके लिए अपने को बहुत समर्थ नहीं पाता ... मुझे लगता है... वित्त पूँजी को निकम्मी पूँजी भी कहा जाता है। एक किस्म की अनुत्पादक पूँजी। ऐसी पूँजी समाज में उत्पाद पैदा करती है। जैसा कि हो रहा है। फिर सोवियत संघ की टूट ने वैचारिक लड़ाई को दृश्य से बेदखल कर दिया है। जीवन को बेहतर जीवन बनाने के विचार और उससे जुड़ी शक्तियों के कमजोर हो जाने के बाद जो शून्यता आयी है, उसे मनुष्य विरोधी शक्तियाँ धार्मिक वितंडावाद, कट्टरतावाद और आतंकवाद जैसी चीजों से भरने की कोशिश कर रही हैं। रवींद्रनाथ ठाकुर ने इस तरह के कट्टरतावादियों के बारे में एक महत्त्वपूर्ण बात कही है कि कट्टरतावादी सत्य को अपने हाथ में सुरक्षित रखने के लिए कई बार मुट्ठी को इतना कस देते हैं कि उसमें सत्य मर जाता है। शीतयुद्ध की समाप्ति से खाली हुए हथियार इन्हीं मनुष्य विरोधी लोगों के हाथों में आ गये हैं। अमेरिका राष्ट्रपति के चुनाव में सूचना प्रौद्योगिकी के प्रतिनिधि अलगौर की जगह अमेरिकी हथियार कंपनियों के प्रतिनिधि जार्ज बुश को विजयी घोषित किये जाने का एक अर्थ है... इस एक घटना से भी हमारे समय का

पूरा रूपक रचा जा सकता है। इस एक चावल से भी हँडिया की स्थिति को समझा जा सकता है।

और यह आखिरी सवाल। यदि आपको किसी द्वीप में भेज दिया जाए और साथ में दस किताबें ले जाने की इजाजत हो तो वे कौन-सी किताबें होंगी?

अगर एक ही किताब चुनना होता तो मैं बेहिचक कहता महाभारत। लेकिन जब आपके सामने चुनने की ज्यादा सुविधा होती है तो मुश्किल होती है। मुझे लगता है महाभारत के अलावा नौ अन्य किताबों में मैं हम्ज़ातोव का मेरा दागिस्तान, शमशेर जी द्वारा अनूदित आश्चर्यलोक में एलिस, दास्ताने खोजानसरुद्दीन, निराला की तमाम कविताएँ, दीवाने ग़ालिब, तुलसीदास की विनय पत्रिका, शूद्रक का मृच्छकटिकम, हजारीप्रसाद द्विवेदी का अनामदास का पोथा और आजिमो देजाई का उपन्यास द सेटिंग सन ले जाना चाहूँगा।

('पल प्रतिपल' : अक्टूबर-दिसंबर 2002)

धर्म का आडंबर पाप है

निबंधकार व समीक्षक विष्णुकांत शास्त्री से बातचीत

भक्ति साहित्य, विशेषकर तुलसी साहित्य के अधिकारी विद्वान आचार्य विष्णुकांत शास्त्री ने साहित्य समीक्षा और निबंध विधाओं में महत्त्वपूर्ण काम किया है। साहित्य समीक्षा संबंधी उनकी पुस्तकें 'कवि निराला की वेदना तथा अन्य निबंध', 'कुछ चंदन की कुछ कपूर की', 'चिंतन मुद्रा', 'अनुचिंतन', 'तुलसी के हिय हेरि' और व्यक्तिव्यंजक निबंधों की पुस्तकें—'स्मरण को पाथेय बनने दो', 'भक्ति और शरणागति', 'सुधियाँ उस चंदन के वन की' हिंदी जगत् में पर्याप्त समादृत हुई हैं। उनकी अनूदित और संपादित पुस्तकों की संख्या भी दस से ऊपर है। कलकत्ता विश्वविद्यालय में चार दशकों तक हिंदी भाषा और साहित्य के अध्यापक रहे आचार्य शास्त्री को उनके साहित्यिक अवदान के लिए आचार्य रामचंद्र शुक्ल सम्मान, साहित्य भूषण सम्मान, डा. राम मनोहर लोहिया सम्मान और राजर्षि टंडन हिंदी सेवी सम्मान से नवाजा गया है। आचार्य शास्त्री राजनीति में भी समान रूप से सक्रिय रहे हैं और 1992 से 1998 तक राज्यसभा के सदस्य भी रहे।

आपकी ख्याति गद्य लेखक के रूप में है। हाल में आपकी कविता पुस्तक 'जीवन पथ पर चलते-चलते' आई है। इसकी रचना प्रक्रिया के बारे में बताएँगे?

मेरा परिवार साहित्यिक परिवार रहा है। मेरे पिता पं. गांगेय नरोत्तम शास्त्री हिंदी के प्रतिष्ठित कवि रहे हैं। बचपन से ही मैंने कविता के परिवेश में जीना सीखा है। 1941 से 44 तक मैं बनारस में था जिसका प्रमुख सांस्कृतिक पक्ष कवि सम्मेलन हुआ करता था, उनमें मैं जाता था। मुझे कई सौ कविताएँ याद हैं। स्वाभाविक रूप में, बचपन में ही तुकबंदी लिखनी शुरू की। शुरू के वर्षों में मैंने गोष्ठियों में कविताएँ सुनाई थीं पर मुझे लगने लगा कि मैं वास्तव में कवि नहीं, कवि हृदय हूँ। बड़े कवियों की रचनाओं के मुकाबले मेरी कविताएँ हल्की लगती थीं, इसलिए बड़े कवियों की कविताएँ यांद कर सुनाना प्रारंभ किया। इससे मुझे सम्मान मिलता था लेकिन मेरा

कवि हृदय कुछ विशिष्ट अनुभवों के बाद कविताओं में फूट पड़ता था। उन रचनाओं को सँभालकर एक कापी में रख लेता था। लेखक-विचारक डा. प्रेम शंकर त्रिपाठी ने जिद की कि इन्हें छाप दिया जाए वर्ना 70 वर्ष की उम्र में कोई अपने को कवि के रूप में प्रचारित तो नहीं करना चाहेगा। मुझे इस बात का संतोष है कि प्रतिष्ठित मित्रों को यह पुस्तक पसंद आई है। पुस्तक का प्रकाशन सार्थक हुआ पर अभी भी अपने को कवि नहीं, कवि हृदय ही मानता हूँ। यह उपाधि भी मुझे डा. नामवर सिंह ने दी है। मैं नामवर जी को लेकर राजेंद्र यादव के घर जा रहा था। रास्ता भूल गया। राजेंद्र यादव ने कहा, 'अरे आप इतनी बार मेरे घर आए हैं, घर भूल गए?' नामवर ने उत्तर दिया, 'जिनका कालबोध प्रखर होता है वे कहानीकार होते हैं, जिनका देशकालबोध प्रखर होता है वे उपन्यासकार होते हैं, लेकिन जो देशकाल में रहते हुए देशकाल से परे रहते हैं वे कवि या कवि हृदय होते हैं। शास्त्री जी कवि न सही, कवि हृदय तो हैं ही। इसलिए रास्ता भूल जाते हैं।' कविता लिखना मेरा आपद् धर्म है, धर्म नहीं।

लेखक होने के नाते जीवन में संघर्षों-प्रतिकूलताओं का भी सामना करना पड़ा?

प्रतिकूलताएँ तो रहीं। जब 'भक्ति और शरणागति' की रचना की तो मैं विधायक था। राजनीति में इतना ज्यादा दबाव रहता है, खासकर उन विधायकों को जो निष्ठा के साथ रहते हैं, कि मत पूछिए। विश्वविद्यालय में कक्षाएँ भी लेता था और विधानसभा भी जाता था। तो प्रतिकूलताएँ तो रहीं और उन्हीं के बीच लिखना पड़ता था। राजनीति के कारण अध्यापन और लेखन क्षतिग्रस्त न हो, यह मैंने बराबर कोशिश की, पर सही है कि मैं राजनीति में नहीं होता तो साहित्य सेवा ज्यादा कर पाता, यह मैं मानता हूँ। तब भी विधायक रहते हुए 'भक्ति और शरणागति' पुस्तक की रचना और सांसद रहते हुए 'ज्ञान और कर्म' पुस्तक की रचना मैंने की। राजनीति करने के लिए मुझे बराबर शुभचिंतकों की फटकार भी सुननी पड़ी है। डा. रामविलास शर्मा ने दिल्ली में मुझे फटकारते हुए कहा था कि राजनैतिक विचारधारा से युक्त होना अलग बात है पर स्वयं राजनेता बनना ठीक नहीं है। राजनीति में रहते हुए पर्याप्त लेखन नहीं हो सकता।

साहित्य में विचारधारा के दबाव को आप किस रूप में देखते हैं?

दबाव शब्द का अर्थ है जो सहज स्वीकृत नहीं, जो ऊपर से आरोपित हो, जिसे थोप दिया गया हो। थोपी हुई विचारधारा को मैं स्वीकार नहीं करता। लेकिन जो विचारधारा मुझे माँ के दूध के साथ मिली है, बड़े होकर जिस विचारधारा को मैंने विवेक सम्मत ढंग से ग्रहण किया, वह विचारधारा दबाव नहीं डालती, प्रेरणाशक्ति बनती है। मैं यह मानता हूँ कि कोई भी ईमानदार चिंतनशील व्यक्ति विचारधाराविहीन

हो ही नहीं सकता। विचारधारा हमारे जीवन में वही भूमिका निभाती है जो भूमिका वृक्षों के जीवन में उनकी जड़ें निभाती हैं। जिस वृक्ष की जड़ें जितनी गहरी हैं, वह वृक्ष बड़े से बड़े तूफान को उतनी ही दृढ़ता से झेल सकता है। हाँ जो विचारधारा को बिल्ले की तरह चिपकाते हैं और उसकी आड़ में सुविधा पाने की इच्छा रखते हैं, उनकी बात मैं नहीं कहता।

लेखक होने के अलावा आप राजनीति भी करते हैं। आप बताइए, राजनैतिक प्रेरणा लेखक के लिए कितनी सहायक होती है?

स्वभाव से मैं राजनीतिक नहीं हूँ। मैं अध्यापन को अपना धर्म मानता रहा हूँ। और पढ़ना-पढ़ाना, थोड़ा-बहुत लिखना यही मेरा प्रथम कर्तव्य रहा है। लेकिन जब इंदिरा गाँधी ने अपने व्यक्तिगत स्वार्थ के लिए समूचे देश को विशाल कारागार बना दिया, आपात्काल की घोषणा कर दी, तब मुझे लगा कि इस समय तटस्थता बरतना अन्याय का ही समर्थन करना है। जब चीन ने हमारे देश पर हमला किया और देश अपमानित हुआ तो मैं स्वेच्छा से एनसीसी में चला गया था। और बच्चन की इस पंक्ति को दोहराता रहता था—'मैं कलम और बंदूक चलाता हूँ दोनों।' इसी तरह बांग्लादेश के मुक्ति संग्राम के समय मैंने अपना एक वर्ष बांग्लादेश की मुक्ति के लिए स्वाहा कर दिया और विश्वविद्यालय का अध्यापक होते हुए भी पेशेवर पत्रकारों की तरह बांग्लादेश की मुक्ति के पक्ष में लिखता रहा। धर्मवीर भारती के साथ युद्ध क्षेत्र में भी गया। मेरे उसी स्वभाव ने मुझे विवश किया कि इंदिराजी के स्वेच्छाचार का समुचित उत्तर दिया जाना चाहिए और मैं राजनीति में चला गया। राजनीति उस चक्रव्यूह की तरह है जिसमें प्रवेश करना सुगम है, निकलना बहुत दुर्गम। अतः इससे अब तक तो निकल नहीं पाया।

किसी लेखक के लिए किसी राजनैतिक विचारधारा का अनुगामी होना क्या ठीक है?

विचारधारा अपने में एक व्यापक शब्द है और उसके अंतर्गत जीवन के सभी पहलू आ जाते हैं। उसमें राजनीति का भी समावेश होता है। मैं ये मानता हूँ कि हर लेखक को राजनैतिक कार्यकर्ता होने की बाध्यता नहीं है। पर मैं बताऊँ, एक बार राजनीति के उत्तरदायित्व को स्वीकार कर लेने के बाद उसे छोड़ नहीं सकता था। इसलिए नहीं कि इससे मुझको लाभ हो रहा था। 1980 से लेकर 1996 तक पश्चिम बंगाल में भाजपा का काम करना आग से खेलना था। मुझ पर दो बार लाठी चार्ज हुए। पंद्रह-बीस बार आंदोलन में गिरफ्तार हुआ। यह सब मैंने विश्वविद्यालय के प्राध्यापक का दायित्व निभाते हुए सहा। जब लेखक विरोधी पक्ष की राजनीति कर रहा हो तो शासन से उसे उत्पीड़न का ही शिकार होना पड़ता है। जीवन के प्रमुख अंश

में तो विरोधी ही रहा। लाठी और जेल की आशा रखता था। वही मिले। केंद्र की कांग्रेसी या बंगाल की वाम राजनीति ने क्या दिया? उनसे अपेक्षा भी नहीं थी। मारीशस में दूसरे विश्व हिंदी सम्मेलन से जब मुझे आमंत्रण मिला था, चूंकि मैंने आपात्काल का विरोध किया था सो मुझे वीसा भी नहीं दिया गया। यह ठीक है कि मेरी सरकार बनी तो उसने कई दृष्टियों से मुझे सम्मानित किया और मैं उसके लिए कृतज्ञ हूँ। पर इन सम्मानों के द्वारा कोई सरकार मेरे विवेक को कुंठित नहीं कर सकती।

आपकी राय में धर्म और साहित्य का क्या संबंध है?

मेरी राय में धर्म जीवन का आधार सत्य है। धर्म वह है जो धारण करे। हिंदू धर्म ऐसा अद्‍भुत है जिसके लक्षणों को बताने के लिए न ईश्वर की जरूरत होती है न पूज्य ग्रंथ की। धृति, क्षमा, मन पर संयम, चोरी न करना, बाहरी और भीतरी पवित्रता. इंद्रियों पर नियंत्रण, शुभ बुद्धि, विद्या, सत्य और अक्रोध धर्म के ये दस लक्षण हैं। मेरी शिकायत तो ये है कि आज के राजनेता, व्यापारी इन लक्षणों से वंचित हैं इसीलिए देश की यह दुर्दशा है। कानून आपको सिर्फ बाहर से बुरा काम करने से रोकता है और कहता है कि आप पकड़े न जाएँ। धर्म भीतर से मनुष्य को बुरा काम करने से रोकता है इसलिए धर्म अधिक मंगलमय, विश्वसनीय है।

सनातन हिंदू धर्म में आपकी आस्था जगजाहिर है। हिंदू धर्म के सनातन मूल्यों की चिंता करने के बजाय धर्म का राजनीतिकरण कर दिए जाने को आप उचित मानते हैं?

धर्म का राजनीतिकरण सबसे ज्यादा मार्क्सवादी कम्युनिस्ट पार्टी ने किया जिसने नारा दिया था कि पाकिस्तान मानना होगा तभी भारत स्वाधीन होगा। 1946 में ज्योति बाबू ने मुस्लिम लीग की सभा में खड़े होकर पाकिस्तान का समर्थन किया था। इस्लाम के आधार पर पाक बना। माकपा घनघोर सांप्रदायिक है। माकपा ने केरल में मुस्लिम लीग से मिलकर सरकार बनाई... तो मार्क्सवादी कम्युनिस्ट पार्टी अपने गिरेबां में झाँककर देखे कि किस तरह की सांप्रदायिक पार्टी वह है।

आप कर्मकांडों की वकालत क्यों करते हैं?

कर्मकांड को मैं आवश्यक समझता हूँ पर धर्म का आडंबर करना पाप है। यदि मन में धर्म नहीं और बाहर से प्रदर्शन है तो धर्म शास्त्रों में ऐसे पाखंडियों की निंदा की गई है। धर्म की बात जाने दीजिए, तथाकथित आधुनिक समाज में जन्मदिन पर केक कटता है कि नहीं? मोमबत्ती बुझाई जाती है कि नहीं? वह कर्मकांड ही तो है। किसी पार्टी में जब सभापति चुने जाते हैं तो कोई प्रस्ताव करता है तो वह क्या है? वह भी कर्मकांड है। फीता काटकर उद्‍घाटन करना भी कर्मकांड है। हाँ, कर्मकांड जड़

हो गया तो परिवर्तन होना चाहिए। पर बगैर कर्मकांड के साधना नहीं होती। वह उपयोगी है। मैं हिंदुत्व की बात इसलिए करता हूँ कि वह जीवनपद्धति है जो भारत की धरती से उपजी और जिसने पूरे जगत् को मंगल का संदेश दिया। हिंदू धर्म अकेला धर्म है जो सभी धर्मों का सम्मान करता है। तथाकथित प्रगतिशीलता और मार्क्सवाद भी एक प्रकार का धर्म है। सर्वधर्म समभाव में भारत सेकुलर इसीलिए है कि वह मुख्यतः हिंदू देश है। हम चाहते हैं सब सुखी, निरोग हों, हिंदू होने का मुझे गर्व है। पर अन्य धर्मों के विद्वान मेरे मित्र रहे हैं। सद्भाव रहा है। उनके गुणों को सराहा है।

भारती जी के साथ बांग्लादेश के संदर्भ में आपने काम किया। भिन्न विचारों और संस्कारों वाले लोगों के साथ आप किस तरह सृजन कार्य कर सके?

इसलिए कर सका कि मैं मानता हूँ कि हरेक को अपनी-अपनी निष्ठा या धर्म के मुताबिक जीवन जीने का अधिकार है। मेरे बहुत से मुसलमान दोस्त हैं, परवेज शाहरी तो मुसलमान और कम्युनिस्ट दोनों थे पर मेरे सम्मानित मित्र थे। उनकी मृत्यु पर श्रद्धा और पीड़ा के साथ मैंने संस्मरण लिखा जो उर्दू में भी अनूदित होकर छपा। नारायण गंगोपाध्याय, रामविलास शर्मा, नामवरसिंह जैसे कम्युनिस्ट मित्रों के साथ मेरे सौहार्दपूर्ण संबंध हैं। मैंने कभी उनकी खुशामद नहीं की। मंच पर और लिखकर विरोध ही किया। पर आपसी सद्भाव है। व्यक्तिगत स्तर पर उनका सच्चा सम्मान करते हैं। विचारों में विरोध है। मेरी ही पार्टी का आदमी बेईमान है तो उसको सम्मान नहीं दूँगा। किसी भी झंडे या पार्टी का आदमी ईमानदार हो, गुणी हो तो उसके प्रति असीम आदर है मेरे मन में। डा. रामविलास शर्मा कम्युनिस्ट हैं पर उनके कृतित्व और व्यवहार से मैंने बहुत कुछ सीखा है। शिविरबद्धता का सबसे बड़ा अभिशाप यह है कि दूसरे के गुण दिखते ही नहीं। रामजी की कृपा से ऐसी रतौंधी मुझे कभी न हो। अपने विश्वासों के प्रति निष्ठावान रहते हुए दूसरों के सद्गुणों से निरंतर सीखते रहना ही मनुष्य के विकास का आधार है।

('जनसत्ता' : दिल्ली, 31 अक्तूबर 1999)

किसी का प्रतिमान अंतिम नहीं है

कवि-आलोचक विश्वनाथ प्रसाद तिवारी से बातचीत

हिंदी के जाने-माने आलोचक, कवि और संपादक डाक्टर विश्वनाथ प्रसाद तिवारी वर्षों गोरखपुर विश्वविद्यालय में हिंदी भाषा साहित्य के प्राध्यापक रहे। वे 1978 से ही रचना और आलोचना की विशिष्ट पत्रिका 'दस्तावेज' निकाल रहे हैं। उनके संपादन वाली इस पत्रिका ने अपनी संतुलित दृष्टि और सजग संवाद से आधुनिक साहित्य के मूल्यांकन और नई रचनाशीलता के विकास में महत्त्वपूर्ण भूमिका निभाई है। श्री तिवारी की चर्चित काव्य पुस्तकें हैं–'चीजों को देखकर', 'साथ चलते हुए', 'बेहतर दुनिया के लिए', और 'आखर आनंद'। श्री तिवारी के ये आलोचना ग्रंथ हिंदी साहित्य में मानक माने जाते हैं– 'छायावादोत्तर हिंदी गद्य साहित्य', 'नए साहित्य का तर्कशास्त्र', 'आधुनिक हिंदी कविता', 'समकालीन हिंदी कविता', 'रचना के सरोकार', 'हजारी प्रसाद द्विवेदी' और 'कविता क्या है'। इसके अलावा दर्जनभर ग्रंथों का उन्होंने संपादन किया।

कविता, आलोचना और संपादन-कला, इन विधाओं को आपने कैसे साधा?

प्रियवर, ऐसा नहीं लगता कि इन विधाओं को मैंने 'साध' लिया है। 'साधना' बड़ी चीज है, मैं छोटा आदमी हूँ। मेरी कविताओं के अब तक चार संग्रह प्रकाशित हो चुके हैं जिनमें लगभग 250 कविताएँ प्रकाशित हैं। आज उनमें से चुनने को कहा जाए तो मैं बीस-पच्चीस को ही चुनूँगा। ये कविताएँ मुझे क्यों अच्छी लगती हैं या कि इन्हें मैं क्यों बेहतर मानता हूँ, इसका विश्लेषण करते हुए पाता हूँ कि ये दूसरे की नहीं, स्वयं मेरी ही गहरी वेदना से पैदा हुई हैं। जब तक कोई वेदना कवि को इतनी मथती नहीं, इतना विवश नहीं कर देती कि वह उसकी अभिव्यक्ति के लिए व्याकुल हो जाए तब तक अच्छी कविता नहीं बन सकती। ऐसी अपरिहार्य मानसिक स्थिति में पहुँचने पर उपयुक्त और नए शब्द अपने आप आने लगते हैं बल्कि उन्हीं शब्दों में वह

विशिष्ट अनुभव हुआ करता है। इसमें मेरा कोई प्रयास नहीं है। प्रयास करके कोई शब्द तो जुटा सकता है, उनको अपने कौशल से क्रम भी दे सकता है पर उन शब्दों में जीवन नहीं होगा। वे निर्जीव शब्द पाठक में भी किसी वेदना का संचार नहीं कर सकते। अगर प्रयास से बनतीं तो मेरी सारी कविताएँ एक जैसी होतीं।

इसी प्रकार आलोचना में भी मेरी कई किताबें छप चुकी हैं जो प्रायः वैचारिक निबंधों के संग्रह रूप में हैं पर उनमें भी मैं अपने दस-बीस निबंधों को ही चुनना पसंद करूँगा। जिसमें कुछ नया कहा गया हो, कुछ अपनी बात हो, वही आलोचना भी उल्लेखनीय होती है। जहाँ तक संपादन का सवाल है, 'दस्तावेज़' के अब तक 73 अंक प्रकाशित हो चुके हैं। इनमें कुछ अंक तो कमजोर हैं ही। मेरी कोशिश जरूर रहती है कि अपने पाठकों को कुछ स्तरीय दे सकूँ पर सदैव ऐसा नहीं हो पाता।

मेरे प्रश्न का निहितार्थ यह था कि कविता, आलोचना और संपादन इन तीन दिशाओं में आपने अपनी कुशलता कैसे दिखाई है?

मनुष्य की क्षमता अनंत होती है। वह ऐसी और भी अनेक दिशाओं में अपनी सक्रियता प्रदर्शित कर सकता है। ऐसे सैकड़ों-हजारों उदाहरण हैं जिनकी प्रतिभा और क्षमता हमें आश्चर्य में डालती है। पर मेरी प्रतिभा और क्षमता वैसी नहीं है। मेरे क्षेत्र सीमित हैं। इसमें भी संपादन तो ऐसा उपक्रम है जिसमें सबका सहयोग ही सफल बना सकता है। मैं भाग्यवान हूँ कि मुझे लेखकों का सहयोग मिला है।

महान कविता की क्या विशेषताएँ होनी चाहिए? कविता के नए प्रतिमानों पर आपकी टिप्पणी?

महान कविता तो वही हो सकती है जो पाठक को भी अपनी महानता का बोध करा दे। जो उसके भीतर की सोई मनुष्यता को जगा दे। जो राख को झाड़कर उसके भीतर की चिनगारी को दहका दे। जो पाठक को बदल दे। उसे एक नई दृष्टि, एक नया आलोक प्रदान करे। महान कविता को पढ़कर उसका पाठक वही नहीं रह जाता जो उसके पढ़ने के पहले था। जो कविता पाठक को गहन अंधकार के क्षणों में प्रकाश की एक किरण देती है वही महान कविता है। कविता के नए प्रतिमानों की चर्चा काफी हुई है। इस शीर्षक से पुस्तक भी लिखी गई और लेख भी। पर प्रतिमान बने नहीं। बन भी नहीं सकते। ऐसे सर्वमान्य प्रतिमान जिन्हें कसौटी के रूप में रखकर कविता को कसा जा सके, नहीं हो सकते। श्रेष्ठ कविताएँ कसौटियों को छोटा करती जाती हैं। हर श्रेष्ठ कविता नई होती है और अपने आपमें एक कसौटी। फिर भी कसौटियाँ बनती हैं, पुरानी पड़ती हैं, नई बनती हैं और फिर पुरानी पड़ती हैं। रचना के मूल्यांकन में यह क्रम चलता रहता है। कविता के लिए कुछ प्रतिमान संस्कृत काव्यशास्त्रियों ने बनाए, कुछ मार्क्सवादी विचारकों ने, कुछ नई समीक्षा के आलोचकों ने। लेकिन सच यही है कि इनमें से किसी का प्रतिमान अंतिम नहीं है। अब इसे नया

कहें या पुराना कहें, मेरी दृष्टि में कविता का सबसे बड़ा प्रतिमान यही है कि वह मनुष्य की नियति को, उसके यथार्थ के बीच, उपयुक्ततम शब्दों में अभिव्यक्ति देने और उसे उसके अनेक आयामों में पहचानने की कोशिश करे।

कविता और राजनीति में क्या संबंध होना चाहिए? क्या कविता लोगों को राजनीतिक रूप से चेतन कर सकती है? मेरा मतलब–साहित्य पर विचारधारा के दबाव को आप किस रूप में देखते हैं?

राजनीति सदा से जीवन का अविभाज्य अंग रही है। महाभारतकार ने राजनीति को कम अभिव्यक्ति नहीं दी है। मगर राजनीति का अर्थ सिर्फ सत्ता और तंत्र की राजनीति नहीं है। न इससे कविता का कुछ विशेष संबंध ही होता है। बल्कि कहें कि कविता का संबंध मूल्यों से होता है। राजनीति भी उसके मूल्यों का ही नाम है। कविता लोगों को राजनीतिक रूप से चेतन बना सकती है तो इसी अर्थ में कि वह उन्हें राजनीति के मूल्यों के प्रति सचेत कर सकती है। साहित्य और विचारधारा का भी रिश्ता अविभाज्य ही है पर 'विचारधारा' शब्द के संकीर्ण अर्थ में नहीं। साहित्य विचारधारा का पिछलग्गू नहीं होता बल्कि उसके अंतर्विरोधों को भी उद्घाटित करता है। इस संबंध में लूकाच के साथ अन्सर्ट ब्लोश और ब्रेख़्त का विश्व प्रसिद्ध साहित्यिक विवाद घटित हो चुका है।

प्रतिबद्ध कविता, साठ के बाद की कविता और 'काव्यांदोलनों' को आप किस रूप में देखते हैं?

कविता का प्रतिबद्ध होना अच्छी चीज़ है मगर तभी जब वह मनुष्य की नियति और उसके मूल्यों के प्रति अपनी प्रतिबद्धता दिखाए। जहाँ वह पार्टी के प्रति प्रतिबद्ध होती है, वहीं संकीर्ण और स्खलित हो जाती है। और कविता के संबंध में कोई भी प्रतिबद्धता 'शब्द और अर्थ के परस्परस्पर्धी चारुत्व' (आचार्य कुंतक) की रक्षा करते हुए ही मूल्यवान हो सकती है।

जहाँ तक साठ के बाद की कविता और काव्यांदोलनों का सवाल है, हिंदी में सातवें दशक की कविता खासतौर से विविध आंदोलनों की ही कविता रही है। पर उनमें अधिकांश आंदोलन चौंकाने के लिए ही थे। इसीलिए वे क्षणजीवी होकर रह गए। उनमें भीतरी शक्ति, जो जरूरतों से पैदा होती है, नहीं थी। अकविता, अस्वीकृत कविता, न कविता, युयुत्सवादी कविता, श्मशानी कविता आदि अनेक तथाकथित आंदोलन इसी प्रकार के हैं।

समकालीन आलोचना पर आपकी टिप्पणी? क्या आलोचना के सामने आज सबसे बड़ी चुनौती स्वयं आलोचना ही नहीं है?

हिंदी में गिनेचुने आलोचक हैं जिनकी आलोचना प्रभावित करती है। बाकी अधिकांश आलोचना व्यक्ति केंद्रित और पार्टी केंद्रित हो चुकी है। आलोचना के सामने सबसे बड़ी चुनौती यदि स्वयं आलोचना ही है तो यह बहुत दुर्भाग्यपूर्ण है। आलोचना के सामने रचना एक चुनौती के रूप में होनी चाहिए। सभी प्रकार की रचना, जिसमें जीवन के अर्थ को ढूँढ़ने और उद्‌घाटित करने की कोशिश हुई है।

आपने वर्षों अध्यापन किया। आपकी दृष्टि में शिक्षा व्यवस्था के पंगु होने की वजह? समाधान क्या है?

भारतीय शिक्षा व्यवस्था पाश्चात्य परिकल्पना के अनुसार है। वह भारतीय जीवन और परिस्थितियों के अनुकूल नहीं है। इस हवाई शिक्षा व्यवस्था से बेकारी बढ़ेगी। प्राचीन भारतीय शिक्षा का लक्ष्य ज्ञान की प्राप्ति और व्यक्तित्व का निर्माण रहा है जबकि आधुनिक शिक्षा-व्यवस्था केवल सूचनाएँ देती है और पर निर्भर बनाती है। इस शिक्षा व्यवस्था को ठीक करने के लिए सबसे ज्यादा ध्यान बच्चों की शिक्षा पर देना होगा।

लेखक होने के चलते व्यक्तिगत जीवन में कभी संघर्ष करना पड़ा?

एक लेखक होने के नाते हर लेखक को अपने व्यक्तिगत-पारिवारिक और सामाजिक स्तर पर कुछ न कुछ संघर्ष झेलना ही पड़ता है। परिवार और जिस परिवेश में लेखक रहता है, उसकी चिंताएँ और कल्पनाएँ प्रायः लेखक से कुछ भिन्न हुआ करती हैं। ऐसे में दोनों के बीच एक शाश्वत द्वंद्व की स्थिति बनी रहती है। इससे लेखक को कुछ मानसिक परेशानियाँ तो झेलनी ही पड़ती हैं। ये मुझे भी झेलनी पड़ती हैं। पर कोई ऐसी राजनीतिक कठिनाई जैसे लेखन के कारण तसलीमा नसरीन या सलमान रुश्दी को झेलनी पड़ीं, सब को नहीं झेलनी पड़तीं। मुझे भी नहीं पड़ीं।

'दस्तावेज' के संपादक के नाते आप बताएँ कि लघु पत्रिका आंदोलन को किस रूप में देखते हैं?

लघु पत्रिकाएँ अपनी सीमाओं में अलग-अलग अच्छा काम कर रही हैं। पूर्व में लघु पत्रिकाओं का संगठन बनाने की कोशिश हुई। और उसके दो-तीन सम्मेलन भी आयोजित हुए हैं। पर ऐसे संगठनात्मक सम्मेलनों से लघु पत्रिकाओं का लक्ष्य पूरा नहीं होगा। संगठन अपने निर्देश दे सकते हैं, एक तरह का कैननाइजेशन कर सकते हैं पर लेखक की रचनात्मकता में कोई वृद्धि नहीं कर सकते। मेरा व्यक्तिगत विश्वास केंद्रीकरण में नहीं, विकेंद्रीकरण में है।

('जनसत्ता सबरंग' : कोलकाता, 20 अप्रैल 1997)

हिंदी को राजभाषा कहना सबसे बड़ा पाखंड

लेखक-पत्रकार डॉ. वेद प्रताप वैदिक से बातचीत

डॉ. वेद प्रताप वैदिक को भारतीय भाषाओं की लड़ाई का प्रतीक माना जाता है। उन्होंने 1966 में अंतर्राष्ट्रीय राजनीति का शोध प्रबंध हिंदी में लिखने का आग्रह किया था। इसी कारण उन्हें 'स्कूल ऑफ इंटरनेशनल स्टडीज' से निकाल दिया गया। तब उनके सवाल पर डॉ. राममनोहर लोहिया, अटल बिहारी वाजपेयी, आचार्य कृपलानी, हीरेन मुखर्जी, चंद्रशेखर, भागवत झा आजाद, मधु लिमये, जार्ज फर्नांडीज, प्रकाशवीर शास्त्री आदि ने संसद को हिला दिया था। डॉ. संपूर्णानंद, डॉ. जाकिर हुसैन, पं. दीनदयाल उपाध्याय और रामधारी सिंह दिनकर जैसे मनीषियों का भी उन्हें समर्थन मिला था। यही क्या, लगभग सभी राजनीतिक दलों ने उनका समर्थन किया था। भारतीय भाषाओं के इस अनूठे संघर्ष की गूँज देश के कोने-कोने में सुनाई पड़ी थी।

डॉ. वैदिक का जन्म 30 दिसंबर 1944 को इंदौर में हुआ। वे सदैव प्रथम श्रेणी के छात्र रहे। दर्शन और राजनीति शास्त्र उनके मुख्य विषय थे। अंतर्राष्ट्रीय राजनीति में उन्होंने पी-एच.डी. की, जवाहरलाल नेहरू विश्वविद्यालय से। चार साल तक उन्होंने दिल्ली में राजनीति शास्त्र का अध्यापन भी किया।

अपने अफगानिस्तान संबंधी शोधकार्य के दौरान श्री वैदिक को न्यूयार्क के कोलंबिया विश्वविद्यालय, लंदन के प्राच्य विद्या संस्थान, मास्को की विज्ञान अकादमी और काबुल विश्वविद्यालय में अध्ययन का विशेष अवसर मिला। अंतर्राष्ट्रीय राजनीति के विशेषज्ञों में उनका स्थान महत्त्वपूर्ण है। उन्होंने लगभग 50 देशों की यात्रा की है। वे संस्कृत, हिंदी, उर्दू, फारसी, रूसी और अंग्रेजी के जानकार हैं। वे अपने मौलिक चिंतन और प्रभावशाली व्यक्तित्व के लिए विख्यात हैं। अंग्रेजी पत्रकारिता के मुकाबले हिंदी में बेहतर पत्रकारिता का युगारंभ करने वालों में डॉ. वैदिक का नाम अग्रणी है। 1958 में प्रूफ रीडर के तौर पर

वे पत्रकारिता में आए। वे 12 वर्ष तक 'नवभारत टाइम्स' में रहे, पहले सहसंपादक और फिर संपादक (विचार) के पद पर, फिर वे प्रेस ट्रस्ट आफ इंडिया की हिंदी समाचार समिति 'भाषा' के संपादक रहे।

अफगान विदेश नीति, भारतीय विदेश नीति, श्रीलंका की तमिल समस्या और हिंदी पत्रकारिता पर, प्रकाशित डॉ. वैदिक के ग्रंथों को अपने विषय की प्रामाणिक रचनाएँ माना जाता है। उनकी पुस्तक 'अंग्रेजी हटाओ : क्यों और कैसे' का कई भाषाओं में अनुवाद हुआ है।

वैदिक जी छोटी उम्र से ही राजनीति में सक्रिय रहे। कुर्सी के बजाय उन्होंने परिवर्तन की राजनीति को सदैव प्राथमिकता दी। 13 वर्ष की आयु में भाषा के प्रश्न पर उनकी पहली जेल यात्रा हुई। उसके बाद तो भाषा और छात्र आंदोलनों में उन्हें अनेक बार मध्यप्रदेश और दिल्ली की जेलों में रहना पड़ा। उनका विश्वास है कि भाषाई आजादी के बिना हमारी राजनैतिक आजादी अधूरी है।

वर्षों आपने पत्रकारिता की। पत्रकारिता आपकी वृत्ति कैसे और क्यों बनी?

मेरे लिए पत्रकारिता मूलतः लोगों तक अपने विचार पहुँचाने का माध्यम रही। इस मायने में मैं शुद्ध पत्रकार नहीं, कुछ और हूँ। मेरे लिए पत्रकारिता माध्यम है। साधन है। साध्य है—लोगों में जागृति फैलाकर समाज परिवर्तन करना, अपने सपनों का भारत और दुनिया का निर्माण करना। पत्रकारिता एक साधन है। इस मायने में व्याख्यान देने, लेख लिखने और व्यावहारिक सेवा कार्य करने में कोई बुनियादी अंतर नहीं मानता हूँ। ये सभी उसी लक्ष्य के पहलू हैं।

पत्रकारिता में उपहार संस्कृति की जड़ें गहरी हो रही हैं, नहीं क्या?

पत्रकार अपने कार्य के प्रति विमुख हुए हैं, इसीलिए उपहार संस्कृति बढ़ी है। पत्रकारों को अपने कर्तव्य और कार्य के प्रति गर्व बोध होना चाहिए। उन्हें ये गर्व होना चाहिए कि कोई प्रलोभन और कोई डर उन्हें अपने मार्ग से डिगा नहीं सकता। इसके अलावा कुछ आत्मारोपित आचार संहिता भी होनी चाहिए। उस संहिता को सरकार लागू करे, उससे ज्यादा जरूरी है कि हर अखबार लागू करे।

मुलायम सिंह ने पत्रकारों को काफी खैरात बाँटी थी। आपके न्यास को भी दस लाख मिला था। क्या इस तरह नेताओं से उपहार ग्रहण करना चाहिए?

बिल्कुल नहीं। कोई भी पत्रकार किसी भी नेता या संस्था या राजकोष से कोई व्यक्तिगत लाभ उठाता है तो मेरी दृष्टि में यह निंदनीय है लेकिन कुछ अपवाद अवश्य

हो सकते हैं। किसी गहन बीमारी के इलाज या न्यास आदि के लिए अगर कहीं से सहायता मिले तो उसमें ज्यादा बुराई नहीं है। राजनेताओं को चाहिए कि वे अपने दुर्गुणों से पत्रकारिता को मुक्त रखें।

पत्रकारिता ने अपने अंदर कई विकृतियाँ घुस जाने दी हैं। इसका निवारण आपकी दृष्टि में क्या है?

पत्रकारिता में विकृतियों का एक बड़ा कारण कुसंग है। राजनीतिकों और पत्रकारों का संबंध चोली दामन की तरह हो गया है। राजनीति का भ्रष्टाचार, पिलपिलापन, नैतिक शिथिलता, सतहीपन, अब पत्रकारिता को अंदर से खोखला कर रही है। संपादक का पद अब लगभग समाप्त हो गया है। मालिकों और प्रबंधकों ने उसे अपनी कठपुतली बना लिया है। शासन और मालिकों के बीच साँठगाँठ बहुत बढ़ गई। पाठक की सर्वोपरिता भी बदल गई। मालिकों के लिए पत्रकारिता का लक्ष्य खबर या जनजागरण नहीं, पैसा है। इसीलिए पत्रकारों का सम्मान भी घटा है।

इन्हीं सबके चलते पत्रकारिता अब मिशन नहीं रह गई क्या?

आजकल कुछ भी मिशन नहीं रह गया। आजकल संन्यास भी व्यापार बन गया। राजनीति भी धंधा हो गई। केवल पत्रकारिता कहाँ से बचे।

पत्रकारिता और साहित्य में क्या संबंध होना चाहिए?

पत्रकारिता त्वरित साहित्य है और साहित्य दीर्घकालिक पत्रकारिता। या यो कहें, पत्रकारिता द्रुत साहित्य है और साहित्य विलंबित पत्रकारिता है। पत्रकारिता में साहित्य होना ही चाहिए।

तभी, आप देखें दैनिक पत्रों के रविवासरीय संस्करण साहित्य और संस्कृति से भरे रहते हैं। वे पत्रिकाओं के स्थानापन्न बन रहे हैं। लेकिन अंग्रेजी के अनावश्यक वर्चस्व ने हमारे साहित्य और पत्रकारिता दोनों की कमर तोड़ दी है। यही नहीं, ऊँची जातियों, शहरियों और संपन्नों की नई पीढ़ियों का अब हिंदी साहित्य और पत्रकारिता से बहुत कम वास्ता रह गया है।

बदलते समय संदर्भ में जबकि प्रकाशन गृहों पर अंग्रेजी और पश्चिमीकरण का दबाव बल्कि अमेरिकीकरण का दबाव बढ़ा है। ऐसे में आप मुख्य चुनौतियाँ क्या देखते हैं?

पश्चिम के बढ़े हुए प्रभाव से जो कुछ ग्राह्य है उसे ग्रहण करना है और जो अग्राह्य है उसको छोड़ना है।

क्या ग्राह्य है और क्या अग्राह्य?

कंप्यूटर ग्राह्य है। दूरसंचार ग्राह्य है। कार्यकुशलता, समय की पाबंदी—ये ग्राह्यता है। अग्राह्य है—मुक्त यौन संबंध, आर्थिक लाभ के भ्रष्टाचार, पारिवारिक संबंधों का शैथिल्य, बिखराव और प्रदूषण।

क्या आपको नहीं लगता कि 'सन् 60 के बाद उभरी साहित्य की प्रवृत्तियाँ और उनके प्रतिनिधि लेखकों का संबंध विच्छेद हो गया?

ये सब बातें पुरानी पड़ गईं। उनके कारणों में जाने का कोई लाभ नहीं। नए 'धर्मयुग' में सबको लिखने की स्वतंत्रता है।

आप हिंदी के योद्धा रहे हैं। और जब 'भाषा' के आप संपादक रहे तो क्या संवाद एजेंसी 'भाषा', पीटीआई पर ज्यादातर निर्भर नहीं रहती थी?

मेरे ख्याल से दस वर्ष में शायद ही ऐसा कोई दिन गया कि जब 'भाषा' की मूल हिंदी खबरों का पीटीआई ने अंग्रेजी में अनुवाद न किया हो। जहाँ तक बड़ी राजनीतिक खबरों का प्रश्न है, पीटीआई ही नहीं, 'भाषा' ने विदेशी न्यूज एजेंसियों को भी कई बार मात दिया। कई बार भाषा और अंग्रेजी एजेंसियों के समाचार विदेशों में साथ-साथ गए हैं। हमेशा 'भाषा' ने दुनिया की सभी एजेंसियों पर फतह करके दिखाया है। न्यूज एजेंसियों में अगर कोई खबर एक मिनट भी पहले आती है तो वह खबर देने वाला हीरो हो जाता है। भाषा ने कई बड़ी-बड़ी खबरें अपने टीपी पर चार-पाँच घंटे पहले देकर यह सिद्ध किया है कि मातृभाषा में किया गया काम विदेशी भाषा में किए गए काम से बेहतर होते हैं। बहरहाल इसका मतलब ये नहीं हुआ कि 'भाषा' ने अनुवाद का काम नहीं किया। रोज ही पीटीआई की दर्जनों खबरों का अनुवाद करने के लिए 'भाषा' मजबूर थी। क्योंकि हिंदी इलाके के बाहर भाषा का कोई भी खबर तंत्र पीटीआई ने बनने ही नहीं दिया।

राजभाषा हिंदी का सवाल आज भी अनसुलझा क्यों है?

इस देश की राजभाषा अंग्रेजी है। हिंदी को राजभाषा कहना सबसे बड़ा पाखंड है। संविधान का उल्लंघन है। संविधान का उल्लंघन इस देश के राष्ट्रपति और प्रधानमंत्री प्रतिदिन करते हैं। पता नहीं, क्यों इन लोगों पर कुछ अच्छे वकील मुकदमा दायर नहीं करते। हिंदी के खिलाफ दुराचरण का मूल दिल्ली है। इसीलिए हिंदी का सवाल आज भी अनसुलझा है।

आप पश्चिम एशिया मामलों के विशेषज्ञ हैं। पश्चिम एशिया की मौजूदा स्थिति पर आपकी टिप्पणी?

पूरे पश्चिम एशिया में मोटे तौर पर अभी भी शांति ही है। सिवाय इसके कि अफगानिस्तान में पिछले 18 साल से एक गृह युद्ध सा चल रहा है। अभी अगले कुछ वर्षों तक अफगानिस्तान में शांति व स्थायित्व के आसार दिखाई नहीं देते। अफगानिस्तान में विभिन्न जातियों को अड़ोसी-पड़ोसी देश उकसा रहे हैं। फौजी मदद कर रहे हैं। और सदा लड़ते रहने के लिए मजबूर कर रहे हैं।

('जनसत्ता सबरंग' : कोलकाता, 2 फरवरी 1997)

अकादमिक आलोचना साहित्य का क्या भला करेगी

बांग्ला उपन्यासकार शीर्षेंदु मुखोपाध्याय से बातचीत

शीर्षेंदु मुखोपाध्याय बांग्ला के वरिष्ठ और विशिष्ट उपन्यासकार हैं। 'घुनपोका', 'पारापार', 'जागो पाखी', 'उजान', 'दूरबीन', 'मानवजमीर' जैसी प्रसिद्ध कृतियों के रचयिता शीर्षेंदु मुखोपाध्याय के खाते में पैंसठ उपन्यास दर्ज हैं। उनकी अब तक ढाई सौ से ज्यादा कहानियाँ भी प्रकाशित हो चुकी हैं। उन्होंने बच्चों और किशोरों के लिए भी प्रचुर साहित्य लिखा है। उनके बाल उपन्यासों की ही संख्या बीस है। 2 नवंबर 1935 को मयमनसिंह (अब बांग्लादेश में) में जन्मे शीर्षेंदु ने कलकत्ता विश्वविद्यालय से बांग्ला साहित्य में एम.ए. किया और शुरू में उन्होंने पेशे के रूप में अध्यापन को अपनाया। बाद में पत्रकारिता उनकी वृत्ति बनी। बीते पच्चीस वर्षों से वे आनंद बाजार पत्रिका पत्र समूह से जुड़े हैं। साहित्य में उनके उल्लेखनीय अवदान के लिए उन्हें कई पुरस्कार हासिल हो चुके हैं, जिनमें साहित्य अकादेमी पुरस्कार, आनंद पुरस्कार, विद्यासागर पुरस्कार आदि प्रमुख हैं।

साहित्य आपके जीवन में कैसे आया?

मैं जब छोटा था, तो साहित्य पढ़ना अच्छा लगता था—खासकर कहानी की किताबें। यों घर में कोई भी किताब पढ़ने की छूट थी। पढ़ते-पढ़ते ही लिखने की इच्छा जाग्रत हुई। जब दसवीं कक्षा में पढ़ता था तो पहली बार खुद एक रचना लिखी जो स्कूल की पत्रिका में छपी। वह रचना कहानी थी। कालेज में गया तो कालेज की पत्रिका में भी कहानी लिखी। लेकिन गंभीर रूप से साहित्य सृजन की शुरुआत एम. ए. करने के बाद हुई और अंततः साहित्य ही मेरे जीवन का अवलंबन बन गया। मुझे लगा कि मेरे पास कहने को बहुत कुछ है और उसकी अभिव्यक्ति गद्य में ही हो सकती है, इसीलिए कहानी, उपन्यास मेरी विधा बनी। कविता मैंने नहीं लिखी पर

अभी भी कविता मेरा पहला प्रेम है। कोई भी पत्रिका हाथ लगती है तो सबसे पहले कविताएँ ही पढ़ता हूँ। पर मुझे लगता रहा है कि जो मुझे कहना है, वह कविता में नहीं कहा जा सकता।

अध्यापन छोड़कर पत्रकारिता में आने के पीछे आपकी क्या दृष्टि थी? यह भी बताएँ कि सर्जनात्मक लेखन में पत्रकारिता बाधक है या सहायक? पत्रकारिता से जुड़े रहने का आपको स्वयं फायदा हुआ या नुकसान?

पत्रकारिता में मैं खुद नहीं आया। इमरजेंसी में सेंसरशिप के दौरान अखबार में जगह भरने की समस्या रहती थी। तब तक गद्य लेखक के रूप में मेरी पहचान बन गई थी। सेंसरशिप के दौरान ही आनंद बाजार वालों ने फीचर लेखक के रूप में मुझे नौकरी देने का प्रस्ताव किया तो अध्यापन को अलविदा कह मैं सहर्ष पत्रकारिता में आ गया। 1976 में फीचर लिखता, वैचारिक टिप्पणियाँ लिखता। अखबार ने मुझे भारत के कोने-कोने में टूर पर भेजा। पूरा देश घूमा। तरह-तरह के अनुभव हुए, जो बाद में सर्जनात्मक साहित्य में काम आए। पत्रकारिता से मेरी सर्जनात्मकता को मदद ही मिली। मुझे सर्जनात्मक जीवन में पत्रकारिता कहीं से बाधक नहीं लगती।

साहित्य पर सूचना तकनीक के प्रभाव को आप किस रूप में देखते हैं?

साहित्य पर ज्यादा प्रभाव नहीं पड़ेगा। मेरे घर में भी कंप्यूटर है। मेरे बेटा-बेटी दोनों कंप्यूटर एक्सपर्ट हैं। मुझसे कहा गया कि कंप्यूटर पर ही लिखूँ। मैंने मना कर दिया। पैंतालीस वर्षों से हाथ से लिख रहा हूँ। कंप्यूटर पर क्यों जाऊँ? वैसे सूचना तकनीक की सुविधाएँ साहित्य ले सकता है। पर इस तकनीक का ज्यादा असर इसलिए नहीं पड़ेगा कि कंप्यूटर में तमाम किताबें पढ़ने की छूट भले हो, पर उसके इतर दुष्प्रभाव भी हैं। ज्यादा देर पढ़ेंगे तो आँख में जलन होगी, सिर दुखेगा। और छपी किताब तो आप कहीं भी—लेटे हुए, बैठकर ट्रेन में—पढ़ सकते हैं। फिर जहाँ कंप्यूटर का राज है, उस यूरोप में भी छपी किताबों का बाजार कायम है।

पैंतालीस वर्षों से आप उपन्यास, कहानियाँ लिख रहे हैं, फिर भी क्या कुछ ऐसा है जो नहीं लिख पाए, छूट गया?

ऐसी तो अनेक चीजें हैं जिन्हें नहीं लिख पाया हूँ। जीवन इतना विराट है कि उसकी हर बात कैसे लिखी जा सकती है? इतना जरूर है कि जब लिखने बैठता हूँ तो उसमें पूरी तरह डूबकर लिखता हूँ, पूरी आंतरिकता के साथ, आस्था के साथ, हृदय से लिखता हूँ। गंभीरता के साथ लिखता हूँ। मैं अपने लेखन की गुणवत्ता पर टिप्पणी नहीं कर रहा हूँ बल्कि रचना प्रक्रिया के बारे में बता रहा हूँ कि मैंने कभी सुनियोजित तरीके से साहित्य नहीं लिखा। जब कहानी या उपन्यास शुरू करता हूँ तो एक-एक

पंक्ति लिखता जाता हूँ और कथा आगे बढ़ती जाती है। कभी यह सोचकर लिखना शुरू नहीं किया कि समापन ऐसे होगा। कथा जिधर जाना चाहती है, जाने देता हूँ।

आपके प्रिय लेखक कौन हैं?

मेरे अत्यधिक प्रिय लेखक हैं बंकिमचंद्र चट्टोपाध्याय, माइकल मधुसूदन दत्त, रवींद्रनाथ ठाकुर, विभूतिभूषण बंद्योपाध्याय, जीवनानंद दास, दॉस्तॉएव्स्की, टालस्टाय, अल्बेयर कामू और चेखव।

मार्क्स ने प्रभावित नहीं किया?

छात्र जीवन में मार्क्सवाद से थोड़ा प्रभावित हुआ था—लेकिन थोड़ा ही। परवर्तीकाल में मेरे ऊपर मार्क्सवाद का कोई असर नहीं रहा। यहाँ तक कि बंकिम और दॉस्तॉएव्स्की का असर भी मेरे आरंभिक जीवन पर ही रहा। परवर्ती जीवन में मेरे लेखन या चिंतन पर किसी का प्रभाव नहीं है।

आपके प्रिय लेखकों की सूची में काजी नजरुल इस्लाम का नाम क्यों नहीं है?

अपने प्रिय लेखकों के जो नाम अभी आपको मैंने बताए, आप चाहें तो उनमें नजरुल का नाम जोड़ लें। पर नजरुल मुझे रवींद्रनाथ या जीवनानंद दास की तरह प्रभावित नहीं करते। रवींद्रनाथ या जीवनानंद दास को पढ़ने के लिए जो ललक है, वह नजरुल के लिए नहीं है। उनकी किताब हाथ में आई तो पढ़ ली। नजरुल के साथ विडंबना यह है कि कुछ अच्छी कविताओं के बावजूद उन्होंने 'सिन्सियरली' कविताएँ नहीं लिखी हैं। एक दूसरी सीमा यह है कि उनकी कविताओं में आवेग ज्यादा है।

क्या रामकृष्ण परमहंस ने भी आपको प्रभावित किया?

जब मैं छोटा था तो परमहंस के बारे में पढ़ता था। मेरा बचपन परमहंस के विचारों के अनुकूल ही दीक्षित हुआ। बल्कि मेरा पूरा परिवार ही। परमहंस ने अपने विचारों को जहाँ छोड़ा, उसे आगे ले गए श्री श्रीठाकुर नुकूलचंद। नुकूलचंद मुझे सहज ही गुरु रूप में सुलभ हो गए। रामकृष्ण परमहंस नजदीक के मानुष नहीं थे पर मेरे गुरु मेरे लिए हमेशा नजदीक के मानुष रहे। मेरे पूरे जीवन और चिंतन पर ठाकुर का बहुत प्रभाव पड़ा। बंगाली होकर भी हमारा परिवार शाकाहारी है।

सनातन धर्म में आपकी आस्था जगजाहिर है। धर्म का जिस तरह भगवाकरण हुआ है, उस पर आपकी क्या प्रतिक्रिया है?

भगवाकरण कर धर्म का बाजा बजा दिया गया। धर्म की राजनीति से बुरी बात कुछ हो ही नहीं सकती। धर्म एक जीवन-पद्धति है। धर्म सदाचार, सद्व्यवहार सिखाता है। सच्चरित्र बनाता है। आज हाल यह है कि जो चोरी कर रहा है, घूस खा रहा है, वह भी 'धार्मिक' बना फिर रहा है।

भगवाकरण का दबाव क्या बांग्ला साहित्य में महसूस हो रहा है?

कोई भी समकालीन समस्या होती है तो तुरत-फुरत में उसे कोई भी साहित्य नहीं पकड़ता। इसमें समय लगता है। शायद इसीलिए धर्म के राजनीतिकरण, फासीवाद या बाबरी मस्जिद गिराए जाने की घटना पर बांग्ला में कोई कहानी नहीं आई है। लेकिन यहाँ पर मैं जोर देकर कहना चाहूँगा कि राजनैतिक इस्तेमाल करने वाले या फिर फासीवाद में भरोसा करने वाले धर्म के असली शत्रु हैं। जो सच्चा धार्मिक होगा, वह सब धर्मों को समान समझेगा। धर्म सही अर्थों में मनुष्य-मनुष्य के बीच के अंतर को मिटाता है, सुसंस्कारित करता है।

समकालीन बांग्ला साहित्य के बारे में आपकी क्या राय है?

मेरे समकालीन गद्य लेखकों में अतीन बंद्योपाध्याय, सैयद मुस्तफा सिराज, सुनील गंगोपाध्याय, दिव्येंदु पालित और श्यामल गंगोपाध्याय और कवियों में शक्ति चट्टोपाध्याय, सुनील गंगोपाध्याय, शंख घोष और जय गोस्वामी न सिर्फ सुप्रतिष्ठित हैं बल्कि इनके पाठक भी भारी संख्या में हैं। मेरे बाद की जो पीढ़ी है, उसके बारे में एक तथ्य की जानकारी आपको देता हूँ। युवा साहित्यिकों में बांग्ला में गद्य लेखकों की संख्या बहुत कम है, यही कोई आठ-दस। कविता में दूसरा परिदृश्य है। कवि अनेक हैं। लेकिन नए लेखकों के पाठक नहीं हैं। बांग्ला साहित्य के पाठक बुरे नहीं तो अच्छे भी नहीं हैं। नीरेंद्रनाथ चक्रवर्ती और जय गोस्वामी के प्रचुर पाठक हैं। पाठक अमूमन उन्हीं समकालीन लेखकों को पढ़ता है, जिनका नाम हो गया है।

और आलोचना की स्थिति कैसी है?

बांग्ला में समालोचना-साहित्य दुर्बल है। समकालीन बांग्ला साहित्य का वस्तुपरक मूल्यांकन नहीं होने की एक वजह यह भी है कि अधिकतर बांग्ला समालोचक पेशे से अध्यापक हैं। ये विश्वविद्यालय के अध्यापकगण बहुत ही औपचारिक आलोचनाएँ करते हैं। अकादमिक आलोचना साहित्य का क्या भला करेगी? अकादमिक लोग आधुनिक साहित्य से कई बार सामंजस्य ही नहीं बिठा पाते। जब वे ठीक से कृति को समझेंगे ही नहीं तो क्या आलोचना करेंगे? और करेंगे भी तो उसका साहित्यिक मूल्य क्या होगा?

बांग्ला का प्रचुर साहित्य हिंदी समेत कई भाषाओं में अनूदित है, पर उसी अनुपात में दूसरी भाषाओं के साहित्य का बांग्ला में अनुवाद नगण्य है। आखिर बंगाल हुगली के उस पार क्यों नहीं देखना चाहता?

बंगाल के बाहर का लिखा साहित्य बांग्लाभाषियों में कम पसंद किया जाता है। यहाँ तक कि बांग्लादेश और त्रिपुरा में छपी बांग्ला साहित्य की ही किताबें बंगाल में

नहीं बिकतीं—तसलीमा नसरीन जैसे एकाध अपवादों को छोड़कर। बाहर का लिखा यहाँ नहीं चलता, शायद इसीलिए दूसरी भाषाओं का साहित्य बांग्ला में नहीं के बराबर अनूदित हुआ है। दूसरी भाषाओं का साहित्य पढ़ने के लिए पाठकों को प्रेरित करना होगा। अनुवाद का बाजार नहीं है तो उसे विकसित करना पड़ेगा। अभी प्रकाशक भी अनुवाद नहीं छापना चाहते। मूल-रचनात्मक लेखन के ही पाठक हैं सो वही छापते हैं। हमारी 'देश' पत्रिका तक ने अनुवाद छापना बंद कर दिया है। बांग्ला में अनुवाद तब चलेगा, जब सरकार अनुदान, मदद देकर उसका बाजार विकसित करे। दूसरी भाषाओं की श्रेष्ठ सर्जना का अनुवाद नहीं होने का एक जबर्दस्त नुकसान यह हुआ है कि बंगाल के लोग नहीं जानते कि उनके पड़ोस में क्या लिखा जा रहा है या पड़ोस की भाषा का साहित्य किस दिशा में जा रहा है। आज हिंदी, गुजराती, मराठी, पंजाबी, मलयालम, तेलुगु, तमिल का श्रेष्ठ साहित्य बांग्ला में अनुपलब्ध है। हिंदी के श्रेष्ठ साहित्य का बांग्ला में अनुवाद एक समय होता था और छपता भी था—चालीस-पचास के दशक में। लेकिन अनुवाद की बिक्री जब संतोषजनक नहीं हुई तो वह सिलसिला वहीं रुक गया।

हिंदी के किन लेखकों को आपने पढ़ा है?

प्रेमचंद, फणीश्वरनाथ रेणु और महादेवी वर्मा की रचनाएँ मैंने पढ़ी हैं। हिंदी के ये लेखक अत्यंत विराट साहित्यिक हैं। प्रेमचंद तो माटी के मानुष थे और माटी से उनका जुड़ाव, उनकी अभिव्यक्ति का जोरदार होना उन्हें महान लेखक बनाता है। प्रेमचंद ऐसे कृती लेखक हैं जिनसे रवींद्रनाथ ठाकुर की तुलना की जा सकती है। रेणु की रचनाएँ भी अपनी विषयवस्तु और शिल्प में बेजोड़ हैं। मेरी राय में साहित्य—खासकर कहानी—में आदर्श और यथार्थ दोनों रहना चाहिए और दोनों में सामंजस्य रहना चाहिए। कहानी के लिए फार्म आदर्श वस्तु है और वही विषय की बेहतर प्रस्तुति में मददगार होती है। रेणु इसके उदाहरण हैं।

राष्ट्रभाषा के रूप में हिंदी के विरोध में बंगाल में जब-तब जो आवाज उठती है, उस पर आपकी क्या टिप्पणी है?

राष्ट्रभाषा हिंदी है, जो सही है। पर मेरी राय में ज्यादा सही तो तब होता जब संस्कृत राष्ट्रभाषा होती। क्योंकि संस्कृत ही हर भाषा की माँ है। संस्कृत की दुरूहता दूर की जानी चाहिए। जब संस्कृतनिष्ठ हिंदी और संस्कृतनिष्ठ बांग्ला समझ में आ जाती हैं तो संस्कृत भी सहज रूप में ग्राह्य हो पाएगी और असली राष्ट्रभाषा बन जाएगी। देश के कई हिस्सों में हिंदी संपर्क भाषा है। हिंदी सिनेमा ने इस काम में बड़ी भूमिका निभाई है, जिसके कारण अधिकतर अहिंदीभाषी हिंदी समझ लेते हैं। दिक्कत

दक्षिण भारत में है, जहाँ का रिक्शावाला न हिंदी समझता है न अंग्रेजी। ऊपर से दक्षिण में हिंदी का विरोध भी है। जहाँ भी हिंदी का विरोध है उसकी काट यही हो सकती है कि संस्कृत को राष्ट्रभाषा बना दिया जाए। वह एक आदर्श स्थिति भी होगी। भारतीय भाषाओं में कटुता खत्म होगी। वे पास आएँगी।

('जनसत्ता' : दिल्ली, 6 मई 2001)

नेताशाही पहले से ज्यादा भ्रष्ट, बेशर्म और क्रूर हुई है

कथाकार श्रीलाल शुक्ल से बातचीत

श्रीलाल शुक्ल हिंदी के विशिष्ट कथाकार और व्यंग्यकार हैं। उनका उपन्यास 'राग दरबारी' हिंदी में मील का पत्थर है। 'सूनीघाटी का सूरज', 'अज्ञातवास', 'सीमाएँ टूटती हैं', 'मकान', 'आदमी का जहर', 'पहला पड़ाव' और 'बिस्रामपुर का संत' उनकी अन्य बहुचर्चित कथाकृतियाँ हैं। उनके ये व्यंग्य संग्रह—'अंगद का पाँव', 'यहाँ से वहाँ', 'कुछ जमीन पर कुछ हवा में', 'आओ बैठ लें कुछ देर', 'उमराव नगर में कुछ दिन', भी हिंदी जगत में पर्याप्त समादृत रहे हैं। 31 दिसंबर 1925 को लखनऊ के अतरौली गाँव में जन्मे श्रीलाल शुक्ल की पढ़ाई-लिखाई लखनऊ, कानपुर व इलाहाबाद में हुई। पहले वे उत्तर प्रदेश राज्य प्रशासनिक सेवा और बाद में भारतीय प्रशासनिक सेवा में रहे। 1983 में वे सेवानिवृत्त हो गए। तब से स्वतंत्र लेखन कर रहे हैं। साहित्य में उल्लेखनीय योगदान के लिए उन्हें साहित्य अकादेमी, व्यास सम्मान आदि पुरस्कारों से विभूषित किया गया है।

पुरस्कारों-सम्मानों के बारे में आपकी अपनी प्रतिक्रिया क्या है?

निंदा-प्रशंसा, अवज्ञा-पुरस्कार, ख्याति-कुख्याति आदि लेखन कर्म के साथ जुड़ी आनुषंगिक स्थितियाँ हैं। पुरस्कार पाकर, आर्थिक संतोष के साथ, यह मानना अच्छा लगता है कि आपकी कृति एक विशेष पाठक वर्ग की दृष्टि में सार्थक है, पर पुरस्कार-प्राप्ति को किसी रचना की गुणवत्ता का अनिवार्य प्रमाण मान बैठना लेखक के लिए भ्रांतिपूर्ण और अहितकर है।

'बिस्रामपुर का संत' पर आपको व्यास सम्मान मिला। यह कृति एक तरह से 'राग दरबारी' का विस्तार लगती है। इससे आप कहाँ तक सहमत हैं?

इस प्रश्न का उत्तर प्रबुद्ध पाठक और आलोचक ही दे सकते हैं। जहाँ तक मेरी

बात है, स्पष्ट है कि वह 'राग दरबारी' हो या 'बिस्रामपुर का संत' लेखक का समग्र राजनीति-बोध और समाज-बोध, शैलीगत भिन्नता होते हुए भी, दोनों कोटि की रचनाओं में प्रतिबिंबित होता ही।

'राग दरबारी' ने स्वतंत्र भारत की लोकशाही में आदर्शवाद के मुखौटे को चीरकर रख दिया है। लोकशाही की सड़ी व्यवस्था को और सड़ने से कैसे बचाया जा सकता है?

सिवाय इसके कि प्रबुद्ध व्यक्तियों के नेतृत्व में जनता ही सशक्त रूप से संगठित होकर राजनीतिक और प्रशासनिक भ्रष्टाचार और कुव्यवस्था के खिलाफ खड़ी हो—कोई विकल्प नहीं दीखता। आज का राजनीतिक नेतृत्व इस दिशा में कभी पहल नहीं कर पाएगा।

'राग दरबारी' के धूर्त नेता, वैद्य जी, प्रिंसिपल साब, गँवार सनीचर, पिता को मारने की परंपरा निभानेवाले छोटे पहलवान या उनका न्याय करने वाले पंच—तीन दशक बाद इन चरित्रों में क्या कोई बदलाव आप महसूस करते हैं?

बदलाव यदि हुआ है तो यही कि यह नेताशाही पहले से ज्यादा भ्रष्ट, बेशर्म और क्रूर हो गई है।

आप अपनी कहानियों—'सुरक्षा', गिरफ्तारी', 'सपोला', 'दुराचरण', 'परी दीन की प्रेमगाथा' में लोकतंत्र में चल रही विकास योजनाओं का मुखौटा उतार देते हैं। क्या इन योजनाओं में छल के कारण ही हम पिछड़ते चले गए?

पिछड़ने का यह एक कारण है—योजनाओं के कार्यान्वयन में भ्रष्टाचार और छल। पर इससे भी ज्यादा महत्त्वपूर्ण कारण और भी हैं, जैसे—1. प्राथमिक शिक्षा, जनस्वास्थ्य, परिवार-नियोजन आदि के घोषित कार्यक्रमों में राजनीतिक इच्छा और प्रशासनिक निष्ठा का पूर्ण अभाव, 2. आर्थिक नीतियों में स्पष्ट सोच और सैद्धांतिक प्रतिबद्धता का अभाव, 3. शासकीय व्यय में विलासिता और 4. निम्नतम और निम्न मध्यम वर्ग के प्रति उपेक्षा का भाव आदि।

आपकी कहानी 'दंगा' से पता चलता है कि प्रशासन कितने संवेदनहीन तरीके से चीजों को देखता है। आपने लगातार व्यवस्था की विद्रूपताओं पर प्रहार किए हैं। आप बताइए व्यवस्था जनोन्मुख क्यों नहीं होती?

क्योंकि संपूर्ण व्यवस्था—वह चाहे विधायिका हो, कार्यपालिका या न्यायपालिका, उनकी मानसिकता पर उच्चवर्गीय आभिजात्य (इलिटिज्म) और वीआईपी बन जाने की मानसिकता हावी है।

आपके कहानी-संग्रह 'यह घर मेरा नहीं' की कहानियाँ आजाद भारत में जड़ें

जमाते छल-प्रपंच और पाखंड को प्रतिबिंबित करती हैं। आपकी दृष्टि में छल व पाखंड से जीवन-समाज को कैसे मुक्त किया जा सकता है?

इसका कोई सीधा-सा उत्तर संभव नहीं है। यदि राजनीति से बाहर जाकर कोई जनोन्मुखी नेतृत्व शुद्ध नैतिक मूल्यों के आधार पर विकसित हो सके—जैसाकि, राजनीति के बावजूद, गाँधी और जयप्रकाश नारायण के समय में हुआ तो शायद वर्तमान मूल्यहीनता के खिलाफ कोई विकल्प दीखना शुरू हो जाए।

शुक्ल जी, क्या आप बताएँगे कि आपको लेखक होने के लिए किन चीजों ने उकसाया था?

मेरे घर का जो वातावरण था, उसमें मेरे बचपन में किताबें और पत्र-पत्रिकाएँ खूब पढ़ने को मिलती थीं। मेरे परिवार में पहले भी कुछ लेखक हुए हैं। साहित्य के अध्ययन में पारिवारिक रुचि थी। यही स्थितियाँ रही होंगी जिससे कि मैं खुद लेखक बना।

व्यंग्य, कहानी आपकी सजातीय विधा कैसे बनी?

मुझे ऐसा लगता है कि आज के समाज के बारे में कुछ लिखा जाएगा तो किसी न किसी रूप में उसकी व्यंग्यात्मक भंगिमा होगी ही। अकेले अविधा के सहारे ज्यादा कुछ कहा नहीं जा सकता है।

अपनी पीढ़ी और अपनी अनुज पीढ़ी के लेखकों की कहानियों में शिल्प और विषय-वैविध्य के स्तर पर क्या अंतर पाते हैं?

यह तो अध्ययन का विषय है। तात्कालिक उत्तर देना कठिन है। पिछले तीस-पैंतीस वर्षों में गद्य का स्वरूप बदला है। आसान भाषा में जटिल से जटिल अंतर्ध्वनियाँ समेटने की शक्ति आज के नए लेखक की भाषा में जिस रूप में आई हैं, पहले छायावाद या नई कविता से प्रभावित पीढ़ी के गद्य में वैसी शक्ति नहीं थी।

आप शिल्प और वस्तु में किसे महत्त्वपूर्ण मानते हैं?

दोनों अलग-अलग चीजें नहीं हैं। समर्थ लेखक की अपनी क्षमता और अनुभूति खुद अंतर्वस्तु का चयन करती है और अपने आप उसके लिए शिल्प विकसित होता है।

शिल्प पर ज्यादा ध्यान देना क्या अनैतिक है? कला और नैतिकता का आपस में क्या संबंध है?

इस प्रश्न का उत्तर कठिन है। कला और नैतिकता इन दोनों शब्दों के तात्पर्य सापेक्ष हैं और बदलते रहते हैं। इनका कोई निश्चित और जड़ अर्थ नहीं है।

लेखक के लिए किसी मतवाद का अनुगामी होना या वैचारिक रूप से प्रतिबद्ध होना क्या उचित है?

वैचारिक प्रतिबद्धता अनिवार्य तो नहीं है पर जब जीवन-दृष्टि नहीं है, तो समाज और जगत् के और उसके निमित्त जिस रचना का प्रणयन हो रहा है, उसके विषय में भी सही परिप्रेक्ष्य विकसित नहीं होता। फिर भी प्रतिबद्धता का अर्थ यह नहीं कि 'साहित्यिक रचना' और 'पार्टी लिटरेचर' के अंतर की समझ ही खारिज कर दी जाए।

विचारधारा के दबाव से कहानी को क्षति नहीं पहुँची है?

मेरी दृष्टि में कहानी को विचारधारा के कारण कोई क्षति नहीं पहुँची। जहाँ विचारधारा का सर्वथा अभाव है और शुद्ध कलावादी दृष्टि से लिखा जा रहा है, वहाँ भी बिल्कुल निरर्थक और स्वादरहित रचनाएँ मिल सकती हैं। मूलतः विचारधारा के दबाव का प्रश्न लेखक विशेष की आस्था, क्षमता और प्रतिभा से संबंध रखता है।

एक महान कहानी की क्या विशेषताएँ होनी चाहिए?

कहानी या उपन्यासों के प्रतिमानों का उल्लेख संक्षेप में करना मुश्किल है। आज भी जब मैं अच्छी कहानियों की बात सोचता हूँ तो चेखव जैसे लेखक मेरे दिमाग में आते हैं। हिंदी में सबसे अधिक उदय प्रकाश और अखिलेश आकर्षित करते हैं। इसका यह मतलब नहीं कि दूसरे क्षमताशील लेखक नहीं हैं। उपन्यासकारों में भी मेरे दिमाग में टालस्टाय, दास्ताएवस्की के नाम तुरंत याद आते हैं। हिंदी उपन्यासों में 'इदन्नमम', 'झूठा सच', 'मैला आँचल', 'बाणभट्ट की आत्मकथा', जैसे अनेक अपवादों को छोड़कर अधिकांश उपन्यास मुझे बहुत आकर्षक नहीं लगते।

क्यों नहीं आकर्षक लगते?

विश्व स्तर पर उपन्यास ने जो हैसियत हासिल कर ली है, वहाँ तक पहुँचने में हिंदी उपन्यास को अभी बहुत चलना होगा।

तो क्या हिंदी कथा-साहित्य के भविष्य से आप बहुत आश्वस्त नहीं हैं?

कथा-साहित्य में कहानियाँ और उपन्यास दोनों शामिल हैं। मुझे हिंदी कथा-साहित्य का भविष्य गतिशील दीख रहा है। कथा-साहित्य में शैली के नए-नए प्रयोग हो रहे हैं। गहनता है। संवेदनशीलता के अनेक स्तर हैं। इसके भविष्य से आश्वस्त न होने का कोई कारण नहीं है।

हिंदी कहानी में कई आंदोलन हुए। अस्सी के बाद सारे कथांदोलन क्यों ठप हैं? क्या उनका कोई प्रयोजन नहीं रहा?

कथांदोलनों का यह प्रभाव हो सकता है कि हिंदी कहानी लेखक स्वयं अपनी रचना-प्रक्रिया के बारे में ज्यादा सचेत हो गए हों। आंदोलनों से मुझे नहीं लगता कि कहानी की गुणवत्ता पर कोई अवांछित प्रभाव पड़ा। इसके विपरीत कहानी-लेखन में एक ऐसी चौकसी आई जो दूसरी विधाओं में उतनी नहीं दिखती।

आपकी राय में अस्सी के बाद साहित्य में क्या नया सबजेक्ट मैटर आना चाहिए था?

साहित्य के लिए लेखक अपनी क्षमता से विषयवस्तु निर्धारित करता है। यदि आपका मतलब वर्तमान सामाजिक स्थितियों से है तो समकालीन साहित्य इस दिशा में बहुत सचेत है। यह जरूर है कि हम जितने बड़े देश के रहने वाले हैं, उसमें इतनी भौगोलिक और सांस्कृतिक विविधताएँ हैं, जीवन की ऐसी जटिल समस्याएँ हैं जो पूरी तौर से अभी हिंदी साहित्य में प्रतिबिंबित नहीं हो पाई हैं।

नई बाजार व्यवस्था का विचार और साहित्य पर क्या प्रभाव पड़ेगा?

हिंदी साहित्य में, मुझे ऐसा नहीं लगता कि नई बाजार व्यवस्था ने हिंदी रचनाकार को बाजार की संस्कृति से जुड़ने की प्रेरणा दी है। इसका प्रमाण यह है कि जिस मात्रा में अंग्रेजी और दूसरी भाषाओं का साहित्य बाजार के अनुकूल लिखा जा रहा है, हिंदी में ऐसा साहित्य नगण्य है। जिस तरीके से अनेक व्यावसायिक विदेशी उपन्यास बिक रहे हैं, वैसे हमारे यहाँ कहाँ बिक रहे हैं? हिंदी साहित्य बाजार से उतना प्रभावित नहीं है।

निरंतर बढ़ते उपभोक्ता संस्कृति के प्रभाव से साहित्य बच पाएगा?

उपभोक्ता संस्कृति के बढ़ते जाने पर भी साहित्य बहुत हद तक बचा रहेगा। इसलिए कि लिखित शब्द की गरिमा दूरदर्शन, फिल्म आदि माध्यमों की तुलना में तब भी चिरस्थाई बनी रहेगी।

एक लेखक के रूप में आपकी चिंताएँ क्या हैं?

सुनने में बहुत पारंपरिक लगेगा मगर लेखन के पीछे एक अप्रत्यक्ष चिंता जीवन और समाज के सत्य की खोज है और इस बात की चेष्टा भी है कि उसी के अनुरूप सार्थक रूप में रचनाएँ लिखी जाएँ।

जीवन और समाज को बेहतर बनाने का आपके पास कोई सपना है?

अवश्य है। पर उस तक पहुँचने के रास्ते को लेकर स्पष्ट अवधारणा नहीं है। क्योंकि इस क्षेत्र में जो राजनीतिक, आर्थिक और सांस्कृतिक विचारधाराएँ इस्तेमाल की गई हैं, वे कई अर्थों में नाकाफी हैं और उनसे बेहतर किसी दूसरी विचारधारा की न तो मुझे अवधारणा मिली है और न ही किसी रूप में वह विकसित होती दिखाई दे रही है।

('जनसत्ता सबरंग' : कोलकाता, 7 मई 2000)

संवाद-2

हिंदी कथा-साहित्य के मौजूदा परिदृश्य पर आपकी क्या टिप्पणी है? क्या इधर कथा-साहित्य का ह्रास हुआ है?

यह सही है कि पिछले दशक में कई वर्ष ऐसे रहे हैं जब एक साथ हिंदी में अनेक उल्लेखनीय उपन्यासों का प्रकाशन हुआ और अपेक्षाकृत रूप में 2003 में ऐसे उपन्यास कम आए जो अपनी गुणवत्ता से तुरंत हमारा ध्यान आकर्षित कर सकते हैं। मगर संपूर्ण रूप से कथा-साहित्य के विषय में केवल इसी आधार पर यह धारणा बना लेना जल्दबाजी होगी कि कथा साहित्य का कुछ ह्रास हो रहा है। कहानी ही को लें, हिंदी की अधिकांश पत्रिकाएँ नये-नये रचनाकारों की कहानियों से निरंतर संपन्न हो रही हैं और 'कथाक्रम', 'कथादेश', 'वागर्थ', 'अक्षरा' जैसी पत्रिकाएँ वस्तुतः कहानी-पत्रिका का ही रूप ग्रहण करती चली जा रही हैं। यह और बात है कि प्रकाशित होने वाला कथा साहित्य तत्काल ऐसी कहानियों को उभार कर ऊपर नहीं ला पा रहा है जिनसे किसी वर्ष विशेष की पहचान की जा सकती हो। जहाँ तक उपन्यास की स्थिति है, 'आखिरी कलाम' और 'सूत्रधार' जैसी कृतियाँ इतनी महत्त्वशील हैं कि यह आशा करना कि एक ही वर्ष में इस कोटि के और भी कई उपन्यास हमें उपलब्ध हो जाएँगे, सुसंगत नहीं है। वर्तमान परिस्थिति को लेकर यह निष्कर्ष निकालना भी जल्दबाजी होगी कि कथा-साहित्य में लोगों की रुचि क्षीण हो रही है। वास्तव में अपनी अंतर्वस्तु, अनुभवों की विविधता और शिल्प की नयी-नयी भंगिमाओं आदि से हिंदी कथा-साहित्य इतना सुसंपन्न कभी नहीं दिखा, जितना पिछले 25-30 वर्षों में दिखा है, और कोई कारण नहीं दिखता कि इस क्षेत्र में होने वाली प्रगति अवरुद्ध हो जाए।

वास्तव में हिंदी कहानी की विभिन्न धाराओं को लेकर आज से 30-40 साल पहले जो बहसें हुईं, उनसे आज हमें मुक्ति मिल चुकी है और यह प्रत्यक्ष रूप से देखा जा सकता है कि कहानियों में नये-नये अनुभव प्रतिबिंबित हो रहे हैं और जीवन स्पंदन की विभिन्न गतियाँ उपलब्ध हो रही हैं। इन सकारात्मक पक्षों की उपेक्षा करके केवल वार्षिक उपलब्धियों के आधार पर साहित्य की अनवरत धारा की प्रवृत्तियों का आकलन एक सुसंगत समालोचकीय प्रक्रिया नहीं हो सकती।

इसके बावजूद अगर हिंदी में उपन्यास लेखन की सामान्य स्थिति पर विचार करें तो ऐसा जरूर लगेगा कि कुछ परिस्थितियाँ ऐसी हैं जो उपन्यास लेखन को प्रोत्साहित नहीं करतीं। मैं अन्यत्र कह चुका हूँ कि उपन्यास लेखन हिंदी लेखक के लिए बड़े घाटे का सौदा है। जिस एकनिष्ठता के साथ किसी अच्छे उपन्यास की तैयारी और लेखन के लिए समय और साधनों की जरूरत होती है, वे किसी औसत हिंदी लेखक को शायद ही उपलब्ध होते हों। अपने अनुभव संसार को विस्तीर्ण करने के अनेक भौतिक

साधन (जिसमें पर्यटन, यात्रा, विभिन्न देशों-संस्कृतियों आदि का साक्षात्कार शामिल है) हम सामान्य लेखकों को साधारणतया उपलब्ध नहीं हैं। ज्ञान-विज्ञान की नवीनतम उपलब्धियों और विभिन्न प्रकार के तकनीकी बदलावों का परिचय भी हमें सहजता से उपलब्ध नहीं होता है। तभी महानगरों में बसे हुए हमारे बहुत से उपन्यासकार अंततः अपनी स्मृतियों के गाँवों और अंचलों से कथा वस्तु खींचते रहते हैं। मुझे लगता है कि ग्रामधर्मी उपन्यासों और कथा-साहित्य के प्रति विशेष रुझान का यह भी एक कारण है।

उपन्यास की अपेक्षा हिंदी कहानी में जो हमें अनुभव की ताजगी और विविधता मिलती है, उसका कारण शायद यह भी है कि नये-नये अनुभव के स्फुरण को कहानी की विषयवस्तु में परिवर्तित करने की प्रक्रिया उसे एक संपूर्ण उपन्यास के रूप में प्रस्तुत करने के मुकाबले ज्यादा सहज है। फिर भी इसे भुलाया नहीं जा सकता कि साहित्य कर्म में साधन ही सब कुछ नहीं है, भले ही किसी विशेष संदर्भ में वह महत्त्वपूर्ण जान पड़े। साधनहीनता के बावजूद विश्व साहित्य में और विशेष रूप से हिंदी में प्रतिभाएँ अपना चमत्कार बराबर दिखाती रही हैं और रचनाकारों की क्षमता और प्रतिभा पर यदि हम कुछ विश्वास रखें तो साहित्य और विशेषतः कथा-साहित्य के भविष्य को लेकर सशंकित होने का कोई कारण नहीं दिखता।

('सहारा समय' : दिल्ली, 3 जनवरी 2004)

हमारा विचार साहित्य दुर्बल है

बांग्ला कवि शंख घोष से बातचीत

बांग्ला के प्रतिष्ठित कवि शंख घोष महत्त्वपूर्ण गद्यकार भी हैं। छह फरवरी 1932 को चांदपुर (बांग्लादेश) में जन्मे शंख घोष ने 1954 में कलकत्ता विश्वविद्यालय से बांग्ला साहित्य में एम.ए. किया और उसके बाद अध्यापन को अपनी वृत्ति बनाया। यादवपुर विश्वविद्यालय (कलकत्ता) में लगभग चार दशकों तक उन्होंने बांग्ला भाषा व साहित्य का अध्यापन किया। इस दौरान बीच-बीच में वे आयोवा, दिल्ली विश्वविद्यालय, शिमला और विश्व भारती विश्वविद्यालय (शांतिनिकेतन) में विजिटिंग प्रोफेसर रहे। उन्हें उनकी कविता पुस्तक 'गांधार कविता गुच्छ' पर सरस्वती सम्मान मिला। इसके पहले 'बाबरेर प्रार्थना' (काव्य संग्रह) पर साहित्य अकादेमी, 'प्रहर जोड़ा त्रिताल' (काव्य संग्रह) पर कुमारन आशान, 'ऋतकमले' पर रवींद्र और 'मूर्ख बोड़ो सामाजिक नय' पर नरसिंहदास पुरस्कार समेत कई सम्मान उन्हें मिल चुके हैं। पंद्रह काव्य संकलनों के अलावा आलोचना और निबंध की पैंतालीस पुस्तकों के लेखक शंख घोष रवींद्र साहित्य के भी आधिकारिक विद्वान माने जाते हैं।

आपकी राय में महान कविता की क्या विशेषता होनी चाहिए?

महान कविता की कोई परिभाषा मेरे पास नहीं है। कौन कविता पढ़कर मुझे आत्मीय लगती है, सबसे मनोनुकूल लगती है, सिर्फ उसके बारे में बता सकता हूँ। मैं कह सकता हूँ कि मेरे जीवन में नाना तरह के संकटों के क्षणों में या आनंद के क्षणों में जो कविता मेरी व्यक्तिगत संगी हो सकती है, जो कविता मुझे आश्रय देती है, जो कविता जीवन विश्व और ब्रह्मांड बोध को संलग्न कर सकती है, जिस कविता में एक विषादपूर्ण आनंद को उद्घाटित करने की सामर्थ्य है, वह कविता ही मेरी प्रिय कविता बन जाती है। महान कविता की और कोई परिभाषा मेरे पास नहीं है।

समाज में अभी कविता की जो जगह है, उससे आप संतुष्ट हैं?

समाज में कविता की जगह का क्या मतलब? आम आदमी कविता को जितना ग्रहण करता है, उतनी ही कविता समाज के पास पहुँचती है। इससे मैं संतुष्ट हूँ या नहीं—यह प्रश्न क्यों? कविता की (और उसी कारण कवि की) एक तरह की सामाजिक स्वीकृति अभी बढ़ी है, प्रातिष्ठानिक मूल्य बढ़ा है किंतु यह अवस्था मुझे स्वास्थ्यकर नहीं प्रतीत होती। कविता-चर्चा में एक नेपथ्य निभृति रहनी चाहिए, ऐसा मैं मानता हूँ। अत्यधिक मीडिया स्पर्श और प्रचार में रहने के कारण बहुत कुछ वह निभृति टूट गई है। कविता की एक गलत सामाजिक अवस्था निर्मित हुई है। यह अवस्था अच्छी नहीं है। इस अवस्था में पाठक के पास पहुँचना भी कई बार गलत या गलत तरीके से पहुँचना होता है। इस अवस्था में कई बार सत् कविता के आवरण में असत् कविता बड़ा आकार लेती है।

पूर्ववर्ती आधुनिक कविता से आज की बांग्ला कविता किन बिंदुओं पर अलग और आगे है?

पूर्ववर्ती कविता और आज की कविता की अवधारणा मेरे पास स्पष्ट नहीं है। अच्छी कविता हर समय में अच्छी होती है। पूर्ववर्ती कविता से आज की कविता अलग अवश्य है। यदि अलग नहीं होती—भिन्न नहीं होती तब तो यही कहना पड़ता कि कविता का लिखा जाना बंद हो गया है। किंतु वैसा तो हुआ नहीं। और इसीलिए कहना चाहिए कि पूर्ववर्ती कविता से अभी भिन्न कविता लिखी जा रही है। लेकिन इतना कहना ही काफी नहीं है। मैं कहना चाहता हूँ कि आज की कविता में ही अनेक भिन्न स्वर हैं। तीस से पचास वर्ष के बीच के कई कवि अभी हैं जिनमें एक के साथ दूसरे के लेखन में कोई मेल ही नहीं है।

आज की बांग्ला कविता में जीवन के सौंदर्य के लिए कितनी जगह है?

प्रथम विश्वयुद्ध के बाद प्रायः सभी देशों में ऐसा एक समय आया था, जब कलाकारों ने जीवन के सौंदर्य को संदेह की नजरों से देखना शुरू कर दिया था। सारी की सारी दृष्टि दुखबोध, पापबोध, अमंगलबोध, असुंदर की ओर एकाग्र हो गई थी और उसी को आधुनिकता का बड़ा चिह्न माना जा रहा था। बांग्ला में भी यही प्रवणता थी। शायद उसी को ध्यान में रखकर आपने आज की कविता में जीवन के सौंदर्य का सवाल पूछा है। बांग्ला कविता में वही चिरस्थाई प्रवणता नहीं रही। सौंदर्य या कोमलता की बात करने और उसे आश्रय देने का मतलब जीवन से पलायन करना है, आज के कवि यह नहीं मानते। यह तथ्य अवश्य ध्यान में रखना चाहिए कि वह सौंदर्य अनेक जटिलताओं के बीच से आता है।

बांग्ला साहित्य में आलोचना का वैसा विकास क्यों नहीं हुआ, जैसा गद्य की दूसरी विधाओं का हुआ?

यह सही है कि हमारा विचार साहित्य अपेक्षाकृत दुर्बल है। अत्यधिक पाठ्य चिंता (छात्रों के लिए) और देश-विदेश के सेमिनारों की मनस्कता से काफी क्षति पहुँची है बांग्ला आलोचना को। छिन्न-विच्छिन्न होकर विभिन्न विषयों पर एक दौड़ के बीच विचार होता है। किसी केंद्रीय घटना को लेकर, किसी दर्शन को आधार बनाकर आलोचना बहुत कम हुई है बांग्ला में। लेकिन लग रहा है कि इस स्थिति से बांग्ला आलोचना उबर रही है। नई पीढ़ी के शिवाजी चट्टोपाध्याय या रुश्ती सेन की समालोचना दृष्टि ने नई उम्मीदें जगाई हैं।

रवींद्रनाथ पर आपने महत्त्वपूर्ण काम किया है। क्या कारण है कि बांग्ला साहित्य आज भी रवींद्रनाथ के आतंक से मुक्त नहीं हो पाया है?

यह कहना ठीक नहीं है कि रवींद्रनाथ के आतंक से बांग्ला साहित्य मुक्त नहीं हुआ है। जिन्हें पिछली शताब्दी के तीस के दशक का कवि या साहित्यकार कहा जाता है, उनके पक्ष में रवींद्रनाथ के आतंक की बात सही थी किंतु पचास के दशक के बाद यह समस्या खत्म हो गई। परवर्ती लेखकों के लिए रवींद्रनाथ समस्या होकर नहीं मौजूद रहे। वैसा उनका आतंक नहीं मौजूद रहा। पर बात यह है कि आज भी हमारे जीवन में विभिन्न सांस्कृतिक विमर्शों में बातचीत में यहाँ तक कि राजनैतिक आंदोलनों में रवींद्र प्रसंग बार-बार आता है। रवींद्रनाथ के चिंतनजगत की विशालता और वैचित्र्य यह है कि रवींद्र का चिंतन हर समय वर्तमान हो उठता है। उनकी प्रासंगिकता इतनी व्यापक है ही। बाबरी मस्जिद पर हमले के बाद भारत की जो अवस्था हुई थी, उस समय साहित्य अकादेमी के तत्कालीन अध्यक्ष यू.आर. अनंतमूर्ति को लगा था कि देश के विभिन्न प्रांतों में रवींद्रनाथ की कृति 'गोरा' पर सेमिनार की दरकार है। तब प्रासंगिक थी वही किताब। यह एक उदाहरण मात्र है। इसी तरह अलग-अलग समयों में हमारे सामाजिक जीवन में भिन्न-भिन्न उदाहरण तैयार होते रहे हैं।

साहित्य-संस्कृति के क्षेत्र में बंगीय प्रतिभा की अग्रणी भूमिका रही है। आज मृणाल सेन के अतिरिक्त दूसरा नाम अंतर्राष्ट्रीय स्तर पर प्रतिष्ठित नजर नहीं आता। इस कमी की क्या वजह है?

प्रतिभा स्खलन कुछ तो हुआ है—इसमें कोई संदेह नहीं, किंतु अंतर्राष्ट्रीय स्तर पर मृणाल सेन के अतिरिक्त दूसरा नाम प्रतिष्ठित नहीं है—यह कहना सही नहीं है। फिल्म की सर्वव्यापकता के कारण ही उनका नाम ही आपको पहले याद आया किंतु यदि सिर्फ जीवित व्यक्तित्वों की बात ही करें तो पंडित रविशंकर को कैसे भूलेंगे? कैसे भूलेंगे अमर्त्य सेन या गायत्री चक्रवर्ती स्पीवाक को? अंतर्राष्ट्रीय मनीषा जगत में उनकी प्राप्ति? समाज विज्ञान में पार्थ चट्टोपाध्याय या आशीष नंदी भी अभी

अंतर्राष्ट्रीय नाम हैं। इस तरह के और उदाहरण भी दिए जा सकते हैं। लेकिन अंतर्राष्ट्रीय हो उठना ही किसी संस्कृति का मानक होता है—ऐसा मैं नहीं मानता। दिक्कत यह है कि हमारी पश्चिमोन्मुखता, यूरोपमनस्कता ने हमें इस प्रकार ग्रास कर लिया है कि पश्चिम की स्वीकृति को हम एकमात्र मानदंड मानते रहे हैं। यह एक विपदजनक मानसिकता है। विचार करने योग्य यह है कि अपनी संस्कृति का परिमंडल कुछ ऊँचा उठा है या नहीं।

कोलकाता और बांग्ला के नामकरण में आपको क्या प्रादेशिकता की गंध नहीं आती?

कलकत्ता को कोलकाता और पश्चिम बंगाल को बांग्ला कहने में मुझे कोई प्रादेशिकता की गंध नहीं नजर आती। एक बात याद रखनी चाहिए कि मद्रास का जिस तरह चेन्नई और बंबई का मुंबई नामकरण हुआ, उससे कोलकाता के नामकरण का चरित्रगत अंतर है। कलकत्ता नाम हमेशा था और है। अंग्रेज अपने उच्चारण में इसे कैलकाटा कहते रहे हैं। यूरोप में कहीं-कहीं इसे कैलकूटा कहते हैं। यह सिर्फ शब्द बदलने का मामला नहीं, उच्चारण बदलने का मामला है। जब सिर्फ सही उच्चारण के लिए कोलकाता कहा जाएगा तो उसमें प्रादेशिकता की गंध कहाँ से खोजेंगे? इसमें प्रादेशिकता तब होती जब यह बोला जाता कि दूसरे प्रदेशों के लोग यहाँ से चले जाएँ, किंतु कोलकाता या बांग्ला बोलने में ऐसा नहीं है।

हिंदी के राष्ट्रीय महत्त्व को सबसे पहले बंगीय मनीषियों ने पहचाना था और उसे विशिष्ट भूमिका पर रखने की बात कही थी। शंख दा, क्या कारण है कि परवर्ती काल में बंगाल में हिंदी विरोधी आवाज उठने लगी?

स्वाधीनता के पहले यह सोचा गया था कि अंग्रेजों के चले जाने के बाद पूरे भारत में संपर्क की भाषा हिंदी होगी। स्वाभाविक रूप में सर्वसाधारण में हिंदी ही संपर्क का माध्यम हुआ करती थी। सोचा गया था कि वही प्रवाह बना रहेगा किंतु स्वाधीनता के बाद यह क्रमशः देखा गया कि केंद्र सरकार हिंदी को संपर्क भाषा से ज्यादा बड़ा कर उसका प्रभुत्व बढ़ाने पर जोर देने लगी। यदि अन्यान्य भारतीय भाषाओं पर हिंदी का आधिपत्य कायम करने की कोशिश हो, उसे सत्ता पाने का हथियार बनाया जाए तो अनिवार्यतः हिंदी के विरुद्ध प्रतिरोध का परिवेश बनेगा। बंगाल में भी वह प्रतिरोध तैयार हो रहा है—इसमें विस्मय कुछ भी नहीं। दुर्भाग्य की बात यह है कि हिंदी भाषा दूसरी भारतीय भाषाओं के साथ शासक-शासित का संपर्क बना रही है। ऐसे में विरोध का होना अनिवार्य है।

बांग्ला भाषा के विकास में क्या आप हिंदी को बाधा मानते हैं? अपनी भाषा की उन्नति के लिए आपके क्या सुझाव हैं?

भाषा के विकास का कोई विशेष मतलब नहीं है। विकास या उन्नति हो सकती है उस भाषा संपृक्त संस्कृति की या शिल्प-साहित्य की। उस उन्नति के लिए पहली दरकार होती है अपनी भाषा के प्रति ममत्वबोध, श्रद्धाबोध और प्रेम की। एक तरफ अमेरिकी संस्कृति और दूसरी तरफ मुंबइया फिल्मों के प्रभाव में वह ममत्वबोध लुप्त हो रहा है, उसे लौटाना ही प्राथमिक काम होना चाहिए।

आपने हिंदी और दूसरी भारतीय भाषाओं के किन लेखकों की रचनाएँ पढ़ी हैं और किन्होंने आपको प्रभावित किया है?

अनुवाद की सहायता से मध्ययुग का हिंदी साहित्य थोड़ा-बहुत मैंने पढ़ा है। तुलसीदास और मीरा मेरे प्रिय रचनाकार हैं। बीसवीं शताब्दी में भी निराला या वात्स्यायन की रचनाओं से थोड़ा-बहुत परिचय मेरा हुआ है। प्रेमचंद की हिंदी-उर्दू रचनाओं का मैं विशेष अनुरागी हूँ। आज के कई कवि-लेखक भी मेरे परिचित हैं। उनमें दो-एक जन तो मेरे बंधुस्थानीय हैं। लेकिन हिंदी की रचनाएँ मैं उस परिमाण में नहीं पढ़ सका हूँ कि प्रभावित होऊँ।

आप अपनी भाषा के किस लेखक से सर्वाधिक अनुप्रेरित हुए हैं?

अपनी बांग्ला भाषा के लेखकों में जिनसे सर्वाधिक अनुप्रेरणा पाई है, उनका नाम है रवींद्रनाथ। अपने गीत, कविता, नाटक, कहानियों और अपने चिंतनजगत के जरिए रवींद्रनाथ मुझे घेरे हुए हैं पर मेरे लेखन पर उनका कोई प्रत्यक्ष प्रभाव नहीं है। सिर्फ इतना कहूँगा कि वे न होते तो मेरे लेखन की जमीन ही नहीं तैयार होती।

आपने प्रधानमंत्री वाजपेयी के हाथों सरस्वती सम्मान लेने से क्यों मना कर दिया था?

सरस्वती सम्मान की खबर पाकर उसे ग्रहण करने की मैंने स्वीकृति दी थी इसलिए सम्मान न लेने का कोई प्रश्न ही नहीं था। किंतु कुछ दिन बाद बिड़ला फाउंडेशन से जब मुझे सूचित किया गया कि दिल्ली में एक समारोह में मुझे यह पुरस्कार अटल बिहारी वाजपेयी के हाथों दिया जाएगा तो मैंने साफ-साफ फाउंडेशन को बता दिया कि उस समारोह में उपस्थित हो पाना मेरे लिए संभव नहीं होगा। वाजपेयी जी के प्रति मेरी कोई व्यक्तिगत अश्रद्धा नहीं है किंतु दुर्भाग्य की बात यह है कि वे जिस दल के प्रतिनिधि हैं, वह सांप्रदायिक है और उसे मैं पूरे देश के लिए अमंगलकारी मानता हूँ तो नीतिगत विरोध करने के लिए ही कहा था कि उनके हाथ से कोई पुरस्कार नहीं ले पाऊँगा। मेरे इस फैसले को कई लोगों ने पसंद नहीं किया। कई ने कटु प्रतिक्रियाएँ व्यक्त कीं। वैसे फाउंडेशन ने पुरस्कार राशि, मानपत्र आदि सब मेरे घर भिजवाया और उसे मैंने ग्रहण किया। बंगाल के बाहर से जब इस तरह का कोई पुरस्कार हम तक पहुँचता है तो उससे कोई व्यक्तिगत सम्मान की अनुभूति

नहीं होती, लगता है कि समग्र बांग्ला साहित्य की वह स्वीकृति है। बांग्ला साहित्य संस्कृति के प्रतिनिधि के रूप में ही सम्मान ग्रहण किया जाता है और इसलिए मुझे लगता है कि संस्कृति के काम में ही उसका व्यवहार किया जाना चाहिए। इसीलिए सरस्वती सम्मान में मिली पूरी की पूरी धनराशि मैंने कलकत्ता की बंगीय साहित्य परिषद को अर्पित कर दी और वैसा कर स्वयं को कृतार्थ महसूस कर रहा हूँ।

('जनसत्ता' : दिल्ली, 23 जनवरी 2000)

हिंदी में ही समाधान है

बांग्ला कथाकार शंकर से बातचीत

'पथेर पांचाली' की विश्वश्रुत भूमि में सात जनवरी 1933 को जन्मे मणिशंकर मुखर्जी यानी शंकर (यह उनका लेखकीय नाम था, जो अब बाकायदा उनका नाम बन चुका है) को छोटी उम्र में ही बनगाँव से कोलकाता चले आना पड़ा था। उनकी शिक्षा-दीक्षा यहीं संपन्न हुई। साहित्य के प्रति उनका अनुराग आरंभ से ही था। वैविध्यपूर्ण जीवनानुभव की तीव्रता के फलस्वरूप वे साहित्य सृजन की ओर प्रवृत्त हुए। अब तक उनकी 65 कृतियाँ प्रकाशित हो चुकी हैं और प्रायः हर कृति प्रसिद्धि के नए शिखर का स्पर्श करती रही है। पहला उपन्यास 'ये अनजाने' 1954 में 'देश' पत्रिका में धारावाहिक छपा था और उसे क्लासिक का दर्जा मिला था। 'चौरंगी', 'योग वियोग', 'स्थानीय संवाद', 'आशा आकांक्षा', 'सीमाबद्ध', 'जन अरण्य', 'मान सम्मान' उनके बहुपठित उपन्यास हैं। 'सीमाबद्ध' और 'जन अरण्य' पर सत्यजित राय ने इन्हीं नामों से फिल्में भी बनाईं। इन उपन्यासों के अलावा उनकी अन्य उल्लेखनीय कृतियाँ हैं—'एक दुई तीन' (कहानी-संग्रह), 'पात्र पात्री' (व्यंग्योपन्यास), 'ए पार बांग्ला ओ पार बांग्ला' (यात्रावृत्त) और 'जा बोलो ताई बोलो' (ललित निबंध)।

आपकी कथा-रचना बनती कैसे है?

कहानी या उपन्यास लिखने की कई पद्धतियाँ हैं। कभी-कभी कहानी आरंभ में ही सोच ली जाती है और बाद में उसे चरित्रों में आरोपित किया जाता है। कभी-कभी चरित्र से ही यात्रा शुरू होती है और उसे घेरकर कहानी तैयार होती है। कभी-कभी कोई वक्तव्य या विचार दिमाग में आता है और उसके पास कई चरित्र इकट्ठा होकर कहानी को बुन देते हैं। ये तीनों प्रक्रियाएँ मेरे कथा-लेखन को आगे बढ़ाती रही हैं। मेरे हर उपन्यास में विमान की तरह एक 'टेक ऑफ' रहता है, फिर कुछ समय उड़ने

का मामला होता है और उसके बाद 'लैंडिंग' का। अनुभवी पायलट कहते हैं कि वे 'टेक ऑफ' और 'लैंडिंग' के लिए ही तनख्वाह पाते हैं, उड़ान तो अपने आप होती है—'ऑटो फ्लाई'। पायलट यह भी बताते हैं कि अधिकतर विमान दुर्घटनाएँ लैंडिंग के समय ही होती हैं। कहानी या उपन्यास लिखते समय कहाँ, कब और किस तरह उपसंहार करेंगे, यह हिसाब लगा लेना पड़ता है। मैं 'लैंडिंग' सोचे बगैर 'टेक ऑफ' नहीं करता। आखिरी पंक्ति बने बगैर पहली पंक्ति नहीं लिखता।

इस प्रक्रिया में तो एक कहानी या उपन्यास के बनने में काफी समय लग जाता होगा?

संतोषजनक उपसंहार मिल जाने के बाद ही मैं लिखना शुरू करता हूँ और इसीलिए मैं जल्दी-जल्दी नहीं लिख पाता। मेरे लिए कहानी या उपन्यास लिखने में समय लगता है। कभी-कभी तो ज्यादा ही समय लग जाता है। 'सीमाबद्ध' के वक्त मैं तीन वर्ष से चेष्टा कर रहा था पर लिख नहीं पा रहा था। मुझे एक ऐसी घटना की दरकार थी जहाँ नायक ऐसा कुछ करेगा जो गैरकानूनी नहीं, अनैतिक हो। फिर, एक दिन मेरी एक परिचित महिला ने अनजाने में वह घटना मुझे उपहार में दी। और तब उपन्यास पूरा हुआ।

आपने किस्सा कहने की अपने ढंग की अलग भाषा कैसे साधी?

एक बार मैंने सत्यजित राय से पूछा था कि श्रेष्ठ फिल्म से उनका आशय क्या है! वे बोले कि जो फिल्म पूरी हो जाए और फिल्मकार की इच्छा के अनुरूप बन जाए, वही श्रेष्ठ फिल्म है। मेरे अनुसार कहानी या उपन्यास में भी यही बात सही है कि पाठक के मन में मैं जो अनुभूति जगाना चाहता हूँ, जगा पाया कि नहीं—इसी पर मेरी राय में रचना की सफलता या विफलता निर्भर करती है। स्कूल में पढ़ते वक्त हमारे हेडमास्टर सुधांशुशेखर भट्टाचार्य कहते थे कि जो भी बोलो, सहज हो कर बोलो। जब तक सहज अभिव्यक्ति नहीं होती, तब तक कथ्य को मन के रस में भिगोकर रखो जैसे दाल या छोले भिगोकर रखे जाते हैं। वे कहते थे कि जीवन में रस जरूरी है। मैं मानता हूँ कि थोड़ी रसिकता नहीं रहने पर जीवन जमता नहीं। हँसी-मजाक के बगैर जीवन मंद पड़ जाता है। पाठक थोड़ा उड़ान भरना चाहता है। शरतचंद्र कहते थे कि पाठक को स्वर्ग में उड़ान भरने में कष्ट हो तो वह पाताल में जाने को तत्पर रहता है। मेरी कोशिश रही है कि पाठक को कष्ट से बचाऊँ। जीवन से रस-संग्रह कर उसे कहानी के रूप में गूँथता-सजाता हूँ और गंतव्य के लिए अलग भाषा ढूँढ़ता हूँ। इसके लिए भाषा की प्रयोजनीयता पर ध्यान केंद्रित रखता हूँ। मेरे अग्रज विमल मित्र कहा करते थे कि हावड़ा स्टेशन पहुँच कर यदि गंतव्य नहीं पता कि बांबे जाओगे या दिल्ली तो

टिकट कैसे कटाओगे? कथ्य उतना महत्त्वपूर्ण नहीं होता, जितना उसे कहने का अंदाज।

अमूमन फिल्मकार मूल कहानी में फिल्म के हिसाब से परिवर्तन कर लेते हैं। आपके दो उपन्यासों पर सत्यजित राय ने फिल्में बनाई थीं। क्या उन्होंने आपकी कृतियों के साथ न्याय किया था?

उपन्यास या कहानी लड़की की तरह होती है और उस पर बना सिनेमा दामाद की तरह। कथाकार दामाद का गोत्र जाने बगैर कन्यादान करता है। वह श्वसुर अभागा होता है जो दामाद की सार्वजनिक तौर पर निंदा करता है और यदि प्रशंसा करता है तो प्रहसन का पात्र बनता है। मूल कहानी के साथ सत्यजित राय ने कितना न्याय किया, यह दूसरे कहें तो ही अच्छा। मेरी राय में कहानी और सिनेमा दोनों अलग-अलग माध्यम हैं। कहानी पाठक को जहाँ ले जा सकती है, सिनेमा दर्शक को वहाँ लाख कोशिश करके भी नहीं ले जा सकता। कुछ अवस्थाएँ ऐसी भी हैं, जहाँ सिनेमा जो कर सकता है, कहानी नहीं कर सकती। हाँ, चलचिचत्रीकरण के लिए कथा-साहित्य का जन्म नहीं हुआ। चलचित्र के प्रलोभन में कई कथा-लेखकों ने अपनी क्षति की है। इसका यह मतलब नहीं कि किसी लेखक को सिनेमाकरण का कौतूहल नहीं रखना चाहिए।

हाल में आईं आपकी दो पुस्तकें–'रसोवती' (निबंध-संग्रह) और 'लक्खीर संधाने' (उपन्यास)–चर्चा में हैं। इनकी रचना-प्रक्रिया के बारे में कुछ बताएँगे?

मुझे लगता है कि रसोई के मामले में दुनिया में भारत प्रथम है। 'रसोवती' यानी हिंदी में रसोईघर। इस किताब में मैंने बहुत रस लेकर निबंध लिखे हैं–षट्रस के बारे में। जो छह स्वाद हैं–कड़वा, मीठा, खट्टा, कसैला, तीता और नमकीन–उनके बारे में अपने अनुभव को लेकर लिखा है। जैसे, जिसे 'शूगर' (चीनी) कहा जाता है, शर्करा से उसकी उत्पत्ति हुई है। शर्करा से शक्कर, फिर शक्कर, फिर शूगर। जिसे अंग्रेजी में सूप कहते हैं वह संस्कृत के सूपोकार (रसोई) से बना है। उसी तरह 'जूस' संस्कृत के 'जूस' से निकला है। स्वाद और रसोई से जुड़े इसी तरह के अनेक शब्दों की भारत से उत्पत्ति हुई है। बहुत मजे लेकर ये बातें और बीच-बीच में अपनी अनुभूतियाँ लिखी हैं। 'लक्खीर संधाने' उपन्यास तीन शख्सों–द्वारकानाथ ठाकुर, राम दुलाल सरकार और मोतीलाल सेन–के जीवन-कर्म पर आधारित है।

किन लेखकों से आपने प्रभाव ग्रहण किया?

अंग्रेजी के साहित्यकार चार्ल्स डिकेंस ने छुटपन में प्रभावित किया था। इस प्रभाव से आज भी निकल नहीं पाया हूँ। दूसरे लेखक मेरे ही आँगन के विभूतिभूषण बंद्योपाध्याय हैं जो मेरे मन में समाए हुए हैं, भले ज्यादा प्रभावित न किया हो। तीसरे

लेखक विमल मित्र हैं, जिन्होंने प्रभावित किया। लेकिन प्रभाव ग्रहण करने के साथ ही किसी लेखक के तेलरूपी प्रभाव को साबुन से धो देना पड़ता है—अन्यथा कहा जाता है कि फलां लेखक अमुक का अनुकरण कर रहा है। बड़ा लेखक वह होता है जो भले प्रभाव ग्रहण करे पर वह प्रभाव दिखे नहीं, और जिसके लेखन में धारावाहिकता हो और उस धारावाहिकता के जो विरुद्ध भी चले।

साहित्य पर विचारधारा के दबाव को आप किस रूप में देखते हैं?

कोई बड़ा लेखक है तो वह किसी भी विचारधारा को मानने वाला हो, मैं उसके पाँव छुऊँगा। पर किसी लेखक को किसी मतवाद का अनुगामी होना ही होगा, यह जरूरी नहीं है। आज दिक्कत यह है कि लेखक से ज्यादा ही उम्मीद की जाती है। लेखक से यह प्रत्याशा की जाती है कि उसके लिखे से समाज में परिवर्तन होगा। मगर यह लेखक का पहला दायित्व नहीं है। पहला दायित्व है अच्छी रचना लिखना; पहले दायित्व में पास होने लायक नंबर नहीं पाकर दूसरे दायित्व (समाज-परिवर्तन) में स्टार नंबर पाने का क्या मतलब? लेखक से अतिरिक्त प्रत्याशा करना या उसे किसी मतवाद में बाँधना ठीक नहीं। एक बड़े लेखक को एक अच्छा मनुष्य भी होना चाहिए हालाँकि कई क्रूर लोग भी अच्छा लिख सकते हैं।

राष्ट्रभाषा के रूप में हिंदी की भूमिका को आप किस रूप में देखते हैं?

मैं यह महसूस करता हूँ कि हिंदी भारत के लिए समाधान है। भारत में एक केंद्रीय भाषा अपरिहार्य है और उसे हिंदी पूरा कर सकती है, पूरा कर रही है। हिंदी ने फिल्मों और संगीत के जरिए भारत की एकता और अखंडता को बनाए रखा है। जिस तरह हिंदी फिल्मों और हिंदी संगीत ने देश को एक बनाए रखा है, वही भूमिका हिंदी साहित्य को निभानी होगी। जिस तरह आज अंग्रेजी छा गई है, मेरी राय में उसी वैज्ञानिक पद्धति से अन्य भाषाभाषियों को हिंदी पढ़ाने की पद्धति शुरू करनी चाहिए। ऐसी किताबें भी हिंदी में आनी चाहिए जिनसे वह समझ में आए। मैं बांग्ला का लेखक हूँ लेकिन मैं जो भी लिखता हूँ, हिंदी अनुवाद में सहज समझा जाता है। मैं बता नहीं सकता कि मैं हिंदी और हिंदी पाठकों का कितना ऋणी हूँ। एक बार हिंदी के एक पाठक ने मुझे डाक से रबड़ी भेजी। मेरी माँ ने कहा कि बांग्ला के पाठक तो चिट्ठी भेजते हैं—हिंदी के पाठक ने तो रबड़ी ही भेज दी। उसे मैंने व्यतिक्रम माना था। पर कुछ दिन बाद काशी के एक मेरे प्रशंसक पाठक ने एक टोकरी आम रेल से भेजे। हालाँकि स्टेशन पर जब मैंने माल छुड़ाया तो देखा कि आम गायब हैं सिर्फ टोकरी सलामत है। जो प्यार हिंदी वालों ने दिया है, उसके प्रति मेरी कृतज्ञता का कोई अंत नहीं।

एक लेखक के रूप में आपकी विफलताएँ क्या हैं?

विफलताएँ बहुत हैं। जीवन की जो अत्यंत गहरी अनुभूतियाँ हुईं, उन्हें व्यक्त करने की सामर्थ्य मेरे पास नहीं थी। दूसरी विफलता यह कि विशाल पृष्ठभूमि का विराट गल्प लिखने का दुस्साहस नहीं कर पाया। तीसरी यह रही कि जितने मन से और जितने परिश्रम से लिखना चाहिए था, नहीं लिख पाया।

इधर जीवन और समाज में जो जटिलता आ रही है, उसे किस रूप में देखते हैं?

इसे लेकर उद्विग्न होने की जरूरत नहीं है। उन्नीसवीं सदी में जो मनुष्य था, वही बीसवीं सदी का मनुष्य है और इक्कीसवीं का भी। मुझे लगता है कि आज का मनुष्य पहले की तुलना में न खराब हुआ है न बेहतर। विज्ञान के प्रभाव ने जीवन को जरूर बदला है। स्वभाव नहीं बदला है, जीवन शैली थोड़ी जरूर बदली है। आनंद की बात है कि इधर लड़कियाँ हर क्षेत्र में विकास कर रही हैं। विज्ञान के आशीर्वाद से मनुष्य दीर्घजीवी हो रहा है। मनुष्य को उसकी मर्यादा वापस मिली है। शिक्षा का विस्तार हुआ है, किंतु मनुष्यत्व की ओर हमारा उतना ध्यान नहीं। फिर भी मनुष्य के ऊपर मेरा विश्वास बढ़ा है, घटा नहीं है।

('जनसत्ता' : दिल्ली, 15 जुलाई 2001)

हर जुल्म के खिलाफ कलम

बांग्लादेश में प्रतिबंधित लेखक सलाम आजाद से बातचीत

बांग्लादेश के लेखक सलाम आजाद उस पार और इस पार के बांग्ला जगत् में ही नहीं, हिंदी जगत् में भी सुपरिचित हैं। हिंदी में आजाद की चार किताबें—'शर्मनाक', 'टूटा मठ' (दोनों उपन्यास), 'देश विभाजन की कहानियाँ' (कहानी संग्रह) और 'बांग्लादेश से क्यों भाग रहे हैं हिंदू' (शोध आलेखों का संग्रह) अनूदित होकर प्रकाशित-प्रशंसित हुई हैं। बांग्ला में उनकी दो दर्जन पुस्तकें प्रकाशित हैं,—'रवींद्र भुवने बांग्लादेश', 'रवींद्रनाथ जे भावे लिखतेन', 'रवींद्रनाथ के लेखा जगदीश चंद्र बसु', 'युद्ध शिशु', 'श्वेत पत्र', 'आंधी', 'विश्वकबीर सोनार बांग्ला'। सलाम आजाद की अंग्रेजी में अनूदित पुस्तकें 'एथनिक क्लींजिंग' और 'कंट्रीब्यूशन आफ इंडिया इन द वर्ल्ड आफ लिबरेशन आफ बांग्लादेश' भी चर्चा में रही हैं। सलाम आजाद को सही लिखने की कीमत निर्वासित जीवन जीने के रूप में चुकानी पड़ रही है। फिलवक्त वे भारत में आश्रय लिए हुए हैं।

आप इतने परेशान क्यों दिख रहे हैं?

परेशान इसलिए हूँ कि अपने देश लौटना चाहता हूँ, पर इसलिए नहीं लौट रहा हूँ कि वहाँ जाते ही या तो मुझे जेल में डाल दिया जाएगा या कट्टरपंथी मुझे मार डालेंगे। इस वर्ष जुलाई में मेरी किताब 'भांगामठ' पर बांग्लादेश की सरकार ने कट्टरपंथियों के दबाव में प्रतिबंध लगा दिया। प्रतिबंध से उत्साहित कट्टरपंथी अब मुझे और मेरे परिवार को जान से मारने की धमकियाँ दे रहे हैं। जब मेरी किताब प्रतिबंधित हुई तब मैं जेनेवा में था। भारत सरकार ने मुझे राजनीतिक शरण देने की पेशकश की है पर मैं पर्यटक के रूप में हूँ और उसी रूप में रहना चाहता हूँ। स्विस सरकार ने भी मुझे राजनीतिक शरण देने का प्रस्ताव किया है जो मुझे मंज़ूर नहीं। मैं जल्द से जल्द स्वदेश जाना चाहता हूँ पर पता नहीं कब वैसी स्थिति आएगी।

बांग्लादेश में बुद्धिजीवियों के विरुद्ध कट्टरपंथियों की सक्रियता क्यों बढ़ गई है?

क्योंकि जो बांग्लादेश मुक्ति संग्राम के विरोधी थे, जिन्होंने मुक्ति संग्राम लड़ने वाले तीस लाख भाइयों को मार डाला, तीन लाख माँ-बहनों के साथ बलात्कार किया, तीन हजार भारतीय सैनिकों को मार डाला, वे जमाते इस्लामी के लोग ही आज सत्ता में हैं। बुद्धिजीवियों के विरुद्ध जमाते इस्लामी के कट्टरपंथियों की सक्रियता इधर अचानक नहीं बढ़ी है। उन्होंने मुक्ति संग्राम के दौरान 14 दिसंबर को मुनीर चौधरी, मुफज्जल हैदर चौधरी, आलम चौधरी, गोविंद देव, मधुसूदन दे, अनवर पसाक समेत सौ से ज्यादा बुद्धिजीवियों को मार डाला था। यदि बांग्लादेश को आजादी मिलने में और हफ्ता भर की देरी होती तो बचे हुए बुद्धिजीवियों को भी उन्होंने मार दिया होता। हम लोग हर साल चौदह दिसंबर को बुद्धिजीवी शहीद दिवस मनाते हैं। अब जमाते इस्लामी के वही कट्टरपंथी बचे हुए प्रगतिशील बुद्धिजीवियों को खत्म कर देना चाहते हैं। वे बांग्लादेश को एक दूसरा पाकिस्तान बनाना चाहते हैं। कट्टरपंथी ताकतों पर भारत को दबाव बनाना चाहिए।

एक स्वतंत्र देश में भारत कैसे दखल दे सकता है?

यदि दखल नहीं देगा तो भोगेगा। आईएसआई की मदद से बांग्लादेश की कट्टरपंथी शक्तियाँ भारत के विरुद्ध जेहाद छेड़ने वालों को मदद दे रही हैं। पूर्वोत्तर के सात प्रदेश और उत्तर बंगाल में जो उग्रवादी गुट हैं, उन्हें उस पार से मदद पहुँचाई जा रही है। सीमावर्ती क्षेत्रों के मदरसों में आईएसआई मध्यपूर्व के देशों के मार्फत अकूत धन भेज रहा है। वह धन कट्टरपंथियों-उग्रवादियों तक पहुँच रहा है। इसलिए भारत या तो एक और पाकिस्तान के लिए तैयार रहे या फिर पड़ोसी के नाते वहाँ लोकतंत्र की स्थापना में सहयोग करे। यदि सहयोग नहीं करेगा तो लोकतंत्र और धर्मनिरपेक्षता में आस्था रखने वाले बांग्लादेशी समाप्त हो जाएँगे। जो भी लोकतंत्र की या धर्मनिरपेक्षता की या प्रगतिशीलता की बात करेगा, उसे खत्म कर दिया जाएगा और जो अल्पसंख्यक हैं, उन्हें पलायन के लिए बाध्य किया जाएगा।

बांग्लादेश में अल्पसंख्यकों के पास पलायन के अलावा और कोई चारा नहीं?

बांग्लादेश के हिंदुओं के पास तीन ही रास्ते हैं : या तो वे आत्महत्या कर लें या धर्मांतरण कर मुसलमान बन जाएँ या पलायन कर जाएँ। तीसरा विकल्प सहूलियत वाला है। कट्टरपंथी मुसलिम संगठनों के अत्याचार से तंग आकर 1974 से 1991 के बीच रोज औसतन 475 लोग यानी हर साल एक लाख 73 हजार 375 हिंदू हमेशा के लिए बांग्लादेश छोड़ने को बाध्य हुए। यदि उनका पलायन नहीं हुआ तो आज बांग्लादेश में हिंदू नागरिकों की आबादी सवा तीन करोड़ होती। आज के सवा करोड़ में 72 लाख वोटर हैं जो तीन सौ में 22 से 25 प्रतिशत संसदीय सीटों में अहम भूमिका

अदा करते हैं और इन्हीं सीटों पर उन पर जुल्म ढाया जाता है। शत्रु अर्पित संपत्ति कानून, देवोत्तर संपत्ति पर कब्जे ने अल्पसंख्यकों को कहीं का नहीं छोड़ा है।

इसमें कोई रास्ता नहीं निकल सकता?

रास्ता तभी निकलेगा जब बांग्लादेश के संविधान से सबसे पहले राष्ट्रधर्म इस्लाम को हटाया जाए और धर्मनिरपेक्षता की नीति बहाल की जाए। राष्ट्र सबका है, चाहे वह हिंदू हो या मुसलमान। बांग्लादेश में सांप्रदायिक राजनीति को निषिद्ध किया जाए।

एक लेखक के नाते आपकी चिंताएँ क्या हैं?

मेरी सबसे बड़ी चिंता दुनिया में हर जगह बहुसंख्यक द्वारा अल्पसंख्यक का सांप्रदायिक उत्पीड़न है। मेरी चिंता उन निरीह लोगों के लिए है जो कहीं भी सांप्रदायिक उत्पीड़न के शिकार हैं। उस पार हिंदू उत्पीड़ित हैं तो भारत में अल्पसंख्यक होने के कारण मुसलमान। मेरी चिंता कट्टरता के व्यापक रूपों को लेकर भी है। इस समय कट्टरता के दुनिया में दो रूप हैं। एक लादेन, दूसरा बुश। लादेन की कट्टरता और बुश की कट्टरता के कारण निरीह लोग ही मारे गये। चाहे इराक में मारे गये हों या नौ सितंबर की घटना में मारे गये हों। लादेन हो या बुश, दोनों धर्म या अस्त्र को महत्त्व देते हैं और निरीहों को मारते हैं, मैं उन निरीह लोगों की तकलीफ को अपनी रचनाओं में लाने की कोशिश करता हूँ।

आपके लेखन के केंद्र में सांप्रदायिक फासीवाद की भयावहता की अभिव्यक्ति है। आप एक ही जगह अटक क्यों गये?

फांसीवाद के कई विकृत चेहरे हैं। हाँ, यह सही है कि मेरा अधिकांश फासीवाद की मार खाए लोगों को लेकर लिखा गया है पर यह तो ऐसा मामला है जिसके लिए एक लेखक का जीवन भी कम है। मैंने देखा है कि बांग्लादेश के मुसलमान शरणार्थी भी बंगाल और दिल्ली में आकर सम्मानपूर्वक रह लेते हैं—दिहाड़ी मजदूरी करते हैं, फेरी लगाते हैं, रिक्शा खींचते हैं और तरह-तरह के काम कर पैसा कमाकर देश लौटते हैं लेकिन उस पार से जो हिंदू इस पार आ गये, वे कभी नहीं लौटे। जब मैं स्कूल में पढ़ता था—आठवीं में तो मेरा एक घनिष्ठ दोस्त विश्वजीत बगैर मुझे कुछ बताए अचानक बंगाल चला गया और जाने के बाद उसने देश छोड़ने की सूचना पत्र लिखकर दी। मैंने कोलकाता और पश्चिम बंगाल में कई जगह उस पार से आये हिंदू शरणार्थियों को नारकीय जीवन जीते देखा है पर मैं तो उनसे देश लौटने के लिए कह भी नहीं सकता। वहाँ उन्हें 'मालउन' कहकर गाली दी जाती है, उसे नहीं रोक सकूँगा, यानी पलायन नहीं रोका जा सकता।

इन दिनों आप क्या लिख रहे हैं?

अभी एक उपन्यास खत्म किया है। उसका नाम 'कल्पना' है। बहुत जल्द हिंदी में ही पहले छप कर आएगा। इस उपन्यास में मैंने बताया है कि किस तरह चकमा शरणार्थियों पर दो युगों से अत्याचार हो रहा है। चकमा नागरिकों के बलिदान को भी मैंने चित्रित किया है। कल्पना चावला इंटर पास एक लड़की थी जो पर्वतीय चटगाँव परिषद की संगठन सचिव थी। वह चकमा शरणार्थियों पर होने वाले अत्याचारों के विरुद्ध लड़ती थी। 1996 में उसे गायब कर दिया गया। आज तक पता नहीं चला कि वह कहाँ है।

('सहारा समय' : दिल्ली, 11 दिसंबर 2004)

भारतीयता की जड़ गाँवों में है

ओड़िया कवि सीताकांत महापात्र से बातचीत

ओड़िया कवि सीताकांत महापात्र का भारतीय कविता में महत्त्वपूर्ण स्थान है। हिंदी में अनूदित होकर उनकी कविताओं के आठ संग्रह—'अपनी स्मृति की धरती से', 'समय का शेष नाम', 'आष्पदी', 'पदचिन्ह', 'समुद्र', 'शब्दों का आकाश', 'वर्षा की सुबह' और 'प्रतिनिधि कविताएँ' प्रकाशित चर्चित हुए हैं। भारतीय प्रशासनिक सेवा में रहे महापात्र ने गद्य में भी काफी लिखा है और आदिवासियों के लिए सुचिंतित तरीके से काम किया है। वे भारतीय आदिम जनजातियों की मौखिक काव्य परंपरा के आधिकारिक व्याख्याता माने जाते हैं। ज्ञानपीठ पुरस्कार, साहित्य अकादेमी, कुमारन आशान पुरस्कार वे प्राप्त कर चुके हैं।

किन विशिष्टताओं के चलते कविता आप की सजातीय विधा बनी?

घर में सांस्कृतिक परिवेश था। काव्य संसार मुझे सहज स्वरूप में मिल गया। बचपन में मैं महाभारत, रामायण, पुराण सुनता था। ये सब सुनने की मेरे गाँव में मौखिक परंपरा अक्षत थी। लोग श्रद्धापूर्वक सुनते थे और अपने जीवन से जोड़ते थे। मेरी काव्य रचना के साथ बचपन की वे स्मृतियाँ जुड़ी हुई हैं। जीवन की शुरू की दस-बारह साल की स्मृतियाँ जो भीतर उतर जाती हैं, वे रचना में आती जाती हैं। हिंदी में मेरा जो पहला काव्य संग्रह आया, उसका शीर्षक ही मैंने दिया था—'स्मृति की धरती से'। मुझे बाद में लगा कि अपनी रचना में मैं धार्मिक मिथक का आधुनिक संदर्भ में उपयोग कर सकता हूँ, किया भी। मिथक में इतनी ताकत है कि अनपढ़ भी उसे सुनकर उसका अर्थ समझ लेते हैं। उसमें सहज संप्रेषणीयता है। ये सारी चीजें मिलीं तब कविता मेरी सजातीय विधा बनी।

कविता धर्म को क्या आप निज का एकांत धर्म कहना चाहेंगे?

कविता कवि की एकांत सत्ता ही होती है। कवि पूरे संसार को अपने अंदर ले आता है। कोई वैज्ञानिक किसी घटना में वैज्ञानिक कारण देखता है, राजनीतिक राजनैतिक कारण देखता है पर कवि हर घटना को अपना कर लेता है, अपने भीतर

कर लेता है लेकिन अपनी बात नहीं कहता—सारी दुनिया की बात कहता है। आपके सामने आईना ही रख देता है—देखिए! वह चीजों की गहराई और ऊँचाई तक जाता है। वह अपनी अनुभूतियों को 'शेयर' करना चाहता है, भाषा के जरिए। हर आदमी एक ही कविता पूरे जीवन में लिख पाता है। उसकी लिखी सारी कविताएँ जीवन सत्ता की एक ही कविता होती हैं।

साधारणतया लेखक से सत्ता व प्रशासन-प्रभुता से दूर रहने की अपेक्षा रखी जाती है। आपकी सृजनशील यात्रा बड़े प्रशासनिक दायित्वों से अप्रभावित रही। प्रशासनिक कामकाज और रचना धर्म का निर्वाह समान रूप से कैसे संभव किया?

जहाँ तक संभव हुआ, दोनों को अलग रखने का प्रयास किया। दोनों में कभी संघर्ष पैदा नहीं हुआ। किसी काव्य पुरुष की निजी सत्ता होती है, उस सत्ता को मैं भरसक गोपनीय रखता हूँ। सरकारी काम करते हुए विस्मयकारी अनुभव होते हैं। गाँव के लोगों से मिलना, तरह-तरह के लोगों से मिलना होता है। इन मुलाकातों से अनुभूति की परिधि का विस्तार होता है। सरकारी पद पर रहते हुए लोगों की तकलीफ दूर कर आनंद का अनुभव होता है। लोगों से मिलते हुए यदि आँखें खुली रखें, हृदय के दरवाजे खुले रखें तो काफी कुछ मिल जाता है। हाँ, दुख यह है कि सरकारी पदों पर रहते हुए या फिर लिखने में व्यस्त रहने के कारण परिवार पर ध्यान नहीं दे पाया। व्यस्तता के कारण कई दोस्त छूट गए। घर-परिवार, बच्चों और मित्रों के लिए जितना समय देना चाहिए था, नहीं दे पाया, इसका अफसोस है पर जीवन तो एक ही होता है न।

आपने नई शिल्प-संवेदना की कविताएँ लिखी हैं। गाँवों की संवेदना पर आपकी अनवरत दृष्टि रही है। ग्रामीण पृष्ठभूमि पर क्रियाशील रचनाकार आज की चुनौतियों का मुकाबला करने में आपको कितने सक्षम नजर आते हैं?

भारतीयता की जड़ गाँवों में ही है। इसीलिए ग्रामीण पृष्ठभूमि पर क्रियाशील रचनाकार जड़ों से जुड़े हैं। गाँवों में भारतीयता की जड़ इतनी मजबूत है तो इसलिए कि सदियों से लोगों ने उसे बनाकर और बचाकर रखा है। वह रचनाकार को शक्ति देती है। भारत के गाँव भी बदल रहे हैं। वहाँ की सामाजिक स्थितियाँ बदल रही हैं पर गाँवों की बदली स्थिति भी जीवन का अंग है और बहुत कुछ ऐसा है जो नहीं बदला। गाँवों में अब भी सामूहिकता है, शुचिता है, ईमानदारी है, दरिद्रता के बावजूद आत्मसम्मान और गौरव बोध है। गाँव के लोग शिक्षित नहीं, पर संस्कृतवान हैं। गाँव वाले नाचते हैं, गाते हैं—उन्होंने लोक संस्कृत को जीवन से जोड़कर रखा है। अनपढ़ भी रामायण सुनता है, गाता है। गाँव वालों ने साहित्य-संस्कृति को जीवन से अलग

करना नहीं सीखा है। गाँव की ये चीजें ही मुझे आकृष्ट करती हैं और इन्हीं चीजों ने ग्रामीण पृष्ठभूमि पर क्रियाशील अन्य रचनाकारों को भी छुआ है। ग्रामीण आदिवासियों का प्रकृति से जुड़ाव है, तभी वे जीवन को नया अर्थ दे जाते हैं। वे गरीबी के बावजूद जीवन में आस्था रखते हैं। वे आशावादी हैं। वे मानते हैं कि जीवन आनंद के लिए है। वे पृथ्वी पर खुद को लाए जाने के लिए ईश्वर को धन्यवाद देते हैं। गाँव वालों में जो परसेवा, परदुखकातरता है, उसे रचनाकारों ने गहराई से महसूस किया है और अपने साहित्य में उसे अभिव्यक्त किया है। मैंने भी यह संधान करने की कोशिश की है कि शहरों में जिनके पास सब कुछ है, वे दुखी क्यों हैं और गाँव के गरीब जिनके पास कुछ नहीं फिर भी वे आशावादी हैं और आनंद से जीवन काटते हैं।

पूर्ववर्ती आधुनिक कवियों से आज की ओड़िया कविता किन बिंदुओं पर अलग और आगे है? अपनी अनुज कवि पीढ़ी के बारे में आपकी क्या धारणा है?

पूर्ववर्ती आधुनिक कवियों की तुलना में ओड़िया की नई कवि पीढ़ी में ज्यादा स्पष्टवादिता मुझे दिखती है। वे सीधा कहना चाहते हैं। अपनी अनुभूतियों को निर्भीकतापूर्वक-बेबाक ढंग से अभिव्यक्त करते हैं। उनमें निष्पक्ष चिंतन भी है। नई कवि-पीढ़ी पुरानी पीढ़ी की लाइन पर नहीं चल रही है। नई पीढ़ी ने अपना खुद का मुहावरा बनाया है।

आप कवि, कविता और कवि धर्म में आपसी समन्वय को जरूरी मानते हैं?

मैं मानता हूँ कि समन्वय होना चाहिए। कवि की प्रामाणिकता के लिए भी इन तीनों में समन्वय जरूरी है। जो आत्मा से निकले, वही रचना में आए। उसका संवेदनात्मक ज्ञान और चिंतन भी स्वाभाविक रूप से कविता में आए। और हाँ, कविता में कुछ दिखे और कवि के आचरण में कुछ और तो कवि की प्रामाणिकता ही संदिग्ध हो जाएगी।

ओड़िया के गद्य साहित्य और आलोचना का वैसा विकास क्यों नहीं हुआ, जितना कविता का हुआ?

ओड़िया में परंपरा ही ऐसी रही है कि कवि ही ज्यादा हुए। कथा-उपन्यास लिखने वाले गद्यकार आज भी कम हैं। ओड़िया आलोचना में अब भी दुविधा है। संस्कृत की परंपरा से जो जुड़े हैं। वे अपने विचारकोण से सोचते हैं तो अंग्रेजी आलोचना से प्रभावित आलोचक अपनी समीक्षा दृष्टि से परख करते हैं। वे एलिएट की थ्योरी को एप्लाई करते हैं। ओड़िया के आलोचक भारतीय परंपरा से उतने परिचित नहीं हैं। हमारी जो काव्यत्व की परंपरा रही है और विदेश की जो दृष्टि है, दोनों को सामने रखकर आधुनिक कविता या गद्य को देखने की कोशिश नहीं दिखती।

प्रायः देखा जाता है कि ओड़िया के रचनाकार दूसरी भारतीय भाषाओं के साहित्य से अनजान हैं। आप स्वयं भारतीय भाषाओं खासकर हिंदी साहित्य से किस हद तक जुड़े हैं? हिंदी का कौन सा कवि आपको अपनी संवेदना के सर्वाधिक करीब लगता है?

मैं हिंदी पढ़ सकता हूँ इसलिए हिंदी साहित्य के 'टच' में हूँ। हिंदी में मैंने कविताएँ ही ज्यादा पढ़ी हैं, गद्य कम पढ़ा है। हिंदी में अज्ञेय, केदारनाथ सिंह, लीलाधर जगूड़ी की कविताओं ने बहुत प्रभावित किया है। केदारजी और जगूड़ी तो मेरे प्रिय कवि ही हैं। दोनों की कविताओं में 'वाइड रेंज' है। दोनों के कहने के तरीके भिन्न हैं, अपना-अपना मुहावरा है पर संवेदना गहरी है।

भारतीय भाषाओं में परस्पर समन्वय के लिए आपके क्या सुझाव हैं?

भारतीय भाषाओं में समन्वय और सेतु की भूमिका हिंदी निभाती रही है। हिंदी देश की संपर्क भाषा है। राज भाषा हिंदी से अधिक हिंदी सिनेमा ने उसे दूसरे भाषा भाषियों में लोकप्रिय बनाया है। हिंदी प्रदेशों के अलावा अहिंदी प्रदेशों में भी ज्यादा से ज्यादा लोग हिंदी समझते हैं। तमिलनाडु में भी हिंदी लोग ज्यादा समझेंगे, ओड़िया या मराठी नहीं। हिंदी संपर्क भाषा बन चुकी है। हिंदी से दूसरी भाषाओं के साहित्य का अनुवाद तेज किया जाना चाहिए। हिंदी से ही अनुवाद होना चाहिए और अंग्रेजी का सहारा लिए बगैर। अंग्रेजी भारतीय भाषा नहीं है, विकल्प रूप में उसको तरजीह देने की प्रवृत्ति छोड़ देनी चाहिए। हिंदी से अनुवाद करने वाले विशेषज्ञों को सामने लाना चाहिए। हिंदी से मलयालम, तेलुगु, कन्नड़, मराठी, तमिल, ओड़िया और बांग्ला में सीधे अनुवाद ज्यादा सहज और स्वाभाविक है। मेरा अनुभव है—मैं बताऊँ, एक जर्मन प्रोफेसर ने ओड़िया में काम किया मेरे साथ मिलकर। सीधे ओड़िया से जर्मन में उन्होंने अनुवाद किया। अंग्रेजी अनुवाद हमने पास नहीं रखा क्योंकि ओड़िया से जर्मन में अनुवाद कहीं सहज अनुभव था। यही बात हिंदी के साथ क्यों नहीं लागू हो सकती?

आप बताइए कि साहित्यकार के लिए राजनैतिक मतवाद का अनुगामी होना कहाँ तक उचित है?

साहित्य की परिधि इतनी विशाल होती है कि कोई भी मतवाद उसे नहीं अपना सकता। कोई विचार दर्शन उसे नहीं सँभाल सकता। इसलिए किसी साहित्यकार को किसी राजनैतिक विचारधारा या मतवाद का अनुगामी नहीं होना चाहिए। साहित्यकार की सारी संवेदना और प्रतिबद्धता वंचितों और पीड़ितों के साथ होनी चाहिए।

आदिवासी समाज पर आपका काम ऐतिहासिक महत्त्व का है। आपको आदिवासियों की कौन-सी समस्या सबसे ज्यादा मथती है?

आदिवासियों का सदियों से वंचित रहना, और उन तक विकास का लाभ नहीं

पहुँचना त्रासद पर कटु सच्चाई है। पर इससे भी बड़ी समस्या यह है कि आदिवासी खुद अपनी संस्कृति भूल रहे हैं। मुझे भय है कि सांस्कृतिक क्षरण न रोका गया तो उनकी समृद्ध सांस्कृतिक परंपरा मर जाएगी। उसका 'डाकुमेंटेशन' जरूरी है। डाकुमेंटेशन का बहुत सारा काम नहीं हुआ है। यह काम साहित्य अकादेमी, ललित कला अकादेमी मिलकर कर सकती हैं। मध्य प्रदेश, आंध्र प्रदेश, बिहार, बंगाल और ओडीशा में आदिवासी समाज की जो गीत-संगीत नृत्य की परंपरा है, जो मौखिक परंपरा है। उसको लिपिबद्ध करना चुनौती भी है और अनिवार्य भी।

('जनसत्ता' : दिल्ली, 5 सितंबर 1999)

उपन्यास का मान नहीं बढ़ा

बांग्ला कवि-कथाकार सुनील गंगोपाध्याय से बातचीत

समाज, समय, शहर और गाँव की जीवन कथा लिखने वाले बांग्ला के मशहूर कवि-कथाकार सुनील गंगोपाध्याय इन दिनों आत्मकथा लिख रहे हैं। एक समय परंपराभंजक की पहचान लेकर उभरे सुनील गंगोपाध्याय आज ढाई सौ पुस्तकों के एकांत स्रष्टा और बांग्ला साहित्य की समृद्ध परंपरा के महत्वपूर्ण हिस्सेदार हैं। उनकी कृतियों–'अरण्येर दिन रात्रि', 'प्रतिद्वंद्वी', 'अर्जुन', 'जीवन जे रकम', 'सबूज द्वीपेर राजा', 'गरम भात', 'महापृथ्वी', 'श्याम साहेब', 'मधुमय' पर बनी फिल्में भी खासी चर्चित रहीं। साहित्य अकादेमी पुरस्कार, आनंद पुरस्कार (दो बार) और सरस्वती सम्मान पा चुके गंगोपाध्याय अरसे से बांग्ला की श्रेष्ठतम साहित्यिक पत्रिका 'देश' के संयुक्त संपादक हैं।

आप बांग्ला के सर्वाधिक लोकप्रिय लेखक हैं। यह बात आपको रचनात्मक संतुष्टि भी देती है? इसी से जुड़ा सवाल–साहित्य सृजन में आपको सिद्धि मिल गई या अभी कुछ और बाकी है?

लोकप्रिय हूँ कि नहीं, नहीं जानता। रही सिद्धि की बात तो वह भी कहाँ मिली? जो लिखा जाना है, वह किताब भी अभी नहीं लिख पाया हूँ। वेदव्यास ने महाभारत लिखकर खत्म किया तो वे सरस्वती नदी के तट पर गए। वहाँ उन्होंने चिंतन किया कि क्या पूर्ण ग्रंथ लिख सके? वे रोने लगे। उन्हें लगा कि कृति जैसी होनी चाहिए थी, नहीं हुई। जब वेदव्यास की यह दशा थी तो मेरी तरह का अदना लेखक सिद्धि की बात कैसे सोच सकता है?

'देश' पत्रिका में आपकी जो आत्मकथा धारावाहिक छप रही है, उसका नाम 'अध ेक जीवन' (आधा जीवन) क्यों रखा?

इसलिए कि कोई मनुष्य पूरा जीवन नहीं जानता। अपने जीवन के बारे में भी पूरा नहीं जानता। कुछ चीजें छूट जाती हैं, कुछ सायास छूटती हैं इसलिए आधा जीवन

ही नाम रखा। शेक्सपीयर ने भी अदर हाफ की बात कही है। उसे मैंने कोट किया है।

आत्मकथा कब तक पूरी कर लेंगे?

साल भर और लगेगा।

आत्मकथा या जीवनी को लेकर आपका आदर्श क्या है?

यह सिर्फ मेरा जीवन नहीं है, जो समय मैंने जिया, वह समसामयिक काल है, देश का इतिहास है, साहित्य का इतिहास है, इस पूरे काल को मैंने किस रूप में देखा-जिया यह सब है। सिर्फ व्यक्तिगत जीवन की स्मृतियाँ ही नहीं हैं।

स्मृतियाँ तो गद्य-पद्य में भी आती हैं। आप खुद रचनाएँ करते हैं तो उसमें आपकी खट्टी-मीठी यादें, आपका सोच, दर्शन और जीवन अनुभव किस रूप में प्रतिफलित होते हैं?

प्रतिफलित तो होता ही है। जब मन में कोई बात आती है तो लिखता हूँ। कविता प्रयास करके लिखनी पड़ती है। उपन्यास तो ऐसे ही बन जाता है। और स्मृतियाँ मेरे लेखन में आती ही हैं। अभी के जीवन की घटनाएँ नहीं आतीं। अभी का चिंतन ही आता है।

आपका साहित्य खासकर कहानियाँ व उपन्यास पढ़ते वक्त लगता है कि रचना के पीछे आपकी स्मृतियाँ भाग रही हैं। खासकर शैशव और किशोर वय की स्मृतियाँ। साहित्य में अपनी स्मृतियों का आपने काफी उपयोग किया है, नहीं क्या?

बिल्कुल ठीक ही कह रहे हो तुम। जीवन के आरंभिक 12 वर्षों की स्मृतियाँ कभी मस्तिष्क से नहीं निकलतीं। बांग्लादेश के जिस गाँव में मेरा बचपन और किशोरवय बीता, तब की स्मृतियों का खूब उपयोग किया है। मेरे लिखने में वे स्मृतियाँ घुमा-फिराकर आती ही हैं और रचना के साथ घुलमिल जाती हैं। स्मृतियाँ कड़वी ही ज्यादा हैं। हमारा परिवार गरीब था। हम पूर्वी पाकिस्तान से यहाँ आए शरणार्थी थे। घर-बाड़ी सब चला गया था। पिता कलकत्ता में स्कूल टीचर थे। जब मैं पढ़ रहा था तो हम सब भाई-बहनों को पढ़ाने की सामर्थ्य पिता में नहीं थी। बहुत कठिन था जीवन। छुटपन में ही कलकत्ता आ गया था, पर छुट्टियों में पूर्वी पाकिस्तान के अपने गाँव हम चले जाते थे। गाँव का जीवन बहुत भाता था। धान के खेत, नदी, दुर्गापूजा वह सब बहुत अच्छा लगता था। 1943 में बंगाल में जब अकाल पड़ा था, तब एक वर्ष के लिए गाँव पर रहना पड़ा था। तब नौ साल का था मैं। गाँव के स्कूल में मेरा दाखिला हुआ था। उस समय दशा ये थी कि कलकत्ता में पैसा रहने पर चावल खरीद सकते थे। पर गाँव पर चावल उपलब्ध नहीं था। अनेक दिन भूखे रहकर हम सोये थे। वह स्मृति बाद में मेरे लेखन में आई।

फिर जब कलकत्ता आया तो कालेज की फीस और किताबों तक के लिए समस्या थी। छात्र जीवन में कुछ आय करनी हो तो ट्यूशन को छोड़ कोई रास्ता नहीं। तो मैंने कई घरों में ट्यूशन किए। ट्यूशन करते हुए कई अनुभव हुए। उन अनुभवों से आगे लिखने में काफी मदद मिली। तब ऐसे अनेक परिवारों में जाने को मिला, जहाँ शिक्षक न होने पर जाने को कभी नहीं मिलता। लार्ड सिन्हा की नातिनी को पढ़ाया। यदि ट्यूटर न होता तो उसके घर में प्रवेश करने को भी नहीं मिलता। इस तरह कलकत्ता के कई परिवारों से अंतरंग परिचय हुआ। वे सभी परिचित लोग और उनके साथ की स्मृतियाँ मेरे लेखन में आईं। बाद में जीविका के लिए क्लर्की की। उसके बाद 1963 में अमेरिका के एक विश्वविद्यालय ने 'बेंगाली पोएट्री इन इंग्लिश' के लिए न्यौता दिया। मैं उस न्यौते पर चार-पाँच वर्ष रहा। उसके बाद भी वहाँ टिके रहने का विकल्प था। फ्रेंच गर्ल फ्रेंड भी थी। वह बोली भी कि रह आओ। पर तब ये महसूस हुआ था कि मुझे अमेरिका छोड़कर बंगाल आना चाहिए और अपने भाषा-भाषी समाज के बीच रहकर उस परिवेश से युक्त होकर रचना कर्म करना चाहिए।

देवदूत वाली कहानी में जो लड़की है, वह भी आपकी स्मृति में समाई दिखती है। वह लड़की कहाँ मिली?

एक गाँव में गया था, वहाँ मिली। उसके चार बच्चे थे। पति मर गया था। वह बहुत सुंदर थी सो उससे कई लोग विवाह करना चाहते थे पर वे सभी बच्चों को किसी अनाथ आश्रम में रखवाने पर जोर दे रहे थे। उस लड़की ने मेरे पास आकर मुझसे पूछा था कि पिता के मरने के बाद यदि माँ रहे तो क्या बच्चे अनाथ माने जाएँगे? मुझे उसके इस सवाल से ही लगा कि यह तो कथा का विषय है। इस तरह के कई पात्र मिलते रहे जो मेरी कथा में आते रहे।

दुख और दारिद्र्य की जो दुःस्मृतियाँ हैं, वे भी आपकी कहानियों में आती हैं। 'महापृथ्वी' में जो वर्णन है, वह भी सच्ची घटना लगती है।

मेरे अपने जीवन के शुरुआती दिनों में गरीबी-दरिद्रता थी। उसे मैंने झेला है। अब जीवन में अभाव नहीं है। इसलिए धन का मुझे कोई लोभ नहीं है। बेशुमार दौलत लेकर या पाकर क्या करूँगा? चूंकिं मैंने गरीबी देखी है तो गरीबी मेरी रचनाओं में आती है। 'महापृथ्वी' या 'गरमभात' में जो गरीबी उपस्थित है, वह स्मृति में ही नहीं, समाज में आज भी उपस्थित है। दरिद्रता की तो आज भी दारुण स्थिति है इसलिए उसे देख विचलित हो जाता हूँ और सिर्फ लिखता ही नहीं, जितना बन पड़ता है, लोगों की मदद भी की है, आज भी करता हूँ।

आप दबाव में भी ज्यादातर लिखते हैं। इसमें असुविधा होती है कि नहीं?

समय-सीमा के भीतर ही लिखना पड़ता है। समय-सीमा रहने पर ही लिख लेता

हूँ। यह भी सही है पर मुझे लगता है कि दबाव न रहे तो और बेहतर लिखता। वैसे अपनी इच्छा की रचना मैं नहीं लिख सका हूँ अभी। इच्छाएँ और भी कई हैं।

जैसे?

जैसे एक सिनेमा बनाने की इच्छा थी। अब भी है। विवेकानंद की जीवनी लिखने की इच्छा है। मैं तो 'महाभारत' का अनुवाद भी करना चाहता था, किंतु अब तो व्यस्तता इतनी भयानक है कि पता नहीं वह भी हो पाएगी या नहीं।

लिखने की शुरुआत आपने कविता से की थी। बाद में गद्य में ही ज्यादा लिखा। एक तरह से प्रोफेशनल लेखक बन गए। ऐसा किस दबाव में हुआ?

अमेरिका से लौटा तो चाकरी छोड़ के आया था पर बंगाल में ही बांग्ला का काम करने का संकल्प किया था। असल में अमेरिका जाने से पहले भविष्य की चिंता नहीं की थी। वह चिंता तो अमेरिका में की और यहाँ आया। तब कविता के अलावा गद्य लिखा। वैसे इच्छा थी कि जीवन भर कविता लिखूँ पर विदेश से लौटकर पेट भरने का इंतजाम करने को बाध्य हुआ था। उसमें गद्य सहायक बना। फिर भी छह वर्ष के संघर्ष के बाद देखा कि सिर्फ लिखकर जीवन चलाना मुश्किल है। तब आनंद बाजार पत्रिका में चाकरी की। यहाँ दबाव में गद्य लिखना पड़ता था।

पत्रकारिता और साहित्य में सामंजस्य कैसे बिठाया?

पत्रकारिता उस तरह मैंने कभी नहीं की, जैसा तुम करते हो। मैंने कभी भी रिपोर्टिंग या सबिंग नहीं की। मैंने अखबार की नौकरी की तो कालम लिखता था। बुक रिव्यू सेक्शन देखता था। कविता सेक्शन देखता था। साहित्य का खंड देखता था।

इंदिरा गाँधी की मौत पर या चासनाला दुर्घटना की आपने रिपोर्टिंग की थी?

हाँ, संपादक के कहने पर मैं चासनाला गया था। संपादक के निर्देशानुसार दुर्घटना का इंप्रेशन लिखा था। इसी तरह इंदिराजी की हत्या पर भी दिल्ली में जो माहौल मैंने महसूसा, उसे लिखा था। वह ठेठ रिपोर्टिंग नहीं थी।

अपने उपन्यास 'प्रथम आलो' में आपने संताली लड़की और काली की मूर्ति के लिए 'मागी' शब्द का इस्तेमाल किया है। इससे आदिवासियों को काफी ठेस पहुँची थी। आपकी टिप्पणी?

देखो 'प्रथम आलो' में रामकृष्ण, विवेकानंद, रवींद्रनाथ कैरेक्टर हैं। रामकृष्ण के आखिरी दिनों में उनकी जिन्होंने चिकित्सा की थी, वे महेंद्र लाल सरकार बहुत विद्वान थे और एंटी काली थे। तब डाक्टर ने रामकृष्ण से कहा था कि इस संताली मागी (काली) की पूजा क्यों? तो यह डाक्टर का प्रश्न था। मेरा नहीं। इसमें मैंने काली या संताली लड़की को कहाँ इंसल्ट किया? फिर भी आदिवासियों के प्रतिनिधियों ने मुझ पर केस करने का नोटिस दिया था।

रामकृष्ण परमहंस को ध्यान में रखते हुए बताइए कि धर्म आपकी नजर में क्या है?

मैं तो नास्तिक हूँ। मेरे व्यक्तिगत जीवन में धर्म की कोई भूमिका नहीं है। लेकिन जो लोग धार्मिक हैं, उनके प्रति मेरी मन में कोई द्वेष भी नहीं है। हर धर्म शांति और मानवता का संदेश देता है। आज स्थिति जटिल है। राजनीति में धर्म का इस्तेमाल हो रहा है। राजनीति ने धर्म को एक निष्ठुर हथियार बना लिया है। राजनीति में विभिन्न धर्मों के लिए सिर्फ मतदाता हैं। अपने देश में धर्म निरपेक्षता है पर यहाँ सांप्रदायिक ताकतों ने सिर उठा लिया है। जो सांप्रदायिक हैं, उन्हें मैं धार्मिक नहीं मानता। आज मैं देखता हूँ कि एक धर्म दूसरे पर अपना आधिपत्य स्थापित करना चाहता है। उससे विरोध और विद्वेष पैदा होता है। भारत ही नहीं, बांग्लादेश और पाकिस्तान में भी यही स्थिति है। इसलिए धर्म को लेकर मैं उदासीन हूँ।

धर्म को राजनीति में मिलाने के बावजूद यह हमारी खासियत है कि आजादी के पचास तिरपन वर्षों बाद भी हमने लोकतंत्र को अक्षुण्ण रखा है?

हाँ, यह स्वातंत्र्योत्तर भारत की बड़ी उपलब्धि है। पड़ोसी देशों में लोकतंत्र नहीं कायम है पर हम इसके प्रति सचेत रहे हैं।

आजादी के इतने वर्षों बाद देश के सामने सांप्रदायिकता; गरीबी, अशिक्षा की जो समस्याएँ हैं, उन्हें दूर करने में क्या बाधाएँ हैं?

हाँ, समस्याएँ तो हैं ही! सभी धर्मों, जातियों को एक सूत्र में बाँधे रखने, अलगाववादी ताकतों और गरीबी से निपटने की समस्या है। दरअसल गरीबी इसलिए आज भी कायम है क्योंकि आर्थिक आजादी नहीं मिली। स्वाधीनता संग्राम का मकसद सिर्फ राजनीतिक आजादी प्राप्त करना नहीं था। फिर आजाद भारत की सरकारों ने देश के संसाधनों का पूरी तौर पर इस्तेमाल नहीं किया। ग्राम स्वराज का सपना पूरा कर ही समस्याओं के समाधान की बाधाएँ दूर की जा सकती हैं।

बांग्ला के लेखक कहीं भी रहें, उनके मानस में बंगाल ही क्यों रहता है? दूसरे शब्दों में वे बंगाल के बाहर की दुनिया को देखना ही नहीं चाहते। यह संकीर्णता क्यों है?

यह संकीर्णता नहीं है। देखो, गुरुदेव रवींद्रनाथ ठाकुर सारे संसार में घूमे, पर किसी रचना में कभी भी बंगाल को छोड़ दूसरे की बात उन्होंने नहीं लिखी। दक्षिण अफ्रीका में वे बैठे हैं पर बंगाल की बारिश की बात लिख रहे हैं। आज भी बांग्ला के लेखक अनेक स्थानों की यात्रा करते हैं पर उनके मानस में बंगाल ही रहता है। बाहर से उनका मानस नहीं जुड़ता। इसलिए बांग्ला कहानी में बहुत सस्पेंस, मारामारी, हिंसा

और नाटकीय घटनाएँ कम रहती हैं। बांग्ला में मानवीय रिश्तों पर ही ज्यादा लिखा जाता है।

बांग्ला साहित्य में निरपेक्ष आलोचना का अभाव क्यों है?

बंकिमचंद्र के समय बांग्ला में निरपेक्ष आलोचना होती थी। आजकल नहीं होती। बांग्ला के समालोचक सही रूप में नई कृतियों से नहीं टकराते। आज का आलोचक रचना पर कम रचनाकार के व्यक्तिगत जीवन पर ज्यादा ध्यान देता है। आलोचक मानो चाहते हैं कि लेखक है तो उसे गरीब होना चाहिए। फटी कमीज पहननी चाहिए। खाने के लाले पड़े होने चाहिए। लेखक क्यों नहीं खाएगा? क्यों नहीं अच्छा वस्त्र पहनेगा?

स्वाधीनता के इतने वर्षों बाद बांग्ला साहित्य किस ऊँचाई तक पहुँचा है?

इन वर्षों में बांग्ला लेखकों की संख्या बढ़ी है। इधर बांग्ला कविता और कथा साहित्य विश्व साहित्य की बराबरी पर पहुँचा है। लेकिन उपन्यास का मान उतना नहीं बढ़ा। बांग्ला नाटक भी विकास नहीं कर सका। आलोचना भी कमजोर हुई है।

बांग्ला में किंतु बाल साहित्य में तो उत्तरोत्तर श्रीवृद्धि हुई है?

हाँ, हाँ, बिल्कुल हुई है। बांग्ला में बाल साहित्य का आज भी जो वैशिष्ट्य है, वह अन्य भाषाओं में नहीं है। बांग्ला के सभी प्रसिद्ध लेखक रवींद्र, शरत, विभूति भूषण, बुद्धदेव बसु और आज के सभी विख्यात लेखक बच्चों के लिए लिखते हैं। इसका सुफल ये है कि छोटे बच्चों को साहित्य का 'फ्लेवर' मिलता है। वे जो भी पढ़ते हैं, उसमें साहित्य की गंध रहती है। इसलिए छुटपन में वे जो पढ़ते हैं, बड़ा होकर वे ही साहित्य के पाठक बनते हैं। इसलिए बांग्ला में पाठकों की संख्या ज्यादा है। छुटपन से ऐसी आदत बन जाती है कि स्कूल कालेज में अपने पैसे से वे किताबें खरीदकर पढ़ते हैं। पढ़ने की उनमें तृष्णा-भूख रहती है।

समाज को बदलने में या नया समाज गढ़ने में साहित्य की क्या भूमिका हो सकती है?

देखो, कुछ पढ़कर देश नहीं बदलता। साहित्य का प्रभाव पड़ सकता है पर उसका सारा प्रभाव नेता नष्ट कर देते हैं। साहित्य पढ़कर लगता है कि देश धर्मनिरपेक्ष है पर वास्तविकता ये है कि सांप्रदायिक शक्तियाँ ताकतवर हैं। देखा नहीं, आपने तसलीमा नसरीन को भगा दिया। सलमान रुश्दी निरापद घर से निकल नहीं सकते। यदि साहित्य का प्रभाव होता तो ये सब होता? भारत में साहित्य का प्रभाव बहुत ज्यादा नहीं है क्योंकि किताबें नहीं पढ़नेवालों की संख्या ज्यादा है। यदि शत-प्रतिशत लोग शिक्षित हों, आर्थिक उन्नति हो तो शायद प्रभाव पड़े। तब भी भविष्य की बेहतरी की

चिंता साहित्य हमेशा करता है। वर्तमान में उसका प्रभाव भले नहीं हो, भविष्य में प्रभाव पड़ सकता है।

साहित्य पर विचारधारा के दबाव को किस रूप में देखते हैं?

विचारधारा के दबाव का नतीजा खराब हुआ है। मार्क्सवादी विचारधारा से ही विचार करते समय दिक्कत ये होती है कि वे प्रतिबद्धता पर ही ज्यादा ध्यान देते हैं। वे शिल्प पर उतना नहीं ध्यान देते जबकि शिल्प भी तो साहित्य है।

'देश' में हिंदी की रचनाओं में कुछ अनुवाद आपने छापे पर आम तौर पर भारतीय भाषाओं के रचनाकारों को छापने से आप परहेज क्यों करते हैं?

हिंदी को मैंने 22-23 बार 'देश' में छापा। चेष्टा की थी। निरंतरता नहीं बनी क्योंकि हमेशा उच्च गुणवत्ता की रचनाएँ नहीं मिलतीं। फिर एक समस्या ये भी है जो हमारे संपादक कहते रहे हैं कि अपने बांग्ला लेखकों को ही 'देश' नहीं छाप पा रहा तो दूसरी भाषाओं के लोगों को कैसे जगह दें।

ये तो आप मानेंगे कि सिर्फ बांग्ला-बांग्ला रटने से भारतीयता का बोध नहीं होता?

सही है कि हिंदी की अनेक कृतियों और कृतिकारों को हम भारतीय साहित्य कह सकते हैं जबकि बांग्ला में कई किताबें पढ़कर मुझे प्रतीत हुआ कि वे पश्चिमी साहित्य के आसपास चल रहे हैं। इसके उलट आधुनिक हिंदी साहित्य मुझे इसलिए अच्छा लगता है क्योंकि उसके लेखक माटी से जुड़े हैं, जमीन से जुड़े हैं, रेणु को पढ़कर लगता है कि बिहार के अति साधारण लोगों को पहचान रहा हूँ। गाँव ही नहीं, शहर के जीवन पर भी हिंदी में अभी काफी कुछ लिखा जा रहा है।

हिंदी और दूसरी भारतीय भाषाओं की कविताएँ किस दिशा में जा रही हैं?

हिंदी कविता में एक मुक्त चिंतन है। हिंदी कविता का जिस तरह सस्वर पाठ होता है, उससे बांग्ला का कोई मेल नहीं। हिंदी में जो सस्वर पाठ करते हैं, मुझे अच्छे लगते हैं। इच्छा करती है कि उसी तरह बांग्ला में भी मैं करूँ पर मेरे गले की आवाज ठीक नहीं है। मलयालम, मराठी में भी हिंदी जैसा प्रभाव है। भारतीय भाषाओं में चिंतन का स्वरूप भारतीय है जो बंगाल में नहीं, यह मानने में मुझे संकोच नहीं है।

'देश' और बांग्ला की अन्य साहित्यिक पत्रिकाओं में हिंदी व अन्य भारतीय भाषाओं की निरंतर उपेक्षा के कारणों के बारे में विस्तार से जवाब देंगे?

मैंने बताया न कि 'देश' में हम अनुवाद नहीं छापते। बहुत पहले मैंने दूसरी भाषाओं की कहानियाँ 'देश' में इंट्रोड्यूस की थीं। हिंदी से ज्यादा मलयालम, कन्नड़, ओड़िया, गुजराती, मराठी की कहानियाँ हमने छापी थीं। बांग्ला पत्र-पत्रिकाओं में हिंदी की रचनाएँ नहीं आ पातीं, इसकी सबसे बड़ी वजह यह है कि बांग्लाभाषी पाठक

अनुवाद नहीं पढ़ना चाहता। वह मूल (बांग्ला) पढ़ना चाहता है। दूसरी समस्या यह है कि हिंदी से बांग्ला में अच्छा अनुवाद आसानी से उपलब्ध नहीं होता। फिर भी मैं कोशिश में हूँ कि जिस तरह कभी अन्य भाषाओं की कहानियाँ अनूदित कर बांग्ला में ('देश' में) हमने छापी थीं, गैर बांग्लाभाषी कविताएँ भी उसी तरह आएँ।

आप कह रहे हैं कि बांग्लाभाषी पाठक अनुवाद नहीं पढ़ना चाहता है। इससे तो वह दूसरी भाषाओं की श्रेष्ठ कृतियों को पढ़ने से अपने को वंचित ही कर रहा है, नहीं क्या?

इसका एक दूसरा पक्ष यह है कि हिंदी की जितनी कृतियाँ बांग्ला में आनी चाहिए—नहीं आई हैं। लेकिन प्रेमचंद बांग्ला पाठकों में भी समान रूप से लोकप्रिय हैं। अनुवाद का काम जितना होना चाहिए, नहीं हुआ। दिक्कत यह है कि बांग्लाभाषी अपने को पहले भारतीय नहीं, पहले बंगाली मानता है। इस मानसिकता ने बांग्ला में अनुवाद साहित्य को बढ़ने नहीं दिया। मैं अपनी बात करूँ तो देश-विदेश की कई भाषाओं की कृतियाँ मुझे पढ़ने का सौभाग्य मिला है। प्रेमचंद, महादेवी वर्मा, कृष्णा सोबती, केदारनाथ सिंह, राजेन्द्र यादव की कृतियों से प्रभावित हुआ। केदारनाथ सिंह को मैं विशिष्ट कवि मानता हूँ। मलयालम के एमटी वासुदेवनायर, कन्नड़ के यू आर अनंतमूर्ति, ओड़िया के सीताकांत महापात्र, रमाकांत रथ, असमिया के नवकांत बरुआ ने भी मुझे प्रभावित किया है। भारतीय भाषाओं के लेखकों को मैंने जितना पढ़ा है, वह इच्छापूर्वक पढ़ा है। वैसे दॉस्तॉव्यस्की, काफ्का को पढ़ा है। लेकिन बांग्ला के आम पाठकों में अनुवाद इच्छापूर्वक पढ़ने की वांछित ललक नहीं होती।

इस भाषाई संकीर्णता के लिए आप किसे जिम्मेदार मानते हैं? यह संकीर्णता कैसे समाप्त हो?

इस संकीर्णता के पीछे घृणित राजनीति का हाथ है। राजनीति ने अपनी सुविधा, अपने स्वार्थों के लिए इस संकीर्णता को फैलाने का काम किया है। इससे सांस्कृतिक अंतःक्रिया बाधित हुई है। यह अंतःक्रिया किसी भी भाषा के उत्थान के लिए अनिवार्य है। भाषाई संकीर्णता तभी खत्म होगी, जब कूपमंडूकता से हम बाहर निकलें और कई भाषाओं के लेखकों को एक मंच दें। अनुवाद साहित्य पढ़कर बांग्लाभाषियों का मानस ही समृद्ध होगा—लेकिन इसके लिए उनका मानस तैयार करना होगा। मेरे ख्याल से उत्तर भारत की चार भाषाएँ हिंदी, बांग्ला, ओड़िया और असमिया बहुत दूर नहीं हैं। यदि ये चारों एक मंच पर आएँ तो उनमें और निकटता आएगी।

भाषाओं के बीच समरसता बनाने के लिए आप किस प्रकार सेतु बनाना चाहेंगे?

मैं चाहूँगा कि एक ही मंच पर सभी भारतीय भाषाओं के लेखक इकट्ठा हों।

अपनी-अपनी रचनाएँ सुनाएँ। इससे यह भी पता चलेगा कि भाषाएँ भले भिन्न हों, चिंताएँ सबकी समान हैं।

भारतीय भाषाओं के विकास और उनमें परस्पर समन्वय के लिए आपके क्या सुझाव हैं?

किसी भी भाषा का विकास तब होता है, जब उसे बोलने वाले समाज में शत-प्रतिशत साक्षरता हो। अभी तक देश की आधी आबादी निरक्षर है, गरीबी रेखा से नीचे जीवन-यापन करती है। जब लोग साक्षर नहीं होंगे तो भाषा-साहित्य का विकास कैसे होगा? इसके अलावा अनुवाद पर ज़ोर देना होगा। भिन्न-भिन्न भाषाओं में साहित्य का आदान-प्रदान बहुत जरूरी है। भिन्न-भिन्न भाषाओं के लेखक एक-दूसरे से मिलें, विचारों का आदान-प्रदान हो। अफसोस यह है कि कलकत्ता की गोष्ठियों में हिंदी और बांग्ला के लेखकों का साझा नहीं होता।

यह स्थिति क्या एकाएक उपजी?

ऐसा नहीं है, स्थितियाँ क्रमशः बदलती गईं। आजादी के पहले एक भारतीयता थी। आजादी के पहले बंगाली, बिहारी, तमिल, कन्नड़, तेलूगु भाषी, मराठी सभी अपने को भारतीय मानते थे। सबमें भावनात्मक राष्ट्रीय एकता थी। लेकिन आजादी के बाद हर प्रांत के लोग छोटे-छोटे स्वार्थों में बँट गए। क्षेत्रीयता की भावना बढ़ती गई। मैंने पहले भी कहा, बंगाली अपने को पहले भारतीय नहीं, बांग्लाभाषी मानता है। तमिलनाडु के लोग अलग तमिल राष्ट्र की कल्पना करते हैं। यह स्थिति देखकर बहुत दुख होता है। आजादी की आधी सदी के बाद जब बीसवीं सदी बीत चली है। हम देख रहे हैं कि कुछ नहीं हुआ वैसा, जैसा हमने सोचा था। हम तो चले जाएँगे। अब नई पीढ़ी पर यह भार है कि वह कैसे नए भारत का निर्माण करे, जहाँ राष्ट्रीय भावना सर्वोपरि हो।

नई पीढ़ी को स्थिति में बदलाव के लिए क्या कुछ करना चाहिए?

सबसे पहले तो भ्रष्ट राजनीतिकों को हटाना होगा और उन्हें हटाने की शक्ति अर्जित करनी होगी। आज इतने सारे नेता चोर हैं। किसी ने पचास करोड़ किसी ने एक अरब का घोटाला किया हुआ है। नई पीढ़ी जीवन में शुचिता लाने की दिशा में काम कर सकती है। शुचिता आई तो क्षेत्रीयतावाद की जगह राष्ट्रीय भावना आएगी। धीरे-धीरे ही अलगाववाद और क्षेत्रीयतावाद काबू में आएगा।

('हिंदुस्तान' : लखनऊ, 8 अप्रैल 1998 और 'पल प्रतिपल' : दिसंबर 2000)